EVA WEISSWEILER

Komponistinnen aus 500 Jahren

Eine Kultur- und Wirkungsgeschichte
in Biographien und Werkbeispielen

FISCHER TASCHENBUCH VERLAG

Meinen Eltern

Originalausgabe
Fischer Taschenbuch Verlag
März 1981
Lektorat: Corinna Fiedler
Herstellung: Alexander Gutfreund
Umschlagentwurf: Jan Buchholz/Reni Hinsch
Foto: Clara Schumann (Bildarchiv Preußischer Kulturbesitz, Berlin)
Fischer Taschenbuch Verlag GmbH, Frankfurt am Main

Gesamtherstellung: Hanseatische Druckanstalt GmbH, Hamburg
Printed in Germany
1780-ISBN-3-596-23714-9

INHALT

VORBEMERKUNG

Das Verhältnis der historisch orientierten Musikwissenschaft zur kompositorischen Leistung der Frau läßt sich recht deutlich an der Art und Weise ablesen, in der sie von den Mitarbeitern des großen, international gebräuchlichen Nachschlagewerkes, der vierzehnbändigen Enzyklopädie ›Die Musik in Geschichte und Gegenwart‹ (Kassel 1949f.) behandelt wird. Komponierende Frauen, auch solche, die zu ihren Lebzeiten anerkannt waren wie Johanna Kinkel oder Louise Adolpha Le Beau, werden entweder überhaupt nicht oder – für den Leser nur schwer auffindbar – in Artikeln über ihre Väter, Brüder und Ehemänner erwähnt. Das gilt etwa für die Barockkomponistin Francesca Caccini, die Clavecinistin Elisabeth Claude Jacquet de Laguerre, die Romantikerin Louise Farrenc und die Impressionistin und Rompreisträgerin Lili Boulanger, um nur einige besonders eklatante Beispiele zu nennen. In den wenigen Kurzbiographien und Werkbeschreibungen werden auffallend häufig Prädikate wie »dilettantisch«, »formal schwach«, »einfallslos«, »harmonisch ungekonnt« usw. verteilt; auch gibt es gelegentlich regelrechte Fehlinformationen, wie etwa die, daß die meisten Werke der Louise Farrenc »verschollen« seien. In Wirklichkeit werden sämtliche Manuskripte und Druckausgaben von der Pariser Bibliothèque Nationale aufbewahrt. Man kann also zusammenfassen, daß die Einstellung der Musikwissenschaft zum Problemkreis »Frau und Komposition« von Unwissenheit, Irrationalität und philologischer Oberflächlichkeit geprägt wird. Die Vertreter einer angeblich »wertfreien« geisteswissenschaftlichen Disziplin glauben sich zu dieser Haltung berechtigt, weil Frauen, so hat es die Musikgeschichte schon immer gelehrt, grundsätzlich nicht komponieren können. Sie haben nur reproduktive, keine produktiven Fähigkeiten, besitzen zu wenig Abstraktionsvermögen, um die Regeln der Musiktheorie zu begreifen, es mangelt ihnen an »Originalität«, »gestalterischer Kraft« und »Genie«.

Alle diese Pauschalurteile sind ausschließlich dogmatischer Natur und bisher durch keinerlei musikgeschichtliche oder gar physiologisch-psychologische Untersuchungen bestätigt worden. Woher stammt eigentlich die Erkenntnis, daß etwa Barbara Strozzi »schlechter« komponierte als ihre männlichen Zeitgenossen, wenn man doch ihre (in Bibliotheken vorhandenen) Madrigale und Motetten niemals besprochen, herausgegeben oder gar aufgeführt hat? Woher weiß man mit so untrüglicher Sicherheit, daß das Werk jedes noch so unbedeutenden »Kleinmeisters«, etwa die Sonaten von Johann Caspar Fischer, dem Jüngeren, mehr wissenschaftliche Beachtung verdient als das einer gleichaltrigen Komponistin, wenn man komponierende Frauen systematisch aus den Annalen der Musikgeschichte ausnimmt?

Mit dem vorliegenden Buch habe ich mir das Ziel gesetzt, auf diese offensichtlichen Informationslücken aufmerksam zu machen und sie – vorerst nur provisorisch – zu schließen. Wenn auch in meiner Sammlung wichtige Namen übergangen und das rechte Verhältnis zwischen musikgeschichtlich Bedeutendem und weniger Bedeutendem nicht gewahrt ist, so möge man mir zugute halten, daß ich über große Strecken hinweg wirkliche Pionierarbeit leisten mußte. Brauchbare Vorarbeiten gab es so gut wie nicht. Amerikanische Abhandlungen mit vielversprechenden Titeln wie ›Women composers‹, ›Women in music‹ usw. hatten meist nur katalogartigen oder global-kulturgeschichtlichen Charakter. Es fehlte vor allem an konkreter biographischer Information über die Komponistinnen des 15. bis 18. Jahrhunderts.

Im Verlauf meiner Materialsammlung kam mir immer deutlicher zu Bewußtsein, daß das musikgeschichtliche Dogma »Frauen können nicht komponieren« psychologisch viel zu tief verwurzelt ist, um sich allein mit dem Schlagwort »Frauenfeindlichkeit« erklären zu lassen. Es ist auch wesentlich älter als die patriarchalisch strukturierte Kleinfamilie und die bürgerlichen Vorstellungen von der »Bestimmung des Weibes«. Meiner Ansicht nach geht es auf die ersten Jahrzehnte des Christentums zurück, in denen aus berechtigter Furcht vor der Konkurrenz der Priesterinnen und Muttergottheiten des Gesetz »mulier taceat in ecclesia« (»Das Weib aber schweige in der Kirche«) erlassen wurde. Da man in der Kirche sang, musizierte und ursprünglich wohl auch tanzte, wurde daraus sehr bald ein »mulier taceat in musica«. In dem Kulturgeschichtlichen Überblick, der in diesem Buch den Einzelbiographien vorausgeht, habe ich versucht, diese verhängnisvolle Entwicklung anhand von Bildern und Originalzitaten darzustellen.

Eine der ersten Komponistinnen, deren Werke in entzifferbaren Noten erhalten sind, ist die rheinische Äbtissin Hildegard von Bingen. Verstärkte Kompositionstätigkeit läßt sich dann wieder bei den deutschen Nonnen und Beginen nachweisen, die im 15. und 16. Jahrhundert an den großen religiösen Frauenbewegungen teilgenommen haben. Mit diesen von der Kulturgeschichtsschreibung noch kaum erfaßten »Bräuten Christi«, musikalisch zwischen Volks-, Sakral- und Gebrauchsmusik stehend, beginnt der Hauptteil des Buches. Die danach behandelten Komponistinnen der Renaissance und des Frühbarock markieren den Eintritt der tonschöpferisch begabten Frau in die sogenannte Kunstmusik.

Da dieses Buch einen Zeitraum von mehr als fünfhundert Jahren umfaßt, kann kein Anspruch auf Vollständigkeit erhoben werden. Das wäre Aufgabe eines Lexikons, nicht die einer Kultur- und Wirkungsgeschichte. Trotzdem habe ich versucht, möglichst viele Komponistinnen namentlich zu erwähnen, auch solche, denen aus bestimmten Gründen kein eigenes Kapitel gewidmet werden konnte. Es wäre absurd gewesen, alle Komponistinnen des romantischen Klavierliedes nacheinander abzuhandeln. Dazu gleichen sich ihre Werke und Biographien viel zu sehr. In meiner möglicherweise einseitigen und anfechtbaren Auswahl bin ich von dem Gedanken ausgegangen, besonders exemplarische Lebensgeschichten vor dem Leser aufzublättern. Es ging mir nicht nur um äußere Daten wie Stationen der Ausbildung, Publikationsfrequenz, öffentliche Erfolge, sondern auch um die sozialen und psychischen Konflikte, denen komponierende Frauen in einer Welt voller Vorurteile ausgesetzt waren. Um diese Konflikte schildern zu können, brauchte ich notwendigerweise biographische Materialien, die sich manchmal beim besten Willen nicht beschaffen ließen. So blieben einige musikgeschichtlich vielleicht bedeutende Komponistinnen unberücksichtigt. Ein weiteres Auswahlkriterium war schließlich das Vorhandensein von greifbaren Druckausgaben und Autographen. Frauenkompositionen wurden im 18. und 19. Jahrhundert meist nur in sehr kleinen Auflagen publiziert. Viele Exemplare gingen während der beiden Weltkriege verloren, andere verblieben in Privatbesitz oder wanderten in Bibliotheken. Da ihre Standorte nirgendwo systematisch verzeichnet sind, war es mehr oder weniger dem Zufall überlassen, was mir bei meinen Recherchen in die Hände fiel.

Ich habe ganz bewußt auch solche Komponistinnen berücksichtigt, deren Werke bei oberflächlicher Betrachtung das Vorurteil »Frauen können nicht komponieren« bestätigen werden. Das gilt besonders für die Repräsentantinnen der Berliner Liederschule im 18. Jahrhundert. Bei genauerem Hinsehen wird jedoch klar, daß die von diesen Frauen komponierten, »einfachen«, »traurigen« und »herzrührenden« Lieder exakt aus jener Zeit datieren, in der die »aufgeklärte« Bürgerfamilie und damit der Typus der sogenannten »Nur-Hausfrau« entstand. Die zuweilen banalen Formen und Inhalte dieser Musik spiegeln den beschränkten Erfahrungshorizont ihrer Schöpferinnen deutlich wider. Sie dokumentieren ein künstlerisch-soziales Entwicklungsstadium, das in einer halbwegs um Objektivität bemühten Darstellung nicht unterschlagen werden durfte, auch wenn es der komponierenden Frau vielleicht nicht zur Ehre gereicht.

Einige Leser werden sich möglicherweise daran stoßen, daß die Avantgardekomponistinnen nur in einem zusammenfassenden Kapitel behandelt werden. Mit einer geringeren Einschätzung der zeitgenössischen Musik gegenüber der der vergangenen vier Jahrhunderte hat dieses Aufbauprinzip nichts zu tun. Es ergab sich vielmehr aus dem Umstand, daß der Prozentsatz weiblicher Komponisten in den letzten drei Jahrzehnten rapide zugenommen hat, vermutlich eine Folgeerscheinung der veränderten Stellung der Frau in der Nachkriegsgesellschaft. Diese Entwicklung kann zum jetzigen Zeitpunkt noch nicht im einzelnen analysiert werden, zumal verbindliche Werkverzeichnisse, Lebensbilder, Diskographien usw. nur in wenigen Fällen vorliegen. Ich habe mich darum darauf beschränkt, die Emanzipation der Avantgardekomponistin in einigen Grundzügen und in ihren von Land zu Land unterschiedlichen Ausprägungen zu schildern.

Das vorliegende Buch ist ausführlich mit Notenbeispielen, Quellen- und Literaturangaben dokumentiert. Dieses philologische Beiwerk soll dazu dienen, Möglichkeit und Anreiz zu weiterer Beschäftigung mit dem Thema zu geben. Detaillierte Werkanalysen, auf die ich aus Gründen der allgemeinen Verständlichkeit verzichtet habe, können so ohne die unangenehme Vorarbeit langwieriger Literaturbeschaffung zu jedem einzelnen Kapitel nachgetragen werden.

Ich danke allen meinen Fachkollegen, die mich bei meinen zum Teil mühsamen Recherchen mit Ratschlägen und Quellenhinweisen unterstützt haben, vor allem Herrn Peter Baumann und Herrn Dr. Detlef Gojowy vom Westdeutschen Rundfunk und Herrn Dr. Rainer Cadenbach vom Musikwissenschaftlichen Seminar der Universität Bonn. Ferner den Mitarbeitern der Bonner Universitätsbibliothek, des Bonner Stadtarchivs und der Bayerischen Staatsbibliothek (Musiksammlung) für freundliche und unbürokratische Kooperationsbereitschaft. Die Komponistinnen Grete von Zieritz, Ilse Fromm-Michaels, Renate Birnstein und Gabriela Moyseowicz haben mir durch ihre offenen und geduldigen Antworten manche neue Perspektive eröffnet. Ich danke ihnen auch für die freundliche Bereitwilligkeit, mit der sie mir Bild- und Notenmaterial zur Verfügung gestellt haben. Mein besonderer Dank gilt meinen Eltern, Liesel und Wilhelm Weissweiler, die auf vielfache und selbstlose Weise zum Entstehen dieses Buches beigetragen haben.

MUSIKALISCH-SCHÖPFERISCHE FRAUEN VON DER ANTIKE BIS ZUM MITTELALTER

Ein kulturgeschichtlicher Überblick

Die Frage nach der schöpferischen Leistung der Frau im Musikleben der Griechen wurde von der Musikwissenschaft noch nicht gestellt. Es gibt philologisch orientierte Abhandlungen über Tonsystem, Rhythmus und Notenschrift, aber eine Darstellung der Aktivitäten antiker Musikerinnen steht noch aus. Diese Forschungslücke ist wenigstens zum Teil auf die komplizierte Quellenlage zurückzuführen. Denn alle Versuche, Näheres über das Schaffen einzelner Musikerinnen zu erfahren, werden von vornherein dadurch erschwert, daß es keine vollständig überlieferten griechischen Musikstücke gibt.

Nun berechtigt ein solcher Negativbefund, der natürlich auch für die Werke männlicher Komponisten gilt, keineswegs zu der immer wieder gern und stillschweigend gezogenen Schlußfolgerung, daß Frauen schon im Musikleben der Griechen eine nur untergeordnete Rolle gespielt hätten. Die zahlreichen Abbildungen von Flötenspielerinnen, Harfenistinnen, Trommlerinnen und Schalmeienbläserinnen auf antiken Amphoren und Sarkophagen weisen eher auf das Gegenteil hin.[1] Ebenso läßt sich anhand bildlicher Darstellungen aufzeigen, daß die Kunst des Kitharaspiels von jeher eine Spezialität der Frauen war: So ist auf dem ältesten bisher nachgewiesenen Beleg – einem Kultbild auf einem kretischen Tonsarg aus der Zeit um 1400 v. Chr. – dieses wichtigste Saiteninstrument im Bereich der griechischen Kultur in den Händen einer Frau zu sehen.

Welchen schöpferischen Anteil hatten diese Frauen an der von ihnen dargebotenen Kunst? Für die homerische Zeit wird man annehmen müssen, daß es ihre eigenen Verse und Melodien waren, die sie zu einer ebenfalls selbsterdachten Instrumentalbegleitung vortrugen. Denn die »Vollständigkeit und Ganzheit des Menschen war bei den Griechen lange Zeit so natürlich und ungebrochen, daß kein Unterschied bestand zwischen singendem Dichter und instrumentalem Komponisten« [2]. Gerade in der frühen griechischen Tonkunst muß dem weiblichen Geschlecht eine große schöpferische Kraft zugemessen worden sein.

Das geht schon aus der heute weitgehend in Vergessenheit

Abb. 1: Kretischer Tonsarg. Phorminx beim Opfer. Hagia Triada (Kreta) um 1400 v. Chr.

geratenen Tatsache hervor, daß die meisten Dichter und Philosophen, unter ihnen Homer und Platon, den gesamten Bereich der »musiké« von den »Musen« ableiteten. Diese Halbgöttinnen waren nach damaliger Auffassung für die Kunst des Saiten- und Flötenspiels, des Gesanges und des gemessenen Tanzschritts zuständig:

»Denn ich selbst bin im Geleit der olympischen Musen, welchen die Tänze obliegen und der herrliche Gang des Gesanges, blühendes Saitengetön und der Flöten anmutiges Blasen . . .«[3]

So sagt Apollon im homerischen Hermeshymnus. – Ohne das Wohlwollen der Musen vermochten die menschlichen Musiker nichts. Der Dichter Hesiod bekennt zu Beginn seiner Theogonie, daß er selbst, als er noch ein unwissender Schafhirte war, durch die Gunst dieser Göttinnen den »schönen Gesang« erlernt habe.[4] Homer berichtet, daß sich Thamyris, ein Enkel des Apollon, vermaß, es in der Sangeskunst mit den Musen aufzunehmen:

»Doch die Zürnenden straften mit Lahmheit jenen und nahmen ihm den holden Gesang und die Kunst der tönenden Harfe . . .«,

heißt es über den tragischen Ausgang dieses ungleichen Wettkampfes.[5] – Pollux und Platon vertraten die Auffassung, daß die Musen in ihren Günstlingen eine bestimmte psychische Konstitution, eine Form von positiver Besessenheit hervorriefen. Der von den Musen ergriffene Mensch hieß im Griechischen »Musoleptos«, er beherrschte neben Dichtung und Gesang die Kunst der Prophetie und war für das, was er sang und sagte, nicht mehr persönlich verantwortlich zu machen. Platon legt in seinem ›Phaidros‹ dar, daß wirklich eindrucksvolle Musik und Dichtung nur auf der Grundlage dieser seelischen Ergriffenheit entstehen könnten:

»Wer aber ohne den Wahnsinn der Musen den Toren der Kunst sich naht, . . . der bleibt ein Stümper, und seine verstandesmäßige Kunst wird völlig verdunkelt von der des in Wahnsinn Verzückten.«[6]

Was kann nun aber Musenglaube, der ja auf den ersten Blick nur dem Bereich der Mythologie, nicht dem der historischen Realität anzugehören scheint, über die schöpferische Funktion der Frau im antik-griechischen Musikleben aussagen? Man sollte sich zunächst vor Augen halten, daß mythologische Vorstellungen nie einem nebulosem Volksgeist, sondern fast immer bestimmten Erfahrungen entspringen. Auch im Falle des Musenglaubens vermischen sich Mythen mit wirklich Erlebtem. In Thrakien, auf dem Olymp und im Gebiet um den Helikon in Böotien haben noch im 5. Jahrhundert v. Chr. Kultzentren existiert, in denen unverheiratete Mädchen Tanzspiele zu Ehren der Musen aufführten.[7] Aus den konkreten Ortsangaben eines homerischen Hymnus geht hervor, daß die Mädchen der Gegend einmal im Jahr einen Reigen um den Apollon-Tempel veranstalteten und »für die Dauer des Spieles selber die Musen« wurden.[8]

Die Vereinigungen junger Mädchen, deren Aufgabe in Gesang und Tanz zu Ehren einer Gottheit bestand, hießen im Griechischen »Thiasos«. Historisch belegt sind die »Arktoi« oder »Bärinnen« von Brauron, das Kollegium der elischen Frauen, die berufsmäßig geschulten Mädchenchöre in Theben, die Musenvereine im griechischen Unteritalien und nicht zuletzt die Sängerinnen im Gefolge der Dichtermusikerin Sappho. Einige der von diesen Mädchengilden gesungenen Hymnen haben sich im Wortlaut erhalten. Der Dionysus-Hymnus der elischen Frauen ist übrigens das älteste bisher bekannte griechische Chorlied:

»Komm, Heros Dionysus,
in der Elier Tempel,
mit den Chariten, in den reinen Tempel,
stampfend mit deinem Stierfuß,
erhabener Stier,
erhabener Stier!«[9]

Wie kunstvoll die Ausführung dieser Hymnen gewesen sein muß, geht aus einer Idylle Theokrits hervor, in der zwei Frauen die Mädchenreigen zu Ehren des Vegetationsgottes Adonis kommentieren:
»Sei still, Praxinoa! Bald wird die treffliche Sängerin aus Argos, die auch im vergangenen Jahr im Wettbewerb siegte, einen Gesang auf Adonis anheben!«[10]
Die musizierenden Mädchengilden traten jedoch nicht nur im Kultdienst bestimmter Gottheiten, sondern auch im täglichen Leben, etwa bei Taufen, Bestattungen und Siegesfeiern, ganz besonders aber bei Hochzeiten in Erscheinung. Denn mit der Heirat schied die junge Frau aus dem Kultverband aus und war damit meistens auch der Musik und Dichtkunst verloren. Genau diese Gedanken kommen in einem Hochzeitslied zum Ausdruck, das Sappho als Abschiedsgeschenk für eine ihrer Schülerinnen verfaßt hat:

»Keine versteht es also, die liebliche Laute zu rühren,
Singend der Artemis Lied und der Männin im Busen,
Athene,
Wie es Helena tut, all' was da hold ist im Blicke.«[11]

Welche musikalisch-schöpferischen Leistungen wurden nun innerhalb dieser matriarchalisch organisierten Kultvereine erbracht? Aus dem hochstehenden literarischen Niveau der im Text erhaltenen Hymnen läßt sich folgern, daß sie entweder von der Lehrerin selbst oder von besonders begabten Schülerinnen verfaßt wurden. In jedem Fall ist hier schon an die Leistungen einzelner, wenn auch in den meisten Fällen anonym gebliebener Komponistinnen zu denken.
Aus dem Dunkel der Anonymität ragt die Gestalt der legendenumwobenen Sappho hervor. Sie lebte zwischen 610 und 560 v. Chr. in Mykilene auf Lesbos, stammte aus guter Familie, war verheiratet und hatte eine Tochter. Nach dem Tod ihres Mannes gründete sie ihren weithin bekannten Jungfrauenkreis. Das Gerücht, nach welchem sie lesbische Beziehungen zu ihren Schülerinnen unterhalten haben soll, kam erst im 16. Jahrhundert auf. Historisch absolut unbegründet, scheint es auf einem grundsätzlichen Mißverständnis der matriarchalischen Struktur dieses Kultverbandes zu beruhen. Sappho und ihre Schützlinge verstanden sich selbst als »mousopoloi«, als musikalische Dienerinnen der Musen. Sie komponierten Gebrauchslieder für das täg-

Abb. 2: Alkaios und Sappho mit Musikinstrumenten. Kalathosförmiger Krater des Brygosmalers. Um 470 v. Chr.

liche Leben, Preisgesänge für die Siegerin im Wettstreit der Schönheit, Hymnen zu Ehren von Apollon, Aphrodite, Athene und Artemis. Nach einer griechischen Überlieferung soll Sappho die mixolydische Weise, eine Oktavgattung des griechischen Tonsystems »erfunden« haben.[12] Tatsächlich scheint der leidenschaftliche Charakter des Mixolydischen der temperamentvollen Sprache der Dichterin zu entsprechen.

1 Die mixolydische Oktavgattung des griechischen Tonsystems.

Mit der Eheschließung wurde die griechische Frau ins totale häusliche Abseits gedrängt. Sie konnte keine Geschäfte abschließen, besaß kein Vermögen und erbte nicht. Eine aktive Teilnahme am öffentlichen Musikleben war ihr untersagt, sie hatte nicht einmal Zutritt zu den großen Musik- und Theaterveranstaltungen. Vor dem Hintergrund dieser sozialen Situation erübrigt es sich beinahe hervorzuheben, daß sich aus dem Kreis der verheirateten Frauen keine Nachrichten über hervorragende Komponistinnen erhalten haben.
Die scheinbare geistige Abgestumpftheit der griechischen Ehefrauen – wer als junges Mädchen nicht das Glück hatte, einem weiblichen Kultverband anzugehören, erhielt nur eben den notwendigsten Elementarunterricht im Lesen und Schreiben – führte viele Männer dazu, sich schönen, geistreichen Prostituierten zuzuwenden. Diese sogenannten »Hetären« nahmen seit dem 6. Jahrhundert v. Chr. eine bedeutende Stellung in der griechischen Gesellschaft ein. Im Unterschied zur Durchschnittshausfrau waren sie in Kunst, Philosophie und Literatur bewandert. Ihnen allein war es auch erlaubt, aus der Musik, besonders aus dem Aulosblasen und aus Tanz und Gesang ein regelrechtes Gewerbe zu machen. Die Gastmähler oder Symposien der Vornehmen waren ohne die Musik leichtbekleideter Hetären undenkbar.
»Wenn freilich ernste Männer beim Umtrunk ernster Unterhaltung pflegen wollten, so schickten sie wohl die Flötenspielerin hinaus, wie es Eryximachos bei Platon tut, mit der Bemerkung, daß sie sich selbst etwas vorspielen möge oder den Weibern im Frauengemach.«[13]
Trotz solcher Demütigungen erlangten viele Berufsmusikerinnen große Berühmtheit. Die Aulosbläserin Lamia aus Athen erwarb sich soviel Reichtum, daß sie eine zerstörte Gemäldegalerie wiederaufbauen konnte. Die alexandrinische Hetäre Aphrodite Belestiche genoß sogar nach ihrem Tode göttliche Verehrung. Es steht außer Frage, daß die gehobene Unterhaltungsmusik der vornehmen griechischen Gesellschaft zum größten Teil von Hetären komponiert und ausgeführt wurde. Bis heute sind allerdings weder Musikwissenschaftler noch Altphilologen auf

die Idee gekommen, ihr musikgeschichtliches Verdienst zu untersuchen, und das, obwohl aufschlußreiche literarische und bildliche Quellen vorliegen. Die Ursache für diese »stiefväterliche« Behandlung des Hetärenproblems scheint in einer kleinbürgerlichen, ganz und gar unwissenschaftlichen Prüderie zu liegen: weil man sich über die erotische Freizügigkeit der Hetären nicht akademisch verbreiten möchte, schweigt man auch ihre kulturellen Verdienste tot. Besonders in den älteren Standardwerken herrscht anstelle wissenschaftlicher Objektivität der Ton moralischer Empörung vor.

Die Tatsache, daß gerade der Aulos das typische Instrument der Hetären war, läßt einigen Aufschluß über den Klangcharakter ihrer Musik zu. Die schwer zu handhabende, aus zwei Spielrohren und einem Rohrblattmundstück bestehende Schalmei besaß einen nasalen, durchdringenden Ton. Das Spiel der Hetären muß also in diametralem Gegensatz gestanden haben zu dem seit dem 19. Jahrhundert gern gebrauchten Klischee von der Zartheit und Sanftheit weiblicher Musik. Es scheint weiterhin von Bedeutung, daß die Dopplung der Spielrohre eine einfache Form von Zweistimmigkeit erlaubte. Dieser instrumentenkundliche Befund steht in Widerspruch zu der nahezu ein Jahrhundert lang vertretenen Lehrmeinung, nach der die antik-griechische Musik rein einstimmig war und die Mehrstimmigkeit erst dem christlichen Abendland entstammt. Es wäre sicherlich ebenso verfehlt, dieses Verdienst den Hetären zuzuschreiben. Daß sie aber an der Herausbildung der frühen Zweistimmigkeit beteiligt waren, kann nach den Quellenaussagen kaum bezweifelt werden.

Der vermutlich aus Kleinasien importierte Aulos wurde vorzugsweise in der phrygischen Tonart gespielt, die auf Grund ihrer psychosomatischen Kraft den Zuhörer in Rausch und Ekstase versetzen konnte. »Welchen in Gott Rasenden hat je der Aulos so sehr entrückt oder die Gesänge der großen Mutter und das Tympanon?« fragt Plutarch in seinem ›Erotikos‹.[14] Diese narkotisierende Wirkung der Aulosmusik brachte es mit sich, daß das Instrument bei den Angehörigen der oberen Gesellschaftsschicht in geringem Ansehen stand. Es galt als »unedel« und »eines Freien nicht würdig«[15]. Euripides mußte sich von Aischylos den Vorwurf gefallen lassen, er habe Auloslieder und damit »hurerische Musik« in die Tragödie eingeführt.[16]

2 Die phrygische Oktavgattung des griechischen Tonsystems.

Die Verfemung des Aulos in der griechischen Gesellschaft rührte jedoch sicherlich nicht nur daher, daß seine Musik sexuell stimulierte und von Dirnen aller Kategorien dargeboten wurde. Der tiefere Grund ist wohl in seiner engen Verbindung zu den Mysterien der Muttergottheiten zu suchen, die etwa seit dem 6. Jahrhundert v. Chr. ganz Griechenland überschwemmten. Ob diese Göttinnen nun Kybele oder Rhea, Astarte oder Demeter, Isis oder Aphrodite hießen: sie alle symbolisierten den Elementarcharakter des »Großen Weiblichen«, dem alles aus ihm Geborene gehörte und untertan blieb. Der fruchtbare Schoß dieses Weiblichen konnte dem Menschen Schutz geben, ihn wärmen und nähren, aber er konnte ihn auch furchtbar verschlingen, wie denn auch Gebären und Tod wesensmäßig zusammengehören.[17] Nach einer phrygischen Tradition soll der Aulos »für den Kult der Mutter«, also für die Göttinnen Rhea oder Kybele gebaut worden sein.[18]

Wie sahen diese Mysterien aus und welche Funktion hatten musikalisch-schöpferische Frauen in ihnen? Das größtenteils weibliche Kultpersonal war musikalisch außerordentlich aktiv, und immer war es eine ekstatisch-orgiastische Musik, die es mit Auloi, Tamburinen und Kastagnetten zu Ehren der Göttinnen ertönen ließ. Lautes Geheul und wilde Tanzbewegungen, beides Ausdruck der seelischen Ergriffenheit dieser frühen Priesterinnen, mögen die fremdländischen Klänge mitreißend begleitet haben. Je nach Gottheit und lokalem Brauch setzte sich das Kultpersonal entweder aus Jungfrauen oder aus sakralen Prostituierten, in jedem Fall aber aus unverheirateten, jungen und schönen Mädchen zusammen. Herodot berichtet, daß sich junge Frauen aus den besten Familien einmal in ihrem Leben im Aphrodite-Tempel einem Fremden hingaben.[19] Wichtig ist, daß sie dabei nicht als Lustobjekt gebraucht wurden, sondern selbst ihren Partner bestimmen konnten. Die Religionswissenschaft folgert allerdings daraus, daß hier eine in der patriarchalischen Realität obsolet gewordene Lebensform, die »Freiheit und Selbstbestimmung der Frau«, unter dem Schutz der Göttin weiterlebte.[20]

Einige Muttergottheiten hatten allerdings auch männliches Kultpersonal. Alle diese Priester waren jedoch ausnahmslos Eunuchen. Im Rahmen von Frühlings- und Fruchtbarkeitsfesten wurden der androgynen Kybele die Genitalien entmannter Geweihter zum Opfer gebracht.[21] Die »Megabyzas« oder »Galloi« genannten Priester der Artemis und Astarte tanzten zum Spiel der Auloi und Trommeln und kastrierten sich auf dem Höhe-

Abb. 3: Kybelepriesterinnen mit Musikinstrumenten. Rotfiguriger Volutenkrater von Polygnotos. Aus Valle Treba (Italien). Fünftes Jahrhundert v. Chr.

punkt ihrer Ekstase selbst.[22] Diese weitverbreiteten Riten werden von der Tiefenpsychologie dahingehend gedeutet, daß »ein in seiner Entwicklung unreifes Männliches, das sich nur als männlich-phallisch erlebt, das Weibliche als kastrierend und phallus-mordend erfährt«.[23] Wollust, Sünde, Untergang, Liebe und Tod seien in den Mysterien der verlockend-verführerischen Göttinnen zu einer archetypischen Einheit verbunden.

Der bei den griechischen Priestern offenkundige Wunsch nach Identifikation mit dem weiblichen Geschlecht scheint aber noch eine andere Ursache zu haben: die Hoffnung nämlich, daß auf diese Weise auch sie einen Teil der kreativen Kraft erhalten würden, mit der die Kultjungfrauen, Priesterinnen und Hetären auf Grund ihrer unmittelbaren Verbindung zur Gottheit ausgestattet waren. »Denn weil die ekstatische Situation der Seherin aus ihrem Überwältigtsein durch den in ihr aufsteigenden Geist stammt, der ... in rhythmisch gesteigerter Sprachbeschwörung aus ihr sich kundtut und singt, ist sie das ... Zentrum des magischen Gesanges und schließlich der Dichtung, ... die inspiratorische Anima der Dichter.«[24] Diese grundsätzliche Erkenntnis des Psychologen Erich Neumann wirft auch auf die Musenkulte neues Licht.

Kultische Einrichtungen, die in einem so hohen Maße orgiastischer und matriarchalischer Natur waren, konnten auf die Dauer von einer patriarchalischen Gesellschaft nicht geduldet werden. So wurden die Kybele-Mysterien als »unvereinbar mit weiblicher Bescheidenheit«[25] gerügt. Die hellenistischen Gesetzgeber versuchten immer wieder, die Selbstkastration von Männern zu verbieten oder zumindest auf ausländisches Kultpersonal zu beschränken. Alle diese Versuche hatten jedoch so wenig Wirkung, daß die Muttergottheiten zusammen mit ihren musikalischen Kulten von den Römern übernommen und zu den wohl standhaftesten Feindinnen des patriarchalisch orientierten Christentums werden konnten.

Im römischen Weltreich wurden schon seit Jahrhunderten Erd- und Fruchtbarkeitsgöttinnen mit zum Teil vergleichbaren Mysterien verehrt. Volksfeste von großer Ausgelassenheit – es ist dabei vom »obscena cantare«, also vom »obszönen Singen« der Mädchen die Rede – fanden im Dienste der Anna Perenna statt. Der Kirchenvater Augustinus, für den die von Musik begleiteten Kulthandlungen zur lebendig erfahrenen Gegenwart in einer verabscheuungswürdigen heidnischen Umwelt gehörten, berichtet von der ursprünglich karthagischen Fruchtbarkeitsgöttin Caelestis, an deren Festtag »Prozessionen von Buhldirnen« stattfänden, bei denen »kein Mime, keine Schauspielerin von auch nur einigem Schamgefühl« zu sehen sei.[26] Auch die Selbstkastration der Männer wurde hier praktiziert, was natürlich die Verkünder einer patriarchalischen Religion gehörig auf die Barrikaden brachte. Die beliebteste Muttergottheit im alten Rom war jedoch die phrygische Kybele. Zunächst waren es nur orientalische Priesterinnen und Eunuchen, die ihren Kult mit Instrumenten wie Aulos, Tympanum, Cymbeln und Hörnern begingen. »Aber bei der steigenden Anziehungskraft der geheimnisvollen

... Kulte finden sich schon vom zweiten Jahrhundert an nicht bloß Freigelassene, sondern auch angesehene Männer und Frauen als Priester und Priesterinnen der Kybele.«[27]
Einige Musikerinnen des Kultdienstes sind durch Grabinschriften namentlich bekannt: so die Cymbelschlägerin Secunda aus Tergeste und die Tympanumschlägerin Culcia aus Ostia.[28] Man darf annehmen, daß diese musizierenden Kybelepriesterinnen überdurchschnittlich gebildet waren, denn die Sprache ihrer Gesänge war ein altertümliches Griechisch.
Wie mag diese Musik, die, ganz gleich, ob sie von Frauen oder Eunuchen ausgeführt wurde, eine spezifisch weibliche Musik zu Ehren einer weiblichen Gottheit war, tatsächlich geklungen haben? Noten haben sich auch aus römischer Zeit nicht erhalten, doch sind von einigen Dichtern interessante lautmalende Schilderungen überliefert:
»Alle auf! Und folget mir nach zu dem Phrygersitz Kybeles, zu der Göttin phrygischem Hain, wo die Cymbeln gellend erschallen, wo das Tamburin hell erklingt, wo dem krummen Rohr ein Phryger tiefer Flöten Töne entlockt, wo Mänaden wild aufwerfen ihre Häupter, efeubekränzt, wo sie heil'ger Feiern pflegen unter schriller Schreie Geheul.«[29]
Ein großer Teil der anti-heidnischen Polemik des Kirchenvaters Augustinus ist speziell der Kybele gewidmet, wobei seine Argumentation stets um ihren Charakter als »Mutter« kreist. Immer vom christlich-patriarchalischen Frauen- und Mütterlichkeitsideal ausgehend, versuchte er sie als so zügel- und gewissenlos zu verdammen, daß »sie selbst der schlechteste Mann nicht zur Mutter haben möchte«. Ihre moralische Verderbtheit zeige sich besonders in ihrer Vorliebe für unzüchtige Musik, die »für die Mutter eines beliebigen Senators, ja selbst für die Mutter der Komödianten« unanständig wäre.[30]
Die Kirchenväter hatten sich aber nicht nur mit staatlich sanktionierten, sondern auch mit volkstümlichen, sozusagen im Untergrund lebenden Kulten auseinanderzusetzen, in denen wiederum musikalisch-schöpferische Frauen eine Rolle spielten. Gemeint ist die Welt der singenden Hexen, der Zauberinnen und Wahrsagerinnen. Wie sehr die von ihren Gesängen ausgehende magische Kraft respektiert und gefürchtet wurde, geht aus einigen dichterischen Schilderungen hervor. Tibull erzählt von einem alten Weib, das sich auf das Besingen von Feldfrüchten und Schlangen verstanden habe. Diese Angabe scheint durchaus der Realität zu entsprechen, denn um 450 v. Chr. wurden im sogenannten Zwölftafelgesetz den Sängerinnen unglückstiftender Zauberlie-

der und den magischen Beschreierinnen der Feldfrüchte drastische Strafen angedroht.[31]
Zu den von Frauen verfaßten Beschwörungsliedern, die in der Realität römischen Lebens täglich erklangen, gehörten auch die »Nenien« oder Klagelieder. Diese rhythmisch geformten Litaneien wurden beim Bestattungsritual zum Klang der dem Aulos ähnlichen »Tibia« gesungen. Ihre Vortragsweise soll durch leidenschaftlichen, drohend erhobenen Ton charakterisiert gewesen sein. Die römischen Klageweiber führten die feste Berufsbezeichnung »praeficae«, was darauf hindeutet, daß sie in Gilden oder Genossenschaften organisiert waren.
Die Führer der Kirche hatten bis ins Mittelalter hinein damit zu tun, den Nenien der Klageweiber zugunsten der christlichen Grabgesänge den Garaus zu machen. So ereifert sich der Kirchenvater Basileus darüber, daß Frauen während der Karwoche und an Geburtstagen der Märtyrer unzüchtige heidnische Gesänge anstimmten.[32] Im ausgehenden 6. Jahrhundert versuchten die auf dem Konzil von Toledo versammelten Kirchenfürsten dem »funebre carmen«, also dem Grabgesang der Frauen, durch ein ausdrückliches Verbot für immer Einhalt zu gebieten. Aber noch 826 berichten römische Konzilsakten vom Fortleben der Sitte, und mehr als hundert Jahre später hatte sich Papst Leo IV. noch immer mit nächtlichen Frauenliedern zum Totengedächtnis auseinanderzusetzen. Selbst die harmlosen Schlaflieder der Ammen und Mütter wurden zur Zielscheibe kirchlicher Angriffe: erinnerten ihre langgezogenen Klagelaute doch verdächtig an die Nenien, wie ja überhaupt Tod und Schlaf, Lebens- und Tagesende als enge Verwandte betrachtet wurden.
Die Regelmäßigkeit, mit der Worte wie »buhlerisch« oder »unzüchtig« usw. in der Polemik der Kirchenväter auftauchen, deutet bereits darauf hin, daß auch in Rom die von Frauen produzierte Musik in enger Verbindung zum Dirnenwesen stand. Die römische Berufsmusikerin war nämlich, sofern sie nicht als Priesterin oder Klageweib fungierte, immer auch Prostituierte. Ihre lasziven Tanzbewegungen, der erotische Inhalt ihrer Lieder, die sinnliche Wirkung ihrer Instrumentalmusik: alles das brachte ihr eine merkwürdige Stellung zwischen Achtung und Verachtung ein, aus der sie sich kaum jemals befreien konnte, da sie schon seit dem zweiten Jahrhundert v. Chr. durch diskriminierende Gesetzesvorschriften in ihren Persönlichkeitsrechten eingeschränkt war. Die meisten Musikdirnen waren von Händlern, Gesandten oder Offizieren auf ausländischen Sklavenmärkten gekauft worden. Als besondere Luxusware galten die Pfeife-

rinnen aus Syrien, die sich ihrer unfreien Stellung zum Trotz zu einer festen Genossenschaft, dem »collegium ambubiarum« zusammengeschlossen hatten. Ebenfalls aus Syrien kamen die Spielerinnen von Tympanum und Harfe, während aus Lydien und Phönizien vor allem Cymbelschlägerinnen entsandt wurden. Aus dem spanischen Cádiz stammten die »Gaditanerinnen«, die zum Klang der Kastagnetten sangen und tanzten.

Die römische Unterhaltungsmusik lag also in vielleicht noch stärkerem Maße als die griechische in den Händen von Frauen. Die Musikdirnen spielten alle Instrumente, von der anspruchslosen Cymbel bis hin zur schwer zu handhabenden Harfe mit ihren fast unbegrenzten melodischen Möglichkeiten. Sie sangen Lieder auf Griechisch, Spanisch und in den verschiedensten orientalischen Sprachen. Wenn man bedenkt, daß sich zur Zeit des Kaisers Gratianus dreitausend ausländische Musikdirnen allein im römischen Stadtgebiet aufhielten und daß in dieser offiziellen Statistik nur die Solistinnen, nicht aber die Choristinnen und Ensemblespielerinnen erfaßt waren,[33] dann mag man sich eine Vorstellung davon machen, welche internationalen Impulse die italische Musikkultur der Kunst dieser Frauen zu verdanken hat.

Neben den professionellen, nicht-römischen Musikerinnen versuchten sich auch Dilettantinnen aus zumeist reichen einheimischen Familien in Komposition, Gesang und Instrumentalspiel. Väter und Ehemänner hatten im allgemeinen nichts dagegen einzuwenden, denn schließlich waren ja auch viele Staatsoberhäupter, allen voran der als Kitharöde weltbekannte Nero, begeisterte Anhänger der Musik. Daß die Beherrschung von Kitharaspiel und lyrischem Gesang geradezu als Kennzeichen weiblicher Bildung angesehen wurde, läßt sich den vielen Sarkophagdarstellungen entnehmen, auf denen die Männer mit Schriftrollen, die Frauen aber mit Saiteninstrumenten gezeigt werden. Ovid legt in seiner ›Liebeskunst‹ den Mädchen geradezu ans Herz, sie möchten doch Kithara spielen, Komponieren und alexandrinische Weisen singen lernen, um – die Männer zu beeindrucken.[34]

Plinius der Jüngere lobte seine Ehefrau, weil sie seine Texte so gut in Musik setzen könne.[35] Auch Statius rühmte seine Stieftochter als ein vollkommen gebildetes Mädchen: sie werde, versichert er seiner Frau, bald einen Mann finden, weil sie die Laute schlagen und väterliche Gedichte nach eigenen Melodien singen könne.[36] Das vielleicht überschwenglichste Lob ist der Geliebten des Verus gewidmet: am vollendetsten sei ihr Gesang zur Kithara; die streng richtige Durchführung der Melodie, den wohlgemessenen Wechsel von Hebung und Senkung, die Beweglichkeit der Finger und den Wohllaut der Modulation – alles das vermöchte selbst ein Orpheus nicht zu erreichen.[37]

Wenn man auch diese Äußerungen römischer Dichter, nach denen eine Frau in erster Linie zum Vergnügen der Männer komponieren sollte, sicher nicht als ausgesprochen frauenfreundlich bezeichnen kann, so war doch das dahinterstehende Erziehungsideal vergleichsweise liberal. Weder in der griechischen Antike noch im christlichen Mittelalter wurde den jungen Mädchen die Chance gegeben, ihre musikalischen Fähigkeiten derart ungeniert zu entfalten. Nicht auszudenken, welche schöpferische Potenz kompositorisch begabte Frauen bei Fortdauer eines ähnlich toleranten Klimas hätten entwickeln können!

Der endgültige Umschwung zum radikalen Anti-Feminismus in Bezug auf kultische und weltliche Musikausübung erfolgte im Zeitalter der frühen Kirchenväter. Die von Musik umgebene Verehrung der Musen und Muttergottheiten erschien ihnen ebenso wie der Glaube an die magischen Kräfte von Klageweibern und singenden Wahrsagerinnen als Ausdruck einer unnatürlichen Vorherrschaft der Frau über den Mann, die mit den patriarchalischen Prinzipien des monotheistischen Christentums auf keinen Fall zu vereinen war. Die Musen wurden als »böse Dämonen«[38], ihre Verehrung als »Einbildung und Irrwahn«[39] verschrien. Aphrodite galt von nun an als »schändlicher Dämon«, in dessen Kultdienst »weibische Männer die Würde ihrer Natur verleugneten«[40].

Wenn schon die Frau als solche kraft ihrer sündigen Natur imstande war, »der Männer kostbare Seele zu fangen« und das heißt doch wohl: sie zu unerlaubter »Fleischeslust«[41] zu verlokken, so waren es besonders die Musikerinnen, die das sexuelle Verlangen stimulierten. Ein von Natur aus »unzüchtiger« Mensch oder ein »noch des Zügels bedürftiger Jüngling« brauche die »lasziven Lieder schamloser Weiber« nur zu hören, und »die ganze Wut der Leidenschaft« entfessele sich.[42] Körperliche Leidenschaften seien aber schlimmer »als die Ausgeburten von Sklaverei und Gemeinheit«[43].

Es läßt sich also zusammenfassen, daß den Kirchenvätern jede Art weiblicher Musikausübung – ob sie nun produktiv oder reproduktiv war – aus zwei Gründen verdächtig erschien: einmal wegen ihrer engen Verbindung zum heidnischen, matriarchalisch organisierten Mysterienkult, zum anderen wegen der erregenden, möglicherweise sogar erotisierenden Wirkung, die sie auf Körper und Psyche des Mannes ausübte. Dabei ist sicher zu

berücksichtigen, daß die antike Musik mit ihren psychosomatisch wirksamen Tonarten, ihren durchdringenden Schalmeien- und rhythmischen Tamburinklängen in viel höherem Maße sinnlich war, als es unsere akademischen Untersuchungen ahnen lassen.
Nach dem berühmten Prinzip, daß auf einen groben Klotz ein grober Keil gehöre, schlossen die christlichen Kirchenfürsten die Frauen gänzlich vom sakralen Musizieren aus.
»Mulier taceat in ecclesia« (Das Weib aber schweige in der Kirche): Dieser Satz aus dem ersten Korintherbrief des Apostel Paulus wurde zum Leitmotiv der frauen- und musikfeindlichen Haltung nicht nur des frühen Christentums. Im Jahre 318 wurde in den »Didaskalien der Väter« die Beteiligung weltlicher Frauen am Kirchengesang rechtskräftig verboten. Der heilige Isidorus von Pelusinum schlug sogar vor, alle Frauen, die diesem Verbot zuwiderhandelten, unverzüglich aus Kirche und Stadt auszuweisen.[44] Beim Vortrag der Psalmen und Gebete sollten sie »nur mit den Lippen sprechen, so daß man nichts hört«[45], denn der süße Klang weiblicher Stimmen hätte ja die männliche Andacht stören können. Der heilige Ambrosius suchte den Christinnen dieses Gebot mit wenig schmeichelhaften Vergleichen zu erklären:
»Dem Menschenmörder ward gesagt: ›Du hast gesündigt, halte dich still!‹ – Der Jungfrau hingegen muß gesagt werden: ›Halte dich still, daß du nicht sündigst!‹ . . . Nach einer bekannten Sage hat ein Priester Fröschen, die mit ihrem vielen Quaken dem Volke beim Gottesdienst die Ohren betäubten, geboten zu schweigen . . . So schweigen denn die Sümpfe: Jungfrauen, wollt ihr nicht schweigen? Selbst das unvernünftige Tier anerkennt durch sein ehrerbietiges Verhalten, was es kraft der Natur nicht erkennt!«[46]
Um schon die kleinen Mädchen in die ihnen gebührenden Schranken zu weisen, regte der Kirchenvater Hieronymus an, den Musikunterricht aus der weiblichen Erziehung auszuklammern.[47] Vor allem die Unterweisung im Instrumentalspiel erschien ihm gefährlich. Eine christliche Jungfrau dürfe nicht einmal wissen, zu welchem Zweck Instrumente wie Orgel, Tibia, Lyra und Kithara gebaut würden.[48] Er gestattete zwar einen gewissen Elementarunterricht im Psalmengesang, wollte aber den Vortrag dieser Gesänge auf das häusliche Schlafgemach beschränkt wissen. Das Singen in Gegenwart von Männern, sei es nun in oder außerhalb der Kirche, war unter allen Umständen verboten.
Denjenigen Frauen, die es dennoch wagten, die Musik zu ihrem

Beruf zu machen, drohte der gesellschaftlich-moralische Bannstrahl der Kirche. Nach dem 44. Kanon des Konzils von Elvira wurden sie nur »nach Auflösung oder Zerreißung solcher Bande«[49] zu den christlichen Sakramenten zugelassen. Mit Hilfe der gleichen Methode, die man wohl ohne Übertreibung als moralische Erpressung bezeichnen kann, suchte man ihnen auch ihr Publikum und damit ihre Existenzgrundlage zu nehmen. Commodian untersagte den gesellschaftlichen Umgang mit Musikerinnen;[50] Prudentius stellte die rhetorische Frage, ob Gott dem Menschen die Ohren gegeben habe, um damit »Trinklieder der Leiermädchen anzuhören«[51]. Die Freude an weltlicher, von Frauen geschaffener Musik war demnach ein Mißbrauch göttlicher Gnade.

Angesichts der Vormachtstellung des Christentums im mittelalterlichen Europa sollte man eigentlich erwarten, daß die von Kriminalisierung, Exkommunikation und höllischer Verdammnis bedrohten Frauen von nun an ganz auf eine Teilnahme am Musikleben verzichtet hätten. Aber dazu war ihre Kreativität zu lebendig und ungebrochen. Auch ließ sich ihre jahrhundertealte Zentralstellung in der Sakral-, Gebrauchs- und Unterhaltungsmusik nicht durch bloße Schmähschriften unterminieren. Und schließlich verschwand auch der Glaube an Prophetinnen und Muttergottheiten, der ja während der Antike den fruchtbarsten Nährboden für das weibliche Musikschaffen abgegeben hatte, nicht von heute auf morgen aus dem Bewußtsein der nunmehr christianisierten Bevölkerung.

Besonders zäh scheint er sich in Griechenland, Byzanz und dem Vorderen Orient gehalten zu haben, wo seit dem vierten Jahrhundert Organisationen halb klerikalen Charakters entstanden, in denen sich »monazontes« und »parthenae«, also Asketen und Jungfrauen, dem Gesang von Psalmen, Hymnen und Antiphonen widmeten. Um die gleiche Zeit etablierte sich in Byzanz das Amt der Diakonissin. Diese galt als ordentliches Mitglied des Klerus und hatte bestimmte kultische Aufgaben, so die Leitung des Stundengebets und der Schriftlesungen. In den Weihgebeten, die bei ihrer Ordination gesungen wurden, lebte ganz offensichtlich der Glaube an die alttestamentarischen Zauberpriesterinnen fort.

Im vierten und fünften Jahrhundert wirkten an der Hagia Sophia nicht weniger als 60 Diakonissinnen, darunter auch die später heilig gesprochene Macrina, eine Schwester des Kirchenvaters Gregorius von Nyssa. Diese um 327 in Kaisereia geborene Frau galt als außerordentlich musikalisch. Schon als Kind soll sie von

ihrer Mutter Emelia die Kunst des orientalisch beeinflußten Psalmengesanges erlernt haben. Nach dem Tod ihres Verlobten wollte sie von Männern nichts mehr wissen; sie gründete ein großes Frauenkloster auf einem Familiengut am Fluß Iris in Pontus. Ihr Bruder Gregorius berichtet, daß dort »der Psalmengesang nicht aufhörte, der gleichmäßig auf die ganze Zeit bei Tag und bei Nacht verteilt war«[52]. Auch seien nächtliche Totenklagen zu Ehren verstorbener Schwestern aufgeführt worden. Wenn es nun heißt, daß auf die »frommen Lieder der Jungfrauen . . . alle Umwohner des Ortes zusammenströmten«, dann liegt der Gedanke an eine Analogie zur heidnischen Nenie nicht gar so fern. Tatsächlich witterte auch Gregorius diese Gefahr und suchte ihr auf kirchenväterliche Art Einhalt zu gebieten.
Macrina ist sicherlich Sangesmeisterin der Jungfrauen gewesen, so wie auch anzunehmen ist, daß sie die von ihnen vorgetragenen Lieder selbst gedichtet und komponiert hat. Denn bis ins 9. Jahrhundert hinein waren in Byzanz die Funktionen des sakralen Dichters und des sakralen Komponisten in einer Person vereint. Die erste und gleichzeitig bedeutendste christliche Komponistin, deren Texte und Melodien sich handschriftlich erhalten haben, ist jedoch die um 810 geborene Kasia. Den Chroniken zufolge muß sie sehr schön und vermutlich auch adelig gewesen sein, denn sonst wäre sie kaum von dem jungen Regenten Theophilus zu einer Art Brautschau geladen worden. Es wird berichtet, daß der heiratsfähige Fürst an den in seinem Palast versammelten Jungfrauen vorbeipromenierte, um sich eine passende Gattin auszusuchen. Nach langem Zögern blieb er vor Kasia, der Hübschesten, stehen. Aber leider fiel ihm in seiner Verlegenheit nichts Besseres ein, als mit ihr über die Sündhaftigkeit der Frauen zu sprechen, worauf die hochgebildete Kasia antwortete: »Von den Frauen kommt aber auch sehr viel Gutes, mein Fürst!« Nach dieser unpassenden Entgegnung hatte sie das Rennen verloren und wurde in ein Kloster geschickt. Die Wahl des Fürsten fiel auf die schweigsame Theodora.
Kasia nutzte die Ruhe des Klosterlebens aus, um sakrale Kompositionen und außerordentlich scharfzüngige Profandichtungen zu schreiben. In zeitgenössischen Verzeichnissen wurde sie als eine »berühmte Melodin« geführt. Ihr umfangreiches Musikwerk wurde jedoch von der Fachwissenschaft kaum beachtet, einmal, weil die byzantinische Notenschrift bis heute noch nicht vollkommen entziffert ist, zum anderen, weil man männlichen Hymnographen wie Romanus und Johannes Damaszenus den Vorrang gab. Die einzige bisher existierende musikwissenschaft-

liche Untersuchung ihrer Melodien stammt aus dem Jahre 1911.[53] Der Autor dieser Studie kommt zu dem Ergebnis, daß die in mehreren Handschriften überlieferten Hymnen auf folgende Heilige und Kirchenfeste mit Sicherheit von Kasia stammen:

Sankt Peter und Paul
Gurias und Samonas
Sankt Eustratius
Weihnachten
Mittwoch der Karwoche
Fest der Verkündigung
Geburt Johannes des Täufers
Sankt Christina
Letzter Sonntag nach Epiphanias
Karfreitag.[54]

Kasia komponierte allein vier Hymnen für das Fest der Märtyrerin Christina, was zugleich ein Hinweis darauf ist, daß die Verehrung weiblicher Heiligengestalten in den byzantinischen Frauenklöstern einen zentralen Platz einnahm.

3 Aus einem Hymnus an die heilige Christina. Komposition der Kasia.

»Wunderbare Dinge sind geschehen,
oh Christus, durch die Macht deines Kreuzes,
seit auch Christina, die Märtyrerin, mächtig für dich kämpfte.
Indem sie die Schwachheit ihrer Natur von sich warf,
widerstand sie den Unterdrückern.
...
Der Feind ist gefallen, von einer Frau geschlagen,
Christina ging gekrönt in den Himmel ein.«

Wenn Kasia auch der Sitte ihrer Zeit entsprechend, nach der schriftlich fixierte Kunstmusik fast immer für die Kirche be-

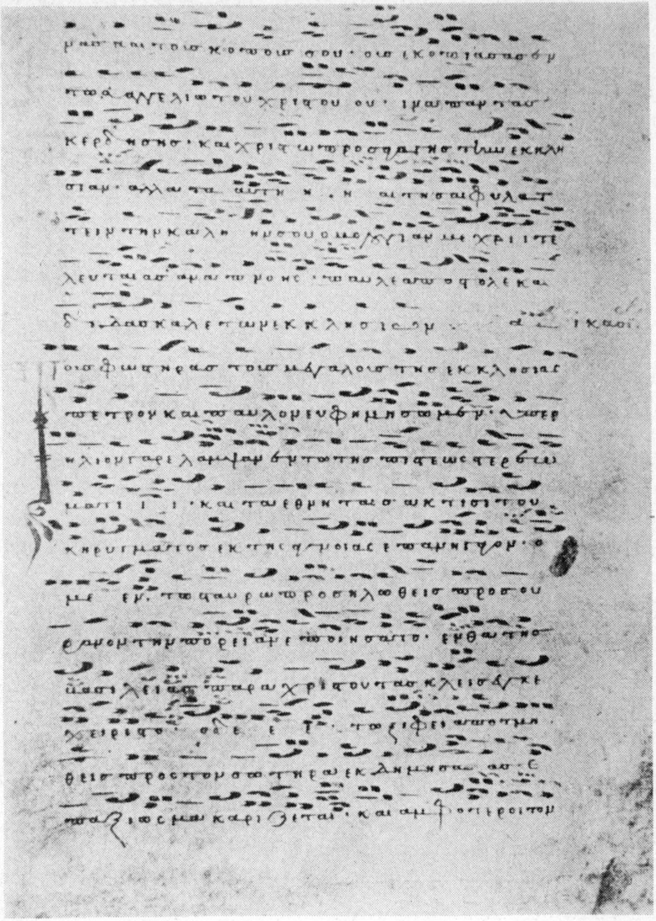

Abb. 4: Ein Hymnus der Kasia (Ausschnitt) in byzantinischer Neumenschrift.

stimmt war, ausschließlich sakrale Musikwerke geschrieben hat, so wäre es doch falsch, sie sich als weltabgewandte Frömmlerin vorzustellen. Ihre bisher nicht übersetzten Profanepigramme auf die Überlegenheit der Frauen gegenüber den aufgeblasenen, frechen und darum rettungslos verlorenen männlichen Dummköpfen sind an Schärfe und Sarkasmus kaum noch zu übertreffen, so daß sich ein Byzantinist des 19. Jahrhunderts zu der offenbar ironisch gemeinten Frage veranlaßt fühlte, ob denn die fromme Nonne das Gesetz der Nächstenliebe vollkommen vergessen habe.[55]

Im Westen Europas waren die Voraussetzungen für die Entstehung einer von Frauen geschaffenen Sakralmusik wesentlich schlechter, weil hier das Gebot »mulier taceat« auch weitgehend auf die Nonnen ausgedehnt wurde. So wird in den Regeln des heiligen Augustinus den Klosterfrauen befohlen, »nur das zu singen, was die Anweisung verlangt; was sie nicht verlangt, soll auch nicht gesungen werden«[56]. Erlaubt war im allgemeinen nur die schlichte chorische Ausführung des ordinarium missae. Weiblicher Kunst- und Koloraturgesang mit reichen Ornamenten und Melismen, wie er die aufführungspraktische Grundlage für Kasias virtuose Hymnenkompositionen gebildet hatte, wurde von den westlichen Kirchenfürsten nicht geduldet.[57] Zwar wurde durch das Singen innerhalb des Frauenklosters keine männliche Seele in Gefahr gebracht, doch die als Solistin fungierende Nonne hätte sich leicht ein klerikales, ein priesterähnliches Amt anmaßen können. Dies muß vor allem bei den fränkischen Klosterfrauen zur Zeit Pippins gelegentlich der Fall gewesen sein.

Eine sich über alle Vorschriften und Konzilsbeschlüsse hinwegsetzende Komponierfreudigkeit griff erst gegen Ausgang des 12. Jahrhunderts um sich, als die Frauenklöster im deutschsprachigen Raum zu einem gesellschaftlichen und religiösen Machtfaktor wurden. In einer Zeit, in der sich beinahe jeder wehrtüchtige Aristokrat auf dem Kreuzzug gegen die Mohammedaner befand, kam es besonders in den höheren Gesellschaftsschichten zu einem großen Frauenüberschuß. In der Provence nahmen adelige Frauen die Regierungsgeschäfte selbst in die Hand, in Deutschland und den Niederlanden drängten sie zu Tausenden in die Klöster. Viele von ihnen hatten eine höfische Bildung genossen. Anderen gelang auf der Grundlage asketischer Virginität die volle Entfaltung ihrer geistigen Kräfte. So haben gerade in dieser Zeit Nonnen auf dem Gebiet der kirchlichen Leitung, der Mission und der Ordensführung, der Dichtung, Liturgie und Pädagogik ganz Hervorragendes geleistet. Am wichtigsten und für die Kirche zugleich gefährlichsten war jedoch ihr Beitrag zur Entwicklung der deutschen Mystik, die in ihren sprachlichen und musikalischen Ausdrucksformen größtenteils eine weibliche Schöpfung ist. Die Jungfrauen und Witwen fühlten sich als Minnerinnen Christi; durch ständige und bewußt geübte Medi-

tation glaubten sie schon auf Erden mit dem himmlischen Bräutigam eins zu werden. Das Gefühl dieser »unio mystica« steigerte sich nicht selten zu einem ekstatischen Rauschzustand. Einige Frauen hatten auf dem Höhepunkt ihrer Ekstase merkwürdige Visionen, andere wurden von überirdischer Dichtung und Musik erfüllt, die sie zum Teil auch zu Papier brachten. In der Zeit vom 12. bis zum 14. Jahrhundert gab es drei große Zentren deutscher Frauenmystik: Hessen und das Rheinland mit Gestalten wie Elisabeth von Schönau und Hildegard von Bingen, das Zisterzienserinnenkloster Helfta bei Eisleben und schließlich den süddeutschen und schweizerischen Raum mit einer Vielzahl kleiner Klöster wie Engeltal, Töss, Adelhausen und Wittichen.
Ähnlich wie in den antiken Mysterienreligionen war es auch hier die Musik, die einen unmittelbaren Zugang zu Christus ermöglichte. Mechthild von Hackeborn war die Sangesmeisterin, die »cantrix« ihres Klosters und wurde auch »Nachtigall Christi«[58] genannt. Wenn die schweizerische Laienschwester Metzi Seidenweberin an Jesus Christus dachte, dann wurde ihr »so reihlich (d. h. nach Reigen) zu Mut, daß sie recht schlug mit den Händen, daß es erhallte; etwan fing sie an und sang süße Liedlein von unserem Herrn so fröhlich und wohlgemut in dem Werkhaus unter dem Konvent«[59]. Auch im Kloster Engeltal bei Nürnberg gab es das Amt der Sangesmeisterin. Sie übte den festlichen Chorgesang mit den Schwestern ein und beaufsichtigte wohl auch die Arbeit der Notenkopistinnen in der großen Schreibstube. In »Der Nonne von Engeltal Büchlein von der Gnaden Überlast« wird berichtet, daß eine dieser Sangesmeisterinnen, eine »unmenschlich schöne« Frau mit Namen Heilrat, das ganze Kloster mit ihrem Gesang in Ekstase versetzen konnte:
»Da die Schwestern nun den vierten Sonntag im Advent hatten, sangen sie die Mette, und als sie zur fünften Respons ›Virgo Israel‹ und zum Vers ›In caritate perpetua‹ kamen, da sang sie so deutsch und so übermenschlich schön, daß man meinte, sie singe mit Engelstimme ... Und der heilige Konvent ward aus großer Andacht sinnenlos, und sie fielen nieder wie die Toten und lagen also, bis sie alle wieder zu sich selbst kamen.«[60]
Ähnliche übernatürliche Musikalität wurde auch der Leiterin des Klosters zugeschrieben, wobei zu berücksichtigen ist, daß es sich bei dieser Frau um eine einstige Berufsmusikerin, um ein fahrendes Spielweib von ehemals üblem Leumund handelte. Nachdem sie aber die heilige Elisabeth von Hessen auf einer Reise hatte begleiten dürfen, verlor sie die Lust an ihrem »sündigen Amt« und wurde eine »große Büßerin und Minnerin Gottes«. In

Engeltal bei Nürnberg sammelte sie eine Schar von Beginen um sich, die ebenso wie sie selbst keinem bestimmten Orden angehörten, sondern ohne Regel und Gelübde in einer Andachts- und Arbeitsgemeinschaft zusammenlebten. Natürlich fühlten sich diese Frauen weit weniger an die musikfeindlichen Vorschriften der Kirchenväter gebunden, als dies bei den regulär lebenden Nonnen der Fall war. Die »Rotterin Alheit« – so lautete der Name der Leiterin – ließ sich jedenfalls durch ihre neuerwachte Frömmigkeit nicht davon abhalten, musikschöpferisch tätig zu sein. Sie hielt im Gegenteil ihre Beginen dazu an, den gesamten Messetext kunstvoll auszugestalten, was noch von Papst Zacharias unter strenge Strafe gestellt worden war. Der liturgische Gesang dieser Frauen muß in der Gegend um Nürnberg so beliebt gewesen sein, daß selbst fromme Männer das Verbot mißachteten, Alheit und ihre Schwestern für sich singen ließen und schon nach den ersten Tönen prompt in Ekstase gerieten.

Die »Rotterin Alheit« war eine der wenigen deutschen Mystikerinnen, die sich zu ihrer musikalischen Vorbildung bekannten. Ansonsten haben diese Frauen immer wieder betont, außerhalb des klösterlichen Gesangsunterrichtes nie in der Komposition, im Notenlesen oder gar im Singen lateinischer Texte unterwiesen worden zu sein. Sicherlich haben viele von ihnen damit vornehm untertrieben. Es steht jedoch fest, daß der Glaube an den göttlichen Ursprung musikalischer Kreativität zum Weltbild deutsch-niederländischer Frauenmystik gehörte. Wenn die Nonnen von Brabant, Christina Mirabilis, Ursula Benincasa oder Maria von Oignys in Meditation versanken, dann »jubelte« dabei »wunderhelle Harmonie«, »Engelsgesang« oder »süße Modulation« aus ihnen. Die meisten Berichte erwähnen unabhängig voneinander, daß dieses ekstatische Singen nicht mit artikulierter Stimme erzeugt wurde, sondern »zwischen Brust und Kehle« zu ertönen schien.[61]

So unglaubwürdig diese Quellenaussagen bei nüchterner Betrachtung auch scheinen mögen – befanden sich doch Sängerinnen und Chronistinnen in einem Dauerzustand seelischer Erregung –, man muß doch davon ausgehen, daß es den ekstatischen Frauengesang tatsächlich gegeben hat. Kronzeugin für seine Existenz ist die Mystikerin Hildegard von Bingen. Diese wohl vielseitigste aller christlichen Nonnen des Abendlandes hat sich nicht nur als Prophetin, Politikerin, Naturforscherin, Ärztin, Dichterin und Malerin, sondern auch als Komponistin einen Namen gemacht, wobei sie nach guter mystischer Tradition

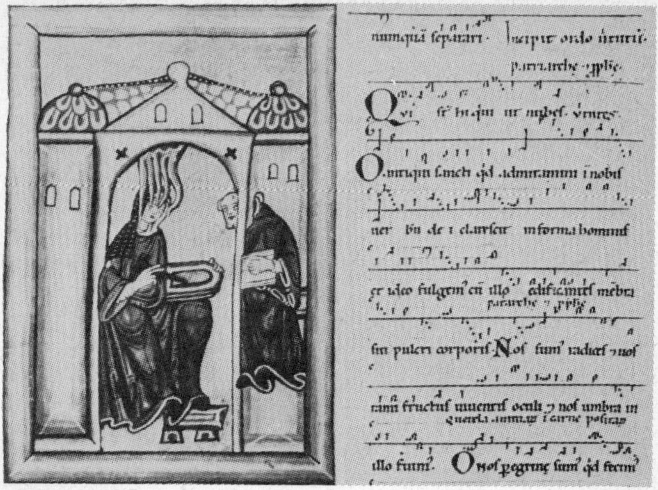

Abb. 5: Miniatur mit dem Bild der Hildegard von Bingen aus dem »Großen Hildegard-Codex«. Daneben (rechts): Der Anfang des geistlichen Singspiels »Ordo virtutum«.

betonte, »niemals eine Neume oder irgendwelchen Gesang« erlernt zu haben.[62]

Hildegard wurde im Jahre 1098 als Tochter eines ritterlichen Dienstmannes im pfälzischen Bermersheim geboren. Als sie acht Jahre alt war, schickte man sie zu der Klausnerin Jutta von Spanheim in die Schule, wo sie einen mystisch orientierten Religionsunterricht erhielt und den gregorianischen Psalmengesang erlernte. 1136 gründete sie, nach ihrem Beitritt zum Orden der Benediktinerinnen, ihr berühmtes Kloster in Bingen, von dem aus sie einen regen Briefwechsel mit der internationalen kirchlichen und weltlichen Obrigkeit führte. Noch kurz vor ihrem Tod im Jahre 1179 unternahm sie Predigtreisen, redete öffentlich zu Klerus und Volk, wie es keine Nonne der folgenden Jahrhunderte mehr gewagt hat.

Hildegard komponierte ein geistliches Singspiel mit dem Titel ›Ordo virtutum‹, ein Kyrie und sieben Sequenzen für die Messe, fünfunddreißig Antiphonen, neunzehn Responsorien und sieben Hymnen für das Offizium.[63] Alle diese Gesangswerke sind in feingeschwungener Choralnotenschrift, allerdings noch ohne rhythmische Differenzierung aufgeschrieben. Da Hildegard als

Mutter eines großen Klosters vielbeschäftigt war, mag sie die mühevolle Arbeit der Reinschrift ihren Sekretären, so neben anderen einem Mönch namens Volmar überlassen haben.
Die Texte ihrer Kompositionen stammen fast ausnahmslos von ihr selbst und kreisen immer wieder um die Grundgedanken deutscher Frauenmystik: um gottwohlgefällige Jungfrauen- und Witwenschaft, um Christus als himmlischen Bräutigam, um Maria und ihren »lichten Schoß«, aus dem alle Symphonie des Himmels tönt, sehr häufig auch um die heilige Ursula mit ihren elftausend jungfräulichen Gefährtinnen, deren Verehrung im Rheinland weitverbreitet war.

»Es sehnte sich die Jungfrau Ursula,
das Lamm Gottes zum umfangen.
Milch und Honig auf der Zunge
glich sie einer Wabe,
die da Honig spendet,
denn eine Schar von Jungfrau'n
– gleichsam einem Garten –
reich an Obst und Blumenblüten
sammelte sie um sich.«[64]

Die musikalische Ausgestaltung ihrer Lieder widerspricht dem seit dem 19. Jahrhundert oft formulierten Pauschalurteil, daß komponierende Frauen über die Nachahmung vorgegebener Beispiele und das sklavische Befolgen formaler Vorschriften niemals hinausgekommen seien. Hildegards Kompositionstechnik ist im Gegenteil fortschrittlich und originell. In der Anlage des abgeschlossenen Liedes läßt sich kaum jemals ein festes Schema, ein schulmäßig vorgegebener Grundriß erkennen. Festumrissene Gattungen wie »Hymnus« und »Sequenz«, die nach der gregorianischen Tradition streng voneinander zu unterscheiden sind, scheinen bei Hildegard vollends zu verschmelzen. Die als Hymnen bezeichneten Lieder »Symphonia virginum« (Sinfonie der Jungfrauen) und »Symphonia viduarum« (Sinfonie der Witwen) überbieten an formaler Freizügigkeit alles bisher Dagewesene, indem die einzelnen Strophentexte immer wieder auf neue Melodien gesungen wurden. Auch die Antiphonen und Responsorien heben sich in ihrer reichen Melismatik und in der Weite ihres Tonumfangs von allen Vorbildern ab. Hildegard hält sich fast nie an die übliche Spannweite der gregorianischen Tonarten. Ihre Melodien erstrecken sich teilweise über zweieinhalb Oktaven und müssen demnach von einer geschulten Sängerin, vielleicht auch von mehreren Nonnen mit verschiedenen

Stimmlagen vorgetragen worden sein. Möglicherweise wurden sie sogar von Musikinstrumenten begleitet, was allerdings einen totalen Bruch mit den Vorschriften der Kirchenväter bedeutet hätte. Da Hildegard sich jedoch selbst als »Posaunenklang vom lebendigen Licht«[65] bezeichnet und auch in ihren Dichtungen das gesamte zeitübliche Instrumentarium zu Kosmos, Kirche, Engel- und Geisterwelt in symbolische Beziehung setzt, scheint eine solche Annahme durchaus nicht absurd.[66] Hildegard hat eine ausgesprochene Vorliebe für große Tonsprünge, besonders für herb und ungestüm anmutende Quinten zu Beginn einer neuen Liedstrophe.

4 Aus einem Lied der Hildegard von Bingen.

Trotz ihrer kunstvollen und individuellen Ausgestaltung wurden diese Lieder beim täglichen liturgischen Gotteslob gesungen. Hierzu muß allerdings gesagt werden, daß der Gottesdienst im Kloster von Bingen wegen seiner optischen und akustischen Aufwendigkeit berühmt, um nicht zu sagen: verschrien war. Hildegards Sekretär Wibert bemerkt einmal, daß man derartige Aufführungen von Frauen geschaffener Kompositionen noch nie irgendwo gehört habe.[67] Die Meisterin des Kanonissenstiftes von Andernach stellt in einem Brief die erstaunte und wohl auch ein wenig empörte Frage, ob es denn wahr sei, »daß nämlich Eure Nonnen an Festtagen beim Psalmengesang mit herabwallendem Haar im Chore stehen und als Schmuck leuchtend weiße Schleier tragen«[68].

Natürlich fehlte es nicht an obrigkeitlichen Versuchen, die gottesdienstliche Aufführung ihrer Kompositionen zu verhindern. Als sie im Jahre 1177 einem sterbenden jungen Mann die Absolution erteilte, obwohl dieser offiziell im Kirchenbann war, nahmen die Mainzer Prälaten diese Kompetenzanmaßung zum Anlaß, die musikalische Ausgestaltung des Bingener Klostergottesdienstes ganz zu verbieten. Hildegards Hymnen durften nicht mehr erklingen, Messe und Stundengebet mußten still gelesen werden, genau wie es die Lehre der Kirchenväter vorschrieb. Die mutige Äbtissin ließ jedoch diese unsinnige Bestrafung nicht auf sich sitzen. In einem geharnischten Antwortbrief klärte sie die Prälaten darüber auf, daß die heiligen Propheten Psalmen, Lieder und Musikinstrumente erfunden hätten, »um in Herzensfreuden singen zu können. Deshalb müßt ihr«, so ermahnte sie ihre Vorgesetzten, »mit größter Behutsamkeit vorgehen! Ehe ihr den Mund derer, die das Gotteslob singen, durch Urteilsspruch schließt und ihnen den Vollzug und Empfang der Sakramente untersagt, müßt ihr ... darauf bedacht sein, euch ... einzig vom Eifer der Gerechtigkeit Gottes, nicht aber von Entrüstung ... oder von Rachsucht lenken zu lassen ... Diejenigen also, die der Kirche in Bezug auf das Singen des Gotteslobes Schweigen auferlegen, werden ... keine Gemeinschaft haben mit dem Lob der Engel im Himmel ... Denn das härteste Gericht wird über die Prälaten ergehen, wenn sie nicht ... ihr Vorsteheramt mit Sorgfalt durchführen«[69]. Wie Hildegard über das Gebot »mulier taceat« dachte, kann wohl kaum deutlicher als mit diesem Zitat belegt werden.

Das musikwissenschaftliche Interesse an den Kompositionen dieser mit allen Vorschriften brechenden Frau ist noch verhältnismäßig jung. Eine zuverlässige Ausgabe ihrer Melodien, die Voraussetzung für jede gezielte Forschungsarbeit, liegt erst seit 1969 vor. Während man sich früher über Hildegards »ungepflegte musikalische Erfindungsgabe«, über ihre »merkwürdige Kompositionstechnik« und ihre »bei aller Redseligkeit doch nur ... kurzatmige Sprache« lustig machte, ohne indessen solche Prädikate analytisch zu begründen,[70] nimmt man sich heute die Mühe, gerade das Ungewöhnliche ihrer Musik aus der Psychologie des mystischen Bewußtseins zu erklären. Die Eigenwilligkeit des melodischen Gepräges sei Produkt ihrer leicht erregbaren Phantasie; der anhaltende Spannungs- und Schwebezustand ihrer Melodien müsse als visionäre Haltung in Tönen, als musikalischer Ausdruck mystischer Ekstase verstanden werden. Hildegards Kompositionen seien also nur aus einer meditativen Grundhaltung heraus zu erfassen.[71]

Wenn man Roswitha von Gandersheim als erste deutsche Dichterin bezeichnet, dann muß Hildegard von Bingen als früheste Kunstkomponistin gelten, an deren hervorragendes Beispiel allerdings lange Zeit keine deutsche Frau mehr anknüpfen sollte. Der Grund liegt sicher nicht in einem plötzlichen Erlahmen weiblicher Kreativität, sondern in der Entwicklung der deutschen Frauenmystik, die sich mit ihren freigeistigen und halb weltlichen Erscheinungsformen oft der Häresie näherte und von der offiziellen Kirche erbittert bekämpft wurde. Hexenprozesse und Scheiterhaufen waren ein gutes Argument, die Nonnen von der Komposition ekstatischer Frauengesänge als einer ihnen auf den Leib geschnittenen Musikgattung fernzuhalten. Erst im 15. Jahrhundert lassen sich am Niederrhein und in Westfalen wieder komponierende Mystikerinnen nachweisen. Gerade am Beispiel des deutschsprachigen Raumes wird also klar, daß zwischen der frauen- und musikfeindlichen Haltung des Klerus und dem Abnehmen weiblicher Komponierfreudigkeit ein offensichtlicher Kausalzusammenhang bestand.

Unter welchen Voraussetzungen lebten und komponierten nun musikalisch begabte Frauen in denjenigen europäischen Ländern, in denen sich das Christentum jahrhundertelang mit der religiösen, politischen und soziokulturellen Konkurrenz des Islam auseinanderzusetzen hatte, also vor allem in Spanien und Portugal? Diese Frage scheint deshalb von Bedeutung, weil hier eine besonders alte, von Frauen getragene Musiktradition existiert haben muß: kamen doch die römischen Kastagnettentänzerinnen aus Cádiz, und war es doch gerade das Konzil von Toledo gewesen, auf dem zum ersten Mal den Frauen der Grabgesang verboten wurde.

Natürlich wetterten die Kirchenfürsten auch hier gegen die als »amatoria«, »obscena«, »luxuriosa« und »diabolica« bezeichneten Lieder der Mädchen und Frauen.[72] Aber nach der mohammedanischen Eroberung kamen diese Stimmen zum Schweigen. Offenbar war der Klerus so sehr damit beschäftigt, seine Schäflein vom Islam und dessen glanzvoller Kultur fernzuhalten, daß für frauen- und musikfeindliche Polemik keine Zeit mehr blieb. Also konnte die weibliche Bevölkerung auch außerhalb des Klosters ihre spezifische Liedtradition relativ unbehelligt pflegen.

Inhalt und Melodien dieses spanisch-portugiesischen Frauengesangs lassen sich ziemlich genau rekonstruieren: In einem aus dem 14. Jahrhundert stammenden Fragment, das den ›Cancioneiro‹ der Biblioteca Nacional in Madrid einleitet, entdeckte man erst vor einigen Jahrzehnten eine große Anzahl sog. »cantigas de amigo«, also »Lieder an den Freund«[73]. Die Texte sind ausnahmslos jungen Mädchen in den Mund gelegt, die auf dem Feld, im Haus, am Brunnen, am Fluß oder am Spinnrad von ihren meist traurigen Erfahrungen mit dem Geliebten singen. Auch die imaginären Zuhörer sind ausschließlich weiblich. Meistens ist es die Mutter, manchmal auch eine Gruppe von Freundinnen, der das Mädchen sein Leid klagt. Bis heute wurden etwa 500 Lieder gefunden. Viele von ihnen sind anonym überliefert, andere stammen von männlichen Dichtern aus höfischem Milieu. Trotzdem geht die einhellige Meinung der Romanistik dahin, daß die »cantigas de amigo« keine männliche Erfindung sein können. Dazu gleichen die in ihnen besungenen Gefühle und Erfahrungen zu sehr der Realität mittelalterlich-spanischen Frauenlebens. Es ist also anzunehmen, daß noch im 14. Jahrhundert eine lebendige weibliche Liedtradition existiert hat, die von männlichen Dichtern lediglich schriftlich fixiert und literarisch »veredelt« wurde.

– Digades, filha, mia filha velida:
porque tardastes na fontana fria?
Os amores ei.

– Digades, mia madre, na fontana fria,
cervos do monte a angua volvian:
Os amores ei.

(aus einer »cantiga de amigo« von Pero Meogo)

Einen weiteren Beweis für die Existenz dieser Frauenlieder liefert die gesungene orientalische Lyrik des mittelalterlichen Spanien. In etwa fünfzig bisher bekannten Fällen folgt einem kunstvollen Gedicht, das in klassisch arabischer, manchmal auch in hebräischer Sprache von Liebe, Wein, Herrscherlob, Frühling und Natur handelt, plötzlich eine volkssprachlich-romanische Frauenstrophe.[74] In Inhalt und Ausdruckswelt steht sie der »cantiga de amigo« nahe:

»Tant' amáre, tant' amáre,
habib, tant' amáre,
enfermaron nelios gaios
e dolen tan male.«

(Soviel Liebe, soviel Liebe,
Freund, soviel Liebe
machte ein Paar Augen krank, das vorher fröhlich war
und jetzt so viel Schmerz empfindet.)

Die frühesten dieser Frauenstrophen stammen aus der ersten Hälfte des 11. Jahrhunderts und können damit als die älteste bisher entdeckte Lyrik der romanischen Literatur gelten. Auch die vorausgehenden arabischen Verse wurden nicht selten von

Frauen verfaßt, vertont und zur Laute gesungen.[75] Berühmte arabisch-spanische Dichterinnen wie Ar-Rakuniya, Hind oder Maryam waren auch als Musikerinnen bekannt und unterrichteten die Haremsfrauen in Literatur, Gesang, Instrumentalspiel und Musiktheorie. Sie alle gaben durch ihr selbstbewußtes Auftreten und ihre freizügigen Manieren zu erkennen, daß sie sich der frauenfeindlichen Haltung des östlichen Islam nicht beugen wollten:

»Ich bin, bei Gott, für große Aufgaben gemacht,
und ich gehe meinen Weg mit Stolz!«[76]

Zwei von ihnen, die Araberin Umm al-Hiram und die Jüdin Qasmuna, wurden von den Chronisten sogar ausdrücklich als Komponistinnen von Frauenstrophen genannt.[77] Wie mögen nun die arabisch-spanischen Liebesgesänge, die natürlich nicht nur, aber doch zu einem erheblichen Teil Schöpfungen von Frauen waren und in ihren Schlußstrophen auf die Frauenlieder der iberischen Halbinsel zurückgingen, tatsächlich geklungen haben? Man hat ebenfalls erst in diesem Jahrhundert entdeckt, daß in Nordafrika, dem Zufluchtsgebiet der aus Spanien vertriebenen Araber, eine fast ungebrochene Fortsetzung dieser Musiktradition existiert. Es ist die sogenannte »klassische Nuba«, eine Folge altüberlieferter Vokal- und Instrumentalstücke von äußerst melodischem Charakter, die in ihrer melancholischen Grundstimmung den europäischen Hörer angenehm berühren. Es ist sicher nicht ganz bedeutungslos, daß das reichhaltige Nuba-Repertoire bis heute vor allem in Mädchenschulen und -konservatorien gepflegt wird.

5 Dritter Barwal aus der tunesischen »Nuba el-Iraq«.

Etwa gleichzeitig mit den großen arabisch-spanischen Dichtersängerinnen begannen in Aquitanien, also in den unmittelbaren südfranzösischen Nachbargebieten, Frauen und Töchter adeliger Familien zu dichten und zu komponieren. Sie nannten sich »trobairitz« und waren die weiblichen Kontrahenten des »trobador«, den man lange Zeit als alleinigen Träger des südfranzösischen Minnesangs angesehen hatte.[78] Aus der Zeit von 1160 bis 1250 sind 21 solcher Frauen bekannt. In schlichter, ungekünstelter Redeweise sprechen sie über sich selbst, über ihre eigenen intimen Gefühle für einen trobador oder einen jungen Adeligen, der durchaus nicht immer ihr Ehemann zu sein braucht. Sie dichten weder im unterwürfigen Ton höfischer Liebe, noch möchten sie selber ritterlich-platonisch verehrt werden. Ihre Texte entsprechen, genau wie die der arabisch-spanischen Sängerinnen, der Realität eines nicht immer erfreulichen Frauenlebens. Eine von ihnen, die im 12. Jahrhundert nordöstlich von Montélimar geborene Gräfin Beatrix de Dia, war als Komponistin ihrer eigenen Gedichte hochberühmt. Leider hat sich nur ein einziges Lied notenschriftlich erhalten.[79] In seiner schlichten, weich fließenden Melodie, in seinem Verzicht auf aufwendige Ornamente, in seinem ruhig fortströmenden Rhythmus und seinem der mittleren Frauenstimme wohlangepaßten Tonumfang scheint es den arabisch-spanischen Frauengesängen auch musikalisch nahezustehen:

6 Aus einem Lied der Beatrix de Dia.

Wie wurden nun diese südfranzösischen Frauenlieder, deren Stil der Romanist Oscar Schultz-Gora einmal treffend als den einer »intimen Nachlässigkeit« bezeichnet hat, ausgeführt und überliefert? Eine notenschriftliche Fixierung kam schon deshalb kaum in Frage, weil auch die selbstbewußteste trobairitz um ihre gesellschaftliche Stellung fürchtete. Selbst wenn ihr Mann schon jahrelang auf dem Kreuzzug war und die Verwaltung der Regierungsgeschäfte allein in ihrer Hand lag, konnte sie doch an einer allzu weiten Verbreitung ihrer intimen Gefühle nicht interessiert sein. Auch im vergleichsweise weltlich orientierten Südfrank-

Abb. 6: Spielweib oder Jogclaresca aus dem Codex von St. Martial. Spätes 10. Jahrhundert.

reich hätte ihr der Kirchenbann drohen können, vom Klatsch der höfischen Gesellschaft ganz abgesehen.
Beatrix de Dia sang darum ihre Lieder selbst, vermutlich vor einem kleinen, ihr vertrauten Publikum. »A una donna qe cante«

lautete die Anweisung an einen ihrer Miniaturisten. Ihre Zeitgenossin Azalais de Porcairages ließ ihre Gesänge von einem »joglar«, einem fahrenden Sänger und Instrumentalisten, direkt vor dem Adressaten vortragen. Wahrscheinlich hatte sie um so mehr Grund zu dieser Vorsichtsmaßnahme, als es sich bei der von ihr besungenen Person um eine Frau, die Herzogin Ermengarde von Narbonne handelte.

»Joglar, du mit dem fröhlichen Herzen,
nimm mein Lied mit nach Narbonne,
mit seiner tornada zu der,
deren Führer Jugend und Freude sind.«[80]

Neben dem Typus des Joglaren gab es auch den der »Joglaresca«. Als gemietete oder gekaufte Musikerin, die oft auch vagabundierend zwischen arabischen, christlich-spanischen und südfranzösischen Fürstenhöfen hin- und herpendelte, war sie eine wichtige Mittlerin zwischen der orientalischen und europäischen Musikkultur. Sozial gesehen gehörte sie der Berufsgruppe der Spielweiber, Akrobatinnen, Dirnen und Wahrsagerinnen an,[81] stand also weit unter der adeligen trobairitz, die ihre Kunst zwar nicht mit ungeteilter Zustimmung der Gesellschaft, aber doch vor dem Hintergrund einer gewissen respektvollen Toleranz betrieb.
Der Typus des Spielweibes sollte noch bis weit ins 19. Jahrhundert hinein in ganz Europa fortleben. Der durch die trobairitz repräsentierte Stand der gesellschaftlich geachteten Profankomponistin hatte in Südfrankreich nur eine Blütezeit von kaum mehr als 100 Jahren. Die sozialen Ursachen für ihr plötzliches Verschwinden sind, trotz vieler einander größtenteils widersprechender Theorien über das Wesen der »höfischen Liebe« noch nicht befriedigend geklärt; sicher hängt es aber mit der zunehmenden Konkurrenzlosigkeit des Christentums und seiner Moralvorstellungen zusammen. Denn bezeichnenderweise wurden ja auch im Spanien des 14. Jahrhunderts die eigentlichen Frauenlieder nur noch von Männern aufgezeichnet. Erst im freigeistigen Klima der italienischen Renaissance sollte Frauen wieder die Chance gegeben werden, als Schöpferinnen hochstehender Kunstkompositionen hervorzutreten, ohne dabei an gesellschaftlichem oder moralischem Renommee einzubüßen.

Anmerkungen

1 Zahlreiche Abbildungen antik-griechischer Musikerinnen bei M. Wegner, Griechenland = Musikgeschichte in Bildern II, 4, Leipzig 1963.
2 M. Wegner, Griechenland, S. 15.
3 Homer, Hermeshymnus, 450ff. Bei den zitierten Schriftstellern der griechischen und römischen Antike richten sich die Versangaben nach der international üblichen Zählung.
4 Hesiod, Theogonie 22, 347ff.
5 Homer, Ilias 2, 596ff.
6 Platon, Phaidros, 245a.
7 H. Koller, Musik und Dichtung im alten Griechenland, Bern 1963, S. 36.
8 H. Koller, Musik und Dichtung, S. 15.
9 Antiphon 6, 11–13.
10 H. Koller, Musik und Dichtung, S. 119.
11 Sappho V, 32ff.
12 Athenaeus, 635.
13 H. Licht, Sittengeschichte Griechenlands, Berlin 1959, S. 130.
14 Plutarch, Erotikos, 763a.
15 H. Koller, Musik und Dichtung, S. 148.
16 H. Koller, Musik und Dichtung, S. 166.
17 Vgl. E. Neumann, Die Große Mutter, Zürich 1956.
18 Pausanias X, 30,3.
19 Herodot I, 199.
20 W. Heck, Betrachtungen zur Großen Göttin, München/Wien 1971, S. 237.
21 E. O. James, The Cult of the Mother-Goddess, London 1959, S. 166.
22 E. O. James, The Cult, S. 151, 167.
23 E. Neumann, Die Große Mutter, S. 168.
24 E. Neumann, Die Große Mutter, S. 279.
25 Stobaeus, Floril. IXXIV, 61.
26 Augustinus I, 123f. Soweit nicht anders angegeben, werden sämtliche Kirchenväter zitiert nach: Bibliothek der Kirchenväter, hrsg. v. O. Bardenhewer, Th. Schermann u. K. Weymann, München o.J.
27 Ausführliches Lexikon der griechischen und römischen Mythologie, hrsg. v. W. H. Roscher. Leipzig 1884–1886, Sp. 1670.
28 G. Wille, Musica Romana, Amsterdam 1967, S. 324.
29 Catull 63, 19–30.
30 Augustinus I, 83.
31 Statius, Theb. 3, 140f.
32 Basileus II, 319.
33 Vgl. G. Wille, Einführung in das römische Musikleben, Darmstadt 1977, S. 190.
34 Ovid, Ars amatoria 3, 315–320.
35 Plinius, Ep. IV 19, 4.
36 Statius, Silves III,5, 63ff.
37 Lucian, Imag. 13f.
38 Laktantius 163.
39 Theophilus 36f.
40 Eusebius I, 130.
41 Augustinus I, 85.
42 Basileus I, 676.
43 Basileus II, 462.

44 Isidori Pelusiotae Ep. I ep.XC = Patrologia Latina, Band LXXVIII, S. 244.
45 Cyrillus, 25.
46 Ambrosius III, 372.
47 Hieronymus, ep. 107, 4.1.
48 Hieronymus, 107, 8, 3.
49 Augustinus VIII, 363.
50 G. Wille, Musica Romana, S. 389.
51 G. Wille, Musica Romana, S. 391.
52 Gregorius von Nyssa, 345.
53 H.W. Tillyard, A Musical Study of the Hymns of Casia, in: Byzantinische Zeitschrift 20 (1911), S. 420–485. Dort auch Gesamtausgabe ihrer Melodien.
54 Die wichtigsten handschriftlichen Überlieferungen finden sich nach Tillyard in: Cod. Athen 833 (Nationalbibliothek Athen) Perg. 4, 357ff; British Museum Add. 27865 u. Add. 36744 u. Harl. 1613.
55 K. Krumbacher, Kasia, in: Sitzungsberichte der philosophisch-philologischen und der historischen Classe der königlich-bayerischen Akademie der Wissenschaften I, 1897, S. 331–337.
56 Augustinus X, 274.
57 Vgl. K. Meyer, Der chorische Gesang der Frauen, Phil. Diss. Berlin 1917, S. 14.
58 Vgl. J. Schuck, Deutsche Frauenmystik des Mittelalters, Düsseldorf 1926, S. 8.
59 Zit. nach Lulu v. Strauss und Torney, Deutsches Frauenleben in der Zeit der Sachsenkaiser und Hohenstaufen, Jena 1927, S. 77.
60 Zit. nach M. Weinhandl, Deutsches Nonnenleben, München 1921, S. 271.
61 Vgl. J. v. Görres, Mystik, Magie u. Dämonie, hrsg. v. J. Bernhard, München/Berlin 1927, S. 211; ferner R. Hammerstein, Die Musik der Engel, Bern/München 1962, S. 43 f.
62 Vgl. W. Kahl, Bilder und Gestalten aus der Musikgeschichte des Rheinlands = Beiträge zur rheinischen Musikgeschichte LIX, Köln 1964, S. 29.
63 Kritische Gesamtausgabe ihrer Lieder: Hildegard v. Bingen, Lieder, hrsg. v. P. Barth, M. I. Ritscher u. J. Schmidt-Görg, Salzburg 1969.
64 Responsorium: ›An die elftausend Jungfrauen‹ (Gesamtausgabe), S. 265.
65 Vgl. Gesamtausgabe S. 16.
66 S. dazu: M. I. Ritscher, Zur Musik der hl. Hildegard, in: Colloquium amicorum (Festschrift Schmidt-Görg), Bonn 1967; J. Schmidt-Görg, Zur Musikanschauung in den Schriften der hl. Hildegard, in: Der Mensch und die Künste (Festschrift H. Lützeler), Düsseldorf 1962.
67 J.B. Pitra, Analecta sacra, Tom. VIII, S. 385 f.
68 H. v. Bingen, Briefwechsel, Salzburg 1965, S. 201.
69 H. v. Bingen, Briefwechsel, S. 239ff.
70 O. Ursprung, Die Gesänge der hl. Hildegard, in: Zeitschrift f. Musikwissenschaft V, H. 19, S. 344ff.
71 Vgl. M. I. Ritscher, Zur Musik der hl. Hildegard.
72 S. Stern, Hispano-Arabic Strophic Poetry, Oxford 1947, S. 61 f.
73 Gesamtausgabe der Texte: J. J. Nunes, Cantigas d'amigo dos Trovadores Galego-Portugeses, 1926.
74 S. Stern, Hispano-Arabic Poetry, S. 59f.
75 Biographisches Material vor allem bei A. R. Nykl, Hispano-Arabic Poetry and its Relations with the Old Provencal Troubadours, Baltimore 1946.
76 Wahlspruch der arabisch-spanischen Dichtersängerin Wallada, vgl. dazu A. R. Nykl, Hispano-Arabic Poetry, S. 107.

77 Al-Maqqari, Analectes sur l'histoire et la littérature des Arabes d'Espagne, II, Leiden 1855–1861, S. 356.

78 S. dazu Schultz-Gora, Die provencalischen Dichterinnen, Thorn 1886; neuerdings auch M. Bogin (The Women Troubadours, New York 1976), die das Problem allerdings vorwiegend soziologisch und literaturwissenschaftlich behandelt.

79 Abgedruckt bei F. Gennrich, Der musikalische Nachlaß der Troubadours, Darmstadt 1958, S. 48.

80 Übersetzt nach M. Bogin, The Women Troubadours, S. 94.

81 Grundsätzlich vgl. W. Salmen, Der fahrende Musiker im europäischen Mittelalter, Kassel 1960; ferner R. Menendez Pidal, Poesía Juglaresca, Madrid 1957.

GEISTLICHE FRAUENLIEDERBÜCHER DES FÜNFZEHNTEN JAHRHUNDERTS

Das Wienhäuser Liederbuch

In den vierziger Jahren dieses Jahrhunderts entdeckte der Germanist Paul Alpers eine der aufschlußreichsten Quellen spätmittelalterlicher Liedkunst in Norddeutschland. Ihr Fundort: das evangelische Damenstift und ehemalige Zisterzienserinnenkloster Wienhausen bei Celle; ihre Schöpferinnen: mindestens fünf verschiedene Nonnen, von denen zwei, die »Jungfer Gertrud Bunge« und die »Kathrina ebdische in Wynhusen« namentlich ausgemacht werden können.[1] Die Autorschaft der Kathrina gibt gleichzeitig einen Hinweis auf die Entstehungszeit des Werkes: eine adelige Äbtissin (»ebdische«) namens Katherina von Hoya war von 1422 bis 1470 im Amt, woraus sich folgern läßt, daß das Liederbuch etwa um die Mitte des 15. Jahrhunderts herum geschrieben worden sein muß. Auch die Klosterchronik vermerkt unter dem Jahr 1470, daß die Äbtissin ein Buch mit »Antiphonien und allerhand Gesängen auf den Chor zu singen« habe anlegen lassen.[2] Eines der schönsten Stücke, das Lied Nr. 24, stammt von ihrer eigenen Hand. Die auffallende notenschriftliche Präzision von zwei weiteren Liedern (Nr. 13 und 25) läßt vermuten, daß sie auch hier selbst zur Feder gegriffen hat.

Wie ist es nun zu erklären, daß ein entlegenes Frauenkloster in der Lüneburger Heide mit einer nicht einmal sehr alten Tradition – es war erst 1221 vom Pfalzgrafen Heinrich und seiner Frau Agnes von Meißen gestiftet worden – zu einem Zentrum weiblicher Kreativität, zu einer Pflegestätte weiblicher Liedkunst werden konnte? Und wieso war es gerade die Synthese von lateinischem Hymnus, jahreszeitlicher Liturgie und niederdeutschem weltlichen Lied, die die Nonnen dieses Klosters zu ihrer spezifischen musikalischen Ausdrucksform machten?

Seit Beginn des 15. Jahrhunderts hatte die vom nahe gelegenen Holland ausgehende »Deventerer Bewegung« auch in einigen westfälischen und niedersächsischen Diözesen an Einfluß gewonnen. Diese neue religiöse Richtung, die auch unter dem Namen »devotio moderna« bekannt ist, stand in gewissem Gegensatz zur offiziellen Theologie und zur in Regeln erstarrten Glaubenswelt der Orden. Religionspsychologisch der Mystik

Abb. 7: Kloster Wienhausen im 17. Jahrhundert. Nach dem Kupferstich in Matthäus Merians Topographie.

verwandt, trat sie für das Ideal einer persönlichen, volkstümlichen, ja weltlich orientierten Frömmigkeit ein. Ihre Anhänger, neben Angehörigen des Klerus auch Laien beiderlei Geschlechts, nannten sich »Brüder und Schwestern vom gemeinsamen Leben«. Sie widmeten sich der geistlichen Andachtsübung, aber auch der praktischen Arbeit in Landwirtschaft, Handwerksbetrieb und Schreibstube, standen also zwischen Kirche und Welt. Ähnlich wie im Falle der Mystik waren es auch hier wieder die Frauen, die sich scharenweise der neuen Reformbewegung anschlossen. Garantierte sie ihnen doch eine Anzahl von Rechten und ein sinnvolles praktisches Betätigungsfeld.

In rascher Folge wurden Schwesternhäuser »vom gemeinsamen Leben« in Münster, Wesel und Hildesheim gegründet. Sie standen in intensiver Wechselbeziehung mit den Klöstern der Augustinerinnen und Zisterzienserinnen, nahmen zum Teil auch deren Ordensgelübde an, ohne indessen ihre ursprünglichen Ideale aufzugeben. Auf welchen Wegen das Gedankengut der Deventerer Bewegung in das Frauenkloster von Wienhausen gelangte, läßt sich im einzelnen kaum rekonstruieren. Der Herausgeber des Liederbuchs versucht mit Hilfe einer reichlich verworrenen Argumentation zu beweisen, daß die Lehre den Nonnen aufgezwungen worden sei und ihr ursprünglich reges musikalisches Leben beschnitten hätte.[3] Dem widersprechen jedoch viele von ihm selbst angeführte Tatsachen: so wurde z. B. in der zweiten Hälfte des 15. Jahrhunderts ein kostbar ausgestattetes Responsoriale für die Nachtoffizien angelegt (seine Schreiberin war vermutlich dieselbe »Jungfer Gertrud Bunge«, von der bereits die Rede war), so wurde 1469 auch die Vorschrift erlassen, »daß die Hauptmesse nicht wie vorhin von den Geistlichen und der jungfräulichen Versammlung sollte abgesungen werden, *sondern allein von den Jungfrauen*«[4]. Kurz nach 1489 wurde sogar eine »Orgel gebauet von denen Patrona«. Den Nonnen wurden also musikalisch-liturgische Privilegien zugestanden, von denen in der eigentlichen Ordensregel keine Rede war.

Die Frauen von Wienhausen musizierten aber nicht nur im Gottesdienst, sondern auch bei der täglichen Arbeit. Während sie im »werkhuiss« stickten, nähten und webten, gab eine Vorsängerin belehrende, erzählende und unterhaltende Gesänge zum besten. So erklärt sich auch die große Anzahl von Balladen und gereimten Fassungen der biblischen Geschichte im Wienhäuser Liederbuch. Auf dem ersten Blatt befindet sich die älteste bisher bekannte Version der ›Vogelhochzeit‹; die Melodie zum sogenannten ›Breslauer Judenfrevel‹ von 1453 soll eine der frühesten Balladenweisen des deutschen Sprachgebiets sein.

Wenn sich die Nonnen nach der Arbeit zur privaten Andacht in ihr »hoksken« oder »kämmerlin« zurückzogen, dann sangen sie natürlich keine Reigen, Balladen und Gesellschaftslieder, sondern persönlich gehaltene »devoet gesengk« voll »sotichkeit und ynnichkeit«. Sie handelten vom Leiden Christi, von Jesus und der minnenden Seele und immer wieder vom Kind in der Krippe und der Jungfrau Maria. Da das Anlegen von Notenbüchern zu den pflichtmäßigen Arbeiten der »Schwestern vom gemeinsamen Leben« gehörte,[5] wird die Äbtissin Katherina ihre Nonnen dazu angehalten haben, besonders gelungene Schöpfungen für den musikalischen Hausgebrauch zu fixieren. Auf diese Weise ist die Entstehung dieser einzigartigen Liederhandschrift zu erklären.

Das Wienhäuser Liederbuch enthält insgesamt neunundfünfzig Stücke, von denen siebzehn in lateinischer Sprache, sechs in einem Gemisch aus Latein und Deutsch und siebenunddreißig in Niederdeutsch abgefaßt sind. Fünfzehn dieser Lieder sind mit Melodien versehen. Die Notierungsweise, eine mehr oder weniger korrekt ausgeführte Form der gotischen Hufnagelschrift, deutet darauf hin, daß die Komponistinnen musikalisch versiert waren. Man muß annehmen, daß sie sogar einen musiktheoretischen Elementarunterricht genossen hatten, denn im benachbarten Frauenkloster Ebstorf bei Uelzen hat sich ein regelrechtes Schulwerk mit Kapiteln über Tonsystem, Notenschrift und Instrumentenkunde erhalten. Rhythmische Prägnanz ist der Wienhäuser Notierung allerdings nicht gegeben, was jedoch auch ein

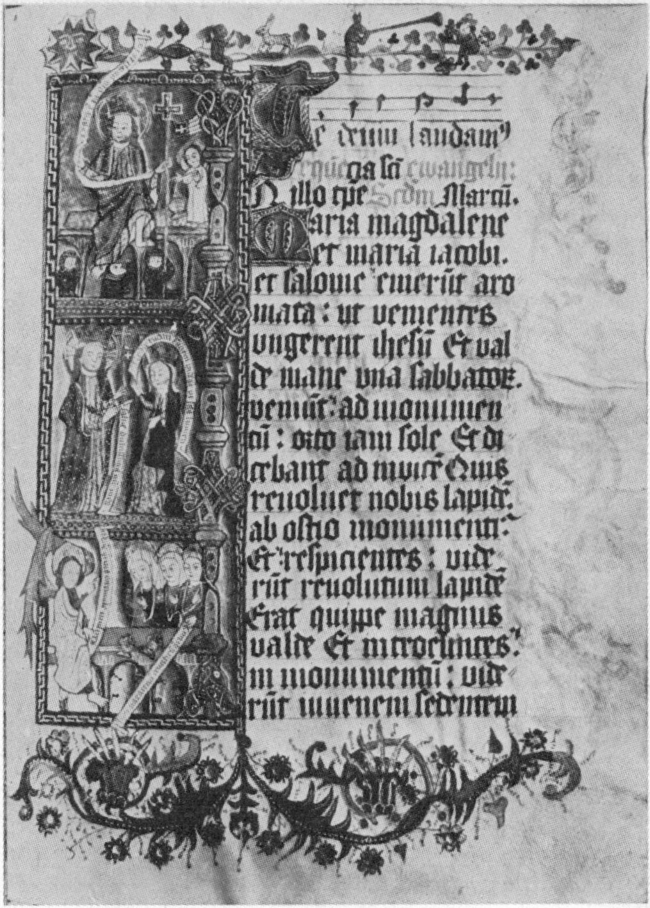

Abb. 8: Seite 29 aus dem »Wienhäuser Liederbuch«.

Indiz dafür sein kann, daß die Lieder frei und gedehnt vorgetragen wurden, also sehr viel Spielraum für die individuelle Phantasie ließen.
Von den fünfzehn Melodien des Wienhäuser Liederbuches sind nur fünf durch ältere weltliche oder geistliche Quellen vorgegeben. Die restlichen zehn finden hier ihre erste Niederschrift und sind damit wohl als individuelle Schöpfungen der Nonnen,

zumindest aber als spezifisches Liedgut des Frauenklosters anzusehen.[6] Es sind die Lieder mit den Titeln:

Puer natus hodie
Puer natus in betlehem
Missus est per sidera
Tempus adest gratia
Non sum oris perdita
Guden rat hebbe ik vornomen
Hef up dyn cruce
In Tyden van den iaren
Dilectus meus loquitur mihi
Eyn maget wys unde schone

Die bereits bekannten Melodien scheinen zum Standardrepertoire spätmittelalterlicher Nonnenklöster gehört zu haben, da sie in fast identischer Form auch im »Liederbuch der Anna von Köln« und im »Liederbuch der Katherina Tirs«, also in inhaltlich vergleichbaren Frauenhandschriften auftauchen. Einige der in Wienhausen entstandenen Lieder erreichten später großen Bekanntheitsgrad und gingen als feste Bestandteile in das deutsche Volks- und Kirchenliedrepertoire ein.

7 ›Eyn maget wys unde schone‹ aus dem Wienhäuser Liederbuch.

Die Wienhäuser Handschrift enthält so verschiedene Liedtypen wie lateinische Hymnen, niederdeutsche Andachtsgesänge und historische oder zeitgeschichtliche Balladen. Das Lied »Dilectus meus loquitur mihi« ist zur ersten Gruppe zu rechnen. Es wurde zur Einkleidung der Wienhäuser Nonnen, also zu einem feierlichen und tief in das Leben dieser jungen Frauen eingreifenden Anlaß gesungen. Dementsprechend sorgfältig ist auch seine musikalische Ausgestaltung. Schon die reichen Melismen und Verzierungen deuten darauf hin, daß es sich nicht um einen gemeinschaftlich vorzutragenden Chorgesang, sondern um ein Sololied mit recht hohen technischen Anforderungen handelte. Seine eindringliche Melodie hebt sich bereits von der Ebene kirchentonaler Bindungen ab. Sie enthält sogar einen charakteristischen Nonensprung, also ein kühnes, fast dissonant wirkendes Intervall:

8 Motiv aus einem Hymnus des Wienhäuser Liederbuches.

In der Intensität ihres Eingehens auf den Textinhalt, der seinerseits an das zweite Kapitel des Hohen Liedes Salomons anknüpft, wirkt diese Melodie fast wie eine italienische Arie aus der Zeit Monteverdis. Der Zug zum Subjektiven, zur Erlebnisgestaltung und zur Nutzung der vokalen Ausdrucksmöglichkeiten wird deutlich fühlbar. Formal betrachtet wird der gregorianische Melodieabschnitt, der den ersten Teil des Ganzen ausmacht, mit drei verschiedenen Hymnenweisen verbunden, so daß eine fest umgrenzte Vierteiligkeit entsteht. Hierbei entwickelt sich die erste Hymne (»Veni sponsa salvatoris«) aus dem gregorianischen Melodiematerial, während die beiden folgenden keine thema-

9 ›Dilectus meus loquitur mihi‹. Hymnus aus dem Wienhäuser Liederbuch (Ausschnitt).

tischen Bindungen eingehen. Diese ungewöhnliche Kompositionstechnik wird auch vom Herausgeber Sievers, der im allgemeinen den Anteil an »Kontrafakturen«, also an melodischen Übernahmen aus dem weltlichen Liedrepertoire, erheblich überschätzt, als »ein aufschlußreiches Zeugnis eigenschöpferischer Leistung« bezeichnet.
In deutlichem Gegensatz zu diesem kunstvollen Sologesang steht das schlichte niederdeutsche Andachtslied »Heff up dyn cruce, myn alderleveste brut«. Es ist ganz im Geist der populären Mystik, der religiösen Minnedichtung geschrieben. In einfach gehaltenen Wechselstrophen schildert es ein Zwiegespräch zwischen dem Bräutigam Christus und der jungen, gläubigen Frau, die jedoch ihrer Sache noch nicht ganz sicher ist. – Wenn man sich nur an den Notentext hält, dann mag man dieses Andachtslied, das für achtzehn verschiedene Strophen immer die gleiche schlichte Melodie vorsieht, vielleicht für eintönig, ja sogar für ein wenig primitiv halten. Ein solches Urteil ginge aber an der Realität spätmittelalterlicher Aufführungspraxis vollkommen vorbei. Man muß zunächst damit rechnen, daß die Sängerin Töne und Tonbewegungen, Verschleifungen, Triller und Vibrati ausführte, die in einem für heutige Begriffe befremdlichen Maß von der notierbaren Tonskala abwichen. Zum anderen wurden gerade die melodisch unkomplizierten und damit für den Ensemblevortrag geeigneten Lieder von lebhafter Instrumentalbegleitung untermalt, die je nach Situation und Bedarf wechselte und darum gar nicht erst schriftlich festgehalten wurde. Das Notenbild gibt also kaum mehr als einen abstrakten Ausschnitt des wirklichen Klangeindrucks wieder.

10 ›Heff up dyn cruce‹. Niederdeutsches Andachtslied aus dem Wienhäuser Liederbuch. Erste Strophe.

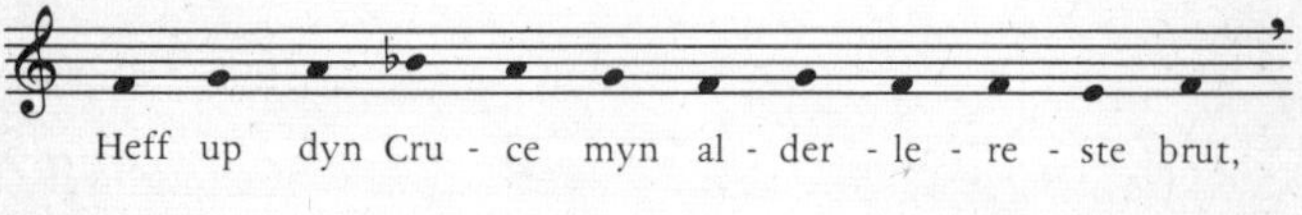

Welch großen Wert gerade die Nonnen von Wienhausen auf instrumentale Begleitung legten, ist schon allein daraus zu ersehen, daß die Deckengemälde und Wandteppiche des Klosters musizierende Engel mit dem gesamten zeittypischen Instrumentarium wie Flöte, Harfe, Psalterium, Hackbrett, Rebekka, Fidel und Laute zeigen. Auch die praktische Handhabung dieser Instrumente ist deutlich und zugleich sachverständig dargestellt.

Man muß also davon ausgehen, daß es sich bei diesen Abbildungen um Reflexe der klösterlichen Musikpraxis handelt.
Mit besonderer Liebe sind die Weihnachtsgesänge ausgestaltet, die zum Teil als individuelle Schöpfungen der Nonnen, zum Teil als Übernahmen weltlicher Tanzlieder anzusehen sind. Aus ihren Texten geht hervor, daß die Frauen von Wienhausen sehr realistisch mit »ihrem« Jesuskind umgingen, an dem sie möglicherweise brachliegende Muttergefühle abreagierten. So hatten sie die Vision, es baden, betten, ja sogar stillen zu können. Ganz sicher stellten sie auch eine Wiege im Kirchenschiff auf, um die sie zu Weihnachten singend herumtanzten:

»Nun wege, wege dat kindeleyn
et plane iubilemus –
dat plassede jo myt den hendeken –
et fortiter cantemus.«

Fast alle Advents- und Weihnachtslieder wurden im wohlabgemessenen Wechsel von Solistin und Nonnenchor gesungen, wie z. B. dieser lateinische Gesang zum Fest der Verkündigung Marias:

11 ›Missus est per sidera‹. Adventslied aus dem Wienhäuser Liederbuch.

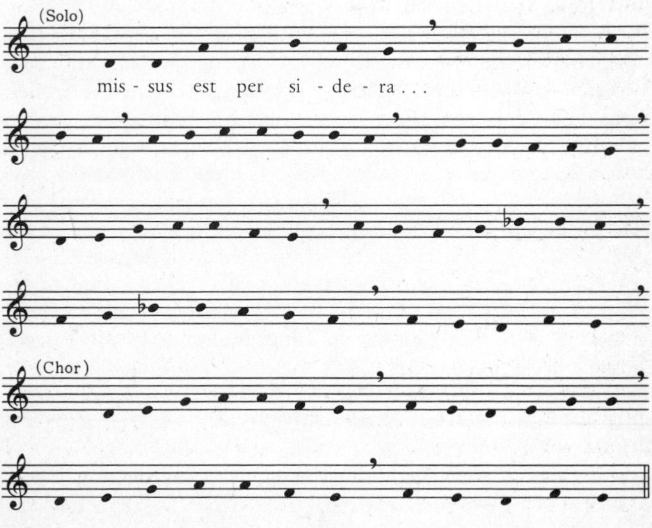

Im Gegensatz zum Wienhäuser Liederbuch, das zwar zahlreiche individuelle Schöpfungen enthält, aber als Ganzes gesehen doch das kollektive Werk mehrerer Nonnen ist, muß die Liederhandschrift der »suster catharyna Tyrs« bereits als ausgesprochene Einzelleistung betrachtet werden.[7] Zweiundsiebzig der insgesamt achtzig Lieder stammen von ihrer Hand, die restlichen acht wurden entweder von Zeit- und Glaubensgenossinnen oder von späteren Bearbeiterinnen eingeschaltet. Über das Leben der »suster« ist so gut wie nichts bekannt, weil bisher weder Musikwissenschaftler noch Theologen den ernsthaften Versuch unternommen haben, in dem gutbestückten Archiv des Augustinerinnenklosters Niesing bei Münster nach der Biographie dieser scheinbar so unbedeutenden Nonne zu forschen. So ist man auf die spärlichen Hinweise angewiesen, die Katherina und ihre Schwestern selber geben. Auf einer Seite der Handschrift findet sich die Bemerkung:

> »Catherina Tirs byn ick genanth. Ick stelle alle myne sake in godes hant.«

Und in einem »memoirenboick« des Klosterarchivs heißt es, daß am 3. August 1604 der »jartyd (Todestag) unser leven seligen suster catharyna Tyrs« gewesen sei. – Der gesellschaftliche und liturgische Stellenwert des Musizierens wird im Kloster Niesing ein ähnlicher gewesen sein wie in Wienhausen, denn auch hier praktizierten die Nonnen die Lebensform der »vita communis«, also des »gemeinsamen Lebens«. Allerdings scheinen sie in den rund achtzig Jahren, die zwischen der Entstehung der beiden Handschriften liegen, noch mehr dazu übergegangen zu sein, durch Tätigkeiten wie Handarbeit, Schulunterricht und Krankenpflege an der außerklösterlichen Umwelt teilzunehmen. Dafür spricht der auffallend hohe Anteil weltlicher Stilformen im Liederbuch der Katherina: sie versucht das altdeutsche Stadt- und Landlied, den Typ des Vortrags- und Tagelieds, die Liebesklage, den Maiengesang und die Ballade, also eine Fülle lebendig erfahrener Eindrücke aus der volksmusikalischen Realität, in die Sprache der populären Mystik umzusetzen und den Singgelegenheiten des Klosters anzupassen. Die Wirren der Reformation und die Unruhen der Wiedertäufer, die in anderen Klöstern einen starken Rückgang des Frauengesangs bewirkten – von der Wienhäuser Äbtissin Katherina Remstede wird berichtet, daß sie beim Einzug des Protestantismus zahlreiche Liederbücher vernichtete –, tun der Komponierfreudigkeit dieser Nonne keinen Abbruch. In einer Epoche religiöser und sozialer Umwälzungen hält sie so unbeirrt an den musikalischen Ausdrucksformen der »Schwestern vom gemeinsamen Leben« fest, daß ihre Melodien wie Relikte aus einer vergangenen Zeit wirken. Auch heute noch werden sie als »letzte Quelle für das geistliche Lied des Mittelalters auf deutschem Boden« bezeichnet.[8]

Auf den ersten sechzehn Blättern ihres Liederbuches hat Katherina lateinische Weihnachtslieder mit Noten festgehalten. »Hier begynnen suverlike ledekens van der geborten unseres heren Jesu Christi«, schreibt sie darüber. Die Melodien sind zum Teil bekannt, zum Teil singulär. Aber auch die bekannten erfahren durch Katherina eine so starke Umgestaltung, daß man von einer eigenschöpferischen Leistung sprechen kann. Die Titel der mit Noten versehenen Weihnachtslieder lauten:

1. Ave gratia plena
2. Ad festum leticie
3. Jure plaudant omnia
4. Gaudent in domino
5. Universi populi
6. Totus mundus sit iocundus
7. Verbum caro factum est
8. Omnis mundus iocundetur
9. Puer natus in bethlehem
10. In dulci iubilo
11. Pacis dator hodie
12. Sunt impleta que praedixit
13. Procedentem sponsum de talamo
14. Puer nobis nascitur
15. Jubilemus puero
16. Quem nunc virgo peperit.

Katherinas ganzer Weihnachtsliederzyklus zeichnet sich durch große stilistische Geschlossenheit aus. Die Melodien sind einfach und taktfest, sie pendeln in der Regel im Dreiklang- und Oktavrahmen und haben gelegentlich pentatonischen Einschlag. Der tonale Gesamtcharakter bewegt sich fast ausschließlich im Durbereich. – Katherina scheint also dem Ideal eines volkstümlichen Spielmanns- und Musikantentums nahegestanden zu haben, das man gewöhnlich aus der Kirche zu verdrängen suchte. Auch die lebhaft-beschwingten Rhythmen ihrer Lieder lassen keinen Zweifel daran, daß es sich fast immer um ausgesprochene Tanzmelodien, um Reigengesänge zum »Kindelwiegen« handelte.

Das Lied Nr. 15 läßt geradezu die Assoziation von Händeklatschen und Springen, von Fidel- und Trommelklang aufkommen:

12 ›Jubilemus Puero‹. Kindelwiegengesang aus dem Liederbuch der Katherina Tirs.

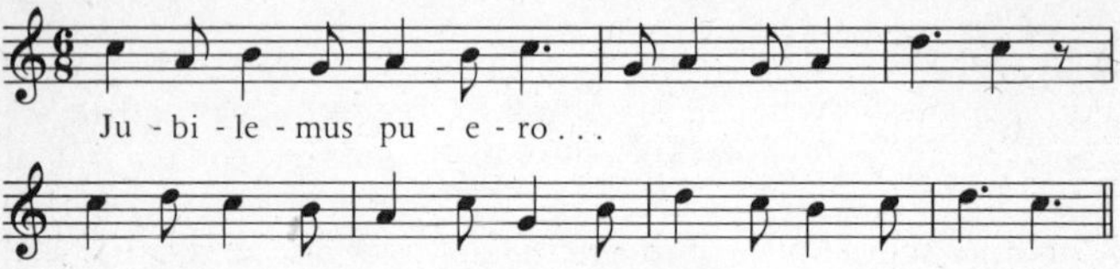

Die Umgestaltungen bereits bekannter Melodien sind durchweg verselbständigte Diskant- oder Übersingstimmen, mit denen der »tenor«, also die überlieferte Liedweise, begleitet wurde. Der Musikwissenschaftler Salmen vermutet, daß die »suster« Katherina im Chor den Diskant zu singen pflegte und lediglich diese für sie bedeutsame Partie in ihrem Liederbuch festhielt.[9] Möglicherweise verwandte sie aber auch soviel Sorgfalt auf die Erfindung »ihrer« Diskantstimme – ihre ganze Lust am individuellen Ausschmücken und Variieren konnte sich hier ausleben –, daß der ursprüngliche Begleitcharakter in Vergessenheit geriet und die neue Melodie als gleichberechtigte oder gar stellvertretende Version neben der alten weiterlebte.

13 Diskantmelodie aus dem Liederbuch der Katherina Tirs.

Wenn Katherina zwischen »Diskant« und »Tenor« zu unterscheiden wußte, dann läßt das den Schluß zu, daß im Frauenkloster von Niesing die Praxis eines mehrstimmigen, mindestens aber zweistimmigen Chorgesangs gepflegt wurde. So ist auch in ihren Liedtexten mehrmals vom »Singen im hogem thone« die Rede. An einer Stelle werden sogar die »junckfrowen« dazu aufgefordert, den Tenor zu halten »na mesterliker kunsten«. Aus dem gleichen Text geht außerdem hervor, daß die tiefen Stimmen von Männern übernommen wurden, eine Tatsache, die sogar auf eine vier- bis fünfstimmige Gesangspraxis hinweisen kann und darüber hinaus alle Vorstellungen von der Trennung der Geschlechter beim klösterlichen Musizieren über Bord wirft:

»Gy papen, synget up jw choer,
gy junckfrowen, holdet den tenor
na mesterliker kunsten.
Och synget gemeynilike man und wyff,
mer vuricklicke dan alto styff,
beweyset dem kynde juwen gunsten.«

Katherina schrieb also ihre Lieder vor dem Hintergrund eines feurigen (vuricklicke), mehrstimmigen, gemischten Chorgesangs, in dem die Männerstimmen für das harmonische Fundament, die Frauenstimmen aber für die Melodie und die kunstvollen Diskantkoloraturen zuständig waren. Sie selbst als offenbar geschulte Sopransängerin leitete ihre Spezialität, das Übersingen und Variieren in hoher Tonlage, von den Liedern der Engel an der Krippe her, deren Sprache sie sich, in Analogie zu den in ihrem Kloster üblichen lateinisch-niederdeutschen Mischgesängen, als ein Ineinanderfließen von »latyn« und »welsch« vorstellte:

»Se hoven eynen sanck up al gelick,
ick weit, weert latyn of welsch is,
tis allen discant ungelick,
eth het: gloria in excelsis!
Och hedde ick gehort den soiten sanck,
worde wyse und stemmen clanck,
ick singe och in excelsis.«

Legte schon die rhythmische Struktur der »Kindelwiegengesänge« die Vermutung nahe, daß Katherinas Lieder von einfachen Rhythmusinstrumenten begleitet wurden, so weisen ihre Liedtexte eindeutig auf eine derartige Praxis hin: der Gesang zu Ehren des Jesuskindes sollte so »vuricklicke« sein, daß er sich »boven alle snaren und klyngen«, also »über alle Schnarren und Klingeln« erhob, wobei unter »snaren« sicherlich jene Holzklappern zu verstehen sind, mit denen noch heute in vielen Gegenden Deutschlands die Karfreitagsgesänge der Kinder begleitet werden. Katherinas Diskantstimme zu dem bekannten Weihnachtslied »In dulci iubilo« – ihr lateinisch-niederdeutscher Mischtext umfaßt übrigens zwei Zeilen mehr als die heute übliche Version – ist ganz auf dieses im wahrsten Sinne des Wortes »glockenreine« Klangideal zugeschnitten. Man kann sich ohne weiteres vorstellen, wie sich der klare Sopran über die Männerstimmen und den schlichten »tenor« der »junckfrowen« hinausschwang, um sich mit dem hellen Klang von »snaren« und »klyngen« zu vermischen:

14 Diskantmelodie zu ›In dulci iubilo‹ aus dem Liederbuch der Katherina Tirs.

Das Liederbuch der Anna von Köln

Das wichtigste Zentrum der religiösen Frauenbewegung des Spätmittelalters war zweifellos die Stadt Köln,[10] der Entstehungsort eines weiteren geistlichen Frauenliederbuches. Schon im Jahre 1299 wurden hier 88, wenige Jahrzehnte später sogar 169 sogenannter »Beginenkonvente« gezählt, worunter man nach zeitgenössischer Terminologie »Einungen« oder »Vergaderungen« von unverheirateten bzw. verwitweten Frauen verstand. Wenn man sich vor Augen hält, daß die Konvente zuweilen die Größe dörflicher Ansiedlungen erreichen und bis zu sechzig Beginen beherbergen konnten, dann bekommt man eine Vorstellung davon, welchen Einfluß diese Frauenbewegung auf Kultur- und Gesellschaftsleben der Stadt Köln ausgeübt haben muß. Der englische Geschichtsschreiber Matthäus Paris wunderte sich bereits im 13. Jahrhundert darüber, daß sich »die Anzahl gewisser Frauen, die das Volk ›Beginen‹ nennt ... zu Tausenden und Abertausenden in unglaublicher Weise mehrte«[11].
Köln war im späten Mittelalter mit über 30000 Einwohnern nach Paris, Gent und Brügge die größte Stadt Europas. Der auch in anderen Städten zu verzeichnende Frauenüberschuß machte hier

ein Fünftel der Gesamtbevölkerung aus. Für alle diese Frauen gab es, wenn sie nicht gerade als Bademagd, Prosituierte, Waschfrau oder Kohlenträgerin arbeiten wollten, keine Möglichkeit einer respektablen beruflichen Betätigung, denn Gewerbe und Handwerk waren fast durchweg den Männern vorbehalten. Nur in den Beginenkonventen, die sich mitten im Stadtzentrum, so etwa auf der Stolkgasse, der Komödien- und Marzellenstraße etablierten, durften sie alles das tun, was ihnen im bürgerlichen Leben unmöglich gemacht wurde: berufsmäßig Garn, Seide und Gold spinnen, Teppiche besticken und Bücher abschreiben, Kranke pflegen und Mädchen unterrichten, ja sogar Mehl mahlen und Bier brauen. Die Attraktivität dieser Einrichtungen war so groß, daß sich schon vom 13. Jahrhundert an Frauen aus allen sozialen Schichten, vom Bauernstand bis zum Patriziat, um die Aufnahme bewarben.

»Anna van Collen«, die erste Besitzerin des nach ihr benannten, um 1500 entstandenen Liederbuchs[12], wird die »Mutter« einer solchen Frauengemeinschaft gewesen sein. Sie hatte den reibungslosen Ablauf der Arbeiten zu überwachen, die finanziellen Angelegenheiten des Konvents zu regeln, aber auch für ein harmonisches Zusammenleben der Frauen und für die Aufrechterhaltung der Statuten zu sorgen. Dazu gehörte unter anderem, daß Männern nur in dringenden Fällen Einlaß gewährt wurde. Hatten doch die »devote mulieres«, also die »frommen Frauen«, immer wieder größere Belästigungen von seiten der örtlichen Pfarrgeistlichkeit zu erdulden.

Es ist anzunehmen, daß »Anna van Collen« ihr Liederbuch für den gemeinschaftlichen Gesang in der hauseigenen Kapelle und im großen Aufenthaltsraum von mehreren Beginen zusammenstellen ließ. Auf chorische Praxis weisen zumindest die vielen Auftakte – offenbar zum Einstimmen bestimmte Anfangstöne – und die häufigen Kehrreime hin. So wurde zu Ehren der Jungfrau Maria gesungen:

»Sine viro	Ohne Mann
virgula de flore	du Blütenzweig
modo miro.	von wunderbarer Art.«

Ganz sicher wurde der »hoge« Frauenchor von einer Orgelspielerin begleitet, worauf wiederum ein Liedtext hindeutet:

»Nun willen wir syngen myt vrouden hoge
cum cantibus in choro,
cum cantibus in organo,
dat ons dat kyntgen blyve.«

Das »Liederbuch der Anna van Collen« ist mit insgesamt 82 geistlichen Melodien »unsere inhaltsreichste deutsche Quelle, die Aufschluß ermöglicht über Gehalte und Formen spätmittelalterlicher Volksfrömmigkeit, über das Musikleben in einem bürgerlichen Schwesternhaus«[13]. Fünfunddreißig Stücke sind singulär, die restlichen gehören zum Gemeingut rheinisch-westfälischer Beginenkonvente. Insgesamt vierundzwanzig sind mit Melodien versehen. Da in nur zwei Fällen die Autoren namentlich genannt werden – es handelt sich konkret um Martin Luther und Thomas von Kempen –, wird man die übrigen als Schöpfungen von Beginen ansehen müssen. Natürlich ist auch hier die Nähe zur volksmusikalischen Umgebung unverkennbar: da die Beginen zum Teil erst in reiferem Alter in das Konvent kamen bzw. durch ihre karitative Tätigkeit regen Anteil am Kölner Volksleben nahmen, war ihnen dessen Musik mit ihren Liebes-, Trink- und Fastnachtsgesängen aufs beste bekannt. Auch von der Sprache des Volkes, dem »kölschen« Dialekt des 15. Jahrhunderts, vermochten sie sich so wenig zu lösen, daß sie sogar die altüberlieferte, ursprünglich lateinisch konzipierte Mariensequenz »Ave praeclara maris stella« dem Lautbestand der regionalen Mundart anpaßten.[14] Bei einem solchen Übersetzungsvorgang mußte die auf den lateinischen Text zugeschnittene Melodie so weitgehend verändert werden, daß auch in dieser Adaptation eine gewisse schöpferische Leistung zu sehen ist.

15 Mariensequenz ›Ich grois dich gerne‹ aus dem Liederbuch der Anna von Köln (Ausschnitt).

Ebenso wie der »suster Catharyna Tyrs« war auch den Urheberinnen des »Liederbuchs der Anna von Köln« das Weihnachtslied ›In dulci iubilo‹ bekannt. Im Gegensatz zu Katherina, bei der sich die mehrstimmige Konzeption nur rekonstruieren läßt, notieren die Kölner Beginen das Lied von vornherein zweistimmig. Der feministischen Organisation der Beginenkonvente entsprechend ist es nur für Frauenstimmen, für Sopran und Alt, geschrieben. Die zweistimmige Anlage ist trotz äußerster Schlichtheit nicht ohne Originalität: Während der ersten beiden Textzeilen (in dulci iubilo/Synget und weset vro) übernimmt der Sopran die Melodieführung, während der Alt nur einfache Begleittöne liefert. Danach werden die Rollen gewechselt: die Altistinnen singen den »tenor«, und die Sopranistinnen schwingen sich auf zur Höhe des begleitenden und variierenden Diskants. Beide Stimmen verlaufen nun in einfacher, stufenweiser Gegenbewegung oder auch in parallel geführten Quinten nach Art der mittelalterlichen Organa.

16 ›In dulci iubilo‹. Zweistimmige Fassung aus dem Liederbuch der Anna von Köln.

Das »Liederbuch der Anna von Köln« ist, trotz thematischer Schwerpunkte wie Weihnachten, Marien- und Heiligenverehrung, sehr viel weltlicher orientiert, als die niedersächsischen und westfälischen Handschriften. Sicher wird man hier auch die sinnenfreudige Ausrichtung des rheinischen Katholizismus in Rechnung stellen müssen. Wenn von der Liebe zu Jesus die Rede ist, dann singen und dichten die Beginen im Ton derber erotischer Lieder: »Ihr« Jesus hat »bruyn oeugelgyn«, er »benympt . . . alle Synne«, er erscheint als Mundschenk, nächtlicher Besucher oder gar als verführerischer Spielmann. Besonders witzig ist das Lied von der kranken Begine, die eben zur Ader gelassen wurde und sich dann auch noch der Zudringlichkeiten ihres Herrn Jesus erwehren mußte:

»Gelaissen had eyn sustergyn
und sy gink in ir kemmergyn.
Jesus quam zo ir gegaen
und wolt ein kosen myt ihr han.
Nu ganck, her Jesus, nu ganck!
Ick han gelaissen und ick bin kranck!«

Bezeichnenderweise wählt die Komponistin keine fromme Hymnenmelodie, sondern einen städtischen Maien- und Reigentanztypus als musikalisches Ausdrucksmittel, wobei sie sich nicht einfach darauf beschränkt, ein gegebenes Vorbild zu übernehmen. Sie paßt ihn vielmehr dem halbgeistlichen Kontext an – die widerspenstige Begine entpuppt sich natürlich im Verlauf des Liedes als die kranke Seele, die bei Jesus Trost findet –, indem sie statt lebhafter Tanzrhythmen einen ruhigen erzählenden Ton anschlägt. Auf diese Weise entsteht ein »carmen devotum in tono et notis carminis secularis«, also ein »frommes Lied in Ton und Melodie weltlichen Gesanges«[15], wie es in zeitgenössischen Quellen heißt:

17 ›Gelaissen hat eyn sustergyn‹. Aus dem Liederbuch der Anna von Köln.

Katherina Tirs, die Nonnen von Wienhausen und die Beginen um Anna von Köln: sie alle sind natürlich keine Komponistinnen anspruchsvoller musikalischer »Kunstwerke«. Es wäre auch völlig unsinnig, ihre Liedproduktion nach derartigen Kriterien zu

Abb. 9: Jesus als Spielmann (links) und Liebhaber (rechts).

beurteilen: schöpften sie doch nur aus einer unverbildeten Musikalität, aus der Volks- und Spielmannsmusik ihrer Umgebung und bestenfalls aus einem gewissen musiktheoretischen Elementarunterricht. Trotzdem wäre es falsch, ihr musikgeschichtliches Verdienst geringzuschätzen. Denn durch ihre Bearbeitungen und Neukompositionen pflegten und tradierten sie das volkssprachlich-geistliche Lied des bürgerlichen Mittelstandes, das später zu einem wichtigen Grundstein westeuropäischer Kunstmusik bis hin zu Johann Sebastian Bach werden sollte.
Für die Geschichte einer weiblichen Musikästhetik sind ihre Lieder insofern von Bedeutung, als es sich um eine Musik von Frauen für Frauen handelt. Mit Themen wie der fast mütterlichen Liebe zum Jesuskind, der Sehnsucht nach dem Bräutigam Christus und der bis zur Identifikation reichenden Verehrung Marias sind sie auch inhaltlich ganz an die religiöse Frauenbewegung des Spätmittelalters gebunden. Trotzdem verfallen sie nicht in weltfremde Frömmelei, sondern bewahren sich mit Rückgriffen auf Trink-, Reigen-, Liebes- und Fastnachtslieder immer die Nähe zum bürgerlichen Alltagsleben ihrer Zeit.
Die Musikwissenschaft hat sich bisher nur wenig, und wenn, dann auf höchst zweideutige Weise für diese Frauenlieder interessiert. Da das Wienhäuser Liederbuch noch vor Ende des Zweiten Weltkrieges entdeckt wurde, versäumte man natürlich

nicht, es in die »germanische Choraltradition« einzuordnen und seine Melodien als einen »Quell des deutschen Volksliedes« zu bezeichnen, der »in seiner ganzen Fülle aufbricht«[16]. Auch nach dem Krieg wurde keine Korrektur dieser einseitig ideologischen Bewertung vorgenommen. Eine kultur- und sozialgeschichtliche Einordnung ist bis heute nicht erfolgt, wobei sicherlich eine Rolle spielen mag, daß die Theologie über Hintergründe und Erscheinungsformen der religiösen Frauenbewegung kaum mehr als Unklarheiten verbreitet.[17] Eva Gertrud Neumann, die Autorin einer gründlichen Studie über das rheinische Beginenwesen, bemerkt mit vollem Recht, daß »unter den bedeutenden geistesgeschichtlichen Phänomenen des Mittelalters . . . bis in die jüngste Vergangenheit hinein kaum eines so wenig Beachtung erfahren« hat.[18]

Auf musikwissenschaftlicher Seite zeigt einzig Walter Salmen, der Herausgeber des Liederbuchs der Anna von Köln, die Bereitschaft zur kulturhistorisch richtigen Einordnung dieser spätmittelalterlichen Frauenmusik. Er entdeckt in ihr eine »introvertierte weibliche Gefühlswelt«, er gesteht ihr sogar einen »inneren Eigenwert gegenüber männlichen Druckwerken der Zeit« zu.

Diese erfreulich objektive Erkenntnis liegt nun schon um mehr als ein Vierteljahrhundert zurück, und noch immer wurden die geistlichen Frauenliederbücher nicht zusammenfassend untersucht, ganz zu schweigen davon, daß sie von der allgemeinen Musikgeschichtsschreibung nach wie vor ausgespart werden. Hier liegt in der Tat noch ein großes Arbeitsfeld, nicht nur für eine feministisch orientierte Musik-, Literatur- und Geschichtsbetrachtung.

Anmerkungen

1 P. Alpers, Das Wienhäuser Liederbuch, in: Jahrbuch des Vereins für niederdeutsche Sprachforschung 69/70 (1943–1947), S. 1–46, mit einem Nachtrag von Heinrich Sievers über den musikalischen Teil. Kritische Ausgabe der Melodien hrsg. von H. Sievers, Das Wienhäuser Liederbuch, 2 Bände, Wolfenbüttel 1954.

2 Vgl. H. Appuhn, Kloster Wienhausen, Hamburg 1955, S. 34.

3 H. Sievers (Hrsg.), Das Wienhäuser Liederbuch, S. 11–19.

4 H. Sievers (Hrsg.), Das Wienhäuser Liederbuch, S. 18.

5 Grundsätzlich vgl. G. Wilbrink, Das geistliche Lied der Devotio moderna, Phil. Diss. Nijmwegen 1930.

6 Vgl. E. Benary, Liedformen der deutschen Mystik im 14. und 15. Jahrhundert, Phil. Diss. Greifswald 1936.

7 Das Original der Handschrift befand sich lange Zeit in Privatbesitz und ging später verloren. Es existiert jedoch eine zuverlässige Abschrift von Ludwig Erk (1870–71), die heute in der Westdeutschen Bibliothek Marburg, mus. ms. 40411, aufbewahrt wird. Teilausgabe der Melodien bei W. Salmen, Weihnachtsgesänge des Mittelalters in westfälischer Aufzeichnung, in: Kirchenmusikalisches Jahrbuch 36 (1952), S. 22ff., sowie bei B. Hölscher, Niederdeutsche geistliche Lieder und Sprüche aus dem Münsterlande, Berlin 1854.

8 W. Salmen, Weihnachtsgesänge des Mittelalters, S. 24.

9 W. Salmen, Weihnachtsgesänge des Mittelalters, S. 28.

10 Vgl. J. Asen, Die Beginen in Köln, in: Annalen des historischen Vereins für den Niederrhein 111–113 (1926–1928).

11 Zit. nach J. Greven, Der Ursprung des Beginenwesens, Münster 1911, S. 31.

12 Das Liederbuch der Anna von Köln = Denkmäler der rheinischen Musik, Bd. 4, hrsg. von W. Salmen und J. Koepp, Düsseldorf 1954.

13 Das Liederbuch der Anna von Köln, S. 5.

14 Vgl. H. Suolathi, Die Mariensequenz im Liederbuch der Anna von Köln, in: Neuphilologische Mitteilungen 12 (1910), S. 1–14.

15 W. Salmen, Das Liederbuch der Anna von Köln und seine Beziehungen zu den Niederlanden, in: Bericht über den internationalen musikwissenschaftlichen Kongreß Utrecht 1952, S. 348.

16 H. Sievers (Hrsg.), Das Wienhäuser Liederbuch, S. 41, 45.

17 Es existiert lediglich ein Standardwerk von Herbert Grundmann. (Religiöse Bewegungen im Mittelalter, Untersuchungen über die geschichtlichen Zusammenhänge zwischen der Ketzerei, dem Bettelorden und der religiösen Frauenbewegung im 12. und 13. Jahrhundert, Darmstadt 1961.)

18 E. G. Neumann, Rheinisches Beginen- und Begardenwesen, Meisenheim 1960.

Abb. 10: Titelseite der Erstausgabe (1625) von Francesca Caccinis »La Liberazione di Ruggiero«.

FRANCESCA CACCINI

und die Komponistinnen des italienischen Frühbarock

Florenz, zweiter Februar 1625. Im Komödiensaal der Villa Poggio Imperiale hat sich die gesamte Aristokratie der Toskana versammelt. Auf bevorzugtem Platz sitzt die regierende Großherzogin Christine, begleitet von ihrer Schwiegertochter Maria Maddalena und deren Sohn, dem noch unmündigen Thronfolger Ferdinand II. Man feiert die Ankunft eines hohen Staatsgastes: Wladislaw Sigismund, Prinz von Polen und Schweden, ist tags zuvor mit seinem Gefolge am Hof der Medici eingetroffen. – Der Vorhang öffnet sich. Die Szene zeigt eine naturalistische Nachbildung des Hafens von Livorno. Aus den sich teilenden Wellen taucht Neptun, der Wassergott, auf, gefolgt von Göttern und Göttinnen europäischer Flüsse, unter ihnen auch die polnische »Vistola«, die Weichsel. Drei Nymphen gruppieren sich malerisch auf einem Felsen. Sie singen Lieder im zeitgenössischen Stil: virtuose solistische Madrigale, die nur von einem Baßinstrument begleitet werden. Diese Nymphen werden von den besten Sängerinnen des toskanischen Hofes dargestellt: von Vittoria Archilei, Settimia Caccini und ihrer Schwester Francesca. Jede Sängerin ist zugleich Komponistin ihres Madrigals. Vittoria singt »mit der ihr eigenen Grazie und mit engelhafter Stimme«, Settimia »im höchsten Maße exquisit«. Zum Schluß vereinigen sie sich zu einer »Ottava«, die Francesca im »angenehmsten und lieblichsten Stil« komponiert hat. Danach steigen sie zum Publikum herab und verteilen kleine Geschenke an die Damen.[1]

Es ist die Rede von einem allegorischen Prolog zum Musikdrama ›La liberazione di Ruggiero dall'Isola d'Alcina‹. Dieses Werk bildet nicht nur einen wichtigen Markstein in der Geschichte der europäischen Oper – zusammen mit Kompositionen von Monteverdi, Peri und Vater Caccini gehört es zu den frühesten Beispielen dieser Musikgattung überhaupt –, es ist auch die erste und vielleicht bedeutendste Leistung einer Frau auf dem Gebiet des Musiktheaters. Geschrieben wurde es von der bereits erwähnten Hofsängerin Francesca Caccini, der 1587 geborenen Tochter des florentinischen Komponisten Giulio Caccini, genannt »Romano«[2]. Die ›Befreiung des Ruggiero von der Insel Alcina‹ ist nicht

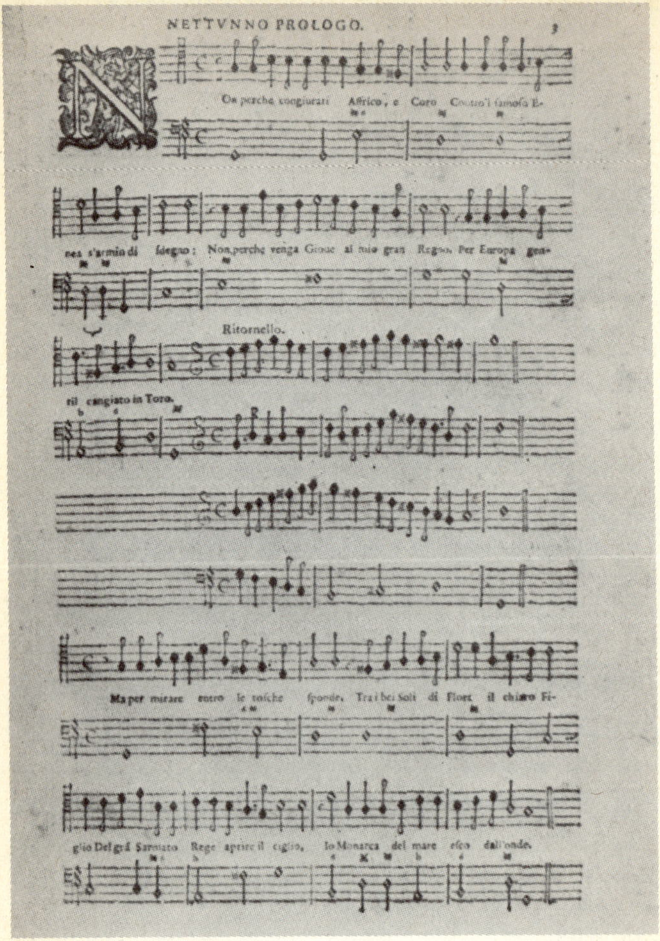

Abb. 11: Erste Seite des Prologs aus der Erstausgabe von Francesca Caccinis »La Liberazione di Ruggiero«.

ihr einziges Werk. Sieben Jahre zuvor hatte sie eine umfangreiche Madrigalsammlung im Stil der von ihrem Vater mitbegründeten »nuove musiche« veröffentlicht, außerdem erwähnen die Quellen noch vier Singspiele und ein Passionsoratorium über das Martyrium der heiligen Agathe. Francesca ist damit eine der ersten weltlich-bürgerlichen Komponistinnen anspruchsvoller

Kunstmusik, über deren Schaffen wir uns ein klares Bild machen können.

Die ›Befreiung des Ruggiero‹ wurde von der Großherzogin Christine ausdrücklich in Auftrag gegeben. Auch von anderer Seite wurde Francesca geradezu dazu animiert, Opern und Madrigale zu komponieren, zum Beispiel von dem Dichter und Tassofreund Angelo Grillo, dem Abt des Klosters S. Paolo in Rom. Er schickte ihr mehrfach eigene Texte mit der Bitte um Vertonung. »Ich bin sicher«, schrieb er in einem seiner Briefe, »daß sie bald in viele Herzen und Seelen Einzug halten, wenn sie sich als zu dem süßen Zwang und der lieblichen Tyrannei Ihrer himmlischen Harmonie passend erweisen sollten. Möge Gott Ihnen vom Himmel aus zuhören, denn von dort hat er Ihnen ja auch seine Inspiration gesandt.«[3] Francescas kompositorische Aktivität wurde also, das läßt sich aus solchen Zitaten ablesen, weder von kirchlicher noch von staatlicher Seite mißbilligt oder gar bekämpft.

Wenn man sich nun vor Augen hält, daß gleichzeitig mit Francesca auch ihre Schwester Settimia[4] und ihre Kollegin Archilei komponierten, daß in Venedig und Verona Barbara Strozzi[5] und Maddalena Casulana als Madrigalistinnen hervortraten, dann muß man sich fragen, wie diese plötzliche musikalische Emanzipation norditalienischer Frauen zu erklären ist. Waren doch die

Abb. 12: Bühnenbild von Alfonso Parigi zu »La Liberazione di Ruggiero« von Francesca Caccini (Prolog).

Nicht-Italienerinnen ganz von der Komposition zeitüblicher Kunstmusik ausgeschlossen – die polyphone Vokalmusik franko-flämischer Provenienz stammt fast ausnahmslos von männlichen »Meistern« – war doch in ganz Europa das weibliche Musizieren auf Kloster, Badehaus und Bordell beschränkt.

Sophie Drinker hat in ihrem Standardwerk ›Music and Women‹[6] auf das Bildungsideal der italienischen Renaissance hingewiesen, das es den Töchtern vornehmer Familien erlaubte, sich Kenntnisse in den Natur- und Geisteswissenschaften, aber auch gewisse Fertigkeiten auf den Gebieten des Gesanges und des Instrumentalspiels anzueignen. Beatrice und Isabella d'Este an den Höfen von Ferrara und Mantua galten als sachverständige Musikliebhaberinnen, als Mäzeninnen von Künstlern beiderlei Geschlechts. Ihre Biographen berichten, daß sich in ihrer Gesellschaft Hunderte von Damen »in Begeisterung für die Komposition von Dichtung und Musik verlieren« und zu selbsterfundenen Liedern Laute und Cembalo spielen würden.[7] Ein französischer Reisender gibt im Jahre 1512 einige Eindrücke aus dem Musikleben von Brescia wieder: er habe mit Entzücken gehört, wie zwei junge Mädchen, offenbar Töchter reicher Patrizierfamilien, ihren solistischen Gesang auf den Instrumenten Laute und Spinett begleitet hätten.[8] Möglicherweise war diese Rückkehr zum einfachen musikalischen Ausdruck, zum vollen Klang der natürlichen Frauenstimme auch eine Reaktion auf die perfektionierte Mehrstimmigkeit der zeitgenössischen Vokalmusik, die von vielen Italienern als nordeuropäischer Import empfunden und daher innerlich abgelehnt wurde. Für diese Vermutung spricht auch die Tatsache, daß sich seit dem Ende des 15. Jahrhunderts in den norditalienischen Musikzentren zahlreiche halb volkstümliche, halb kunstmäßige Liedtypen wie die »canti carnascialeschi« (Fastnachtslieder), die Frottolen, Lauden, Madrigale und Canzonen verbreiteten. Es ist anzunehmen, daß Frauen einen wichtigen Anteil an der Pflege dieser Liedkunst hatten, die ja oft erotischen oder auch mystisch-religiösen Inhalts war.

Hauptschauplatz dieser musikalischen Wandlungsprozesse war Florenz, die Heimat der Francesca Caccini. Theorie und Praxis der Musik konnten sich hier, in ständigem Kontakt mit den Natur- und Geisteswissenschaften, besonders vielseitig entwikkeln. So war Großherzog Cosimo II., Francescas fürstlicher Mäzen, ein begeisterter Amateur-Astronom, der sich eine eigene Sternwarte bauen und dort das Fernrohr des Galilei aufstellen ließ. Auch sein Sohn Ferdinand II. war an philosophischer Konversation und wissenschaftlicher Beobachtung der Natur

interessiert. Es war die Zeit eines Giordano Bruno, in der sich der höfische Mensch mehr und mehr von der kirchlichen Autorität befreite und sich eine rationalistische Lebensphilosophie zu eigen machte, die auch auf Kunst- und Musikbetrachtung nicht ohne Einfluß blieb. Im Umkreis des Medici-Hofes gründeten Aristokraten, Bürger und erfahrene Berufsmusiker, unter letzteren auch Francescas Vater Giulio, die sogenannte »camerata fiorentina«, eine Gesellschaft zur Erneuerung von Theorie und Praxis der zeitgenössischen Musik. Die konkreten Ziele dieser Vereinigung waren die Neuinterpretation der griechischen Musiklehre, die naturalistische Darstellung von Emotionen in der Melodie und schließlich die bewußte Unterordnung der Musik unter die Sprache. Kontrapunkt und Polyphonie wurden als altmodisch abgelehnt, da sie nach Meinung der Florentiner eine Herabsetzung von Textverständlichkeit und Affektausdruck zur Folge hatten. Als ideale Musikform wurde das einstimmige, klangfarbenreiche Sololied betrachtet, in dem auf dem Fundament eines schlichten »basso continuo« Vortrag und Inhalt zu einer unlösbaren Einheit verschmolzen. Francescas Vater Giulio begründete zusammen mit anderen Komponisten seines Kreises die sogenannte »nuovo musiche«, den »stile recitativo« und »rappresentativo«, also jene Form frühbarocken Sologesangs, die heute durch den Begriff »Monodie« charakterisiert wird.
Der Gesangs-, Instrumental- und Kompositionsunterricht, den Francesca von ihrem Vater, sicherlich aber auch von ihrer Mutter, einer Hofsängerin namens Lucia, erhielt, war ganz von diesen Idealen bestimmt. – Die künftige Vokalistin der »nuovo musiche« mußte lernen, sich nicht auf das bloße Absingen ihrer Partie zu beschränken, sondern die im Vorwort enthaltenen Anweisungen des Komponisten bezüglich Gefühlshaltung und Vortragsweise in die Praxis umzusetzen. Erst durch diesen Akt der schauspielernden Ausführung nahm das monodistische Kunstwerk Gestalt an; die Sängerin der frühen italienischen Oper hatte also eine weit größere eigenschöpferische Leistung zu erbringen als etwa eine Primadonna des 19. Jahrhunderts.
Die Interpretation einer extrem sprachgebundenen Vokalmusik setzte ferner fundierte literarische Kenntnisse voraus. Francesca lernte darum neben ihrer Muttersprache, dem Toskanischen, Spanisch, Französisch und Latein, das Idiom vieler Oratorien und geistlicher Vokalkonzerte. Sie beherrschte diese Fremdsprachen so gut, daß sie sogar darin dichten konnte. So vermerkt der musikkundige Reisende Pietro della Valle im Jahre 1640:
»Signora Francesca Caccini, Tochter unseres Romano, in der

Toskana ›la Cecchina‹ genannt, wurde viele Jahre lang in Florenz, wo ich sie in meiner Jugend hörte, sowohl wegen ihrer musikalischen Fähigkeiten auf dem Gebiet des Gesangs und der Komposition als auch wegen ihrer Dichtungen in Lateinisch und Toskanisch sehr bewundert.«[9]
Francesca erhielt natürlich auch Instrumentalunterricht, der sich allerdings nur auf Laute, Gitarre und Cembalo, also auf die typischen Begleitinstrumente des frühbarocken Sololiedes beschränkte. Einer Äußerung des Komponisten Claudio Monteverdi zufolge – er schrieb im Jahre 1610 an den Kardinal Ferdinand von Gonzaga, daß »die Tochter von Signor Giulio Romano sehr gut singen, Laute, Gitarre und Cembalo spielen« könne[10] – muß sie sich häufig selbst begleitet haben. Sie war also, wenn auch im stilistisch begrenzten Rahmen der »nuovo musiche«, eine vielseitig gebildete Künstlerin, ganz wie es dem weiblichen Erziehungsideal am Hof der Medici entsprach.
Francescas Karriere als Sängerin beginnt etwa im Jahre 1600. Der erst Dreizehnjährigen wird eine wichtige Rolle in Jacopo Peris Oper ›Euridice‹ übertragen. Schauplatz der Uraufführung: der Palazzo Pitti in Florenz. Auch Werke ihres eigenen Vaters, darunter die Oper ›Il rapimento di Cefalo‹ werden von ihr aus der Taufe gehoben. Ihre Gesangskunst und ihre Schönheit – Zeitgenossen beschreiben sie als ein großes, schlankes Mädchen mit stolzem, aufrechtem Gang – machen sie alsbald so berühmt, daß Verwandte der Medici in Pisa, Modena und Milano sie zu besonders festlichen Hofaufführungen »ausleihen«. Im Jahre 1604 wird sie sogar, gemeinsam mit Vater, Schwester und Stiefmutter, an den französischen Königshof eingeladen. Dort begeistert sie das aristokratische Publikum so sehr, daß man die »Cecchina« ganz für sich gewinnen will. Aber Großherzog Ferdinand I. weist ihr Entlassungsgesuch zurück: die übrigen Mitglieder des »Concerto Caccini« möchten seinethalben in Frankreich bleiben, aber auf die so außergewöhnlich begabte Francesca wolle er nicht verzichten. Die Familie kehrt also nach Florenz zurück, wo die junge Sängerin eine Festanstellung am Hof und ein monatliches Gehalt von zehn Scudi erhält.
Francesca wird nun voll in das höfische Leben integriert, was zwar eine gewisse materielle Sicherheit, aber auch das Gefangensein in einer privilegierten Lakaienexistenz bedeutet. Die von der Musikgeschichtsschreibung erwähnten Fest- und Uraufführungen sind nur Glanzpunkte ihrer Karriere. Für gewöhnlich besteht ihre Tätigkeit darin, den Söhnen des Großherzogs am Krankenbett vorzusingen, den Regenten während des Essens zu

unterhalten oder seinen Besuchern die während der zahlreichen norditalienischen Regentage aufkommende Langeweile zu vertreiben. Einer ihrer Kollegen und Leidensgenossen ist der Sänger Giovanni Baptista Signorini, mit dem sie am 11. November 1607 eine Vernunftehe schließt. Das Ehepaar bekommt eine Tochter, Margherita, die ebenfalls als Sängerin Karriere macht. Später kehrt sie jedoch dem Hofmusikerdasein den Rücken und tritt in das Franziskanerinnenkloster San Girolamo ein.
Relativ spät, im Jahre 1614, beginnt Francesca zu komponieren. Auf die Frage, warum sie, die doch bereits als Dreizehnjährige große Sopranpartien sang, erst mit 27 Jahren eigene Werke zu Papier brachte, sind verschiedene Antworten möglich: vielleicht, weil ihre bereits seit frühester Kindheit strapazierte Stimme den Belastungen täglichen Konzertierens nicht mehr gewachsen war, vielleicht auch, weil Vater Giulio bereits sein einundsiebzigstes Lebensjahr erreicht hatte und seine Konkurrenz und Autorität zu verblassen begannen.
Für die Feierlichkeiten während der Karwoche komponierte sie ein »oratorio volgare« mit dem Titel ›Il Martirio di Sant'Agata‹. Der toskanische Text zu diesem Werk, dessen Musik leider verlorenging, stammt von dem Librettisten Cicognini. Als nächstes verzeichnen die Quellen eine höfische Unterhaltungs- und Gelegenheitskomposition: ›Il Ballo delle Zigane‹ nach einem Text von Ferdinand Saracinelli. Offenbar handelte es sich hier um ein Ballett mit vokalen Einlagen, in dessen Verlauf Francesca als aufreizend kostümierte Zigeunerin auftrat. Schauplatz war wieder der Komödiensaal des Palazzo Pitti, Anlaß die regnerische Karnevalssaison des Jahres 1615, die den Großherzog und seine Gäste dazu zwang, sich innerhalb des Hauses zu zerstreuen. Drei andere Lustspiele mit den Titeln ›La Fiera‹, ›La Stiava‹ und ›Feste delle dama‹ wurden ebenfalls von Francesca in Musik gesetzt. Aber auch in diesen Fällen haben sich nur die Texte von Michelangelo Buonarroti erhalten.
Abgesehen von den Madrigalen, von denen später noch die Rede sein wird, war die ›Befreiung des Ruggiero von der Insel der Alcina‹ ihr erstes großes Werk, das dann auch noch im Jahr der Uraufführung (1625) von dem florentinischen Verleger Pietro Cecconcelli gedruckt wurde.[11] Bezeichnenderweise fiel dieser einzige wirklich ehrenvolle Kompositionsauftrag in die Regierungszeit der Großherzogin Christine de'Medici, der Mutter des verstorbenen Cosimo II. Ihrer Schwiegertochter Maria Maddalena ist übrigens das gesamte Werk gewidmet.
Das Libretto, das Francesca gemeinsam mit ihrem Freund und

Mitarbeiter Saracinelli erstellte, basiert auf einem mythologischen Stoff, auf Teilen aus Ariosts ›Orlando Furioso‹. Offensichtlich hatte sie sich mit Bedacht diejenigen Partien ausgesucht, in denen kein starker männlicher Held, sondern lediglich eine Art sexbesessener Witzfigur auftaucht: der stattliche Ritter Ruggiero ist dumm genug, sich vom Charme der bösen Zauberin Alcina einfangen zu lassen. Auf ihrer sonnigen Mittelmeerinsel gibt er sich so intensiv den Verführungskünsten ihrer attraktiven Sirenen hin, daß er nichts von der ihm drohenden Gefahr bemerkt: wie alle Liebhaber der Alcina soll nämlich auch er, sobald sie seiner überdrüssig geworden ist, in einen Baum oder eine Pflanze verwandelt werden. Doch da erscheint die mütterliche Zauberin Melissa und hält dem verweichlichten Anti-Helden eine gehörige Moralpredigt: er solle die lüsterne Dämonin verlassen und auf den Pfad männlicher Tugend zurückkehren. Sofort besinnt sich Ruggiero auf seine ritterliche Erziehung und greift beherzt zu den Waffen. Vergebens sucht Alcina ihn zurückzuhalten. Als alle ihre Liebesbeteuerungen nichts mehr nützen, ruft sie, eine Arie der Rache singend, die Dämonen der Unterwelt zu Hilfe. Doch dank der Zauberkraft der Melissa werden sie und ihre Gefährtinnen in geflügelte Ungeheuer verwandelt und von den Flammen des Inferno verzehrt. Den verzauberten Liebhabern wird jetzt ihre ursprüngliche Gestalt zurückgegeben. Um die Lächerlichkeit dieser »Pantoffelhelden« noch zu unterstreichen, läßt Francesca sie in voller Montur, mit blitzblank geputzten Stahlhelmen und wippenden Federbüschen auftreten. Zum Schluß vereinigen sie sich, jeder auf dem Rücken seines Schlachtrosses, zu einem feierlichen Tanz. Gemeinsam mit den ihnen wohlgesonnenen Nymphen stimmen sie einen Chor der Freude und Freiheit an.

Die ›Befreiung des Ruggiero‹ ist von verschiedenen Musikwissenschaftlern vergleichsweise ausführlich behandelt worden, wofür jedoch hauptsächlich die Tatsache verantwortlich ist, daß dieses Werk zu den ersten italienischen Opern und damit zwangsläufig in jede Gesamtdarstellung dieser Gattung gehört.[12] Wie schon Doris Silbert, die Herausgeberin der amerikanischen Neuedition, zynisch bemerkte, haben die Herren Historiker in »ihrer gelehrten Würde« vergessen, darauf hinzuweisen, daß es sich auch inhaltlich um eine reine Frauenoper handelt. Die Machtverhältnisse zwischen den Geschlechtern sind vollkommen vertauscht, es wird eine »verkehrte Welt« auf der Bühne dargestellt, möglicherweise als Reflex der höfischen Wirklichkeit, in der Christine und Maria Maddalena de'Medici an Stelle des verweichlichten Thronfolgers den Ton angaben. – Die spärlichen Quellennotizen verraten nur wenig über Francescas Persönlichkeit. Gibt die Wahl dieses Librettos vielleicht näheren Aufschluß? Wäre es nicht denkbar, daß die jahrzehntelang in privilegierter Abhängigkeit gehaltene Hofmusikerin, die Alleinunterhalterin der kranken, speisenden oder Karneval feiernden Herren, die festliche Stimmung des Abends ausnutzte, um mit der aristokratischen Männerwelt humorvoll abzurechnen? Eine gründliche Analyse der Partie des Ruggiero könnte hier sicherlich weiterhelfen.

Der Musikhistoriker August Wilhelm Ambros[13] läßt Francescas Werk eine äußerst positive Würdigung zukommen, die innerhalb der musikologischen Rezeption weiblicher Kompositionstätigkeit einen derartigen Ausnahmefall darstellt, daß ich sie auszugsweise zitieren möchte. Er nennt die Komponistin »ein Genie«, das »unverkennbar mehr ›Musik in sich selbst‹« habe als »ihr berühmter Vater«. An Einzelheiten lobt er den »idyllischen Klang« eines von drei Blockflöten vorgetragenen Ritornells, mit dem Francesca einen vorüberziehenden Hirten charakterisiert und gleichzeitig die Musik der römischen »Pifferari« nachahmt:

18 Ritornell aus ›La liberazione di Ruggiero‹ von Francesca Caccini (Ausschnitt).

Die Arie einer Sirene im Gefolge der Alcina zeige »den guten Einfall, Strophe nach Strophe immer reicher und recht elegant die Grundmelodie zu variieren«:

19 ›Chi nel fior di giovinezza‹. Arie der Sirene aus ›La liberazione di Ruggiero‹ von Francesca Caccini.

Die Rezitative seien »bei weitem nicht mehr so steif, wie die ersten Versuche vor einem Vierteljahrhundert gewesen. Die Stelle, wo Ruggiero sein Entzücken über den Gesang der Sirene ausdrückt«, zeige »eine sehr wirksame Steigerung des Affektes ... An Stelle der end- und ziellosen Deklamation ... treten bei Caccinis Tochter schon musikalisch selbständige, geschlossene Formen in entschieden plastischer Ausprägung hervor«. Obwohl sie von ihrem Vater einen ganz auf die Homophonie der »nuovo musiche« ausgerichteten Kompositionsunterricht erhalten habe, könne sie auch mit mehrstimmigen Formen umgehen: besonders mit dem achtstimmigen Schlußmadrigal liefere sie einen Beweis »ungewöhnlicher musikalischer Bildung«. Auch in dem Sopranduett ›Aure volanti‹ zeige sie sich, von den Prinzipien ihres Vaters abweichend, als »firme Kontrapunktistin«, die es »mit Glück« wage, »ein ... kleines Duo ... zum Canon in der Quinte zu gestalten«. (Siehe Notenbeispiel 20.)
Der verdiente und vielseitige Musikwissenschaftler Ambros machte sich mit diesem wohlwollenden Urteil bei seinen Fachkollegen äußerst unbeliebt, wobei sicherlich eine Rolle gespielt haben mag, daß die mehrseitige Besprechung der ›Liberazione‹ nicht etwa in einer entlegenen Spezialpublikation, sondern in einem Standardwerk für Laien und Gelehrte abgedruckt wurde. Hugo Goldschmidt begegnet in seinen ›Studien zur Geschichte der italienischen Oper‹[14] den Ambrosschen Ausführungen mit einer Schärfe, die mit wissenschaftlicher Objektivität kaum noch

20 Duett ›Aure volanti‹ aus ›La liberazione di Ruggiero‹ von Francesca Caccini (Ausschnitt).

etwas zu tun hat. Seine Interpretation der ›Liberazione‹ ist indessen so charakteristisch für die unsachliche Herabwürdigung weiblicher Kompositionstätigkeit von seiten männlicher Musikhistoriker, daß ich auch sie auszugsweise wiedergeben möchte:

»Ich hätte keine Veranlassung, dieses Werkes im Zusammenhang mit der römischen Kunst zu gedenken«, so beginnt er seine Kampfansage gegen Francesca und ihren Rezensenten, »wenn es nicht gälte, seine Überschätzung durch Ambros zurückzuweisen. Nun, Francesca Caccini weist selbst das hochgespannte Lob des Historikers zurück, indem sie ihr Werk ein ›Balletto‹ nennt ... Die Tochter hatte sich also, wahrscheinlich in Selbsterkenntnis ihrer geringeren Fähigkeiten, das Ziel weit niedriger gestellt als ihr berühmter Vater, der an die antike Tragödie heranzulangen vermeinte. So haben wir für die musikalische

Beurteilung ihres Fleißes den richtigen Standpunkt erreicht: eine Gelegenheitsarbeit ... gilt es zu beurteilen. Doch selbst mit diesem Maßstab gemessen, ergiebt sich die Komposition als armselig und unbeholfen. Ambros ... unterdrückt in dieser galanten Besprechung einer Frauenarbeit jeden Beleg. Das Rezitativ freilich ist flüssiger als die ersten Versuche; aber das nicht so sehr aus eigenem Verdienst, als aus dem ihrer Vorbilder Monteverdi und Gagliano, und Ambros kann nicht behaupten, daß sie diesen Meistern auch nur nahegekommen sei. Die Arien sind von höchst unglücklicher Struktur und bleiben selbst hinter ihres Vaters melodischer Erfindung zurück. Vergebens wird man auch nur diejenige Schönheit der Melodie suchen, die schon des Vaters Madrigale aufweisen.« Zur Arie der Sirene, deren melodischer Variationsreichtum von Ambros positiv gewürdigt wurde, bemerkt Goldschmidt lediglich, daß »diese plumpe Melodie, diese verzweifelten Bässe ... noch der glücklichste Einfall der Komponistin« seien. Das Duo ›Aure volanti‹ beweise nur, »daß die Verfasserin ihres Vaters Abneigung gegen den Kontrapunkt überwunden, daß sie aber besser getan hätte, die Hände von solch schwierigen Dingen zu lassen; denn der Versuch ist kläglich gescheitert. Ein armseliges Machwerk!« Der fünfstimmige Chor der Frauen, in dem Francesca die Vokalstimmen durch Instrumente wie Viola, Arciviolata Lira und Organo di legno verdoppelt, lasse zwar eine gewisse Vertrautheit mit dem zeitgenössischen Instrumentarium erkennen, reiche aber an »Monteverdis Klangfülle« und an seine »Differenzierung der Instrumentalklänge« nicht heran (siehe Notenbeispiel 21).
Hugo Goldschmidt druckt zwar im Gegensatz zu Ambros einige Musikbeispiele ab, versäumt es aber, seine ästhetische Wertung – oder besser gesagt: Abwertung – anhand solcher Partiturauszüge analytisch zu belegen. Wir erfahren wohl, daß sich Francesca im negativen Sinne von Marco di Gagliano unterscheidet, nicht aber, worin diese Unterschiede bestehen. Wir werden weder darüber aufgeklärt, welche formale Struktur ihre Arien haben, noch warum diese »höchst unglücklich« ist. Wieso ist die Melodie der Sirene »plump«, wieso der begleitende Baß »verzweifelt« (was immer das in bezug auf Musik auch sein mag), worin verstößt das Duett ›Aure volanti‹ gegen die im frühen 17. Jahrhundert üblichen Regeln des Kontrapunkts? Auch auf diese Fragen gibt Goldschmidt nicht den Ansatz einer wissenschaftlich ernstzunehmenden Antwort, so daß seine »Interpretation« das gleiche Prädikat verdient, mit dem er die ›Liberazione‹ so genialisch aburteilt: »Ein armseliges Machwerk!«

21 Chor ›O quanto merto‹ aus ›La liberazione di Ruggiero‹ von Francesca Caccini.

Francescas Oper ist – in diesem einzigen Punkt ist Goldschmidt uneingeschränkt recht zu geben – ein Auftrags- und Gelegenheitswerk. Diese Tatsache gibt jedoch keinen Anlaß zu abfälliger Bewertung, denn wie der Musikwissenschaftler leicht aus den

Widmungen anderer frühbarocker Opern hätte ersehen können, entstanden fast alle diese Kompositionen auf dem Boden eines blühenden Mäzenatentums. Den Typus der autonomen, freischaffenden Komponistin konnte es in einem Zeitalter, dessen gesamtes Kulturleben von Kirche und Aristokratie finanziert wurde – auch der von Goldschmidt so hochgelobte Marco di Gagliano bezeichnete die florentinische Oper als »einen wahren Spektakel für die Fürsten« –, freilich noch nicht geben.
Wie groß Francescas soziale Abhängigkeit von ihren fürstlichen Gönnern war, geht auch aus der Vorrede ihres ›Primo Libro‹, einer im Jahre 1618 bei dem florentinischen Verleger Zanobi Pignoni erschienenen Sammlung geistlicher und weltlicher Monodien hervor[15]: Sie widmet das Werk einem »Signor Cardinale de'Medici«, dem Bruder des damals noch lebenden Cosimo II. Die ständig wiederholte Beteuerung ihrer Unterwürfigkeit grenzt für heutige Begriffe an tiefe Selbsterniedrigung:

»Wenn ich auf irgendeine Weise darlegen könnte, wie tief ich in der Schuld Eurer Hoheit stehe, dann gäbe es für mich kein größeres Glück, als diese Musik unter Eurem Namen zu veröffentlichen, obschon ich weiß, wie wenig sie des auserlesensten Geschmackes dieses Jahrhunderts und der Erklärung meiner allerdankbarsten Knechtschaft würdig ist. Aber da ich nichts anderes tun kann als danach zu streben, Eurer Hoheit zu gefallen, sei dies nur ein Symbol dessen, was ich eigentlich zu tun wünschte. – Ich gestehe, daß ich mich auf die unendliche Großmut Eurer Hoheit verlasse, und ich bitte Euch mit großer Demut, mich auch weiterhin mit dem Glanz Eurer Gnade und Autorität zu bedenken. Ich weiß, daß mir Tugend und Würdigkeit abgehen; doch bitte ich darum, daß mir das vergeben werde, daß ich auch in Zukunft in einem Maße inspiriert werde, welches es mir erlaubt, einen Beruf in dieser Welt auszuüben, der Eurer Höchsten Familie nicht unwürdig ist. Indem ich die göttliche Majestät um Segen und Glück für Eure Hoheit bitte, werfe ich mich Euch in tiefster Demut zu Füßen und küsse Eure Kleider.
Florenz, den 16. August 1618,
Eure gehorsamste und zu unendlichem Dank verpflichtete Dienerin Francesca Caccini, verheiratete Signorini.«

Das ›Primo libro‹ ist eine Sammlung kurzer Vokalstücke für ein bis zwei Stimmen mit basso continuo. Mit insgesamt neunzehn geistlichen Soli, dreizehn weltlichen Liedern und vier Duetten für Sopran und Baß ist es der umfangreichste Zyklus begleiteter

Monodien, der bis zu diesem Zeitpunkt von einem einzigen Komponisten veröffentlicht wurde. Es enthält auch die ersten Beispiele geistlichen Sologesangs im Stil der ursprünglich weltlich konzipierten »nuovo musiche«. Formal betrachtet gehören die Lieder verschiedensten Gattungen wie Arie, Canzonette, Madrigal, Ottava, Hymne und Motette an.
Ein geistlicher Gesang, die Arie ›Nube gentil‹, sei hier exemplarisch besprochen. Sie basiert auf dem dichterischen Bild von der Wolke, die das Gesicht Gottes verhüllt. Das einleitende Motiv (»nube gentil«) vermittelt eine Stimmung ruhiger Melancholie. Durch die Dissonanz auf der zweiten Silbe wird die Bedeutung des Wortes »Nube«, der unergründliche Charakter einer grauen Gewitterwolke, musikalisch vertieft. Im Verlauf des Trillers scheint sich die Wolke langsam aufzuhellen, bis mit der Auflösung in einen freundlichen Dur-Akkord der volle Sinn des Adjektivs »gentil« (liebenswürdig) erreicht ist. Schon dieses einfache Beispiel macht klar, wie durchdacht und genau Francesca das der »nuovo musiche« zugrunde liegende Konzept der Wortbezogenheit in die kompositorische Praxis umsetzte.
Die Gesangsstimme wird von einer sogenannten »romanesca«, einem bestimmten Baß-Typus der neuen Musikrichtung begleitet. Diese »romanesca« ist für sich betrachtet eine vollständige Melodie, die in dem kurzen Stück insgesamt viermal erscheint, jedoch bei jedem Auftreten harmonisch, melodisch oder rhythmisch variiert wird. Zu den gelegentlichen Sprüngen im Baß gesellen sich die flüssigsten vokalen Fortschreitungen im Sopran, mit bildhaften Motiven, Trillern und anderen Verzierungen. Diese Ornamente werden jedoch so sorgfältig plaziert, daß sie der Textverständlichkeit nirgends Abbruch tun. (Siehe auf der folgenden Seite Notenbeispiel 22.)
Die Arie ›Nube gentil‹ läßt freilich den Einfluß von Vater Giulio und seiner Schule erkennen. Trotzdem zeigt Francesca hier einen vollkommen individuellen Stil, der es meiner Ansicht nach erlaubt, sie in einem Atemzug mit berühmten Monodisten wie Peri und Gagliano zu nennen. Ihre Baßführung ist kräftiger und aktiver als die ihres Vaters, ihre Dissonanzbehandlung kühner und freier; in der Gestaltung der Singstimmen zeigt sich die jahrzehntelange Erfahrung der qualifizierten Solosängerin: jede ihrer Melodien ist, sei sie auch noch so differenziert in bezug auf Rhythmus, Tonartenwechsel und Ornamentik, im wahrsten Sinne des Wortes »singbar« und zugleich ganz auf den Ausdrucksgehalt des Textes abgestimmt.
Vom Jahre 1625 an werden die Notizen über diese vielseitige

22 Arie ›Nube gentil‹ aus dem ›Primo libro‹ von Francesca Caccini.

Komponistin immer spärlicher. Sie wurde schon mit neununddreißig Jahren Witwe und scheint vierzehn Jahre später gestorben zu sein, aber nicht einmal das darf als historisch sicher gelten. Man kann nur vermuten, daß sie den typischen Werdegang einer alternden Hofmusikerin nahm: die gereifte, vierzigjährige Frau, Mutter einer Tochter, Komponistin eines stattlichen Œuvres und Interpretin vieler hundert Sopranpartien war eben für den Thronfolger Ferdinand II. nicht mehr so attraktiv wie die siebzehnjährige »Cecchina«, die selbst am französischen Königshof umschwärmt wurde. Jüngere, hübschere Sängerinnen mit besser geschulten und weniger verbrauchten Stimmen wie die Sopranistin Leona Baroni, mögen ihre Stelle eingenommen haben. – Man kann sich ohne weiteres vorstellen, daß die als Sopranistin verstummte Francesca die Lust am Komponieren verlor, denn ihre Musik war ja ganz aus ihrer Praxis als Sängerin entstanden. Auch fehlte ihr jetzt das Forum, auf dem sie weitere Opern, Oratorien und Madrigale hätte aufführen können, und kompositorische Arbeit nur für die Schublade war sicher nicht ihre Sache. Doch selbst wenn sie im stillen weitergeschrieben hat: es ist kein Wunder, daß über solche Versuche nichts bekannt ist, denn an einer gealterten, in der Gunstskala der Fürsten weit unten rangierenden Hofmusikerin hatten weder Musikverleger noch Chronisten Interesse.[16] Als sie sich 1627 ganz vom Hofleben zurückzog, gab sie ihrer Verbitterung in einem Brief an Buonarroti Ausdruck: »Hab' Mitleid mit der, die nicht einen einzigen Menschen in der Welt ihr eigen nennt . . .«

Francescas Tochter Margherita hatte wohl dieses Schicksal vor Augen, als sie sich entschloß, eine große Sängerinnenkarriere aufzugeben und ins Kloster zu gehen. Ein zusätzlicher Anreiz mag darin bestanden haben, daß es gerade in den norditalienischen Frauenklöstern seit der Mitte des 16. Jahrhunderts eine ungebrochene Tradition weiblicher Kompositionstätigkeit gab.[17] Vittoria Aleotti, eine Augustinerin aus dem Kloster San Vito in Ferrara, veröffentlichte 1593 ein Werk mit dem Titel ›Canto Ghirlanda De Madrigali A Quatro Voci‹ auf Texte des Dichters Guarini[18]; Catharina Assandra aus Mailand, Faustina Borghi und Suor Sulpicia Cesis aus Modena folgten zu Beginn des 17. Jahrhunderts mit Motetten für ein bis zwei Chöre, teilweise von Orgel und Basso Continuo begleitet.[19] Die ebenfalls aus Mailand stammenden Nonnen Claudia Francesca Rusca[20] und Chiara Maria Cozzolani komponierten im damals hochmodischen Stil der »concerti sacri«, die wohl als Mischform von florentinischer Monodie und römischer Palestrinapflege anzusehen sind und darum auch einen starken Hang zur ausgearbeiteten Mehrstimmigkeit zeigen. Chiara Maria Cozzolanis »concerti« für mehrere Frauenstimmen mit Orgelbegleitung entsprachen in ihrer kleingliedrigen Motivik, in ihrem Wechsel ruhiger und bewegter Partien und in dem ständigen Fortschreiten prägnanter Melodien von Stimme zu Stimme so sehr dem internationalen Zeitgeschmack, daß sie sogar in einem damals weit verbreiteten Sammelwerk des Breslauer Domorganisten Ambrosius Profe abgedruckt wurden.[21] Einer anderen Komponistin jener Zeit, der Äbtissin Isabella Leonarda aus Novara (geb. 1636) wird selbst heute noch von der Musikgeschichtsschreibung zugestanden, daß sie in ihren Motetten und Messen »die Glut und Feierlichkeit eines Pietro Degli Antonii« und die »Innigkeit der Empfindung eines . . . Carissimi« erreicht habe.[22] (Offenbar gilt der Vergleich mit männlichen Komponisten als besonders ehrenvoll.) Trotzdem wurden ihre Werke weder in Kirche noch Konzertsaal aufgeführt, was übrigens auch für die Kompositionen von Francesca Caccini gilt.

23 Largo aus einer Motette von Isabella Leonarda (Ausschnitt).

Anmerkungen

1 Beschreibung nach A. M. Nagler, Theatre Festivals of the Medici 1539–1637, New Haven/London 1964, S. 116ff.

2 Die wichtigsten Darstellungen über ihr Leben und Werk: A. Bonaventura, Il ritratto della Cecchina, in: La cultura musicale I, 1922; ders., Le donne italiane e la musica, in: Rivista musicale italiana, 1925; O. Chilesotti, »La liberazione di Ruggiero« di Francesca Caccini, in: Gazzetta musicale di Milano, 1896; A. Damesini, Antichi Maestri Toscani, in: Accademia Musicale Chigiana, Siena 1954, S. 10–14; M. G. Masera, Una musicista fiorentina del seicento, in: La Rassegna Musicale XIV–XV (1941/42); C. Raney, Francesca Caccini, Musician to the Medici. Phil. Diss. New York 1971; dies., Francesca Caccini's ›Primo Libro‹, in: Music and Letters 48, October 1967, S. 350–357; D. Silbert, Francesca Caccini, called »La Cecchina«, in: The Musical Quarterly XXXII (1946), S. 50ff; A. Solerti, Le Origini del melodramma, Turin 1903; ders., Gli albori del melodramma, Mailand 1905; ders., Musica, ballo e drammatica alla corte Medicea, Florenz 1905.

3 Zit. nach D. Silbert, Francesca Caccini, S. 56.

4 Ein Werkbeispiel von Settimia Caccini, übertragen in moderne Notenschrift, ist abgedruckt bei R. Haas, Die Musik des Barock = Handbuch der Musikwissenschaft, hrsg. v. E. Bücken, Wildpark/Potsdam 1929.

5 Zwei Arien aus ihrem umfangreichen Vokalwerk wurden in moderne Notenschrift übertragen von K. Jeppesen, in: La Flora II, Kopenhagen 1949. Da über die Biographie dieser Frau (sie war angeblich eine Adoptivtochter des Dramatikers und Librettisten Giulio Strozzi) fast nichts bekannt ist, wurde ihr hier kein eigenes Kapitel gewidmet. Es sei jedoch auf die Habilitationsschrift von Jan Racek (Stilprobleme der italienischen Monodie, Brünn 1937) verwiesen, in der ein Stück aus ihrer Sammlung ›Diporti di Euterpe‹ (op. 7, 1659) ausführlich besprochen und sehr positiv gewürdigt wird.

6 New York 1948, S. 215–218.

7 M. A. R. de Maulde la Clavière, Women of the Renaissance: A Study of Feminism, New York 1900, S. 274; vgl. auch J. Burckhardt, Die Kultur der Renaissance in Italien, Stuttgart 1960.

8 Vgl. A. Pirro, Histoire de la musique, Paris 1940, S. 65.

9 Pietro della Valle, Della musica dell'età nostra che non è punto inferiore ..., 1640.

10 Zit. nach D. Silbert, Francesca Caccini, S. 52.

11 Neuausgabe von D. Silbert, Smith College Music Arch. VII, Northampton (Mass.) 1945.

12 In diesem Zusammenhang vgl. A. Abert, Claudio Monteverdi und das musikalische Drama, Lippstadt 1954, S. 170–173.

13 A. W. Ambros, Geschichte der Musik IV, Leipzig 1892, S. 408–412.

14 Nachdruck der Originalausgabe bei G. Olms, Hildesheim 1967. Besprechung der ›Liberazione‹ in Bd. I, S. 29–32, Abdruck der Musikbeispiele auf S. 174ff.

15 Exemplare der Druckausgabe befinden sich in Bibliotheken von Modena, Florenz und Rom; bibliographische Einzelheiten bei E. Vogel, Bibliothek der gedruckten weltlichen Vokalmusik Italiens aus den Jahren 1500–1700, Berlin 1892; Übertragung und Analyse zahlreicher Beispiele bei C. Raney, Francesca Caccini, Musician to the Medici, auf deren Vorarbeit sich auch die folgenden Ausführungen stützen.

16 Die Information über Francescas Karriere als Hofmusikerin verdanken wir dem Tagebuch eines höfischen Chronisten, Cesare di Bastiano Tinghi.
17 Einen umfassenden Überblick gibt Kathi Meyer in ihrer Dissertation ›Der chorische Gesang der Frauen‹, Leipzig 1917.
18 Genaues Inhaltsverzeichnis bei E. Vogel, Bibliothek der gedruckten weltlichen Vokalmusik Italiens, S. 14f.
19 Vgl. K. Meyer, Der chorische Gesang der Frauen, S. 32, 34, 35.
20 Ein Band ›Sacri concerti a 1–5 voci con salmi e canzoni francesi a 4 e varii motetti‹ findet sich in der Biblioteca Ambrosiana in Mailand.
21 Einige Einzeldrucke sind noch in der Universitätsbibliothek Breslau und im Civico Museo Bibliografico Musicale in Bologna vorhanden.
22 Die Musik in Geschichte und Gegenwart, Artikel ›Isabella Leonarda‹.

ELISABETH CLAUDE JACQUET DE LAGUERRE UND ANTONIA BEMBO

Komponistinnen am Hof Ludwigs XIV.

ELISABETH CLAUDE JACQUET DE LAGUERRE – sie lebte von 1664–1729 im Umkreis des französischen Hofes – ist von Sozialstatus und Biographie her mit Francesca Caccini zu vergleichen. Auch sie stammte aus einer alten Musikerfamilie, auch sie wurde von einem kunstfreundlichen Gönner gefördert, nach dessen Geschmack sie zumindest ihre frühen Werke ausrichtete: von Ludwig XIV., dem »Apollon« aller höfischen Komponisten, ohne den, was auch immer man über die machtpolitischen Beweggründe seines Mäzenatentums sagen mag, die französische Barockmusik kaum zu verstehen ist. Elisabeth heiratete wie Francesca einen Musiker, wurde in mittleren Jahren Witwe und stand später in bewußter Distanz zum höfischen Leben. Aber im Gegensatz zu ihrer italienischen Kollegin blieb sie auch nach diesem Rückzug ins Private musikalisch produktiv: statt prunkvoller Opern und Ballette schrieb sie nun intime Kammermusik für das Clavecin und die Violine, geistliche und weltliche Kantaten in kleiner Besetzung. Ihre Kompositionen erklangen nicht mehr ausschließlich in den Gesellschaftsräumen des Königs, sondern auch im Rahmen der öffentlichen »concerts spirituels« und in ihrer Pariser Wohnung in der Rue de Prouvaires.[1]

Elisabeths Werdegang fällt also in eine Zeit, in der sich die gehobene Kunstmusik aus der einseitig höfischen Umklammerung befreite. Darüber hinaus ist ihre Karriere aber ein Beispiel dafür, wie sich eine bislang im Stand der Hof- und Amüsierdame gehaltene Musikerin zu einer selbständigen Künstlerpersönlichkeit mit individueller Privatsphäre entwickelte.

Elisabeths Vater Claude Jacquet war als Musiker und Cembalobauer berühmt, ihre Mutter Anne de la Touche mit der Komponistenfamilie Daquin verwandt. Den ersten Unterricht auf dem Clavecin erhielt sie vom Vater, der den Ehrgeiz hatte, sie zu einem am Hof bestaunten Wunderkind zu machen. 1673 wurde sie dem König vorgestellt. Ludwig XIV. war damals auf dem Höhepunkt seines Ruhms als Mäzen aller Künste. Er tanzte selbst in Lullys Balletten, gründete die Académie de Musique und überraschte die Hofkomponisten in ihren Arbeitszimmern.

Das ganze Musikleben unterlag seiner persönlichen Kontrolle. Hofarien und Ballette hatten nicht nur die Funktion, die Person des »Dieudonné« in mythologischem Kontext zu verherrlichen; sie sollten auch den Reichtum der Nation und eine harmonische Gesellschaftsordnung symbolisieren und die am Hof versammelte Aristokratie von umstürzlerischen Gedanken abhalten.
Auch die kleine Elisabeth wurde schnell unter des Königs Oberaufsicht gebracht. Nachdem er ihr musikalisches Talent erkannt hatte, trennte er sie von ihrer Familie und ließ sie unter der Obhut seiner Mätresse, Madame de Montespan, aufwachsen. Elisabeth wurde gemeinsam mit deren acht unehelichen Kindern groß, sie genoß also sämtliche Privilegien einer aristokratischen Erziehung. Im Jahre 1677 war sie bereits so umschwärmt, daß der ›Mercure galant‹, ein höfisches Klatsch- und Kulturblättchen, enthusiastisch über sie berichtete:
»Sie singt vom Blatt die schwierigsten Sachen, begleitet sich ... auf dem Clavecin, das sie in nicht nachzuahmender Weise zu spielen weiß. Sie komponiert Stücke, die sie in jeder gewünschten Tonart spielt.«
Ein Jahr später wurde sie in derselben Zeitung sogar als »merveille de notre siècle«, also als »Wunder unseres Jahrhunderts« bezeichnet. – Erst mit zwanzig Jahren verließ die junge Künstlerin den Hof, um den begabten Organisten Marin de Laguerre zu heiraten. Sie bekam einen Sohn, der bereits mit zehn Jahren starb. Mit ihrem Mann führte sie eine harmonische und künstlerisch ausgefüllte Ehe. Während der ersten zehn Jahre komponierte sie Stücke für das dem Cembalo vergleichbare Clavecin, Triosonaten, ein Ballett und eine Oper. Doch ihre produktivste Zeit begann erst nach Marins frühem Tod im Jahre 1704. Offenbar fest entschlossen, ihr persönliches Schicksal durch Konzentration auf den Beruf zu bewältigen, schrieb sie musikgeschichtlich bedeutende Clavecin-Suiten, Solosonaten für die Violine, ›Cantates françoises‹ auf Texte des Alten Testaments und schließlich ein ›Te Deum‹ zur Genesung Ludwigs XV. Ihre von Pariser Verlegern gedruckten Notenbücher fanden so reißenden Absatz, daß sie am Ende ihres Lebens eine wohlhabende Frau war. Ihr langes Testament, das für alle ihr nahestehenden Personen, vom Hauspersonal bis zur örtlichen Geistlichkeit, großzügige und individuell ausgesuchte Geschenke vorsieht, gibt uns eine exakte Schilderung ihrer materiellen Verhältnisse: es ist von silbernem Geschirr, kostbaren Seidenstoffen, Gobelinsesseln, Gemälden und Musikinstrumenten, ja sogar von Juwelen und Barvermögen die Rede.[2]

Doch zurück zum Beginn ihrer kompositorischen Laufbahn: ihr erster Band mit Clavecinstücken erschien im Jahr 1687 und war, wie alle höfischen Kompositionen jener Zeit, dem König gewidmet. Manuskript und Druckausgabe sind leider nicht erhalten. Der ›Mercure galant‹ gibt jedoch die Reaktion Ludwigs XIV. auf dieses ihm zugedachte Werk wieder. Es heißt dort, daß er es »mit dem für ihn so typischem Dankeslied« entgegennahm: er habe nicht den geringsten Zweifel an der vollkommenen Schönheit der Komposition. – Sechs Jahre später schreibt Elisabeth zur Feier des französischen Sieges bei Mons eine Ballettmusik mit dem Titel ›Les Jeux à l'Honneur de la Victoire‹. Auch von diesem Werk ist nur das Libretto erhalten. Interessant ist jedoch die Widmung, aus der hervorgeht, daß sie sich ihrer Sonderstellung als komponierende Frau durchaus bewußt war:

»Nicht erst seit heute haben Frauen hervorragende Dichtungen geschrieben ... Aber bis jetzt hat keine versucht, eine ganze Oper in Musik zu setzen; und ich verspreche mir diesen Vorteil von meinem Unternehmen, daß es, so ungewöhnlich es ist, um so mehr der Würde Eurer Majestät angemessen ist.«[3]

1694 folgt die erste, heute noch erhaltene Komposition: ›Céphale et Procris‹, eine »tragédie lyrique« über einen mythologischen Stoff zu Ehren Ludwigs XIV. Obwohl dieses Werk erst die

Abb. 13: Titelblatt und Anfangsseite der Erstausgabe von »Céphale et Procris« von Elisabeth Claude Jacquet de Laguerre.

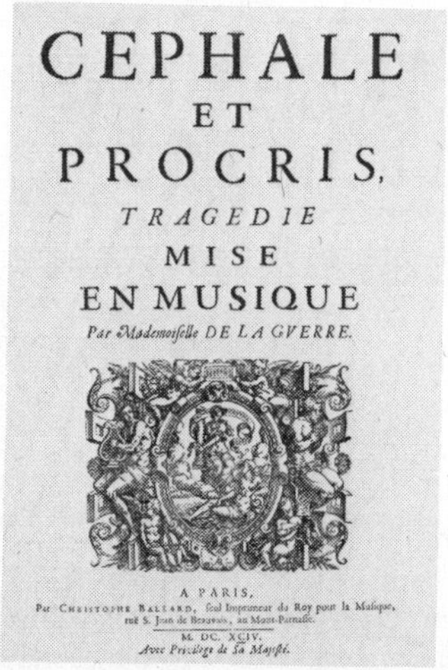

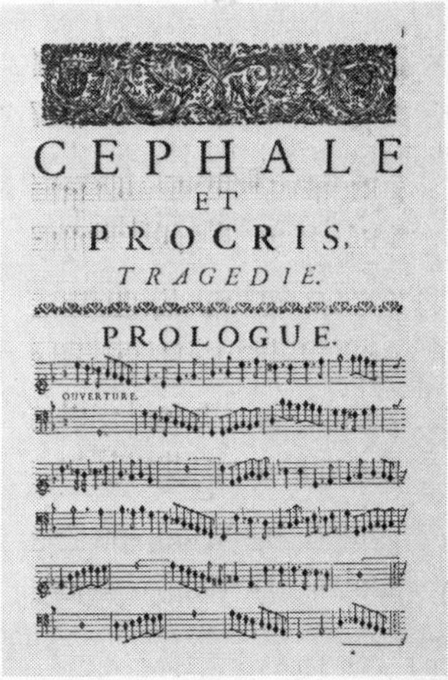

dreiunddreißigste Oper französischer Provenienz und damit Beispiel einer für Frankreich relativ jungen Musikgattung war, blieb der erwartete Erfolg aus, denn der Monarch hatte bereits das Interesse an diesen italienisch beeinflußten Galaproduktionen verloren. Nach seiner Heirat mit der neunundvierzigjährigen Marquise de Maintenon war der einstige Lebemann immer mehr zum konservativen, streng religiösen Familienvater geworden, der nur noch selten große Gesellschaften gab und lieber Kirchenmusik als Hofarien hörte.
Stilistisch zählt Elisabeths fünfaktiges Werk sicher nicht zu ihren originellsten Kompositionen. Mit seinen zahlreichen Chören, Tänzen und instrumentalen Zwischenspielen steht es eher in der Tradition von Jean-Baptiste Lully, dem großen musikalischen Vorbild ihrer frühen Jugend. Und dennoch ist diese »tragédie«, die nach der Pariser Uraufführung immerhin noch einmal in Straßburg wiederholt wurde, nicht ohne musikalischen Eigenwert: die Rezitative zeigen rhythmische Spannung und interessante harmonische Bewegung und haben sich in ihrer freifließenden, fast arienähnlichen Melodik vom starren Deklamationsprinzip der italienischen Vorbilder gelöst.

24 Rezitativ des Procris aus ›Céphale et Procris‹ von Elisabeth Claude Jacquet de Laguerre (Ausschnitt).

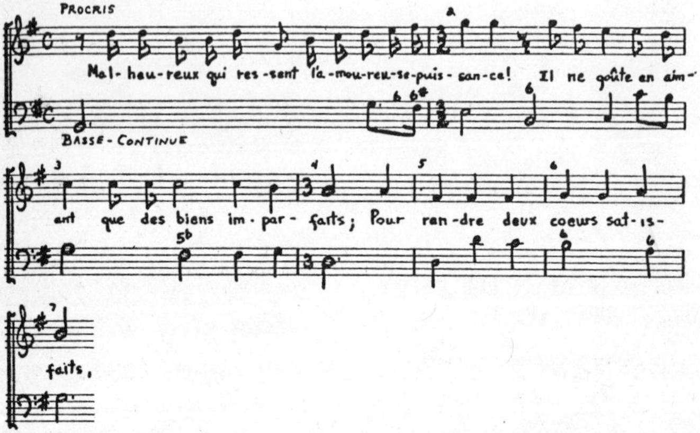

Da Elisabeth selbst Clavecinistin war und sicherlich oft im Orchester das Continuo spielte, hatte sie eine besondere Beziehung zum instrumentalen Element. Das geht schon allein daraus hervor, daß sie der Handlung insgesamt siebenundzwanzig Zwischenspiele im Stil zeitgenössischer Tanz- und Militärmusik mit Titeln wie »Louré«, »Marche«, »Passacaille« usw. einfügte. Die Instrumente sind, wie in den meisten Kompositionen dieser Zeit, nur selten spezifiziert; die Standardbesetzung bestand offenbar aus Streichern, Fagotten und Trompeten. Für besonders charakteristische Passagen setzte Elisabeth allerdings die Instrumente schon gezielt ein; hier als Beispiel eine »Marche« aus dem ersten Akt, in der die Trompeten eine siegesgewisse Melodie D-Dur blasen:

25 ›Marche‹ aus ›Céphale et Procris‹ von Elisabeth Claude Jacquet de Laguerre.

Nach dem Tod ihres Mannes scheint Elisabeth intensiv an ihrem Vokalstil gearbeitet zu haben. Ein Ergebnis dieser Arbeit ist ein Band mit drei weltlichen Kantaten – ›Sémélé‹, ›L'Isle de Delos‹ und ›Le Sommeil d'Ulisse‹ –, den sie im Jahre 1708 dem Kurfür-

sten Max Emanuel von Bayern widmet. In der kleinen kammermusikalischen Besetzung für Solosopran, Flöte, Violine und Continuo drückt sie schon eine gewisse Distanz vom höfischen Musikleben und den festlichen Opernaufführungen ihrer Jugendzeit aus.
Mit diesen ›Cantates françoises‹ wendet sich Elisabeth einer Gattung zu, die in Frankreich ein zwar glänzendes, aber nur kurzes Leben hatte. Nach ersten Versuchen von Marc-Antoine Charpentier im Jahre 1683 beginnt die Blütezeit der Solokantate eigentlich erst um 1705 mit Werken von Bernier, Courbois, Clérambault und anderen. Elisabeths Beiträge zu dieser neuen Musikgattung werden heute wieder als »wahre Meisterstücke der frühen französischen Solokantate« bezeichnet, »die nie in leere Virtuosität verfallen«[4]. Musikgeschichtlich bedeutungsvoller sind jedoch ihre zwischen 1708 und 1711 entstandenen ›Cantates françoises sur les sujets tirez de l'Ecriture‹ (Französische Kantaten über Themen der Heiligen Schrift) nach Gedichten von Houdar de La Motte. Jeder der beiden Bände enthält sechs Stücke mit Titeln wie ›Esther‹, ›Judith‹, ›Samson‹ usw. Elisabeths Besinnung auf die Bibel ist sicherlich darauf zurückzuführen, daß sie nach dem Tod von Mann und Kind Trost in der Religion suchte. Auch ihr Testament, in dem sie genaue Anweisungen über Anzahl und Umfang der nach ihrem Begräbnis zu zelebrierenden Messen gibt, zeugen von einer intensiven Bindung an den Katholizismus. Trotzdem widmet sie die Kantaten ihrem weltlichen Gönner Ludwig XIV., dem sie sich offenbar zutiefst verpflichtet fühlte:
»Ich habe einige Musikstücke gemacht, die, wie ich zu sagen wage, Eurer Majestät würdig sind. Es sind dies die wichtigen Ereignisse der Heiligen Schrift, die ich vor Euren Augen ausbreite; der Textdichter hat sie mit aller erforderlichen Sorgfalt behandelt, und auch ich habe versucht ... ihren Geist widerzuspiegeln und ihre Größe zu erhalten.«
Auch diese Kantaten sind wieder für hohe Frauenstimme mit basso continuo geschrieben, in einem Fall tritt allerdings ein zweiter Sopran, in einem anderen ein Baß und in einem dritten schließlich eine als »symphonie« bezeichnete Kammerorchesterformation hinzu. Der Vokalstil zeichnet sich durch große rhythmische Freiheit und sorgfältig plazierte Melismatik aus. Ähnlich wie bei Francesca Caccini dienen die Verzierungen auch hier niemals bloßer Effekthascherei, sondern der Vertiefung von Textbedeutung und Dramatik. In einem schlichten, syllabisch konzipierten Rezitativ aus der Kantate ›Jonas‹ erscheint bei-

spielsweise scheinbar überraschend eine Mollskala in schnellen Notenwerten, mit der Elisabeth ›l'orage‹ (das Gewitter) umschreibt, das den Menschen auf seiner Fahrt über das Meer an die Gegenwart Gottes gemahnt.

26 Rezitativ ›Son vaisseau‹ aus der Kantate ›Jonas‹ von Elisabeth Claude Jacquet de Laguerre.

Die instrumentalen Zwischenspiele von Clavecin bzw. Kammerorchester haben weniger überleitende als stimmungsvertiefende Funktion. In einem als ›sommeil‹ (Schlaf) bezeichneten Stück ruft Elisabeth durch die Wahl der Tonart a-Moll und die ausschließlich in langsamen Notenwerten und kleinen Tonschritten fortströmende Bewegung eine ruhige, entspannte Atmosphäre hervor; für den ›bruit de guerre‹ (Kriegslärm) aus ›Le passage de la mer rouge‹ wählt sie dagegen ein großräumiges Fanfarenmotiv in F-Dur, das die beabsichtigte kämpferische Stimmung bereits in den ersten drei Takten herstellt. Eine Gegenüberstellung beider Beispiele macht deutlich, über welch verschiedenartige instrumentale Ausdrucksmöglichkeiten diese Komponistin verfügt:

27 ›Sommeil‹ aus der Kantate ›Judith‹ und ›Bruit de Guerre‹ aus der Kantate ›Le passage de la mer rouge‹ von Elisabeth Claude Jacquet de Laguerre.

Elisabeths umfangreiches Kantatenwerk blieb von der Musikforschung lange Zeit unberücksichtigt. Da eine kritische Ausgabe bis heute nicht existiert, hielt es der Musikhistoriker Eugen Schmitz nicht einmal für nötig, sie in seinem Standardwerk ›Geschichte der weltlichen Solokantate‹ (Leipzig 1924) auch nur zu erwähnen. Das gleiche gilt auch für die meisten älteren Darstellungen zur französischen Musikgeschichte. Seit dem Erscheinen einer umfassenden Untersuchung von Edith Borroff im Jahre 1966 wird jedoch selbst in Enzyklopädien wie ›Die Musik in Geschichte und Gegenwart‹ die Meinung vertreten, daß »diese Kantaten ... eine namhafte Anzahl von Werken umfassen, die am Anfang der Geschichte dieser Gattung in Frankreich stehen und denen aufgrund ihrer Musikalität und Vortrefflichkeit eine hervorragende Bedeutung für die Entwicklung der französischen Vokalmusik zuerkannt werden muß. Sie zeigen auch den reifen Stil einer der begabtesten und am meisten respektierten Persönlichkeiten innerhalb einer Generation vorzüglicher Komponisten«[5].
Obwohl Elisabeth selbst keine Geigerin war, schrieb sie zahlreiche Sonaten für die Violine mit zum Teil revolutionären spieltechnischen Neuerungen. So werden in ihren 1695 entstandenen Sonaten (›Sonate a violino solo e viola di gamba obligata con organo‹ und ›Sonate a due violini e violoncello obligato con organo‹) zum ersten Mal in der Geschichte der schriftlich fixierten Violinmusik Doppelgriffe angewandt.

28 Aus der Sonate Nr. 2 für Violine allein von Elisabeth Claude Jacquet de Laguerre.

Elisabeth erweist sich hier nicht nur als vielseitige Komponistin, die sich mit Leichtigkeit auf die klanglichen Möglichkeiten der zeittypischen Instrumente einstellen konnte; sie gibt sich gleichzeitig auch als Meisterin experimenteller Formen zu erkennen,

Abb. 14: Medaille von S. Curé mit Darstellungen von Elisabeth Claude Jacquet de Laguerre. (Links: Elisabeth am Clavecin. Rechts: Profil.)

denn ähnlich wie die Solokantate war auch die Violinsonate erst vor kurzer Zeit aus Italien nach Frankreich importiert worden. Die Werke dieser frühen Sammlung gehören neben solchen von Sebastian de Brossard und Jean-Ferry Rebel »zu den allerbesten dieser Art in Frankreich«[6].

Strenge Unterschiede zwischen »Kirchensonate« und »Kammersonate« machte Elisabeth offenbar noch nicht. Sie mischt zeitgenössische Tanztypen mit italienischen Adagios, fugierte Allegros mit französischen Airs, denen sogar einer ihrer strengsten Kritiker, der Musikforscher Lionel de la Laurencie, »Charme« und »Grazie« zugesteht[7]:

29 Aus der Sonate Nr. 1 für Violine allein von Elisabeth Claude Jacquet de Laguerre.

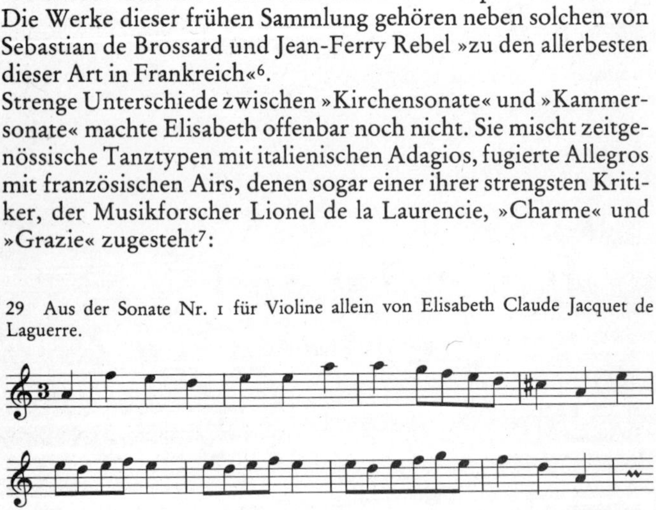

Im Gegensatz zu der landläufigen Meinung, nach der die Stärke komponierender Frauen auf dem Gebiete des gefühlsbetonten Adagio-Satzes liegt, scheinen Elisabeths langsame Themen eher ein wenig trocken und konventionell. Sie bemüht sich allerdings, diesen Mangel im Bereich der Harmonik durch großen Modulationsreichtum und geschickt eingesetzte Dissonanzen zu kompensieren. Trotzdem wirken ihre schnellen Sätze sehr viel überzeugender, einmal wegen ihrer markanten, entschlossenen Melodik, zum anderen wegen der mitunter hochvirtuosen Passagen der Violine, die dieser zuweilen schon den Rang eines ausgesprochenen Konzertinstrumentes geben.

30 Aus der Sonate Nr. 2 für Violine und basso continuo von Elisabeth Claude Jacquet de Laguerre.

Etwa zwölf Jahre nach der Komposition der Solo- und Triosonaten veröffentlicht Elisabeth einen Doppelband mit Stükken für Clavecin und Violine. Sie sind wieder König Ludwig XIV. gewidmet, dem sie sie im Jahre 1707 von den Schwestern Marchand vortragen läßt; der ›Mercure galant‹ berichtet über diese denkwürdige Abendunterhaltung, aus deren Anlaß Elisabeth zum ersten Mal seit zwanzig Jahren wieder bei Hof erschien:

»Der König honorierte sie (die Kompositionen) mit sehr großer Aufmerksamkeit, und die Schwestern Marchand spielten sie vollkommen und gut. Verschiedene Personen von Bedeutung, die ebenfalls zuhörten, waren entzückt. Als das Diner beendet war, sprachen Seine Majestät mit Mademoiselle de Laguerre in sehr zuvorkommender Art und Weise; nachdem er ihre Sonaten über alle Maßen gelobt hatte, sagte er ihr, daß sie unvergleichlich seien. Man hätte Mademoiselle de Laguerre gar kein größeres Lob gönnen können, denn diese Worte lassen erkennen, daß der König ihre Musik nicht nur sehr schön gefunden hat, sondern daß sie auch originell ist, was man heutzutage immer seltener findet.«

Die Cembalostücke tragen den Titel ›Pièces de Clavecin/Qui peuvent se Jouer sur le Viollon/‹, also »Clavecinkompositionen, die auch auf der Violine gespielt werden können.« In Wirklichkeit sollte aber nur die Oberstimme von einer Violine verstärkt werden, um den intimen Klang des Cembalos tragfähiger und abwechslungsreicher zu machen. Elisabeth knüpft damit an ein relativ neues Konzept französischer Konzertmusik an, das später auch von dem jungen Mozart in seinen frühen Violinsonaten übernommen wurde.

Elisabeths ›Pièces de Clavecin‹ sind die ersten Solostücke, die sie für »ihr« Instrument geschrieben und einem weiteren Kreis zugänglich gemacht hat. Mit ihren kunstvoll gebrochenen Akkorden, ihrer Vorliebe für punktierte Rhythmen, ihren vielen verschiedenen Arten von Trillern und virtuosen Variationen legen sie nicht nur von der hochentwickelten Clavecin-Kunst im Frankreich des frühen 18. Jahrhunderts Zeugnis ab. Sie dokumentieren auch das instrumentale Können der *Interpretin* Elisabeth, das wohl zu Recht von zeitgenössischen Chronisten hoch gelobt wurde. Elisabeths ›Pièces‹ sind, wie später die ›Französischen Suiten‹ von Johann Sebastian Bach, als Tanzfolgen konzipiert. Jedes der beiden Werke umfaßt neben »Allemande«, »Sarabande« und »Gigue« noch einige fakultativ hinzutretende ortstypische Tänze.

Die einleitende »Allemande« der ersten Suite ist aufgrund ihrer geschickt versetzten Rhythmik ein durchaus nicht leicht zu spielendes Stück. In der dazugehörigen »Double« werden die rhythmischen Eigenheiten durch hinzutretende Verzierungen noch stärker herausgearbeitet, so daß eine phantasievolle und brillante Variationsfolge entsteht (siehe Notenbeispiel 31).

In den Sätzen vom Typ »Courante« wird solche vielstimmig rauschende Virtuosität wieder reduziert auf die schlichte höfische Tanzmelodie, offenbar in Anlehnung an den Gesellschaftstanz am Hof von Versailles (siehe Notenbeispiel 32).

31 Allemande und Double aus der ersten Clavecinsuite von Elisabeth Claude Jacquet de Laguerre.

32 Courante aus der zweiten Clavecinsuite von Elisabeth Claude Jacquet de Laguerre.

Aus den »Sarabanden« klingt dagegen eine unkonventionelle, dissonanzenreiche, große Sprache mit freizügigem Wechsel von Dur und Moll und weiträumigen Verzierungen vor dem Schlußakkord:

33 Sarabande aus der zweiten Clavecinsuite von Elisabeth Claude Jacquet de Laguerre.

Elisabeth läßt ihre Suiten mit heiteren, klar gegliederten »Gigues« ausklingen, die in ihrer großzügigen Anlage dem Gesamtwerk bereits einen gewissen sonatenhaften Charakter verleihen[8]:

34 Gigue aus der ersten Clavecinsuite von Elisabeth Claude Jacquet de Laguerre.

Man kann zusammenfassend sagen, daß der heutige Musiker erst aus diesen ›Pièces de Clavecin‹ einen Eindruck vom vollen Können der Komponistin gewinnt. Denn im Gegensatz zu ihrer Oper, zu den Kantaten und Violinsonaten, in denen lediglich Stimmen und bezifferter Baß in der zeitüblichen knappen Schreibweise, also mit einem Minimum an Harmonien, Verzierungen und Vortragsbezeichnungen festgehalten sind, handelt es sich hier um voll ausgeschriebene Instrumentalwerke. Alle Feinheiten des Vortrags sind von der Komponistin vorgegeben, so daß die Ausführung dieser Suiten eigentlich eher einen versierten Clavecinisten als einen begabten Improvisator verlangt. Die absolute Trennung der Musik in eine produktive und eine reproduktive Sphäre, die in Francesca Caccinis Vokalwerken erst ansatzweise gegeben war, scheint hier endgültig vollzogen. Die ›Pièces de clavecin‹ entsprechen damit weitgehend dem heutigen Musikverständnis und erfreuen sich darum immer noch einer gewissen Popularität. Sie sind in mehreren teils volkstümlichen, teils wissenschaftlichen Ausgaben erschienen und wurden noch 1959 von dem berühmten englischen Cembalisten Thurston Dart auf Schallplatte eingespielt.[9]
Elisabeth hat sich, sowohl in zeitgenössischen Besprechungen als auch in der musikwissenschaftlichen Literatur des 20. Jahrhunderts, nie dem Vorwurf des »Dilettantismus« aussetzen müssen, der gegen die meisten ihrer Kolleginnen so leichtfertig erhoben wird. Das wäre auch gar zu lächerlich, denn sie war eine durch und durch professionelle Komponistin, die es auch außerhalb des höfischen Milieus zu materiellem Wohlstand bringen konnte. Daß sie zu ihren Lebzeiten als freischaffende, selbständige Künstlerpersönlichkeit akzeptiert wurde, geht schon allein daraus hervor, daß Ludwig XIV. ihre Clavecinsuiten wohlwollend aufnahm, obwohl sie sich schon zwanzig Jahre vorher vom Hof zurückgezogen hatte. Anders als bei Francesca Caccini spielten Äußerlichkeiten in ihrer Karriere offenbar nur eine geringe Rolle, denn aus den erhaltenen Abbildungen tritt uns eine strenge Frau mit klaren, intelligenten Gesichtszügen entgegen.

Elisabeth war eine Ausnahmeerscheinung unter den Frauen ihrer Zeit; das geht aus ihrer eigenen Vorrede zu der verschollenen Ballettmusik hervor, das bemerkt auch Titon du Tillet in dem ihr gewidmeten Abschnitt des ›Parnasse Français‹ von 1732: »Man kann sagen, daß noch nie eine Person ihres Geschlechtes in ähnlicher Weise für die Komposition von Musik begabt war.« Trotzdem läßt die Selbstverständlichkeit, mit der man sie neben männlichen Komponisten wie Michel-Richard de Lalande, François Couperin, Nicolas Bernier auftreten ließ, auf eine weitgehend vorurteilslose Einstellung gegenüber weiblicher Kompositionstätigkeit schließen. Sicher ist dies zum Teil auf das höfische Milieu zurückzuführen, in dem kluge und gebildete Frauen wie Madame de Montespan und Madame de Maintenon einen erheblichen politisch-gesellschaftlichen Einfluß ausübten. Ein anderer Grund liegt aber auch darin, daß von einer starren Rollenverteilung in der Familie noch keine Rede sein konnte. Elisabeths Ehe mit Marin de Laguerre hatte, ähnlich wie Francescas Beziehung zu Signorini, den Charakter einer nach außen geöffneten Zweck- und Arbeitsgemeinschaft. Beide Ehepartner gingen ihrem Beruf nach, gaben, wohl häufiger getrennt als gemeinsam, Konzerte in und außerhalb ihrer Wohnung. Francesca wie Elisabeth bekamen (willentlich?) nur ein Kind. Der Gedanke an ein Aufgehen in Haushalts- und Mutterpflichten war den Frauen dieser Musikergeneration fremd.

Auch Antonia Bembo (geb. um 1669), eine komponierende Zeitgenossin Elisabeths, führte ein für spätere Begriffe ganz unbürgerliches Leben.[10] Aus einer der ältesten venezianischen Adelsfamilien stammend, erhielt sie Musikunterricht bei dem Komponisten und Organisten Legrenzo, dem »maestro di cappella« am St. Markus-Dom. Zwischen 1690 und 1695 kehrte sie ihrem wohlhabenden Elternhaus den Rücken, um einem nicht näher bekannten Liebhaber in eine ungewisse Zukunft am Hof Ludwigs XIV. zu folgen. Solche Wanderungen von Italien nach Frankreich waren im 17. Jahrhundert keine Seltenheit. Im Jahre 1643 war die berühmte Sopranistin Leona Baroni nach Paris gekommen, mit ihr ein Dutzend italienischer Kastraten und eine Anzahl hervorragender Komponisten wie Luigi Rossi, Marco Marazzoli und Carlo Caprioli. Sie alle hatten mit Erfolg versucht, die neue Vokalmusik ihres Landes am französischen Königshof zu etablieren. Als Antonia nach Paris kam, war deren große Zeit jedoch schon vorbei. Die höfische Prunkoper begann unmodern zu werden, und es gab bereits Ansätze zu einem nationalen französischen Gesangsstil. Die junge Italienerin, die noch in der Tradition der großen venezianischen Opernkomponisten Marc' Antonio Cesti, Francesco Cavalli und Agostino Steffani aufgewachsen war, stand dieser Entwicklung ratlos gegenüber, zumal ihr ja auch die Sprache der französischen Vokalmusik fremd war. Als ihr Liebhaber sich einer anderen Frau zuwandte, kam das für sie einer menschlichen und sozialen Katastrophe gleich. Als Komponistin konnte sie nicht populär werden, und der Weg zurück ins Elternhaus war ihr offensichtlich versperrt. Trotzdem faßte sie den Entschluß, ihre künstlerische Zukunft mutig anzugehen. Sie ließ sich Ludwig XIV. vorstellen, sang ihm einige Arien vor und fand das Wohlwollen des mit dem Alter human gewordenen Monarchen. Er sicherte ihr eine lebenslange Rente zu, die es ihr erlaubte, sich als Pensionärin in das Frauenkloster Notre-Dame de Bonnes Nouvelles einzukaufen und dort, unbesorgt um den öffentlichen Erfolg, in ihrem persönlichen Stil zu komponieren.

In den letzten Jahren des Jahrhunderts legte sie dem »immortale Luigi XIV.« einen Band mit ›Produzioni Armoniche‹ vor, der insgesamt vierzig Stücke für ein bis zwei Sopranstimmen, Violinen und basso continuo enthält, von denen fünfunddreißig direkt an den König und seine Verwandtschaft gerichtet, die restlichen fünf dagegen nach nicht personenbezogenen lateinischen Texten komponiert sind. In diesen geistlichen Rezitativen und Arien, die offenbar auch einen Teil ihres persönlichen Schicksals einfangen, ist ihre Sprache ausdrucksvoller und individueller als in den Pflichtübungen zum Ruhm der Monarchie. Hier als Beispiel der tonal freie und der Zeit weit vorausgreifende Schluß des ›Lamento della Virgine‹, der von der französischen Musikforscherin Yvonne Rokseth nicht zu Unrecht als »parsifalesque« bezeichnet wurde:

35 ›Lamento della Virgine‹ von Antonia Bembo (Schluß).

Vier oder fünf Jahre später komponierte sie ein Te Deum zu Ehren der jungen Herzogin von Burgund. Ob dieser musikalische »Dank an Gott den Allmächtigen für das glückliche Wochenbett Ihrer Königlichen Hoheit . . .« jemals aufgeführt worden ist: wir wissen es nicht. Fest steht jedoch, daß sich Antonias

Stil in diesem Chorwerk mit großem Orchester sehr verbessert hat. Die Intervalle sind weiter, die Melodien noch freier, die Modulationen so abrupt und überraschend geworden, daß sie »die Sinne berühren wie ein mutiger Entschluß ...«. Nach einem zweiten Te Deum aus dem Jahre 1707 wagt sich Antonia zum ersten und einzigen Mal an eine Oper heran: ›L'Ercole Amante, Tragedia Nouvamente Posta in Musica da Domina Antonia Bembo, l'Anno 1710.‹ Auch dieses Werk ist nie zur Aufführung gekommen, vielleicht weniger aus musikalischen Gründen als wegen der Wahl des Librettos, das Ludwig XIV. in der Symbolfigur des »liebenden Herkules« darstellt. Der kranke, alternde Monarch muß diese Anknüpfung an die Operntradition seiner absolutistischen Glanzzeit wohl fast als Persiflage empfunden haben. Antonias Oper hat jedoch besonders in den Chören und Arien mit der übertriebenen Prachtentfaltung höfischen Musiktheaters nichts zu tun. Die weitgespannten Melodien sind auch hier wieder ernst und tonal frei, die vierstimmige Anlage zeigt die Tendenz zu einer individuell und phantasievoll gehandhabten Kontrapunktik:

36 Aus ›Ercole amante‹, Oper von Antonia Bembo.

Antonia vertonte schließlich noch die Psalmen Davids in französischer Sprache, offenbar in der Absicht, sich der von Elisabeth repräsentierten Gattung neuer frankophoner Sakralmusik anzupassen. Wie dieser rührende, möglicherweise sogar verzweifelte Versuch aufgenommen wurde – im Widmungsbrief bezeichnet

sich die venezianische Adelige als »Mme. Antoinette Bembo« – ist nicht bekannt. Großen Erfolg hatte wohl auch dieses Werk nicht, denn kein zeitgenössischer Chronist erwähnt etwas über ihren weiteren Werdegang, über Datum und Umstände ihres Todes.
Musikalisch sind Antonias Kompositionen sicher nicht weniger wertvoll als die von Elisabeth. Aber sie entsprachen nicht dem galanten Zeitgeschmack, fanden deshalb auch wohl wenig öffentliche Resonanz, weil sie von einer verlassenen Mätresse, einer vom Elternhaus verstoßenen Ausländerin stammten. Man muß sich wohl die klatschsüchtige, intrigante und stets ihr Fähnchen nach dem Winde richtende Hofgesellschaft vor Augen führen, um diesen Rezeptionsprozeß zu begreifen. Trotzdem gehören beide Frauen zu einer bemerkenswerten Generation emanzipierter Komponistinnen, die es gewiß verdient, dem heutigen Musikkenner in Erinnerung gebracht zu werden.

Anmerkungen

1 Literatur über Elisabeth: E. Borroff, An Introduction to Elisabeth Claude Jacquet de la Guerre, Brooklyn (Institute of Medieval Music) 1966; M. Brenet, Quatre femmes musiciennes, in: L'Art LIX, 1894; L. de la Laurencie, L'école française de violon de Lully à Viotti, I, Paris 1922. Ausgaben: Sarabande et gigue, in: Les maˆtres françaises du clavecin des XVIIe et XVIIIe siècle, Paris 1921; Pièces de Clavecin, hrsg. von P. Brunold, Paris 1938; 2. revidierte Auflage hrsg. von Thurston Dart, Monaco 1965; Violinsonaten, hrsg. von Edith Borroff, Pittsburgh 1961. Alle übrigen Werke liegen als Manuskripte bzw. Druckausgaben in der Bibliothèque Nationale, Paris. Abdruck größerer Passagen bei E. Borroff, An Introduction.
2 Originaler Wortlaut des Testaments bei S. Wallon, Les testaments d'Elisabeth Claude Jacquet de Laguerre, in: Revue de Musicologie XXXIX, 1957, S. 206ff.
3 Manuskript in der Bibliothèque Nationale, Ms. fr. 2217.
4 Die Musik in Geschichte und Gegenwart, Artikel ›Jacquet‹.
5 E. Borroff, An Introduction, S. 60.
6 Die Musik in Geschichte und Gegenwart, Artikel ›Jacquet‹.
7 L. de la Laurencie, L'école française de violon . . ., I, 121–128.
8 Zur musikgeschichtlichen Einordnung der Suiten vgl. auch M. Reimann, Untersuchungen zur Formgeschichte der französischen Klaviersuite, Regensburg 1940.
9 »Complete Harpsichord Works of Elisabeth . . .«, London: Editions l'oiseau Lyre, OL 50183 (1959).
10 Über Antonia Bembo – ihre sämtlichen Werke liegen als Manuskripte in der Bibliothèque Nationale – gibt es nur eine einzige Untersuchung von Yvonne Rokseth (Antonia Bembo, Composer to Louis XIV, in: The Musical Quarterly XXIII, 1937), auf die sich die folgende Darstellung stützt.

Abb. 15: Anna Amalie von Preußen. Zeitgenössischer Stich.

ANNA AMALIE, PRINZESSIN VON PREUSSEN

Eine komponierende Schwester Friedrichs des Großen

Im gesamten deutschsprachigen Raum war seit dem 15. Jahrhundert, dem Zeitalter der vom Humanismus beeinflußten religiösen Frauenbewegung[1], die weibliche musikalische Produktivität weitgehend zum Stillstand gekommen. Heinrich Schütz und Johann Sebastian Bach schöpften zwar fleißig aus dem geistlichen Frauenlied des ausgehenden Mittelalters, aber man wird vergeblich nach deutschen Komponistinnen suchen, die die Schwelle zur künstlerisch anspruchsvollen Sakralmusik, zu Choral, Kantate, Motette oder geistlichem Konzert überschritten hätten. Erst im Zeitalter des aufgeklärten Absolutismus traten deutsche Frauen als Komponistinnen weltlicher und kirchlicher Kunstmusik in Erscheinung. Bis zur Mitte des 18. Jahrhunderts entstammen sie jedoch ausnahmslos dem Hochadel; auch komponierten sie, von Anna Amalie von Preußen, der jüngsten Schwester Friedrichs des Großen abgesehen, mehr oder weniger zum Zeitvertreib und dem Ideal der »galanten« Erziehung folgend. Die nach italienischem Muster gestalteten Arien der Wilhelmine Sophie Friederike, Markgräfin von Bayreuth (1709–1758)[2] und der sächsischen Kurfürstin Maria Antonia Walpurgis (1724–1780)[3] sind ansprechende, aber kurzlebige Liebhaberkompositionen; Herzogin Anna Amalia von Sachsen-Weimar (1739–1807) formte aus vielerlei verschiedenartigen Traditionen – der musikalischen Dramatik Glucks, der italienischen Hofoper, der Berliner Liederschule und dem frühklassischen deutschen Singspiel – eine heitere, problemlose Musik, die heute allenfalls noch kulturgeschichtlichen Dokumentationswert hat. »Man spaziert dabei in einem welschen Garten zwischen Boscagen, kunstvoll geschnittenen Bäumchen und zierlich angelegten Blumenbeeten, in deren Mitte ein kleiner Springbrunnen klickert und blitzert; man begegnet eleganten Chapeaus in seidenen Strümpfen und Schnallenschuhen und koketten Schäferinnen, die mit graziösen Komplimenten einander begrüßen.«[4]

Wie ist diese Tendenz zum aristokratischen Dilettantismus, zum galanten Tändeln in gefälligen Arien und putzigen Schäferlied-

37 Aus ›Erwin und Elmire‹, Singspiel von Anna Amalie von Sachsen-Weimar. Erster Aufzug (Anfang des Klavierauszugs).

chen zu erklären? Welche gesellschaftlichen und kulturhistorischen Umstände sind dafür verantwortlich, daß bis zur Mitte des 18. Jahrhunderts Anna Amalie von Preußen die einzige deutsche Frau war, die es an kompositorischer Seriosität, musiktheoretischem Wissen und professionellem Anspruch mit den großen Italienerinnen und Französinnen aufnehmen konnte?

Die Erziehungsideale der Renaissance, die in Italien nicht nur den Frauen der Aristokratie, sondern auch den Töchtern des immer mehr erstarkenden Kaufmannsstandes eine fundierte musikalische Bildung ermöglicht hatten[5], waren in Deutschland

weitgehend wirkungslos geblieben. Die Mädchen waren von den Lateinschulen und damit auch vom musiktheoretischen Unterricht klassischer Prägung ausgeschlossen. Erst während der Reformationszeit wurde das überlieferte kirchenväterliche Gebot, nach dem eine christliche Jungfrau weder Musik ausüben noch die Grundlagen dieser Kunst kennen durfte, allmählich in Frage gestellt. Martin Luther hatte erkannt, daß eine verbesserte musikalische Frauenbildung als wirksames Instrument im Kampf gegen den Katholizismus eingesetzt werden konnte. Demzufolge heißt es in den 1533 aufgestellten Lehrplänen einer Wittenberger ›Junckfrawen-Schule‹, daß die Schülerinnen »sollen alle miteinander lernen singen psalmen und andere geistliche gesenge. Es soll auch den jenigen, so lesen können, die scola musicalis furgemalt werden, dass sie etlicher mass lernen solemisieren«[6].
Von einem Unterricht in profaner Musik war also noch nicht die Rede. Die Mädchen sollten durch die schulische Musikerziehung lediglich auf ihre Mitgliedschaft in der Kirchengemeinde und auf ihre Rolle als christliche Familienmutter vorbereitet werden. Diese Einstellung findet sich in den pädagogischen und moralischen Schriften des 18. Jahrhunderts unverändert wieder. Joachim Heinrich Campe läßt in seinem ›Väterlichen Rath für meine Tochter‹ den Musikunterricht nur unter der Bedingung zu, daß er »in den gehörigen Schranken und mit beständiger Rücksicht auf vernünftige und rechtmäßige Zwecke«[7] abgehalten werde.
Im Zeitalter der Aufklärung wurde zwar unter dem Einfluß Jean-Jacques Rousseaus einiges für die Verbesserung der Frauenbildung getan; andererseits verfestigte sich aber mit dem geistigen und wirtschaftlichen Aufstieg des Bürgertums auch die merkwürdig deutsche Idealvorstellung von der Frau als treusorgender Gattin und Mutter. Mit dieser »eigentlichen Bestimmung des Weibes« schien die Ausübung der »schönen Künste« absolut unvereinbar, wie man mittels spitzfindiger Argumentationen zu beweisen suchte:
»Oder glaubst du, mein Kind, daß eine Person deines Geschlechtes, die ihre . . . Jugend größtenteils am Klavier . . . zugebracht hat, sich . . . an die unharmonischen Töne . . ., welche in der Kinderstube, in Küche, Keller und Speisekammer usw. unvermeidlich sind, leicht werde gewöhnen können? Dort wird der Körper an Ruhe, Trägheit und Schlaffheit gewöhnt, hier sollen Hand und Fuß . . . unaufhörlich geschäftig seyn . . . Dort werden . . . dem Empfindungsvermögen lauter angenehme Gegenstände zum Genusse vorgelegt, hier wird die Stärke . . . dessel-

ben oft durch ... widerliche und ekelhafte Geschäfte ... geprüft ... Wozu sollen dem Weibe überhaupt ... gelehrte Kenntnisse nützen, die sie, wenn sie nicht ... aus dem von Gott und der menschlichen Gesellschaft ihr angewiesenen Beruf herausgehen will, weder in der Küche und in der Vorrathskammer, noch im Cirkel ihrer Freundinnen, noch endlich auf irgend einem Standorte der politischen und gelehrten Welt anwenden, ja nicht einmal, ohne sich in einem gewissen Grade lächerlich zu machen, zeigen darf?«[8]

Auch der Gesang, die einzige einer jungen Frau zugestandene Art der Musikausübung, durfte nur soweit kultiviert werden, »daß sie imstande ist, kleine Arien und Lieder ... ohne viel Läufer und Verzierungen richtig treffen und vortragen zu können ... Alles Mehrere ist vom Übel, denn es wird selten ohne Nachteil der übrigen Bildung erreicht.«[9]

Das alles galt natürlich nur für die Mädchen aus bürgerlichen Kreisen, denen es der Voraussicht nach nicht möglich sein würde, die Arbeit in Küche und Kinderstube an Hausangestellte zu delegieren. Für die Töchter aus Anna Amaliens Milieu galten andere Erziehungsideale, die in einer Kupferstichfolge von 1781[10] wie folgt aufgeführt wurden:

1.	Les Visites	(Die Besuche)
2.	Le ménage	(Der Haushalt)
3.	La couture	(Das Nähen)
4.	La broderie	(Das Sticken)
5.	L'écriture	(Die Schreibkunst)
6.	La lecture	(Die Lektüre)
7.	Le dessin	(Das Zeichnen)
8.	La promenade	(Der Spaziergang)
9.	Le chant	(Der Gesang)
10.	La musique	(Die Musik)

Den Musikunterricht, der bezeichnenderweise an letzter Stelle dieser Liste rangiert, überließen die Eltern je nach Vermögenslage einem Berufsmusiker oder einer Gouvernante, die dann auch noch für die Ausbildung in Grammatik, Religion, Rechnen, Zeichnen und Literatur zuständig war. Anna Amalie wurde immerhin von dem »Musicanten Hayne«, dem wohl bedeutendsten Violoncellisten und Domorganisten im Berlin Friedrich Wilhelms I., unterwiesen. Wie jedoch aus den Haushaltsbüchern ihres überaus sparsamen Vaters hervorgeht, erstreckte sich dieser Unterricht nur über zwei Jahre, von 1740 bis 1742.[11] Die übrige Zeit mag sie einem jener unterbezahlten Privatlehrer anvertraut

Abb. 16: Die Familie Bruch im Stiefel. Ölgemälde von Johann Friedrich Dryander.

gewesen sein, von denen, wie es in einem satirischen Bericht aus dem Jahre 1750 heißt, erwartet wurde, »daß sie den Flügel, die Violine und Flöte zu spielen wissen, eine gute Menuet tanzen, wohl zu Pferde steigen, voltigieren, eine behende Quarte stoßen und fertig rechnen können«[12]. Und Johanna Schopenhauer fügte über den Inhalt solchen »galanten« Musikunterrichts hinzu:
»›Ich liebte nur Ismenen‹ oder: ›Ich schlief, da träumte mir, charmantes Kind, von Dir‹ zum Klavier zu singen, ein paar Polonaisen oder einen Mazurk recht taktfest zu orgeln . . . war alles, was damals zur Vollendung der musikalischen Erziehung einer Tochter erforderlich schien.«[13]
Warum im Deutschland des frühen 18. Jahrhunderts aus bürgerlichem Milieu überhaupt keine und aus den Kreisen der Aristokratie nur gefällig dilettierende Komponistinnen hervorgingen, bedarf nach solchen Zitaten wohl keines Kommentars mehr.
Anna Amalie, die sich erst mit fünfunddreißig Jahren den Luxus eines geregelten Kompositionsunterrichts erlaubte, war jedoch nicht nur in musikalischer Hinsicht benachteiligt. Auch ihr menschlicher Werdegang kann – und das ist für das Verständnis ihrer oft als »trocken« und »akademisch« abqualifizierten Kompositionen von Wichtigkeit – nur als tragisch bezeichnet werden.
Ihre Mutter Sophie Dorothea von Hannover brachte in ihrer Ehe mit Friedrich Wilhelm I. vierzehn Kinder zur Welt, von denen

nur acht das frühe Säuglingsalter überlebten. Auch die beiden ältesten Söhne waren als Kleinkinder »dem Zahnen« erlegen, weshalb die glückliche Geburt Friedrichs, des nun ersehnten männlichen Erben, mit um so größerer Freude begrüßt wurde. Alles drehte sich fortan um ihn und seine vorwiegend militaristische Erziehung. Er erhielt auch als einziges Kind einen regelmäßigen Musikunterricht, wenn auch sehr zum Mißfallen des vollkommen amusischen Vaters. Anna Amalie muß hinter dem Rücken der Eltern davon profitiert haben, denn sie schreibt in einem Brief vom 24. 4. 1738:

»Ich versichere Ihnen, mein lieber Bruder, daß ich mir alle Mühe der Welt gebe, das, was Sie mich gelehrt haben, gut zu behalten; aber meine Kehle ist so impertinent gewesen, daß ich nicht einmal mehr singen konnte.«[14] (Die leidenschaftliche Liebhaberin kirchlicher Vokalpolyphonie verlor ihre schöne Gesangsstimme später aufgrund einer Kehlkopferkrankung).

Die junge Amalie übte schon damals ganze Tage auf dem Clavecin, wodurch sie ihre Schwester Ulrike, die mit ihr das Zimmer teilte, oft zur Verzweiflung brachte. Zermürbende Streitigkeiten mit ihr und den anderen Geschwistern waren an der Tagesordnung. Die geistvolle Wilhelmine Sophie Friederike, die spätere Markgräfin von Bayreuth, trug mit dem ihr eigenen redseligen Charme meistens den Sieg davon. Amalie wurde immer launenhafter und verstockter, galt auch außerhalb des Familienkreises als bösartig, taktlos und egozentrisch. In Wirklichkeit scheint sie lediglich mehr unter den familiären Verhältnissen gelitten zu haben als ihre Schwester Wilhelmine. Letztere schrieb sich später in ihren Memoiren die unglücklichen Kindheitserlebnisse von der Seele. Sie berichtet von den brutalen Erziehungsmethoden, denen »die Leiden des Fegefeuers ... nicht gleichkamen«, von einem ewig schlecht gelaunten Vater, der das »faule Weiberleben« verabscheute und seine Töchter mehr als einmal an den Haaren durchs Zimmer zog. Amalie hatte offensichtlich nicht die Gabe, ihrem Herzen Luft zu machen. Sie war wortkarg und verschlossen, »modeste und zurückgezogen«, ganz wie es dem Erziehungsideal des Soldatenkönigs entsprach. »Es sind wohl wenig Königskinder in der Welt, denen so durch den Sinn gefahren und jeglicher Wille gebeugt wird«, schreibt ein neutraler zeitgenössischer Beobachter, der Frankfurter Jurist und Schriftsteller Johann v. Loen, dazu. Nach dem Regierungsantritt ihres Bruders im Jahre 1740 beginnt für Amalie ein etwas angenehmeres Leben. Mit dem fanatisch kulturfeindlichen Milieu ist es nun vorbei. Sie darf sich ungestraft dem Clavecinspiel widmen, die nach italienischem Muster ausgerichtete Hofoper besuchen, kommt wohl auch in Kontakt mit Voltaire, der mit der königlichen Familie einige seiner Werke einstudiert. Von kompositorischen Versuchen ist jedoch aus dieser Zeit noch nichts bekannt, denn Amaliens musikalische Bildung ist immer noch recht oberflächlich und unvollkommen.

Im Jahre 1744 lernt sie auf der Verlobungsfeier ihrer Schwester Ulrike einen jungen Leutnant ihres Bruders, den Freiherrn Friedrich von der Trenck, kennen. Amalie verliebt sich in den galanten Abenteurer und überschüttet ihn mit großzügigen Geschenken. Friedrich der Große scheint von dem Treiben seines Untergebenen, den er sogar im zweiten schlesischen Krieg mit einem Verdienstorden auszeichnete, zunächst noch nichts zu bemerken. Doch nach dem Krieg wird das junge Paar unvorsichtiger. Ein Kamerad stichelt über das Liebesverhältnis, worauf Trenck ihn zum Duell fordert. Jetzt endlich schaltet sich der König ein. Er schickt den Leutnant nach jedem heimlichen Besuch in Arrest, interniert ihn schließlich als Strafgefangenen auf der schlesischen Festung Glatz. Nach einer abenteuerlichen Flucht reist Trenck durch die europäischen Metropolen und zeigt dort angeblich Amaliens Portrait herum. Friedrich wird dadurch noch mehr erbittert, denn »der gute Ruf einer Prinzessin ist in der Politik von sehr großer Bedeutung«[15]. Als Trenck zur Beerdigung seiner Mutter nach Danzig fährt, wird er vom dortigen Magistrat gefangengenommen und nach Magdeburg gebracht. Dort verbringt er etwa zehn Jahre in einem eigens für ihn gegrabenen Kerker. Anna Amalie, die ihn von seiner ersten Haft bis zu dieser letzten Internierung unterstützt hatte, verfällt in tiefe Resignation. »Ich traure mit Ihnen«, schreibt sie nach Magdeburg, »Ihr Übel ist aber ohne Hilfe. Dies ist mein letzter Brief; ich darf weiter nichts mehr für Sie wagen. Retten Sie sich, wo möglich. Ich bin für Sie allezeit und in allen Vorfällen die alte Freundin ... Leben Sie wohl, unglücklicher Freund! Sie verdienen ein ganz anderes Schicksal!«[16]

Amalie tut allerdings auch jetzt noch etwas für den Geliebten. Sie richtet einen Appell an Maria Theresia, die den Leutnant freikauft und mit großen Ehren bei sich aufnimmt. Trenck führt von jetzt ab ein wechselhaftes Vagabundenleben, das ihn nach Mannheim, Spa und Aachen führt, wo er schließlich eine bürgerliche Familie gründet. Während der Französischen Revolution reist er nach Frankreich, wird aber dort der Zusammenarbeit mit den Despoten bezichtigt und im Jahre 1794 guillotiniert.

Anna Amalie – sie hatte angeblich eine Tochter von dem Geliebten, die den bürgerlichen Namen Schönhausen trug und in Ostfriesland aufwuchs[17] – war eine seelisch und körperlich gebrochene Frau, nachdem ihre Beziehung zu Trenck der Staatsraison geopfert worden war. Eine ursprünglich reizende Erscheinung, alterte sie in wenigen Jahren. Auch die Ernennung zur Fürstäbtissin von Quedlinburg konnte sie nicht aufheitern. Durch ihr abweisendes und schroffes Benehmen schockierte sie die galanten Höflinge so sehr, daß Graf Lehndorff, ein intimer Kenner der preußischen Szene, schrieb: »Die Wogen des Meeres sind nicht aufgeregter als ihr Gebaren. Gut und böse, Philosophin, Weltkind und Betschwester, alles das ist sie nacheinander. Zehnmal ist sie in der Woche zufrieden und unzufrieden. Dieses wetterwendische Wesen ist für ihre Umgebung natürlich eine schreckliche Pein.«[18]

Später muß er allerdings sein Urteil über die auch von der Familie »nicht ganz für voll Genommene« korrigieren: »Man schilt sie wandelbar, aber ich glaube, daß dies mehr den Sorgen, die sie öfter hat, als der Laune entspringt. Ihr Äußeres ist bezaubernd ... Man sieht in ihrem ganzen Wesen ihre Seelengröße, ihre Augen sind von hinreißender Schönheit. Sie ist wirklich wie manche großen Männer. Nichts ist mittelmäßig an ihr. Entweder ist sie himmlisch oder teuflisch.«[19]

Als Amalie die Hoffnung auf eine Wiedervereinigung mit Trenck endgültig aufgegeben hat, macht sie die Musik zu ihrem ausschließlichen Lebensinhalt. Mit über dreißig Jahren läßt sie sich eine Hausorgel bauen, wodurch sie sich wiederum den Spott der ganzen Familie zuzieht. War doch die Orgel als Hausinstrument völlig aus der Mode gekommen und von dem zarter klingenden Klavier verdrängt worden, für das die Berliner Hofkomponisten, an ihrer Spitze Carl Philipp Emanuel Bach, gefällige Sonaten in eleganter, durchsichtiger Spielmanier schrieben. Amaliens Hinwendung zur polyphonen Orgelmusik des Barock war eine Art Kampfansage an den ihrer Ansicht nach verflachten musikalischen Zeitgeschmack. Sie hätte sich kaum radikaler von den zierlichen Balletten und Tafelmusiken, von den angenehm dahinplätschernden Flöten- und Violinsonaten distanzieren können, die von Komponisten wie Johann Joachim Quantz, Carl Heinrich Graun und Janitzsch für die Kabinette ihres Bruders geschrieben wurden.

Aber auch zur soeben erwachenden bürgerlichen Musikkultur in den Häusern gutsituierter Kenner und Liebhaber fehlte ihr damals jede Beziehung. Die deutschen Lieder und Singspiele, die von Männern wie Friedrich Reichardt, Carl Friedrich Zelter und

Abb. 17: Freiherr Friedrich von der Trenck. Titelkupfer aus der Originalausgabe der Trenck-Memoiren von 1787.

Johann Abraham Peter Schulz in bewußter Opposition zum Pathos der italienischen Hofoper geschaffen wurden, erschienen ihr kunstlos und primitiv. In ihrem unprätentiösen Unterhaltungscharakter waren sie meilenweit entfernt von der erhabenen Kunst Johann Sebastian Bachs, mit der Amalie sich rückhaltlos identifizierte. So stand sie auch musikalisch gesehen vereinsamt zwischen den Lagern. Weder mit den Musikern des bürgerlichen Berlin noch mit dem hochmusikalischen Friedrich, der seinerseits mit ebenso großer Hartnäckigkeit an seinen Lieblingskomponisten Quantz, Graun und Johann Adolf Hasse festhielt, kam es zu einem Interessenaustausch.

Da trat im Jahre 1758 Philipp Kirnberger auf den Plan.[20] Als ergebener Schüler Johann Sebastian Bachs, dessen Lehren er bis zu seinem Tod weiterverfocht, schien der geborene Thüringer ein idealer Kompositionslehrer für die inzwischen fünfunddreißigjährige Amalie zu sein. Auch menschlich gab es gewisse Übereinstimmungen: Kirnberger war wie Amalie wortkarg und zurückhaltend, wurde sogar von übelwollenden Zeitgenossen als »finster und sauer im Umgange« geschildert. Nach einem ruhelosen Vagabundendasein trat er in der Mitte seines Lebens in den festen Dienst der Prinzessin, wo er seine letzten fünfundzwanzig Jahre als »Hofmusikus« und Cembalist verbrachte.

Kirnbergers Unterricht war streng theoretisch, anspruchsvoll und ganz auf das Ideal der kontrapunktischen »reinen« Setzweise ausgerichtet. Grundelement seiner Lehrmethode war der vierstimmige Choral, der in seiner schlichtesten Form, der Schreibweise »Note gegen Note«, den idealen Grenzfall darstellte, in dem Homophonie und Polyphonie zusammenfielen. Anna Amalie hatte sich für ihre Choralkompositionen, denen sie sich bis zu ihrem Lebensende mit unablässiger Energie und professionellem Ehrgeiz widmete, zu merken, daß 1. die Akkorde »in einem guten Zusammenhang« aufeinander folgen müssen, daß 2. jede einzelne Stimme einen »fließenden Gesang« haben muß und daß 3. auch mehrere Stimmen im Zusammenhang »nichts Unangenehmes« haben dürfen.

38 ›Gelobt, gelobt seist du mit Freuden‹, Choralstudie von Anna Amalie von Preußen (Anfang).

Die zahlreichen Kirchenlieder, die sie – wie sie selber schreibt – in »gantzen consonierenden accords« gesetzt hat, sind Musterbeispiele für die Verinnerlichung dieser hohen theoretischen Anforderungen. Aus dem Choral, der ersten Gattung des vierstimmigen Kontrapunkts, leitete Kirnberger durch Brechung, Belebung und Nachahmung der Stimmen den »figurierten Satz« ab, eine besonders kunstvolle Art, Kirchenlieder zu harmonisieren, die in der Folgezeit eine besondere Spezialität Amaliens werden sollte. Mit der ihr eigenen Genauigkeit vermerkte sie neben den einzelnen Melodien: »Figuriert in alle drey Kontrapunkte der Oktava, der Decima und der Duodecima.«

39 ›Zion klagt mit Angst und Schmerzen‹. Studie im figurierten Choral von Anna Amalie von Preußen (Anfang).

Amalie komponierte figurierte Fassungen von den meisten bekannten Choralmelodien wie ›Freu' dich sehr, o meine Seele‹, ›Nun freut euch, liebe Christen mein‹, die aber alle nicht separat, sondern als Bestandteil berühmter Sammlungen und Lehrbücher erschienen, so in Johann Christian Kühnaus ›Alten und neuen Gesängen‹ (1786), Johann Karl Friedrich Rellstabs ›Melodie und Harmonie‹ (1788), Christmanns Choralbuch (1799) und Johann Heinrich Andrés Lehrbuch der Tonsetzkunst (1832). Von allen diesen Herausgebern weiß man, daß sie die höchsten Ansprüche an ihre Bearbeiter stellten, so daß Amaliens Kompositionen sicher nicht aus purer Schmeichelei aufgenommen wurden.
Im Anschluß an den figurierten Choral wurde die Prinzessin mit

ausgedehnten kontrapunktischen Formen wie Fugen und größeren Chorsätzen vertraut gemacht. Von ihren vielen Versuchen in dieser Richtung ist besonders der Eingangschor zur Kantate ›Der Tod Jesu‹ nach einem Text des damaligen Modedichters Karl Wilhelm Ramler erwähnenswert. Amalie stellte sich mit dieser Arbeit in bewußten Wettbewerb zu dem berühmten Graun, der eine Kantate nach derselben Vorlage geschrieben hatte. Kirnberger nahm den Chor als Musterleistung einer doppelt-kontrapunktischen Setzweise in sein theoretisches Standardwerk, die ›Kunst des reinen Satzes‹, auf, das übrigens auch auf Amaliens Anregung hin zustande kam.[21] In einer Anmerkung gibt er den aufschlußreichen Kommentar des Dresdner Kapellmeisters Naumann wieder:

». . . Es verdient, daß es bekannt wird, indem es der durchlauchtigsten Verfasserin Ehre macht, und manchen Componisten von Profession beschämt.«

Nicht nur Amaliens Zeitgenossen haben die dieser Komposition zugrundeliegende Meisterschaft erkannt. Selbst der Musikwissenschaftler Curt Sachs, der ansonsten mit der Prinzessin nicht eben gnädig umspringt, schreibt in seinem Aufsatz aus dem Jahre 1910:

»Vergleicht man diesen Chor mit der Vertonung Grauns, so fällt zunächst – und nicht unangenehm – die größere Knappheit in der Fassung auf, und zugleich eine größere Geschlossenheit der Stimmung gegenüber der auf kontrastierenden Themen beruhenden Dramatik Grauns . . . Der Chor ist in der Tat nicht nur eine kontrapunktische Meisterarbeit, die uns mit Bewunderung erfüllt, er erweist auch, daß die Prinzessin imstande war, ›à remuer les passions de l'âme‹ (die Leidenschaften der Seele zu rühren, d. Verf.).«[22] Und Siegfried Borris fügt in einer Abhandlung über Kirnberger hinzu, daß dieses Stück »hinsichtlich des Aufbaus, der klaren Stimmführung und des herben Ausdrucks eine erstaunliche Meisterschaft« zeige.[23] (Siehe Notenbeispiel 40, Seite 123 und 124.)

Anna Amaliens freie Kompositionen stehen zum größten Teil auch auf dem Boden des Kontrapunkts. Sie schrieb eine zweistimmige Fuge für Violine und Bratsche, ein Allegro für zwei Violinen und basso continuo und schließlich – wohl als Kompliment an den flötespielenden Bruder – eine Sonate für Traversflöte mit Cembalobegleitung. Nach Auffassung ihres Lehrers verlangten diese zwei- und dreistimmigen Stücke eine noch größere kompositorische Meisterschaft als der strenge vierstimmige Satz, »denn da die vollständige Harmonie vierstimmig ist, folglich in

den zwey- oder dreystimmigen Sachen immer etwas ... fehlen muß, so kann man nicht eher mit Zuverlässigkeit beurtheilen, was ... von der Harmonie wegzulassen sey, bis man eine vollkommene Kenntniß des vierstimmigen Satzes hat«[24].
Kirnberger druckte in seinem bereits erwähnten Standardwerk auch das ›Allegro für zwo Violinen und eine Grundstimme‹ ab.

40 Kantate ›Der Tod Jesu‹ von Anna Amalie von Preußen. Eingangschor (Anfang).

Fortsetzung des im ersten Theil pag. 226. angeführten Anfanges der Ramlerischen Cantate vom Tode Jesu, von der Composition Ihro Königl. Hoheit der Prinzessinn Amalia von Preußen. *)

*) Von diesem Stücke schreibt der Dreßdnische Capellmeister Naumann in einem Briefe an den Herausgeber: Hier erfolgt das vortreffliche Stück von der Arbeit Sr. Königl. Hoheit, es verdient daß es bekannt wird, indem es der Durchlauchtigsten Verfasserinn Ehre macht, und manchen Componisten von Profession beschämt.

[Fortsetzung nächste Seite]

[Fortsetzung Notenbeispiel 40]

Curt Sachs bezeichnet zwar auch dieses Stück als »etwas dürr und nüchtern«, gesteht aber andererseits zu, »die Stimmführung« sei »schlechterdings so meisterhaft, daß man das Wort ›Dilettantin‹ . . . als unpassend empfindet«[25].

Die Melodie der Violinstimmen ist sicherlich nicht so energisch wie etwa in den Sonaten von Elisabeth Claude Jacquet de Laguerre. Und dennoch drückt sich in ihrer zügigen Bewegung, in dem einprägsamen Anfangsmotiv und nicht zuletzt in der Wahl der heiteren Tonart D-Dur eine durchaus lebensbejahende

41 ›Allegro für zwo Violinen und eine Grundstimme‹ von Anna Amalie von Preußen (Anfang).

Grundeinstellung aus, ganz anders als in den meisten ihrer Sakralkompositionen.

In den wenigen musikgeschichtlichen Darstellungen, die sich zumeist nur abschnittsweise mit Amalie beschäftigen[26], wird immer wieder der Fanatismus hervorgehoben, mit dem sie auf die Lehren Kirnbergers eingeschworen gewesen sei. Curt Sachs geht sogar so weit, die kontrapunktischen Übungen und musiktheoretischen Spekulationen, denen sie sich bis zu ihrem Tode widmete, als typische Frauenarbeit zu bezeichnen, »wie man ja häufig bei Frauen, die ein Studium ernsthaft ergreifen, dieses zähe Festhalten an der Schule beobachten« könne.[27] – Ohne den Einfluß Kirnbergers schmälern zu wollen, scheint mir Amalie hier doch falsch eingeschätzt. Ihr energisches Beharren auf einem einmal für richtig erkannten Standpunkt – *wie* richtig dieser war, hat ja die später einsetzende Bach-Renaissance zur Genüge bewiesen – zeugt meiner Ansicht nach weniger von Fanatismus als von einem starken künstlerischen Selbstbewußtsein. Für eine Frau wie Amalie, deren Persönlichkeitsentfaltung nahezu dreißig Jahre lang erst vom Vater, dann vom Bruder unterdrückt wurde, muß es einiges bedeutet haben, sich über den Spott von Familie und Musikwelt so gelassen hinwegzusetzen. »Meine Stunden vergehen im Wohlklang einer himmlischen Harmonie«, schreibt sie 1775 an Friedrich. »Sie, mein lieber Bruder, machen sich über meinen Enthusiasmus lustig, aber die Musik ist immer meine größte Leidenschaft gewesen.«[28]

Curt Sachs ist sicherlich darin recht zu geben, daß sie in ihrer ruppigen Berliner Art manchmal weit über das Ziel hinausschoß und zu intolerant über andersdenkende Komponisten urteilte. Es heißt, daß sie Haydn geradezu verabscheute, Gluck nicht annähernd zu würdigen wußte und zu dem jungen Zelter einmal gesagt haben soll: »Hör er mal auf, er kann ja nischt! Da reden die Menschen von Genie! Das is ja nischt! Geh er mal zu Kirnbergern, der wird ihm schon sagen, wo's ihm sitzt!«[29]

Noch deutlicher bekam der Komponist Johann Abraham Peter Schulz ihre Kritik zu spüren, der ihr, offenbar in der naiven Überzeugung, ihrer künstlerischen Eitelkeit zu schmeicheln, sein neuestes Werk ›Athalia‹ zur Rezension überließ: »Ich stelle mir vor, Herr Schulz, daß er sich versehen und statt seiner Arbeit Mir das musikalische Notengekläckere seines Kindes geschickt, dieweil ich nicht die allergeringste wissenschaftliche Kunst darin bemerket, hingegen von Anfang bis Ende durchgängig fehlerhaft ... Der Modus contrarius ganz hintenangesetzt, keine Harmonie, kein Gesang, die Terze ganz ausgelassen ..., keine Harmonischen Nachahmungen, nicht den allergeringsten Kontrapunkt, ... und das soll Musik heißen!«[30]

Amaliens Kompositionsstil war indessen nicht so einseitig an Kirnberger und seinen Lehren vom Kontrapunkt orientiert, wie diese Zitate glauben machen. In den siebziger Jahren des Jahrhunderts näherte sie sich der neuen Liederschule an, komponierte reine Generalbaßlieder und kleinere Beiträge im Berliner Liederstil mit modisch-empfindsamen Titeln wie ›Rosen pflükke, Rosen blühn‹ (1776), ›Wenn ich einsam zärtlich weine‹

(1778)[31]. Alle diese Werke, die uns möglicherweise eine ganz andere, sich von Kirnberger emanzipierende Amalie zeigen, sind jedoch nur als schwer zugängliche Autographen erhalten und werden für die musikgeschichtliche Einschätzung dieser eigenartigen Frau kaum in Betracht gezogen. Daß Amalie keineswegs, wie Sachs meint, »das Gesunde, Fortpflanzungsfähige im ... Schaffen ihrer Zeit nicht zu verstehen vermochte«[32], geht schließlich auch aus einem Brief an ihren Lehrer hervor, in dem sie ihn ernsthaft dazu aufruft, sich mit den Forderungen der Berliner Liederschule – Rückkehr zur einfachen Sprache, Textverständlichkeit, »edele Simplicität« anstelle »aufgehauften Schulwesens« – auseinanderzusetzen:

»Ich habe die gedanken nicht, das ein Componist zugleich Dichter ... seyn soll, diese Forderung überträfe alle Menschlichen Kräfte. Ich bin aber der Meinung, das ein jeder vocal Componist sich befleißigen muß, 1. die schprache in welche er schreibt gründlich zu kennen, 2. die aus-sprache derselben, nicht zu verändern, nämlich ein Kurtzes wort zu ziehen, und ein langes was ihm mißfällt zu verschlucken. 3. den Sinn der Worte/wovon es lediglich abhängt/genau zu verstehen, hierin liegt die gantze Kunst, sonst, ohne alle diese Überlegungen, ist es unmöglich, den gehörigen affect, ausdruck, und beyfall der zuhörer zu erlangen ... Ferner, Kunst ... wenn sie übertrieben ist, verliert den geschmack, und gefällt niemand; hingegen in allen sachen, ist eine edele Simplicität weit schwerer, künstlicher, angenehmer und dauerhafter, als das aufgehaufte schulwesen, welches doch immer gezwungen ist; ...«[33]

So umstritten Amaliens Bedeutung als Komponistin auch sein mag – eine halbwegs gerechte Einschätzung wird in der Tat durch den Umstand erschwert, daß die überaus selbstkritische Prinzessin mit ihren Werken kaum an die Öffentlichkeit trat und viele ihrer Handschriften vernichtete[34] –, ihr Verdienst als umsichtige Kunstkennerin wird nirgendwo verkannt. So beauftragte sie Kirnberger mit der Zusammenstellung der noch heute erhaltenen »Amalienbibliothek«, für die sie die wichtigsten Werke eines Palestrina, Hans Leo Hassler, Bach, Händel usw. abschreiben oder auf Auktionen ersteigern ließ. Diese Bibliothek war damals die einzige Pflegestätte alter Musik in Deutschland und sollte im 19. Jahrhundert zum Ausgangspunkt für die weltberühmte Berliner Bachrenaissance werden, die mit dem Namen Felix Mendelssohn-Bartholdy verknüpft ist.

Anmerkungen

1 Vgl. S. 50ff.
2 Wilhelmine, die Lieblingsschwester Friedrichs des Großen, setzte sich für die Verbesserung der Bayreuther Hofoper ein. Aufgeführt wurden fast ausschließlich italienische Opern von Graun, Hasse und Bernasconi. Zur Oper ›L'Uomo‹ (1754) steuerte sie selbst sechs Arien bei. Ihre ›Memoiren‹ wurden 1920 neu herausgegeben.
3 Zur Echtheitsfrage ihrer Opern ›Il trionfo della fedeltà‹ und ›Talestri‹ s. H. Drewes, Maria-Antonia Walpurgis als Komponistin, Bonn/Leipzig 1934.
4 W. Bode, Amalie, Herzogin von Weimar, II (Der Musenhof der Herzogin Amalie), Berlin 1908, S. 776. S. auch O. Heuschele, Herzogin Anna Amalia, München 1949.
5 Vgl. S. 74.
6 Zit. nach A. Krille, Beiträge zur Geschichte der Musikerziehung und Musikausübung der deutschen Frau (1750–1820), Phil. Diss. Berlin 1938, S. 7.
7 Braunschweig 1789.
8 J. H. Campe, Väterlicher Rath, S. 41, 42, 45.
9 F. Guthmann, Grad der musikalischen Bildung bei Frauenzimmern, in: Allgemeine musikalische Zeitung 9 (1807), Sp. 380f.
10 Kupferstichfolge von D. Chodowiecki, »Occupations des Dames«, zit. nach W. Salmen, Haus- u. Kammermusik (1600–1900) = Musikgeschichte in Bildern IV, 3, Leipzig 1976.
11 C. Sachs, Prinzessin Anna Amalia von Preußen als Musikerin, in: Hohenzollernjahrbuch 1910, S. 183.
12 Anonymer Einsender im »Critischen Musicus an der Spree«, Berlin 1750, 3. Stück, S. 18ff.
13 J. Schopenhauer, Jugendleben und Wanderbilder, Danzig 1884, S. 60.
14 Übersetzt aus dem Französischen nach C. Sachs, Prinzessin Anna Amalia, S. 183.
15 Thiébault, Friedrich der Große und sein Hof, Stuttgart 1901, II, S. 179.
16 Des Freiherrn Friedrich von der Trenck merkwürdige Lebensgeschichte, hrsg. v. G. Gugitz, München/Leipzig 1912, I, S. 71.
17 G. B. Volz, Friedrich der Große und Trenck, 1926, S. 35.
18 Zit. nach C. Sachs, Prinzessin Anna Amalia, S. 182.
19 Zit. nach C. Sachs, Prinzessin Anna Amalia, S. 182.
20 Zu Kirnberger und seiner Bedeutung für Anna Amalie vgl. S. Borris, Kirnbergers Leben und Werk, Kassel 1933.
21 J. Ph. Kirnberger, Die Kunst des reinen Satzes, I/II, Hildesheim (Olms) 1968.
22 C. Sachs, Prinzessin Anna Amalia, S. 186.
23 S. Borris, Kirnbergers Leben, S. 23.
24 J. Ph. Kirnberger, Kunst des reinen Satzes, I, S. 92.
25 C. Sachs, Prinzessin Anna Amalia, S. 186.
26 Außer den bereits genannten siehe noch: F. Bose, Anna Amalia von Preußen und Johann Philipp Kirnberger, in: Die Musikforschung X, 1951; G. Herz, Johann Sebastian Bach im Zeitalter des Rationalismus, Würzburg 1935; A. Kleinschmidt, Eine Schwester Friedrichs des Großen, in: Geschichtsblätter für Stadt und Land Magdeburg, 23. Jahrg., 1888, S. 279ff.
27 C. Sachs, Prinzessin Anna Amalia, S. 186.
28 C. Sachs, Prinzessin Anna Amalia, S. 189.
29 Zit. nach S. Borris, Kirnbergers Leben, S. 24.

30 Zit. nach C. Sachs, Prinzessin Anna Amalia, S. 188.

31 Genaue Aufstellung mit Signaturen der Autographen bei A. Krille, Beiträge zur Geschichte der Musikerziehung und Musikausübung der deutschen Frau, S. 152ff.

32 C. Sachs, Prinzessin Anna Amalia, S. 187.

33 Zit. nach F. Bose, Anna Amalia von Preußen, S. 134f.

34 Druckausgaben ihrer Kompositionen: Vier Regimentsmärsche, hrsg. von G. Lenzewski sen., Berlin o. J., Sonate für Flöte und Cembalo (Musikschätze der Vergangenheit), Berlin 1928. Die übrigen erhaltenen Kompositionen befinden sich in den im Text genannten Sammelwerken anderer Herausgeber; die handschriftlich erhaltenen Werke sind fast alle im Besitz der Staatsbibliothek Berlin. Genaue Aufstellung bei E. R. Blechschmidt, Die Amalien-Bibliothek = Berliner Studien zur Musikwissenschaft VIII, Berlin 1965.

JULIANE REICHARDT

und die Komponistinnen der Berliner Liederschule

Juliane Reichardt (1752–1783), die Tochter des Violinisten Franz Benda und Ehefrau des Komponisten Johann Friedrich Reichardt, steht im Deutschland der frühen Goethezeit am Anfang einer langen Traditionsreihe bürgerlicher Komponistinnen. Nach mehr als zweihundertjähriger Pause – die geistlichen Lieder der rheinisch-westfälischen Mystikerinnen waren die letzten musikalischen Produkte bürgerlicher Frauen, die sich im deutschsprachigen Raum nachweisen ließen – beginnen nun gleich an mehreren Orten Nord- und Mitteldeutschlands junge Künstlerinnen zu komponieren: Juliane Reichardt in Berlin, Corona Schröter in Weimar und Wilhelmine Brandes[1] in Hamburg, wo sie später von Julianes ältester Tochter Louise abgelöst wird. Biographien und Werkverzeichnisse dieser Frauen ähneln sich so sehr, daß man schon fast von einem Komponistinnen-»Typus« sprechen kann: alle stammten aus alten, aber meist in beschränkten Verhältnissen lebenden Musikerfamilien, alle begannen ihre Karriere als Sängerin, alle spezialisierten sich auf das schlichte, vom Klavier oder einem anderen Harmonieinstrument begleitete Sololied.

Aus dem musikhistorischen Tatbestand, daß keine dieser Künstlerinnen eine Sinfonie, ein Instrumentalkonzert oder gar eine Oper, also ein ausgedehntes Werk für größere Besetzung komponiert hat, haben konservative Musikschriftsteller des 19. Jahrhunderts, an ihrer Spitze der militante Anti-Feminist Eduard Hanslick, den Schluß gezogen, daß Frauen nur Kammermusik für den Hausgebrauch komponieren könnten. Hanslick behauptete in vollem Ernst, Louise Adolpha Le Beau (1850–1927) habe »die großen Formen . . . als die erste ihres Geschlechtes kultiviert . . .«[2]. Wilhelm Heinrich Riehl, der auch als Verfechter einer patriarchalischen Familienideologie von sich reden machte, vertrat die gleiche Meinung: daß Lieder »trefflich geglückt« seien, »während es mit dem ausgearbeiteten Musikstück und dem strengen contrapunktischen Satz, d. h. mit der höheren musikalischen Architektonik, bei den Frauen niemals recht klappen will«[3]. Die Liedkomposition verlange aber, so Hanslick, weniger Kreativität als die rein instrumentale Form, da sie »der musikalischen Phantasie eine feste Stütze bietet in dem Gedichte selbst«.

Argumentationen dieser Art werden noch heute aufrechterhalten, und das, obwohl ihre musikhistorische Fragwürdigkeit auf der Hand liegt, denn sie berücksichtigen nur das kompositorische Œuvre deutscher Frauen im 18. und 19. Jahrhundert. Die Opern und Madrigale von Francesca Caccini, die Kantaten und Violinsonaten von Elisabeth Claude Jacquet de Laguerre, die großen Instrumentalwerke französischer und englischer Komponistinnen des 19. Jahrhunderts werden, weil nicht ins Konzept passend, ignoriert. – Aber selbst im Hinblick auf diesen engen Ausschnitt der Musikgeschichte ist die Schlußfolgerung »Frauen können nur Haus- und Kammermusik komponieren« unlogisch und inkonsequent. Denn wie bereits im Kapitel über Anna Amalie von Preußen gezeigt wurde, war während der zweiten Hälfte des 18. Jahrhunderts die kompositorische Hinwendung zur »Privat- und Haußmusica«, zum »stillen Genuß kleiner Zirkel« durchaus keine reine Frauenangelegenheit; auch Männer wie Johann Friedrich Reichardt, Carl Friedrich Zelter, Ferdinand Hiller und Johann Abraham Peter Schulz komponierten ganz bewußt im »Volkston« und im »populären Styl«, Gesänge »für Kinder« und »fürs schöne Geschlecht«, und zwar ohne deshalb von der Musikgeschichtsschreibung als einseitig, bieder und ideenlos abqualifiziert zu werden. Sie gelten im Gegenteil als musikalische Repräsentanten der deutschen Aufklärung, als revolutionäre Vorkämpfer einer antifeudalen Musikkultur. Auch Juliane Reichardt und ihre Tochter Louise gehören mit ihren volksliedähnlichen Gesängen in die Musiktradition des sich emanzipierenden Bürgertums, und es ist unverständlich, wieso dieser musikgeschichtliche Stellenwert ihrer Kompositionen vollkommen übersehen beziehungsweise als exemplarischer Fall weiblichen Dilettierens fehlinterpretiert werden konnte.

Juliane wurde am 14. Mai 1752 als jüngste Tochter des Violinisten Franz Benda in Potsdam geboren. Wir besitzen nur wenig authentische Nachrichten über ihre Kindheit, müssen aber annehmen, daß sie nicht eben glücklich verlief, denn Bendas Gattin Franziska, eine ehemalige Kammerjungfer der Wilhelmine von Bayreuth, starb, als das kleine Mädchen gerade sechs Jahre alt war. Kurz zuvor war der böhmische Wundergeiger, der sich in seiner Jugend als Sänger, Tanzmusiker und Leineweber in Dresden, Prag, Wien und Warschau verdungen, es schließlich aber bis zum hochangesehenen Konzertmeister Friedrichs des Großen gebracht hatte, stolzer Besitzer eines Häuschens in Nowawes vor den Toren Potsdams geworden. Hier bildete er seine zahlreichen Kinder und Schüler zu hervorragenden Musikern heran.[4] Das Singen, Musizieren und wohl auch Komponieren von Frauen war in dieser böhmischen Musikantenfamilie eine Selbstverständlichkeit. Julianes ältere Schwester Maria Carolina unternahm schon als Kind große Konzertreisen und wurde später Kammersängerin am Hof der Herzogin Anna Amalia von Sachsen-Weimar. Nach ihrer Heirat mit dem Organisten Ernst Wilhelm Wolf steuerte sie schlichte Klavierlieder zum ›Mildheimischen Liederbuch‹ und zu Wielands Zeitschrift ›Der Teutsche Merkur‹ bei, denen der Benda-Biograph Lorenz noch 1967 »tiefe Empfindung« bestätigte. Beide Schwestern trugen »mit schöner, reiner Stimme und ächt altitalienischer, ausdrucksvoller Manier« Lieder und Arien zu eigener Klavierbegleitung vor. Bevor Juliane selbst zu komponieren begann, gehörte sie, so Ernst-Ludwig Gerber in seinem 1791 erschienenen ›Historisch-biographischen Lexikon der Tonkünstler‹, zu den »angenehmsten und gefühlvollsten Sängerinnen« und schlug in ihrem Ausdruck »ganz nach der edlen und rührenden Manier ihres Vaters«. In den zahlreichen Liebhaberkonzerten, die ihr Vetter Johann Friedrich Ernst Benda im Berliner Corsicaschen Saale leitete, sang sie die schwersten zeitgenössischen Sopranpartien. Besonders ihr Vortrag von Grauns Kantate ›Der Tod Jesu‹ beeindruckte den unter den Zuhörern sitzenden jungen Reichardt so sehr, daß er von schwärmerischer Verehrung für die Sängerin ergriffen wurde und ihr ein Cembalokonzert in g-Moll widmete. Doch der leidenschaftliche Künstler mit dem Gesicht »wie Milch und Blut« pflegte seine Zuneigung recht großzügig zu verteilen: als er kurze Zeit später zwecks juristischer Studien nach Leipzig reiste, verliebte er sich in die schöne Kammersängerin Corona Schröter, die ihm ebenso wie Juliane als »Muse« erschien und ihn zu Arienkompositionen im italienischen Stil inspirierte.[5]

Während seiner Abwesenheit muß Bendas Tochter, das »liebe, reine, zärtliche, doch muntere Mädchen«[6], zu komponieren begonnen haben. Denn als er im Jahre 1775 nach Potsdam zurückkehrte, um dort eine Stellung als Hofkapellmeister Friedrichs des Großen anzutreten, vermerkte er in seinen ›Briefen eines aufmerksamen Reisenden, die Musik betreffend‹:

»Es sey mir erlaubt, hier der Demoiselle Benda, der ich in meinem zweiten Brief schon als Sängerin erwähnt habe, auch als einer sehr geschickten Clavierspielerin zu gedenken. Sie spielte mit einer Fertigkeit und Sicherheit, die bey dem Frauenzimmer sehr selten angetroffen wird, und dabey mit vieler Nettigkeit und vielem Ausdruck. *Auch besitze ich einige Sonaten und Lieder von ihrer eigenen Composition, die voll tiefer Empfindung und warmem Ausdruck sind.*«[7]

Ein Jahr später heiratete er die vierundzwanzigjährige Künstlerin. Im ›Berliner Litterarischen Wochenblatt‹ erschien zum gleichen Zeitpunkt ein schmeichelhaftes Gedicht, von einem ungenannten Mitarbeiter dem »Capellmeister Herrn Reichardt am Tage seines Ehebundes mit der Demoiselle Benda« gewidmet. Auch dieses zeitgenössische Zeugnis läßt auf einen gewissen Bekanntheitsgrad der Sängerin *und* Komponistin Juliane schließen:

»Vergnügter ist bey seinem Lose
Kein Sterblicher als Du!
Glückseliger als Graun der Große,
Bringst Du Dein künftig Leben zu,
Mit Deiner Benda, dieser süßen
Geliebten Sängerin!
Von Ihren Honiglippen fließen
Die Kunstgedanken hin,
Die Deiner Schöpferstirn entspringen
In göttlicher Gestalt,
Die hört Dein Ohr so von Ihr singen,
Daß Dirs im Herzen wallt.
Sie selbst erfindet neue Töne
Im Nachtigallen Klang,
Auch giebt Sie Dir einst gleichgeschaffne Söhne
Und Töchter voll Gesang,
Die Reichardts Ruhm und Bendas Ehre
Fortpflanzen in der Welt . . .«

Die günstigen Zukunftsprognosen dieses ungenannten Dichters sollten sich allerdings nicht bewahrheiten, denn Juliane wurde schon während der ersten Schwangerschaft schwer krank, so daß Matthias Claudius, der den Kapellmeister in seiner Berliner Wohnung am Döhnhoffschen Platz besuchte, an seinen Freund Johann Georg Hamann schrieb:

»Seine Frau ist sehr schwächlich und mit Krampf und Gicht beladen und daher etwas pipig, sonst aber ein sehr natürliches gutes Ding, das auch brav singen kann.«[8]

Ein knappes Jahr nach der Eheschließung wurde der Sohn Friedrich Wilhelm geboren, der als Fünfjähriger an den Masern starb. 1779 und 1783 bekam die junge Frau zwei weitere Kinder, die Töchter Louise Caroline und Wilhelmine Juliane. Wenige Wochen nach Wilhelmines Geburt starb sie, noch nicht ganz 31 Jahre alt, am »hitzigen Fieber«, worunter vermutlich eine Wochenbettinfektion zu verstehen ist. Am Tag ihres Geburtstages wurde sie auf dem Friedhof vor dem Halleschen Tor begraben.

Trotz ihrer schwachen Gesundheit und der vielen häuslichen Sorgen – der ruhelose, freiheitsliebende Reichardt war als Kapellmeister des preußischen Königs weder glücklich noch erfolgreich – arbeitete sie zielstrebig an ihrer kompositorischen Karriere. Von 1775–1780 veröffentlichte sie zahlreiche Lieder im Göttinger[9] und Voßschen[10] Musenalmanach; 1782 folgte sogar eine selbständige Druckausgabe mit zwei Klaviersonaten und siebzehn Gesängen, die bei Bohn in Hamburg verlegt wurde. Ein Exemplar dieses Druckes, der wohl zu den ersten geschlossenen Publikationen bürgerlicher Komponistinnen in Deutschland gehört, wird im Prager Nationalmuseum aufbewahrt.

Im Gegensatz zu Reichardt, der seine soziologischen und ästhetischen Musikbetrachtungen in umfangreichen Schriften festhielt, hat Juliane ihre Musikanschauung nicht niedergeschrieben. Dazu fehlte es ihr an Zeit und wohl auch an der intellektuellen Vorbildung. Trotzdem muß man davon ausgehen, daß sie sich selbst als Repräsentantin der jungen bürgerlichen Musikkultur betrachtete, denn sonst hätte sie kaum den größten Teil ihrer Lieder in den Musenalmanachen veröffentlicht, die sich an die tragenden Schichten der deutschen Aufklärung wandten: an den gebildeten Mittelstand, die höheren Beamten, an Studenten und Wissenschaftler.

Welche inhaltliche Aufgliederung hatten nun diese Musenalmanache, die seit der zweiten Hälfte des 18. Jahrhunderts in zahllosen Variationen überall in Deutschland auf den Markt kamen? Am Anfang stand meist ein umfangreicher Kalender für das betreffende Jahr. Es folgte eine bunte Reihe dichterischer Neuerscheinungen, häufig begleitet von zeitgenössischen Vertonungen, wobei jeder Musenalmanach seinen festen Kreis von musikalischen Mitarbeitern hatte. An dem Voßschen Unternehmen wirkten von Anfang an neben den Eheleuten Reichardt die Liederkomponisten Johann Anton André, Johann Abraham Peter Schulz und Philipp Emanuel Bach mit. Wenn man bedenkt, daß diese Zeitschrift bereits vor ihrem ersten Erscheinen von über 1000 Bestellern abonniert worden, ihr Herausgeber also gezwungen war, »bürgernah« und publikumswirksam zu arbeiten, dann kann man mit Sicherheit annehmen, daß Julianes Lieder nicht aus bloßer Galanterie aufgenommen wurden. Juliane traf in ihrem natürlichen, unverbildeten Musikantentum den damals beliebten »Volkston«, vielleicht noch mehr als ihr intellektuell ausgerichteter Mann, der erst unter ihrem Einfluß das einfache deutsche Lied als persönliche Ausdrucksform entdeckte. Die weite Verbreitung des Voßschen Musenalmanachs machte es möglich, daß ihre Kompositionen »als gediegene Hausmusik der frühen Goethe-Zeit in viele norddeutsche Bürgerfamilien aufgenommen wurden«[11].

An ihren Liedern fallen zunächst die Vortragsbezeichnungen auf, mit denen sie sich bewußt vom italienischen Arienstil eines Johann Adolf Hasse, von der kontrapunktischen Gelehrtheit eines Kirnberger, aber auch von den rationalistischen Auswüchsen der Aufklärung absetzt. Mit Ausnahme eines anspruchslosen »Brunnenliedes«, das von den Vergnügungen während eines Kuraufenthaltes handelt, sollen sie alle »langsam und traurig«, »zärtlich«, »klagend« und »schwermütig« gesungen werden. Natürlich passen solche Vortragsbezeichnungen in die Zeit Klopstocks, die ›Werther‹-Zeit mit ihrem tränenseligen Gefühlsüberschwang. Aber sie scheinen auch einen Teil der Persönlichkeit Julianes widerzuspiegeln, die uns ansonsten so wenig bekannt ist. Ihr Auftraggeber Voß bemerkte einmal in einem Brief an Johann Martin Miller, daß sich Ludwig Hölty, dessen Texte sie mit Vorliebe vertonte, ihretwegen »empfindsame und traurige Lieder abweinen mußte«. Offenbar neigte die junge, von Rheumatismus und Schwangerschaftsbeschwerden geplagte Frau zu starken Depressionen, die sich in Textauswahl und musikalischer Stimmung niederschlugen.

Juliane wählt für das Lied ›Was schauest du so hell und klar‹ (siehe auf Seite 136 Notenbeispiel 42) eine Molltonart, die dem »schwermüthigen« Inhalt des Textes entspricht. Die Gesangsmelodie wird, einer damals häufigen Praxis folgend, von der Oberstimme des Klavierparts mitgespielt. »Verselbständigte« Klavierbegleitungen von eigenem Ausdruckswert finden sich bei dieser Komponistin noch nicht. Sie gestaltet den Instrumentalsatz grundsätzlich so einfach, daß er von der Sängerin mitübernommen, notfalls auch einmal bei einer Kahnpartie oder einem Abendspaziergang auf der Gitarre, Laute, Harfe oder Zither gespielt werden kann.[12] Doch auch von diesen aufführungspraktischen Gesichtspunkten abgesehen wird Juliane ihre Gründe gehabt haben, auf einen komplizierten Klaviersatz zu verzichten. Denn ähnlich wie ihr Vater war die böhmische Musikantin zwar mit allen Belangen der musikalischen Praxis, nicht aber mit denen der Theorie vertraut. Franz Benda hat selbst einmal

42 ›Was schauest du so hell und klar‹. Lied von Juliane Reichardt (Anfang).

Was schauest du so hell und klar
durch diese Apfelbäume,
wo einst dein Freund so selig war,
und träumte süße Träume?
Verhülle deinen Silberglanz
und schimm're, wie du schimmerst,
Wenn du den frühen Totenkranz
der jungen Braut beflimmerst . . .

(Ludwig Hölty)

zugegeben, er habe das Klavierspiel niemals systematisch erlernt und darum auch keine »starken und frappierenden Sachen« gesetzt. Er habe über seinen Arbeiten nicht lange gegrübelt, sondern den ihm »angeborenen natürlichen Gesang« befolgt. Das bloße »Wissen« genüge nicht, es müßten auch »schöne Gedanken« hinzukommen.[13] Juliane ist zeitlebens diesen Idealen gefolgt und unterscheidet sich damit grundlegend von ihrer Zeitgenossin Anna Amalie von Preußen, für die die »wissenschaftliche Kunst« das Hauptmerkmal einer gelungenen Kompo-

Abb. 18: Die Familie Coppenrath bei einer Kahnpartie. Ölgemälde von Johann Christoph Rincklake. Um 1807.

sition darstellte. Der Musikwissenschaftler Hermann Kretzschmar, einer der wenigen Fachvertreter, die Juliane im Zusammenhang mit der Geschichte des deutschen Liedes erwähnen, mißversteht diese Spontaneität als primitiv und »musikalisch stark mechanisch«[14]. Besonders diese letzte Wertung ist kaum nachzuvollziehen, da die Gesangsstimme des Liedes ›An den Mond‹ trotz einer modischen Vorliebe für »empfindsame« Terzen und Sexten im positiven Sinne »ausdrucksvoll und herzrührend« klingt, ganz wie es dem durchaus ernstzunehmenden Geschmacksideal des musikliebenden Bürgertums entsprach.
Wie beliebt Julianes Lieder gerade dieser Eigenschaft wegen im 18. Jahrhundert waren, geht auch aus der Tatsache hervor, daß ihr 1776 im Voßschen Musenalmanach veröffentlichtes Stück »Vier trübe Monde sind entfloh'n« noch sechzehn Jahre später in eine Ulmer Handschrift aufgenommen wurde.[15] Der Klavierpart zu diesem »Lied eines Mädchens«, das »langsam und traurig« in weichfließendem Dreierrhythmus gesungen werden soll, ist mit seiner drei- bis vierstimmigen Anlage und seinem vorsichtigen Gebrauch gemäßigter Dissonanzen bereits Beispiel eines stärker ausgearbeiteten Satzes. Melodie und formaler Aufbau lehnen sich stark an Volks- und Kirchenlied an.

43 ›Vier trübe Monde sind entfloh'n‹. Lied von Juliane Reichardt (Anfang).

In einem weiteren ›Klagelied eines Mädchens‹, dessen Text von einer Dichterin namens Henriette stammt – der Nachname ist wie so häufig in den Musenalmanachen nicht angegeben – experimentiert Juliane recht interessant mit Harmonik und Tonalität. Die erste und zweite Zeile, in denen sich das Mädchen an ein glückliches Liebesverhältnis erinnert, bewegen sich in einer Art Schwebezustand zwischen Dur und Moll. Die »Antithese« der dritten Zeile – das Mädchen beklagt jetzt den Verlust dieses Glücks – wird durch chromatische Melodik und unkonventionelle harmonische Fortschreitungen deutlich gemacht. Erst die Schlußzeile, die das Anfangsmotiv wieder aufgreift, bekräftigt mit einer klaren Hinwendung zur Haupttonart f-Moll den traurigen Ausgang dieser kleinen Episode.

44 ›Schon im Lenz von sechzehn Jahren‹. Lied von Juliane Reichardt.

Julianes Lieder wurden zu ihren Lebzeiten nicht nur von »Liebhabern«, sondern auch von »Kennern« hochgeschätzt. So schrieb J. G. Meusel in seinen ›Miscellanen artistischen Inhalts‹ (Erfurt 1783), daß sie »durch Lieder, Kompositionen und Kla-

Abb. 19: Johann Friedrich Reichardt. Gemälde von Anton Graff. Um 1794.

viersonaten rühmlich bekannt« sei. Auch Johann Friedrich Reichardt, der überhaupt der Typ eines vorurteilsfreien »Anti-Patriarchen« gewesen zu sein scheint, respektierte die kompositorischen Leistungen seiner Frau. Er veröffentlichte mehrere ihrer Lieder in seinen eigenen Sammlungen[16], was damals wohl nicht als geistiger Diebstahl, sondern als Achtungs- und Liebeserklärung betrachtet wurde; in der Vorrede zu seinen ›Gesängen fürs schöne Geschlecht‹ setzte er sich sogar kritisch mit dem

Problem »Frau und Komposition« auseinander und führte dabei Juliane als positives Beispiel an:
»Kennt man denn nicht Frauen und Mädchen, die die Einsamkeit lieben und die in ihrer einsamen Zelle Pult und Clavier haben und Lieder dichten und componieren und singen können? Haben wir denn keine Amalien, keine Gräfin Stolberg, keine Juliane Benda?«[17]
Die Nachwelt sprang mit dieser Komponistin wesentlich weniger wohlwollend um. Es gibt bis heute weder eine Neuausgabe noch eine ausführliche Besprechung ihrer Lieder. Lediglich über die Klaviersonaten findet sich bei Ernst Stilz im Jahre 1930 das bemerkenswerte Urteil:
»Ihre beiden ... G-dur Sonaten machen von der einer Dame galant einzuräumenden Freiheit in der formalen Gestaltung Gebrauch. Das Alla Polacca ..., das ... Rondeau ... sowie die dreiteilige Liedform des ersten Satzes der zweiten Sonate mit stark veränderter Reprise, die zum ersten und einzigen Male in Berlin nicht übereinstimmend mit der Exposition schließt, beweisen, daß wir es hier mit sorgloser, dilettantischer, kurz eben mit Frauenzimmer-Kunst zu tun haben.«[18]
Ernst Stilz versäumt es leider, seine »Analyse« mit Musikbeispielen zu untermauern, was um so bedauerlicher ist, als die seltenen Exemplare der Druckausgabe von 1782 für den Leser so gut wie unerreichbar sind.

Ungleich bekannter als Juliane wurde ihre zeitweilige Rivalin, die fast gleichaltrige CORONA SCHRÖTER (1751–1802)[19] aus Guben in der Niederlausitz. Der Grund, warum ihr Name bis heute in keiner Musik- und Literaturgeschichte des 18. Jahrhunderts fehlt, ist allerdings weniger in ihren Kompositionen als in ihrem »skandalösen« Lebenswandel zu suchen: über eine Sängerin von »unendlich attischer Eleganz«, der Reichardt, Christian Gottfried Körner, Johann Anton Leisewitz, Tobler und viele andere bedeutende Männer ihrer Zeit zu Füßen lagen, die ein leidenschaftliches Liebesverhältnis mit Goethe hatte und »in fleischfarbenem Trikot gekleidet, eine Gitarre im Arm, auf dem lieblichsten Punkt des Parks«[20] vor dem Herzog von Weimar zu singen pflegte, läßt sich eben delikater berichten als über eine kränkliche Hausfrau und Mutter, die mit einunddreißig Jahren im Wochenbett starb. Wenn man allerdings diese phantastischen, zum größten Teil der blühenden Erfindungsgabe ihrer Autoren entsprungenen Darstellungen auf die nüchternen Fakten reduziert – ein anderer Historiker läßt Corona vor dem besagten Herzog nicht mit »Gitarre« und »fleischfarbenem Trikot«, sondern mit einer »Äolsharfe« und in »lang herabwallendem weißen Gewande« auftreten[21] –, dann nimmt sich ihr Leben wesentlich weniger romantisch aus:

Ähnlich wie Juliane stammte auch sie aus einer armen Familie von Musikern und Handwerkern. Ihr Vater war »Königlich Polnischer und Kurfürstlich-Sächsischer bei dem löblichen Graf Brühl'schen Regiment bestallter Hautboist«, ihre Mutter die Tochter eines Schuhmachers und Lohgerbermeisters. Johann Friedrich Schröter erteilte seiner Tochter Unterricht in allen musikalischen Fächern, deren Beherrschung einem »Frauenzimmer« dienlich sein konnte: im Klavier-, Flöten-, Gitarren- und Zitherspiel, vor allem aber im Gesang. In Warschau, wo sie ihre Kinderjahre verbrachte, wurde ihre ursprünglich reine und klare Stimme durch viel zu frühen und unsachgemäßen Unterricht so strapaziert, daß sie später nur noch kleine Rollen in Singspielen übernehmen konnte. Auch Johann Adam Hiller, von dem sie seit 1763 die erste systematische Schulung erhielt, konnte daran nichts mehr ändern. Bereits mit fünfzehn Jahren trat die »Jungfrau von blendendster Schönheit« (Goethe) neben der berühmten Gesangsvirtuosin Gertrud Elisabeth Schmehling eine gutbezahlte Festanstellung als Sängerin des »Leipziger Großen Concerts« an, wo sie das Publikum mit »einfachen deutschen Musikstücken« begeisterte. Zehn Jahre später wurde sie von Goethe (»Die Schröter ist ein Engel . . .«) an das Liebhabertheater der Herzogin Anna Amalia von Sachsen-Weimar gelockt. Ihre »geschwächte und etwas bedeckte Stimme« zwang sie, nunmehr hauptsächlich als Schauspielerin aufzutreten; Goethe schrieb für sie die Rollen der Proserpina und Iphigenie. 1782, nachdem ihre Liebesbeziehung zu dem Dichter bereits beendet war, setzte sie dessen Liederspiel ›Die Fischerin‹ in Musik. Diese Komposition, die an einem Sommerabend des gleichen Jahres im Tierfurter Park, vor dem Hintergrund einer echten Flußlandschaft uraufgeführt wurde, enthielt nicht nur die erste Vertonung des ›Erlkönig‹, sondern auch eine Reihe zu Unrecht vergessener Arien und Duette.[22] Der Musikwissenschaftler Max Friedlaender lobt das Lied des Dortchen »Für Männer uns zu plagen/ sind leider wir bestimmt« als ein »eigensinnig-kokettes Stück, das von stetig sich wiederholenden dynamischen Gegensätzen beherrscht wird. Bei der Stelle ›uns zu plagen‹ glaubt man Dortchen mit dem Fuß ärgerlich stampfen zu sehen, so bildhaft wirken musikalischer Ausdruck und melodische Deklamation«. Corona, die die

Abb. 20: Corona Schröter. Gemälde von Kraus.

Partie des Dortchen selber spielte, hatte vielleicht um so mehr Grund, besonderen Wert auf die musikalische Ausgestaltung dieses Textes zu legen, da er, wenn auch vom Dichter sicherlich nicht beabsichtigt, einen Teil ihrer eigenen Situation als »sitzengelassene« Geliebte widerspiegelte.
Coronas Erlkönig-Vertonung, ein kleiner, volksliedhafter Ge-

sang, der in der Tat gegen diese hübsche Singspielarie etwas abfällt, ist von Musikwissenschaftlern schwer gerügt worden. Der bereits erwähnte Hermann Kretzschmar bezeichnete ihn als »im üblen Sinne des Wortes ganz dilettantisch«[23], Hans-Joachim Moser nannte ihn »erstaunlich primitiv«[24]. Auch Wilfried Brennecke kam zu dem Schluß, daß er »dem dialogischen Aufbau ... nicht gerecht« werde.[25] – Alle diese Forscher scheinen vergessen zu haben, daß das ganze Singspiel für ein »Liebhabertheater« geschrieben wurde, dessen Mitglieder als Nichtfachleute Interesse an der Aufführung von Theaterstücken, Balletten und Operetten hatten. Auch Goethes ›Erwin und Elmire‹, das ›Jahrmarktsfest von Plundersweilern‹, ›Jery und Bätely‹ sind vor dem Hintergrund dieser gemischt höfisch-bürgerlichen Liebhabergesellschaft zu sehen. Ein gewisser Dilettantismus in bezug auf Ausführung und Komposition – die ursprünglich positiv gemeinte Bezeichnung »Dilettant« kam ja überhaupt erst während der frühen Goethezeit auf – war also durchaus angebracht, wenn nicht sogar intendiert. Der theater- und musikgeschichtlichen Stellung des Werkes scheint darum A. Liebe am nächsten zu kommen, die in einem Aufsatz von 1966 schreibt:
»›Die Fischerin‹ fand durch Corona Schröter ihre Vertonung, eine Komposition, in der das Einfache und Natürliche, das Rousseau mit seinem ›Dorfwahrsager‹ überall wachgerufen hatte, getroffen war. Der ›Erlkönig‹ ... bleibt ... ein ganz schlichtes, erzählendes Liedchen, das ebenso dahingesungen wird, wie es zum Charakter des Singspiels gehört.«[26]
Der zeitgenössische Erfolg der ›Fischerin‹ ermutigte Corona, sich weiterhin als Komponistin zu versuchen. Allerdings spezialisierte sie sich, nachdem das Liebhabertheater von einer professionellen Schauspielertruppe abgelöst worden war, ganz auf das schlichte, im Hause zu singende Klavierlied. 1786 veröffentlichte sie ›Fünfundzwanzig Lieder‹ nach Herders ›Volksliedern‹, acht Jahre später eine Sammlung von ›Gesängen mit Begleitung des Fortepiano‹ auf Texte von Friedrich Gottlieb Klopstock, Friedrich Wilhelm Gotter, Friedrich von Mattisson und anderen.[27] Ähnlich wie Juliane Reichardt schrieb sie ihre Lieder ohne selbständige Begleitungen, nur gestützt auf die einfachste Harmonie. Auch den ›Taucher‹ und die ›Würde der Frauen‹ hat sie, wie Schillers Gattin im Jahre 1801 vermerkte, »sehr glücklich« und »mit so einem Schwung« komponiert[28], daß der Dichter sein ursprünglich gehässiges Urteil über die alternde Künstlerin (»ihr wichtigstes Verdienst wäre, einer Haushaltung vorzustehen, von der Kunst scheint sie mir sehr genügsame ... Begriffe zu haben«)

45 ›Der Erlkönig‹. Lied aus Corona Schröters Singspiel ›Die Fischerin‹.

revidieren mußte. Gegen Ende des Jahrhunderts übersiedelte die ehemals Vielbegehrte, nur von ihrer Freundin Wilhelmine Probst begleitet, nach Ilmenau, wo sie im Jahre 1802 völlig vereinsamt starb.

Louise Reichardt (1779–1826), die älteste Tochter Johann Friedrich Reichardts aus seiner Ehe mit Juliane, beschließt die Reihe der bürgerlichen Komponistinnen, die aus der Berliner

Liederschule hervorgegangen sind. Ihre musikalische Sprache ist die einer typischen Übergangszeit. Sie schreibt im »populären Styl« wie Schulz und ihr Vater, benutzt Volksliedelemente und Choralklänge wie ihre Mutter, erhebt sich aber, wie ihr sogar der bereits mehrfach zitierte Hermann Kretzschmar bescheinigt, »überall formvollendet . . . mit Nonen und anderen Dissonanzen über den Berliner Kreis«[29]. In ihrer geistigen Grundhaltung ist Louise bereits ganz Romantikerin: schon um 1800 herum vertont sie Gedichte von Tieck, Arnim und Brentano, ist sie mit Schleiermacher und Philipp Otto Runge eng befreundet. Auch ihr kurzes und bewegtes Leben, das durch zwei unglückliche Liebesbeziehungen, Depressionen und ein »nervöses Brustleiden« gekennzeichnet ist, scheint typisch für eine frühromantische Künstlerbiographie. Doch die eigentlich große Zeit der romantischen Komponistinnen sollte mit einer vom Berliner Stil völlig emanzipierten Tonsprache, mit Frauen wie Fanny Hensel, Johanna Kinkel, Clara Schumann und Josephine Lang erst einige Jahre nach ihrem Tod beginnen.

Ähnlich wie ihre Mutter hatte auch Louise viele Jahre lang keinen geregelten Musikunterricht erhalten. Ihr Vater Johann Friedrich setzte sich zwar theoretisch für die Verbesserung der musikalischen Frauenbildung ein, unternahm aber nicht den geringsten Versuch, mit der praktischen Umsetzung dieser Forderung bei seinen eigenen Töchtern zu beginnen. Trotzdem fehlte es Louise nicht an geistigen Anregungen, denn in Giebichenstein bei Halle, wo Reichardt sich nach seiner Vermählung mit Johanna Dorothea Wilhelmine Alberti ein großzügiges Landhaus gekauft hatte, verkehrten die bedeutendsten Literaten und Wissenschaftler der damaligen Zeit: Schleiermacher, Tieck, Schlegel, Karl Georg von Raumer und Heinrich Steffens, Brentano, Arnim, Bettina, Novalis, Voß und Eichendorff, Jean Paul, Zelter, Goethe, Mozarts Witwe und viele andere mehr.[30] Reichardts gastfreies Haus mit seinem idyllischen Garten, dem »ansteigende Höhen und kleine Thäler . . . eine erwünschte Mannigfaltigkeit« gaben (Steffens), hat als »schöne Herberge der Romantik« in der deutschen Geistesgeschichte einen festen Platz. Allen Töchtern des Hauses, auch denen aus der zweiten Ehe, war »das musikalische Talent . . . mehr oder weniger angeboren«[31]. Eichendorff, Goethe und der Naturphilosoph Steffens schwärmen in fast übereinstimmendem Wortlaut von ihren Gesangschören, »die in ihrer einfachen Weise großen Eindruck machten. Nicht allein um das Klavier versammelt hörte man sie singen. Wenn oft an schönen lauen und stillen Sommerabenden die alten wehmütigen deutschen Gesänge, vom Waldhorn begleitet, in dem stillen Garten erklangen, war der Eindruck hinreißend.« – »Und wie mancher junge Poet«, so ergänzt Eichendorff diesen autobiographischen Bericht von Steffens, »blickte da vergeblich durch das Gittertor oder saß auf der Gartenmauer zwischen den blühenden Zweigen die halbe Nacht«.[32]

Louise war nicht nur für die Haushaltsführung und die Erziehung ihrer jüngeren Geschwister verantwortlich – Reichardts schöne zweite Frau residierte wie eine Fürstin, von der alle Banalitäten des Alltagslebens ferngehalten wurden –, sie war auch die einzige Tochter, die das »Talent des Gesanges wie der Composition ernsthaft ausbildete«[33]. Schon als Fünfzehnjährige trat sie als Solistin in der Berliner Singakademie auf. Kurze Zeit später mußte sie durch Gesangsunterricht und Handarbeiten zum Unterhalt der großen Familie beitragen, denn auf den ständig von Geldsorgen geplagten Vater war in diesen Dingen kein Verlaß. Obwohl das Gesicht dieses frühreifen jungen Mädchens von Pockennarben entstellt war, bewarben sich viele junge Männer um ihre Gunst, so auch der romantische Dichter Friedrich Eschen, der ihr erster Verlobter wurde. Nach seinem frühen Tod verfiel Louise in »Schwermuth«, ein Zustand, der nach Aussage ihres Schwagers Steffens mehrere Jahre andauerte. Ihr zweiter Bräutigam ein junger Maler, starb kurz vor der geplanten Hochzeit an Ruhr. »Dieser doppelte Schlag verbitterte nun das Dasein der armen Louise auf immer, und dennoch ermannte sie sich genug, um nicht beschwerlich zu fallen; ja einen schmerzlichen Genuß, ein tiefes Bewußtsein von einer dunklen Trauer ... wußte sie nicht selten ... in eine Verkündigung ... der Freude und der Heiterkeit zu verwandeln.«[34]

In den Jahren nach 1800 entfaltet Louise eine rege kompositorische Aktivität. Sie veröffentlicht ›Zwölf deutsche und italienische romantische Gesänge‹, ›Christliche liebliche Lieder‹, ›Sechs canzoni di Metastasio‹ und viele andere Liederzyklen mehr.[35] Ihr Stil ist, wohl auch dem neuen Volkstümlichkeitsideal der dichterischen Romantik entsprechend, von betonter Schlichtheit, der Ausdruck wird nur durch die Melodie und gelegentliche, geschickt plazierte Dissonanzen erzielt. (Siehe auf Seite 148/149 Notenbeispiel 46.)

Louises Liederkompositionen fanden eine noch größere Anhängerschaft als die ihrer Mutter Juliane. Zu ihren ständigen Zuhörern gehörte neben Karl von Raumer und Henrich Steffens auch Prinz Louis Ferdinand, der täglich aus dem nahe gelegenen Wettin anreiste.[36] Aber auch die unteren Bevölkerungsschichten,

46 Aus den ›Canzoni‹ nach Texten von Metastasio von Luise Reichardt (Ausschnitt).

an denen die Kompositionen ihrer Eltern noch weitgehend vorbeigegangen waren, akzeptierten Louises Musik voll und ganz, formten sie um zu »Kunstliedern im Volksmund«; über diesen Prozeß der Popularisierung, der um so mehr Beachtung verdient, als er sich in einer Zeit vollzog, in der die Verbreitung musikalischer Kunstwerke wesentlich langsamer vonstatten ging als heute, lesen wir bei Henrich Steffens:

»Viele ihrer Compositionen fanden durch ihre eigentümliche Tiefe einen allgemeinen Eingang, und sind populärer geworden als die Reichardt'schen; wahre Volksgesänge, so daß man sie wohl, ihrer großen Zartheit ungeachtet, auf den Straßen von Dienst- und Bauernmädchen singen hörte . . . So die Melodie zu dem Tieck'schen Liede: ›Geliebter, wo zaudert dein irrender Fuß?‹ und die von dem Brentano'schen: ›In Sevilla, in Sevilla‹ usw.«[37] (Siehe auf Seite 150 Notenbeispiel 47.)

Im Jahre 1813 verließ Louise das von französischen Truppen verwüstete »Giebichensteiner Dichterparadies«, um sich als Gesangslehrerin in Hamburg niederzulassen, gründete eine Musikschule für Frauen und einen Frauenchor, der die Keimzelle des späteren Musikvereins werden sollte. Unabhängig von der Renaissance deutscher Barockmusik in Berlin führte sie Werke von Bach, Händel und Palestrina auf. Im September 1818 dirigierte sie, vor einem Publikum von über 5000 Personen, Händels ›Messias‹ und Mozarts ›Requiem‹ und war damit eine der ersten Dirigentinnen deutscher Musikgeschichte.[38] Als Komponistin

47 ›Das Mädchen am Ufer‹. Lied von Luise Reichardt (Ausschnitt).

widmete sich die tief religiös gewordene Frau fast nur noch dem geistlichen Lied und der Choralbearbeitung für Frauenchor. Als sie 1826 im Alter von 47 Jahren starb, erschien in der ›Leipziger Allgemeinen Musikalischen Zeitung‹ ein langer Nachruf, beginnend mit den Worten:

»Louise Reichardt ist uns gestorben, Louise Reichardt, die durch den Wohllaut, der in ihr lebte, weit und breit bekannt geworden ist ...«

Julianes Tochter hat annähernd achtzig Lieder hinterlassen, die noch jahrzehntelang in populären Sammlungen für Haus und Familie, so unter anderem in ›Tongers Pfennigmagazin‹ abgedruckt wurden.[39] Der Nachruf des Leipziger Rezensenten scheint also keineswegs übertrieben. Trotzdem ist ihr musikgeschichtliches Verdienst bisher kaum gewürdigt worden. Die letzte – unvollständige – Ausgabe ihrer Lieder erschien 1922[40], eine Untersuchung über ihre Rolle als Wegbereiterin des romantischen Klavierliedes, ihre pädagogische Funktion und ihre Neuorganisation des Hamburger Musiklebens steht noch aus.

Zieht man das Fazit aus diesem Überblick über Leben und Schaffen der Komponistinnen der Berliner Liederschule, so ergibt sich eine abschließende Frage, die wieder zum Ausgangspunkt dieses Kapitels, den Argumentationen von Hanslick, Riehl usw. zurückführt: Warum haben diese Frauen nur Lieder komponiert, während die der gleichen musikalisch-gesellschaft-

lichen Tradition entstammenden Männer auch Singspiele, Instrumentalkonzerte, Sinfonien usw. geschrieben haben?
Die Antwort darauf ist erstaunlich einfach: das Experimentieren mit sinfonischen oder gar musikdramatischen Formen war vom häuslichen Klavier aus kaum zu bewerkstelligen, es setzte die praktische Erfahrung mit Orchester bzw. Opernensemble voraus. Benda, Reichardt, Zelter, Hiller, Philipp Emanuel Bach: alle diese Männer waren Jahrzehnte ihres Lebens als Konzert- oder Kapellmeister tätig, wechselten sogar häufig die Stätte ihres Wirkens, so daß sie viele Aspekte der Orchesterarbeit kennenlernten. Eine Frau als Leiterin eines Orchesters – allein diese Vorstellung war zur Zeit Friedrichs des Großen noch viel weniger denkbar als heute, wo Dirigentinnen wie Sylvia Caduff immer noch als kuriose Erscheinungen bestaunt und belächelt werden. Die Kammermusik war also der einzige musikalische Bereich, in dem Frauen mit ihrem beschränkten Erfahrungshorizont schöpferisch tätig werden konnten.
Daß dieser Erfahrungshorizont so beschränkt war, hängt wiederum mit der bereits im vorigen Kapitel angesprochenen Familienideologie der deutschen Aufklärung zusammen. Der emanzipatorische Anspruch des Bürgertums einerseits und die Etablierung des »traulichen Heims« andererseits, die Forderung nach allgemeinen Menschenrechten und der Ausschluß der Frauen von eben diesen revolutionären Errungenschaften: die Existenz dieser Widersprüche und ihre Zementierung seitens »fortschrittlicher« Pädagogen und Philosophen wie Campe und Fichte ist in der feministischen Fachliteratur längst bekannt.[41]
Die Liederkomponistinnen aus Berlin, Weimar und Hamburg konnten aus dieser schizophrenen Situation das Beste machen, weil sie das Glück hatten, in einem besonders kultivierten Milieu zu arbeiten und mit vergleichsweise vorurteilsfreien Ehemännern, Vätern und Freunden zusammenzuleben. Ihre Beschränkung auf das volkstümliche Klavierlied ist nicht mit einem spezifisch weiblichen Mangel an »combinatorischem Vermögen« und »Spontaneität der Erfindung«[42] zu erklären. Sie ergibt sich vielmehr daraus, daß es der deutschen Aufklärung nicht gelungen ist, die Geschlechtsschranken abzubauen und die Frau in den schöpferischen Bereich des Musiklebens zu reintegrieren. Das altüberlieferte Tabu »mulier taceat« wurde eher gefestigt als in Frage gestellt (»Wahre weibliche Verdienste ... bestehen nicht in schimmernden Talenten und Kunstfertigkeiten, nicht in Gelehrsamkeit und Schriftstellerei, sondern in solchen Eigenschaften ..., welche der dreifachen Bestimmung des Weibes –

zur Gattin, zur Mutter und zur Vorsteherin des Hauswesens – entsprechen«[43]), eine in Italien und Frankreich längst ergriffene Chance endgültig vertan.

Anmerkungen

1 Wilhelmine, offenbar auch genannt »Minna« Brandes, wird in den neueren Fachenzyklopädien nicht aufgeführt. Erwähnungen bei H. Kretzschmar, Geschichte des neuen deutschen Liedes I, Leipzig 1911, S. 313; ferner bei J. Sittard, Geschichte des Musik- und Concertwesens in Hamburg, Hamburg 1890; Wilhelm Tappert (Die Frauen und die musikalische Kunst, in: Musikalisches Wochenblatt Jg. 2, 1871, S. 829) gibt als Lebensdaten die Jahre 1765–1788 an. Wann und wo ihre Lieder unter dem Titel »Musikalischer Nachlaß von Minna Brandes« erschienen sind, war auch ihm nicht mehr bekannt.

2 Zu Louisa Adolpha Le Beau vgl. S. 272ff; das Zitat von Hanslick entstammt einer Wiener Rezension von 1884 und ist abgedruckt im Katalog »Komponistinnen aus drei Jahrhunderten« (Ausstellung der Bayerischen Vereinsbank in Zusammenarbeit mit der Musiksammlung der Bayerischen Staatsbibliothek).

3 W. H. Riehl, Die Familie, Stuttgart/Augsburg 1855, S. 78.

4 Zur Familiengeschichte der Bendas vgl. F. Lorenz, Die Musikerfamilie Benda, Berlin 1967.

5 Zu Reichardt und seiner Persönlichkeit s. W. Salmen, Johann Friedrich Reichardt, Freiburg/Zürich 1963.

6 Zit. nach H. M. Schletterer, Johann Friedrich Reichardt, Sein Leben und seine Werke, Augsburg 1865, S. 142.

7 Briefe eines aufmerksamen Reisenden ... I, Leipzig/Frankfurt a. M./Breslau, S. 170.

8 Joh. Georg Hamann, Briefwechsel III, hrsg. von A. Henkel, Leipzig 1957–1959.

9 Göttinger Musenalmanach (1775): »Ich nenne dich, ohne es zu wissen« (S. 144).

10 Voßscher Musenalmanach (»für das Jahr 1776 ... von den Verfassern des bisherigen Göttinger Musenalmanachs hrsg. von J. H. Voß«): »Lied eines Mädchens« (S. 34); »An den Mond« (S. 172); 1777: »Dora« (S. 100); 1778: »Lied eines Mädchens« (S. 173); 1779: »Daphne am Bach« (S. 60); 1780: »Brunnenlied« (S. 137).

11 W. Salmen, Johann Friedrich Reichardt, S. 26.

12 Grundsätzliches zu dieser bürgerlichen, weitgehend von Frauen getragenen Musikkultur bei W. Salmen, Haus- und Kammermusik (1600–1900) = Musikgeschichte in Bildern IV, 3, Leipzig 1976.

13 Zit. nach der Autobiographie von Franz Benda, abgedruckt bei F. Lorenz, Die Musikerfamilie Benda, S. 138–158.

14 H. Kretzschmar, Geschichte des neuen deutschen Liedes I, S. 313.

15 Nach H. Kretzschmar (Geschichte des neuen deutschen Liedes I) trägt diese Handschrift die Signatur D. 37,2 (Stadtbibliothek Ulm).

16 Johann Friedrich Reichardt, Oden und Lieder I, S. 47 (»Klage bei Hölty's Grabe«); III, S. 16 (»Das strickende Mädchen«); ein weiteres Lied Julianes (»Das kleine Mädchen« mit »frohem Muttergefühl zu singen«) findet sich in der von Reichardt herausgegebenen Sammlung: »Gedichte von Caro-

line Christiane Louise Rudolphi, hrsg. und mit einigen Melodien begleitet von J. F. R., Berlin 1782 in Commission bei Aug. Mylius«.

17 Zit. nach F. Lorenz, Die Musikerfamilie Benda, S. 109.

18 E. Stilz, Die Berliner Klaviersonate, Phil. Diss. Berlin 1930, S. 85.

19 Zu Corona s. H. Düntzer, Charlotte von Stein und Corona Schröter, Stuttgart 1876; R. Keil, Corona Schröter, in: Vor Hundert Jahren II, Leipzig 1875; P. Pasig, Goethe und Corona Schröter, Ilmenau 1902; H. Stümcke, Corona Schröter, Bielefeld 1904.

20 A. Diezmann, Goethe und die lustige Zeit in Weimar, Weimar 1900, S. 94.

21 K. Kuhn, Aus dem alten Weimar, S. 75.

22 Teilweise abgedruckt bei M. Friedlaender, Gedichte von Goethe in Kompositionen II, Weimar 1916.

23 H. Kretzschmar, Geschichte des neuen deutschen Liedes I, S. 322.

24 H.-J. Moser, Goethe und die Musik, Leipzig 1949, S. 23.

25 W. Brennecke, Artikel ›Corona Schröter‹, in: Die Musik in Geschichte und Gegenwart.

26 A. Liebe, Musik um Weimar und Goethe, in: Die Mitte, Folge 2, 1966, S. 75–93.

27 Faksimile-Ausgabe der ›Fünfundzwanzig Lieder‹ hrsg. von L. Schmidt, Leipzig 1907; daraus fünf Lieder hrsg. von M. Friedlaender, Weimar 1902; die Lieder ›Erlkönig‹, ›Liedchen der Sehnsucht‹ und ›Der süße Schlaf‹ ferner bei M. Friedlaender, Das deutsche Lied im 18. Jahrhundert I, Stuttgart/Berlin 1902.

28 Die Schiller-Vertonungen sind offensichtlich verschollen.

29 H. Kretzschmar, Geschichte des neuen deutschen Liedes I, S. 313.

30 Vgl. E. Neuß, Das Giebichensteiner Dichterparadies. Johann Friedrich Reichardt und die Herberge der Romantik, [2]Halle 1949.

31 H. Steffens, Was ich erlebte, Breslau 1840–1844, VI.

32 Zit. nach E. Rudorff, Aus den Tagen der Romantik. Bildnis einer deutschen Familie, Leipzig 1938, S. 83.

33 H. Steffens, Was ich erlebte, VI, S. 89. Das in der Literatur häufig zitierte Buch von Martin G. Wilhelm Brandt, Leben der Luise Reichardt, [2]Basel 1865, war mir trotz intensiver Suche nicht zugänglich.

34 H. Steffens, Was ich erlebte, VI, S. 95 f.

35 Ausführliches Werkverzeichnis bei W. Salmen, Artikel ›Reichardt‹, in: Die Musik in Geschichte und Gegenwart. Abdruck einzelner Lieder bei H. Reimann, Das deutsche Lied IV (»Hoffnung«); L. Erk, Deutscher Liederschatz I (»Nach Sevilla«); Joh. Fr. Reichardt, Liederspiele (»Was zieht mir das Herz so«).

36 Vgl. dazu die Erzählung von Margarete Reichardt-Bader, ›Das Adagio des Prinzen Louis Ferdinand.‹

37 H. Steffens, Was ich erlebte, VI, S. 90.

38 J. Sittard, Gesch. d. Musik- und Concertwesens in Hamburg, S. 144.

39 Aufzählung weiterer Volksausgaben bei A. Krille, Beiträge zur Geschichte der Musikerziehung und Musikausübung der deutschen Frau, S. 178.

40 Hrsg. v. G. Rheinhardt, München 1922.

41 Grundsätzlich vgl. Ute Gerhard, Verhältnisse und Verhinderungen. Frauenarbeit, Familie und Rechte der Frauen im 19. Jahrhundert, Frankfurt a. M. 1978. Dort auch Bibliographie der feministischen Fachliteratur zu Fichte und Campe.

42 La Mara (eigtl. Marie Lipsius), Die Frauen im Tonleben der Gegenwart, 1902, Vorwort.

43 Aus dem Inhaltsverzeichnis zu J. H. Campe, Väterlicher Rath für meine Tochter, Braunschweig 1789.

MARIANNE MARTINEZ UND MARIA THERESIA VON PARADIS

Zwei Komponistinnen der Wiener Klassik

Etwa gleichzeitig mit den Künstlerinnen der Berliner Liederschule begannen auch in der österreichischen Metropole junge Frauen zu komponieren: Marianne Martinez (1744–1812), Maria Theresia von Paradis (1759–1824), Josepha Müllner[1] (geb. 1770) und Josepha von Auernhammer (1758–1820), um nur einige der zahlreichen schöpferisch tätigen Pianistinnen, Sängerinnen und Harfenistinnen zu nennen. Im Gegensatz zu den Berliner Komponistinnen betrachteten sie das Lied nur als einen kleinen, nicht sonderlich wichtigen Teil ihres Schaffens. Ihr musikalisches Denken wurde in erster Linie vom virtuosen Klaviersatz bestimmt, der ja noch zu ihren Lebzeiten in Wien seine Hochblüte erlebte. Maria Theresia von Paradis, eine in ganz Europa gefeierte Pianistin, komponierte Konzerte, Sonaten und Trios für ihr Instrument, Josepha von Auernhammer, eine Schülerin und musikalische Partnerin Mozarts, veröffentlichte allein zehn Hefte mit Klaviervariationen.[2] Auch die Zurückhaltung gegenüber großen Formen, die sich ihre deutschen Kolleginnen auferlegten, wurde von diesen Wiener Frauen nicht geteilt. Marianne Martinez hinterließ ein stattliches Œuvre höchst dramatischer Oratorien, Messen und Kantaten, Maria Theresia von Paradis schrieb mehrere Opern und Singspiele, die mit beträchtlichem Erfolg an Wiener und Prager Bühnen aufgeführt wurden.

Die österreichischen Künstlerinnen hatten ungleich bessere Ausgangsbedingungen als Juliane Reichardt oder Corona Schröter, und das nicht nur, weil Wien mit seiner kaiserlichen Hofkapelle, seiner musikfreundlichen Aristokratie und seinen prunkliebenden Kirchenfürsten das Dorado europäischer Komponisten war; auch die Häuser, aus denen sie stammten, waren kultivierter, wohlhabender, internationaler. Marianne Martinez war Tochter eines Neapolitaners spanischer Abstammung, der zusammen mit dem päpstlichen Nuntius als »Gentilhuomo« nach Wien gekommen und von Kaiserin Maria Theresia in den erbländischen Ritterstand erhoben worden war. Josepha von Auernhammer entstammte dem niederen Adel, Maria Theresia von Paradis war Kind einer angesehenen Beamtenfamilie österreichisch-italienischer Herkunft. Hausmusik war in diesen Familien kein »stiller, reiner Genuß kleiner Zirkel«, sondern ein aufregendes gesellschaftliches Ereignis. Nach dem Vorbild des kaiserlichen Hofes lud man sich gegenseitig zu Soiréen ein, erfreute sich an Klavierkonzerten und Orchesterwerken, ja sogar an Opern und Oratorien, die von Dilettanten und Berufsmusikern beiderlei Geschlechts aufgeführt wurden. Zentren dieser musikalischen Geselligkeit waren die Häuser Greiner, Hochenadel, Paradis und Martinez[3], nicht zuletzt auch die Salons geistreicher Jüdinnen wie Fanny Arnstein[4] und Cäcilia Eskeles. Auch Clara Wieck wurde während ihres ersten Wiener Aufenthaltes von dieser zwischen Kleinbürgertum und Hochadel stehenden Gesellschaftsschicht protegiert.

»In ihren Häusern vergähnt man die Abende nicht mit elendem Kartengeblätter«, schrieb der Augenzeuge Johann Pezzl. »Kleine Musiken, vertrauliches Freundschaftsgeplauder, litterarische Neuheiten, Räsonements über Bücher, Reisen, Kunstwerke, Theater; die Vorfälle des Tages und interessante Neuigkeiten mit Salz erzählt, beurtheilt, beleuchtet, machen die Unterhaltung aus und würzen . . . die langen Winterabende.«[5]

Unbestrittenes Oberhaupt dieser Salons war in der Regel die Frau des Hauses. Die von Charlotte von Greiner und ihrer Tochter Karoline Pichler veranstalteten Soiréen sind durch Karolines autobiographische Schriften[6] in die Kulturgeschichte eingegangen. Es herrschte eine kultivierte, kunstfreundliche Atmosphäre, in der musikalisch begabte Mädchen geradezu ideale Aufstiegsmöglichkeiten hatten. Der österreichische Musikhistoriker Rudolf Flotzinger schreibt über dieses Phänomen:

»Auffällig ist die verhältnismäßig hohe Zahl von berühmten und mit ihren männlichen Kollegen offenbar voll konkurrenzfähigen Pianistinnen: Marianne di Martinez, Maria Theresia Paradis, Franziska Pereira-Arnstein, Dorothea von Ertmann, Barbara Kozeluch, Marie Bigot, Magdalena von Kurzböck, Franziska von Spielmann, Maria Pachler.«[7]

Der allgemeine Aufstieg dieser Musikerinnen zu einer nicht länger fragwürdigen, sondern durchaus ehrenvollen Stellung in der gehobenen Gesellschaft sollte allerdings nicht dazu verleiten, ihre künstlerische und geistige Bildung zu überschätzen. Viele mögen es über ein recht vordergründiges Virtuosentum nie hinausgebracht haben. Maria Theresia von Paradis wurde als ungewöhnlich gebildet gelobt, weil sie sich in der »Erdbeschreibung«, in »allen Gattungen der Rechenkunst«, im »Kartenspiel« und im »Menuett-Tanz« (!) auskannte.[8] Tatsache ist, daß die meisten dieser Frauen eine für heutige Begriffe vollkommen unzulängliche Ausbildung erhielten, die nicht einmal die elementaren Kenntnisse der Rechtschreibung einschloß. Als Maria Theresia auf einer großen Kunstreise in Colmar Station machte, schrieb ihre Mutter in das »Fremdenbuch« des dort lebenden Dichters Gottlieb Konrad Pfeffel:

»Ich werde niehmals den glicklichen dach vergessen, wo ich dass vergnigen genossen, eine so ädle familly kenen zu lehrnen, ihre freindin
Rosalia Paradis.«[9]

Marianne Martinez stand insofern weit über dem weiblichen Bildungsniveau ihrer Zeit, als sie von dem Dichter und Librettisten Pietro *Metastasio* erzogen wurde. Der Italiener, von Kaiser Karl VI. zum Hofdichter ernannt, war 1730 in Wien eingetroffen und hatte eine Wohnung im Haus seines Freundes Martinez bezogen. Da er selbst keine Familie hatte, übernahm er die Ausbildung der kleinen Marianne »mit aller Wärme eines sorgfältigen Vaters«. – »Marianne hatte die feinste Bildung genossen. Sie schrieb und sprach mehrere Sprachen mit seltener Reinheit und Geläufigkeit und glänzte überall durch ihren Geist, welcher mit ungewöhnlichen Kenntnissen ausgerüstet war«, schrieb Constant von Wurzbach 1867 in seinem ›Biographischen Lexikon des Kaiserthums Oesterreich‹.[10] Metastasio scheute keine Kosten, das musikalische Talent des Mädchens zu fördern, allerdings nicht ganz uneigennützig, wie sich später herausstellen sollte. Der englische Musikgelehrte und Metastasio-Biograph Charles Burney bemerkte anläßlich eines Wienaufenthaltes, daß es dem Dichter darum gegangen sei, Marianne ganz auf sein musikdramatisches Konzept der »opera seria« festzulegen. Er habe sie beinahe eifersüchtig vom öffentlichen Musikleben ferngehalten, so daß ein Kontakt mit den führenden Köpfen der Wiener Klassik gar nicht zustande kommen konnte. Die in italienischem Stil singende und Metastasios Texte vertonende Marianne sei eine in ganz Wien bekannte Attraktion gewesen, die einen nicht enden wollenden Strom neugieriger Besucher in das Haus des alternden Dichters gelockt habe. Auch er selbst habe Metastasio zunächst nur deshalb aufgesucht, weil er das »komponierende Frauenzimmer« einmal in natura erleben wollte.[11]
Burney hat mit diesen Schilderungen gewiß nicht übertrieben, denn es kann nicht übersehen werden, daß Metastasio nur Vertreter der italienischen beziehungsweise neapolitanischen Schule

zu Mariannes Ausbildung heranzog. Sie erhielt Kompositionsunterricht bei Hasse, Bonno und Porpora, der das Virtuosentum in der italienischen Arie auf einen vorläufigen Höhepunkt geführt hatte. Wenn sie unter seiner strengen Aufsicht auch in musikalischen Kontakt mit dem jungen Haydn trat – der Komponist begleitete ihre Gesangsübungen am Klavier und durfte dafür eine Dachstube im Martinezschen Hause bewohnen –, so ist doch sehr zu bezweifeln, daß ihre eifersüchtigen Lehrmeister eine wirklich fruchtbare Zusammenarbeit zuließen. Von irgendwelchen Beziehungen zu Haydn wird jedenfalls nach dessen Auszug aus Mariannes Elternhaus nichts mehr erwähnt.[12]

Marianne hat ein für eine Frau überwältigend umfangreiches Werk hinterlassen, wenn sie sich auch nie von den ihr anerzogenen Klangvorstellungen der italienischen Schule lösen konnte. Alle ihre Vokalwerke sind in italienischer Sprache, die meisten auf Texte von Metastasio abgefaßt. Nach Wurzbach schrieb sie allein 156 Arien und Kantaten im neapolitanischen Gesangsstil. Offensichtlich hat sie sehr früh zu komponieren begonnen. Ihre »Litaneien für Chor und Orchester« sind 1760 entstanden, als sie gerade sechzehn Jahre alt war.[13]

Mariannes Vokalwerke sind vom volkstümlich-bescheidenen Stil einer Juliane Reichardt weit entfernt. Es sind Produkte einer professionell geschulten, mit allen Gattungen des vokalen Genres wohlvertrauten Komponistin, wie schon ein Blick auf die Untertitel zeigt: »Oratorio«, »Missa«, »Kyrie«, »Miserere«, »Regina Coeli«, »Motetta«, »Salmo«, »Cantata«, »Aria« usw., alles das für Solisten, Chor und Orchester oder auch für vierstimmiges A-Cappella-Ensemble geschrieben. Die reine Instrumentalmusik, ein Gebiet, auf das der dominierende Metastasio wenig Einfluß nehmen konnte, ist in Mariannes Gesamtwerk nur mit einigen Beispielen vertreten: es existieren zwei Klavierkonzerte, eine Orchesterouvertüre und mindestens drei Sonaten für Klavier beziehungsweise Cembalo.

Die Messen und Oratorien der Künstlerin sind im symphonischen Kirchenstil komponiert, der seit der Mitte des Jahrhunderts die Wiener kirchenmusikalische Produktion beherrschte. Virtuose Arien, die einem Vokalisten italienischer Schulung geradezu auf den Leib geschrieben sind (hier zeigt sich Mariannes von Zeitgenossen immer wieder gerühmte Kunstfertigkeit als Sängerin) wechseln sich ab mit überschaubaren Tuttisätzen, mit verselbständigten Vor-, Nach- und Zwischenspielen. Das klassische Kirchenorchester erhält bei Marianne seine eigene, verfeinerte Sprache, es entwickelt sich vom bloßen Stützapparat zum

geschmeidigen Ensemble des »obligaten Accompagnements«. In dem vom Orchester begleiteten Rezitativen setzt Marianne die einzelnen Instrumente und ihre klanglichen Eigenschaften so sehr dem Text entsprechend ein, daß sich dramatische und emotionale Höhepunkte ergeben, die das Gesamtwerk in die Nähe der opera seria rücken. Zwischendurch erweist sie sich immer wieder als Meisterin des strengen Satzes, im Gefolge einer latent weiterwirkenden Palestrina-Tradition. Die Choräle und Amenfugen der Oratorien klingen jedoch in keinem Takt trokken oder akademisch-unterkühlt; sie lassen erkennen, daß Marianne das abstrakte Gebäude kontrapunktischer Gelehrsamkeit mit eigener Musikalität zu füllen wußte. Die herbe, manchmal sogar tragische Gesamtwirkung steht in wohltuendem, sicherlich auch beabsichtigtem Kontrast zum eher bravourösen Charakter der Arien. (Siehe auf Seite 160 Notenbeispiel 48.)
In Mariannes Klaviersonaten[14] fehlt dieser Hang zur strengen Form, zur ausgearbeiteten Polyphonie. Es sind freundliche, temperamentvolle Stücke neapolitanischer Prägung, formal noch schwankend zwischen den Typen der alten Kirchen- und neueren klassischen Sonate, in ihrer leichten, flüssigen Melodiebildung durchaus den Werken des jungen Haydn vergleichbar. (Siehe auf Seite 161 Notenbeispiel 49.)
Wenn Marianne auch heute ganz vergessen und ihr über viele Bibliotheken verstreutes Werk nur noch dem Spezialwissenschaftler zugänglich ist, so ließen es doch ihre Zeitgenossen an Ehrung und Anerkennung nicht fehlen. Mit neunundzwanzig Jahren wurde sie zum Mitglied der Bologneser »Accademia Filarmonica« ernannt, ein bedeutender künstlerischer Erfolg, den nach den Worten des Lexikographen Wurzbach »nur vorzügliche Tonsetzer zu erreichen imstande« waren. In dem von dieser Akademie ausgefertigten Diplom war von »Zierlichkeit«, »Genie«, »Adel des Ausdrucks« und »erstaunlicher Präzision ihrer Komposition« die Rede, ferner vom »streng grammatikalischen« Charakter, der ihre Werke und Interpretationen auszeichne.[15] Diese Beschreibung bringt, wenn auch in altertümlichen Worten, die Hauptmerkmale ihrer Arbeitsweise durchaus richtig zum Ausdruck. Man wird sie also nicht aus bloßem Respekt vor ihrem Förderer, sondern in Anerkennung ihrer persönlichen Leistung zum Mitglied der erlauchten Gesellschaft gemacht haben.
Um die gleiche Zeit wurde Marianne auch in die Wiener »Tonkünstler-Societät« aufgenommen. Diese Einrichtung, 1771 von dem damaligen kaiserlichen Hofkomponisten Florian Gassmann

48 Aus ›Isacco‹, Oratorium von Marianne Martinez. Schlußfuge (Anfang).

gegründet, diente ursprünglich der Unterstützung mittelloser Künstlerwitwen, hatte aber auch das Ziel, den zahlreichen Wiener Komponisten Gelegenheit zur Uraufführung größerer Werke zu geben. Mozart, Haydn und Wagenseil, Hasse, Dittersdorf

49 Aus der Klaviersonate in A-Dur von Marianne Martinez. Erster Satz.

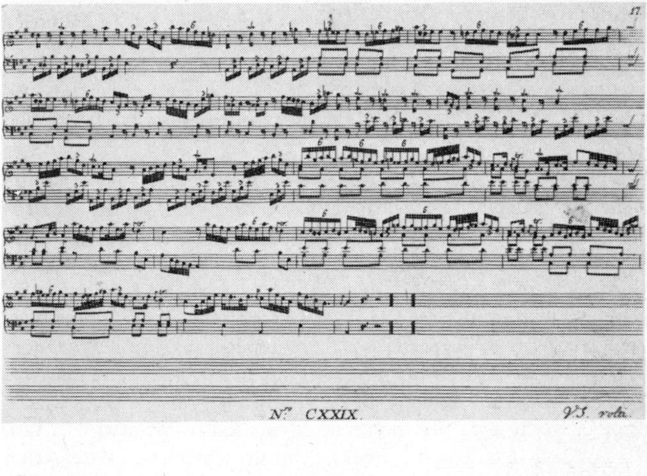

und Righini steuerten bis Ende 1790 neue Kantaten und Oratorien bei. Es ist sicherlich nicht bedeutungslos, daß auch Marianne in dieser prominenten »Societät«, die gleichzeitig den Beginn eines öffentlichen Konzertwesens markierte, mit einem großen Oratorium, ›Isacco figura del redentore‹, vertreten war. Die Uraufführung dieses Werkes fand im Jahre 1783, wenige Monate nach dem Tod Metastasios, statt. Mehr als drei Jahrzehnte lang hatte Mariannes väterlicher Gönner eifersüchtig über ihre Kar-

riere gewacht, hatte jedes öffentliche Auftreten, jedes Abweichen vom musikdramatischen Konzept der allmählich altmodisch werdenden opera seria systematisch verhindert. Die Komponistin wird die Befreiung von dieser entwürdigenden Vormundschaft freudig begrüßt haben. Sonst hätte sie nicht unmittelbar nach seinem Tod zum ersten Mal Vorkehrungen für die öffentliche Aufführung eines ihrer Werke getroffen. Der große Förderer scheint sich zu seinen Lebzeiten nicht auf das Aufführungsverbot beschränkt zu haben. Es hat ganz den Anschein, als ob er auch eine Drucklegung ihrer Werke verhindert hätte; andernfalls wäre es kaum zu erklären, warum Mariannes Kompositionen beinahe ausschließlich Manuskripte blieben, obwohl sich doch die Verleger in dieser Blütezeit öffentlich-bürgerlichen Musiklebens um alles Brauch- und Spielbare geradezu rissen.
Die einzigen Drucke ihrer Kompositionen finden sich an einem sehr versteckten Platz: im fünften und sechsten Teil von Johann Ulrich Haffners Anthologie ›Raccolta Musicale‹. Daß der prominente Nürnberger Musikverleger zwei Klaviersonaten von Marianne aufnahm, ist sicherlich als Qualitätsbeweis zu werten, denn er galt als seriöser und sachverständiger Geschäftsmann, ließ sich weder auf die Publikation unbedeutender Gelegenheitskompositionen noch auf die damals häufig praktizierten Methoden des Raub- und Nachdruckes ein.[16]
Die zuverlässigste Quelle über Mariannes Lebensweise, über die Art ihres musikalischen Vortrags und die Wirkung ihrer Kompositionen ist das bereits erwähnte musikalische Tagebuch des Dr. Charles Burney. »Sie war sehr gut gekleidet und machte einen hübschen Aufzug«, so schildert er einen ihrer Auftritte im häuslichen Freundeskreis. »Nach den großen Lobsprüchen, welche der Abbate Taruffi den Talenten dieses Frauenzimmers beilegte, war ich sehr begierig, ... sie zu hören ... Sie übertraf wirklich noch die Erwartung, die man mir von ihr beigebracht hatte. Sie sang zwei Arien von ihrer eigenen Komposition, wozu sie sich selbst auf dem Flügel akkompagnierte ... Diese Arien waren in modernem Stile, sehr schön gesetzt, indessen waren die Gedanken weder gemein noch unnatürlich fremd und neu. Die Worte waren gut ausgedrückt, die Melodie war ungekünstelt und dem Sänger viel Raum zur Expression und Verschönerung gelassen ... Metastasio sagte ihr, sie möchte mir einige von seinen besten Aufsätzen zeigen, und sie brachte einen Psalm vor, den sie für vier Stimmen mit Instrumenten gesetzt hatte. Es war, wie Metastasio es nannte, eine sehr angenehme Mescolanza di antico e moderno, ein Gemisch von Harmonie und Arbeitsamkeit

50 Aus der Klaviersonate in A-Dur von Marianne Martinez. Letzter Satz.

älterer, und Melodie und Geschmack neuerer Zeiten. Es war eine vortreffliche Komposition ... Die Worte des Psalms waren italienisch und von Metastasios Übersetzung. Nach diesem sang sie mir zu Gefallen ein lateinisches Solo-Motett, welches ernsthaft und feierlich war, ohne langweilig und schwerfällig zu sein; und darauf spielte sie mir eine von ihren sehr artigen Klaviersonaten vor, die voll Feuer und glänzender Passagen war.«[17] Burney, der auch an anderen Stellen seines informativen Buches auf diese »Heilige Cäcilie« zu sprechen kommt, hat Mariannes merkwürdige Beziehung zu Metastasio, ihre vollkommene Abhängigkeit in moralischer und künstlerischer Hinsicht sehr fein beobachtet. Es ist dem zurückhaltenden Gentleman hoch anzurechnen, daß er auf der Hand liegende Schlußfolgerungen nicht zu Papier gebracht hat. Die Wiener Gesellschaft war in diesen Dingen weniger kleinlich. Nach ihrer Version war Marianne die Tochter eines Vorstadtgärtners. Der Dichter habe das hübsch vor sich hinträllernde Kind auf der Straße aufgelesen und ins Martinezsche Haus gebracht. Schon in sehr jungen Jahren sei sie nicht nur seine Schülerin, sondern auch seine Geliebte geworden.[18] – Als Metastasio starb und Marianne sein enormes Vermögen hinterließ, sah die Gesellschaft ihre Vermutung bestätigt. Die rätselhafte Künstlerin führte nun ein gastfreies Haus, lud ohne männliche Unterstützung zu musikalischen Soiréen ein und investierte den größten Teil ihres Geldes in eine Singschule für junge Mädchen, aus der so bedeutende Sängerinnen wie Therese von Durfeld, geb. Hacker zu Hart, hervorgingen. Marianne hat nach Metastasios Tod nur noch wenig komponiert. Die vierzigjährige, ganz in der italienischen Schule erzogene Künstlerin mag sich zu alt, zu festgefahren gefühlt haben, um noch Anschluß an die Glucksche Opernreform und die Neuerungen der Wiener Klassik zu suchen. Hinzu kam, daß die Kirchenmusik, das Gebiet, auf dem sie sich am meisten zu Hause gefühlt hatte, durch die josephinischen Reformen stark beschnitten worden war. Eine »geistliche Hofkommission« hatte kleinlich darüber zu wachen, daß die Instrumentalmusik durch »Normalschullieder« ersetzt und die Messe nur noch in deutscher Sprache gesungen wurde. Gemeinden, die einen »ordentlichen Chor« hatten, durften zwar Choralmessen mit Orgel zelebrieren, aber die Geistlichkeit mußte dafür sorgen, *»daß dazu keine Frauensperson, mit Ausnahme derer, die vermöge ihres Standes beizuziehen sind ...«* zugelassen wurden.[19] Das alte »mulier taceat« wurde also auch in der österreichischen Aufklärung wieder hervorgekramt, für die Leiterin einer Singschule für Frauen sicherlich kein Anreiz, sich weiterhin kompositorisch zu betätigen.

Die musikwissenschaftliche Rezeption von Mariannes Werken ist ein interessantes Beispiel dafür, wie bewußte Geschichtsverfälschung jahrzehntelang tradiert bzw. unkritisch übernommen wird, wenn es darum geht, die kompositorischen Leistungen einer Frau herabzuwürdigen. In Hanslicks ›Wiener Concertwesen‹[20], in Eitners ›Quellenlexikon‹, in Paumgartners Burney-Übersetzung, ja selbst in der neuesten Auflage der Enzyklopädie

›Die Musik in Geschichte und Gegenwart‹[21] ist übereinstimmend von der »Mittelmäßigkeit« ihrer Kompositionen die Rede. Abgesehen von Eitner, der in den ›Monatsheften für Musikgeschichte‹ zwei ihrer Klaviersonaten rezensiert[22], hat nicht ein einziger der genannten Autoren jemals ein Werk von Marianne gehört oder auch nur eingesehen. Hanslick behauptet sogar in vollem Ernst, alle ihre Stücke seien »verschollen«[23].

Als Kronzeugin für ihre Behauptungen zitieren die Musikwissenschaftler die Wiener Schriftstellerin Karoline Pichler, die in den großbürgerlichen Salons der 1780er Jahre gelegentlich mit Marianne Martinez und Maria Theresia von Paradis zusammentraf. In ihren 1844 erschienenen ›Denkwürdigkeiten‹ schreibt sie über diese Begegnungen: »Beide leisteten Artiges, aber es erhob sich nicht über – ja kaum an das Mittelmäßige.«[24]

Der Kontext, in dem diese beiläufige, von keinem Beispiel unterstützte Wertung steht, läßt sofort erkennen, warum sich Karoline Pichler der ungeteilten Sympathie männlicher Musikschriftsteller vom Schlage Hanslicks erfreuen durfte:

»Noch muß ich . . . eine Bemerkung anführen, die ich vor langer Zeit bereits gemacht habe, . . . diese nämlich, daß unter so vielen Frauenzimmern, die sich mit exekutiver Musik . . . mit vielem Glück beschäftigen, auch nicht eine ist, die mit bedeutendem Erfolge etwas in der musikalischen Komposition geleistet hat . . . Sollte man aber nicht glauben, daß gerade dieses Bewußtlose, bloß auf inneren Regungen, auf Gefühl und Phantasie Beruhende der Musik, dem weiblichen Charakter besser zusage als die Leistungen im Gebiete der Malerei und Dichtkunst, welche Vorkenntnisse, deutliche Begriffe, technische Fertigkeiten usw. voraussetzen?«[25]

Die Tatsache, daß Karoline davon ausgeht, man könne ohne theoretische Vorkenntnisse »mit bedeutendem Erfolge« komponieren, ist Beweis ihrer geringen musikalischen Kompetenz und hätte die Musikwissenschaftler skeptisch stimmen müssen. Darüber hinaus liegen zwischen den Auftritten der Marianne Martinez und dem Erscheinungsdatum der ›Denkwürdigkeiten‹ nahezu sechzig Jahre. Um 1840 herum hatte aber das geistige Klima bereits erheblich zu Ungunsten schöpferisch aktiver Frauen umgeschlagen, und es sieht ganz so aus, als ob Karoline ihre musikalischen Jugenderinnerungen auf die schon nicht mehr neue Lehrmeinung »Frauen können (und dürfen) nicht komponieren« zurechtgebogen hätte. Trotzdem wird es sicher noch lange dauern, bis das Urteil dieser inkompetenten »Gewährsfrau« aus den Nachschlagewerken verschwindet.

Maria Theresia von Paradis, Mariannes blinde Zeitgenossin, wird in der Fachliteratur immerhin als »rührende Erscheinung« aufgeführt[26], was natürlich auch bedeuten soll, daß man sie musikalisch für nicht ganz satisfaktionsfähig hält. »Rührend« sind in bezug auf ihr kompositorisches Schaffen höchstens einige der ›Reiselieder‹ von 1784–1786, die denn auch immer wieder zitiert werden. Ihre Klavierfantasien und Balladen, in denen sie sich als vollwertiges Mitglied der süddeutsch-österreichischen Komponistenschule erweist, verdienen dieses irrationale Epitheton wohl kaum.

Maria Theresia wurde am 15. Mai 1759 als Tochter des damaligen Assessors am Temesvarer Kriminalgericht Joseph Anton von Paradis geboren. Sie war das einzige Kind aus seiner Ehe mit Rosalia Maria, einer geborenen Levassori della Motta. Schon von Geburt an neigte sie zu Infektionskrankheiten. Im vierten Lebensjahr wurde sie plötzlich blind, ein Ereignis, das die Wiener Gesellschaft zu immer wieder neuen Spekulationen veranlaßte. Die einen führten es auf »gichtischen Schlagfluß«, die anderen auf einen nächtlichen Schrecken zurück, in neuerer Zeit interpretiert man die Erblindung schließlich als »nervös-hysterische Durchblutungsstörung der Augen«[27]. Mit achtzehn Jahren kam sie in die Behandlung eines Mannes namens Mesmer, der mit der Methode eines »animalischen Magnetismus« in ganz Wien von sich reden machte. Als sich die von ihm vorausgesagte Heilung auch nach Monaten noch nicht einstellte, gab es einen kleinen Skandal: die Familie Paradis mußte ihre Tochter mit Hilfe der Gerichte aus dem Haus des Scharlatans befreien, in dem dieser sie zwar nicht kuriert, dafür aber immer wieder sexuell mißbraucht hatte. Mesmer verließ fluchtartig die Stadt, Maria Theresia blieb auch weiterhin blind.

Schon im siebten Lebensjahr erhielt das kleine Mädchen Klavier- und Orgelunterricht bei Franz Josef Fuchs, Georg Friedrich Richter und dem tschechischen Virtuosen Leopold Kozeluch, einem der beliebtesten Klaviermeister der Wiener Gesellschaft, dem sie »die Präzision und den Geschmack in der Musik«[28] verdankte. Für seine berühmte und vielleicht beste Schülerin schrieb Kozeluch viel Klaviermusik, vor allem große Konzerte, die sie zunächst in Wien, später auf einer Kunstreise durch ganz Westeuropa mit beträchtlichem Publikumserfolg spielte.

Ihr bedeutendster Gesangslehrer war Vincenzo Righini, ein ehemaliger Opernsänger und -komponist, der für die »opera buffa« am kaiserlichen Hof verantwortlich war. Antonio Salieri und Carl Friberth, letzterer ein Freund Josef Haydns und Ka-

Abb. 21: »Der Magnetiseur«. Kupferstich von Chodowiecki. 1790.

pellmeister der Minoritenkirche, unterwiesen sie in dramatischer Komposition, in Harmonielehre, Kontrapunkt und Generalbaß, dessen Beherrschung damals zur Bildung jedes Musikers gehörte. Vater Paradis hatte einen großen Teil der Wiener Musikerprominenz zur Ausbildung seines Sorgenkindes herangezogen.

Ihren ersten Ruhm erwarb sich die kleine Maria Theresia als Interpretin. Schon mit elf Jahren konnte sie Orgelpartien in feierlichen Hochämtern übernehmen, die zum Teil in Gegenwart der musik- und kinderfreundlichen Kaiserin stattfanden. Diese verlieh der jungen Künstlerin ein lebenslängliches Gnadengehalt, das allerdings später von ihrem amusischen Sohn drastisch gekürzt wurde. Die Wiener Quellen erwähnen außerdem ein aufsehenerregendes Konzert im Jahre 1775, in dem die erst Sechzehnjährige den schwierigen Solosopranpart in Pergolesis ›Stabat mater‹ sang. Ihr schlichter Vortrag sei »ungemein rührend« gewesen und habe »in wunderbarer Weise die Gemüther« erfaßt.[29] Etwa zur gleichen Zeit soll sie bereits sechzig Klavierkonzerte auswendig beherrscht haben.

1783 gab die nun Vierundzwanzigjährige dem Drängen ihrer Freunde nach und begab sich gemeinsam mit der Mutter, »zwei Consorten, Jungfer und Bedienten«[30] auf eine große Kunstreise. Der jungen Frau war zunächst bei diesem Unternehmen nicht ganz wohl, und das nicht nur wegen der äußeren Belastung der Reise. Seit dem Erlebnis mit Mesmer fürchtete sie sich vor jeder neuen Sensation. Sie hätte am liebsten nie das Haus verlassen, legte wohl auch keinen Wert auf den Beifall eines Publikums, das nur aus Neugier oder Mitleid ihre Konzerte besuchte. Ihrem ebenfalls blinden Brieffreund Weissenburg in Mannheim schrieb sie einmal darüber:

»Ich übte mich in der Musik mehr aus eigenem Hange ... als um damit Aufsehen zu machen. Verlangte man mich spielen zu hören, so tat ich es so willfährig als mir möglich war ... Mehrere Kenner gönnten meinem Spiel Beifall und gaben mir Aufmunterung, fremde Höfe zu bereisen ... Man eröffnete mir günstige Aussichten durch Veränderung der Luft auf meine Gesundheitszustände. Man schmeichelte mir mit anderen Vorteilen. Kurz, ich wurde nachdenklich, überlegte mir die Sache mit meinen guten Eltern, und die Reise ward beschlossen.«[31]

In Salzburg holten sich Mutter und Tochter Ratschläge bei dem erfahrenen Leopold Mozart, der ja so oft als erfolgreicher Impresario für seine Kinder gewirkt hatte. Wolfgang Amadeus soll bei diesem Besuch von dem Talent der Blinden so angetan gewesen sein, daß er ein Klavierkonzert (KV 456) für sie komponierte.[32]

Über München, Mannheim, Frankfurt, Koblenz und Bonn ging die Reise in die Schweiz und nach Paris; dann begaben sich Mutter und Tochter nach London und Brüssel. Die Städte Berlin, Dresden und Prag bildeten die letzten Stationen dieser nahezu drei Jahre dauernden Tournee.

Die junge Künstlerin ist in diesen Reisejahren mit vielen bedeutenden Persönlichkeiten des politischen und kulturellen Lebens zusammengekommen. Dazu gehörten der Kölner Kurfürst Maximilian Friedrich, die musikfreundliche Gräfin Hatzfeld, die Komponisten Beethoven und Rosetti, nicht zuletzt auch ihre Brieffreundin, die geistreiche Schriftstellerin Sophie de Laroche. Den tiefsten Eindruck hinterließ aber ein Besuch bei dem eben-

Abb. 22: Maria Theresia von Paradis. Zeichnung von Faustine Parmantié. 1784.

falls blinden elsässischen Fabeldichter Gottlieb Konrad Pfeffel. Pfeffel, in seinen Werken eher zum Sarkasmus als zur Sentimentalität neigend, schied »unter Händedruck und sanften Thränen« von der jungen Frau und schrieb sogar ein Gedicht über die Geschichte ihrer Blindheit.[33] Maria Theresia machte daraus ein melancholisches Lied in f-Moll, das sie von nun an bei ihren Konzerten vortrug. Es ist eine ihrer ersten erhaltenen Kompositionen. Beim Publikum hatte dieses Stück, das den Zuhörer zum Vertrauten der Komponistin macht, ihn an ihrem individuellen Schicksal teilnehmen läßt, einen geradezu überwältigenden Erfolg. Der Berichterstatter des Londoner ›Universal Magazine‹ druckte es, begleitet von einer enthusiastischen Rezension, gleich zweisprachig ab.[34]

51 ›Blindenlied‹ von Maria Theresia von Paradis.

Die ungeahnte Resonanz dieser Vertonung gab Maria Theresia den Mut, sich auch weiterhin als Liederkomponistin zu versuchen. 1786 erschienen bei dem renommierten Leipziger Verleger Gottlieb Emanuel Breitkopf zwölf »Reiselieder, gewidmet der besten, edelsten Fürstin Luise, verwitwete Herzogin zu Sachsen-Meiningen«. Die Gesänge auf Texte von Hermes, Miller, Pfeffel,

Sophie de Laroche, Klopstock, Matthias Claudius und Riedinger sind das bekannteste und am besten erhaltene Werk der Blinden; noch heute wird es gelegentlich ausschnittsweise oder als ganzer Zyklus aufgeführt. Die zeitgenössische Musikkritik hat sich eingehend mit ihnen befaßt.[35] Auch die Musikwissenschaft des 20. Jahrhunderts hat sie als repräsentative Beispiele des klassischen Wiener Liederstils zumindest nicht völlig ignoriert.[36] Maria Theresia selbst stand wie immer diesen eigenen Arbeiten skeptisch gegenüber. »Das sind Früchte der Jugend, welchen die Reife fehlt. Die Lieder sind auf der Reise gemacht und in Leipzig Freund Breitkopf zum Andenken überlassen«, soll sie Jahre später entschuldigend gesagt haben.[37]
Für die Einschätzung dieser Stücke ist es wichtig zu wissen, daß man sich in Wien erst im letzten Drittel des 18. Jahrhunderts für die Liedkomposition zu interessieren begann, zu einer Zeit also, in der Juliane Reichardt und Corona Schröter bereits viele Erfahrungen mit dieser Gattung gesammelt hatten. Das von ihnen repräsentierte nord- und mitteldeutsche Kunstlied war aber nur ein Element, das den Wiener Liederstil beeinflussen

52 ›Gärtnerliedchen‹ von Maria Theresia von Paradis (Anfang).

sollte. Auch die Volksmusik des Donauraumes, das heitere deutsche Singspiellied, die italienischen Opernarie und nicht zuletzt die bereits sehr weit fortgeschrittene Klaviermusik haben an der Herausbildung dieser sehr viel komplexeren Kompositionsrichtung mitgewirkt. – Die Wiener Musikwissenschaftlerin Irene Pollak-Schlaffenberg hat die Liederkomponistin Maria Theresia als treue Schülerin Kozeluchs charakterisiert, die wie ihr Meister »die opernhafte Richtung mit Koloraturen und Trillern« vertrete.[38] Diese Einschätzung ist sicherlich zu oberflächlich, denn wie schon das Pfeffelsche Blindenlied zeigte, ging die Künstlerin zu Beginn ihrer Reise von einfachen, ganz am schlichten Klaviersatz orientierten Liedern aus. Auch noch in einigen Stücken der zwölf Reiselieder wird die Singstimme in die rechte Hand der Klavierbegleitung miteinbezogen. Von einer Verwandtschaft zur Opernarie kann also noch keine Rede sein.
Während der Reisejahre muß Maria Theresia intensiv an ihrem Liedstil gearbeitet haben. Klavierbegleitung und Singstimme gewinnen an Eigenständigkeit, es treten Vor-, Nach- und Zwischenspiele mit selbständiger Motivik auf, die Vortragsbezeichnungen werden deutlicher, die Lautstärke wechselt abrupt und nicht ohne dramatische Wirkung. In Momenten besonderer emotioneller Eindringlichkeit emanzipiert sich die Singstimme völlig vom Klavierpart, so daß nun tatsächlich von Anklängen an die dramatisch-bewegte Opernszene gesprochen werden kann. Dieser ganze Entwicklungsprozeß vollzog sich ganz ohne Mitwirkung Kozeluchs, der ja in Wien bei seinen anderen Schülern geblieben war.
Maria Theresias Kunstreise wurde, nicht zuletzt wegen des Echos, das die zwölf Reiselieder fanden, zu einem größeren finanziellen Erfolg als es sich die Eltern von diesem kostspieligen und riskanten Unternehmen erhofft hatten. So konnte Vater Paradis nach ihrer Rückkehr stolz vermerken:
»Nachdem ich im Jahre 1783 bei der ... von meiner eheleiblichen Tochter Maria Theresia ... angetretenen Reise alle meine Fahrnisse und Wohnungseinrichtungen und Küchengerät verkauft habe, war ich bemüßigt ... im Jahre 1786 ... alle Hauseinrichtungen etc. neu anzuschaffen, welches alsdann *ganz und allein von dem durch meine Tochter im Ausland erworbenen und mitgebrachten Geldmittel bestritten ... worden.*«[39]
Nach dieser großen Tournee zog sich Maria Theresia fast ganz vom öffentlichen Konzertieren zurück und widmete sich nur noch der Komposition. Die während der Reise gewonnenen Erfahrungen mögen ihre Abneigung gegen das Virtuosentum

53 ›Morgenlied eines armen Mannes‹ von Maria Theresia von Paradis (Ausschnitt).

bestärkt haben; auch konnte es einer selbstkritischen Künstlerin wie ihr nicht verborgen bleiben, daß sich das Spiel der allmählich in Mode kommenden Klavierlöwen und Bravourpianisten immer mehr von ihrem schlichten, frühklassischen Interpretationsstil entfernte.

Ihr umfangreiches kompositorisches Œuvre, von dem allerdings nur ein kleiner Teil in Autographen oder Druckausgaben erhalten ist[40], umfaßt beinahe alle damals gängigen Gattungen weltlicher Kunstmusik: sie schrieb ein einaktiges Melodram, ein »ländliches Singspiel«, eine »romantisch-komische Oper«, mehrere Kantaten für Chor, Orchester und Solisten, klavierbegleitete Balladen und sogar einen patriotischen Chor mit dem Titel ›Auf, Brüder auf!‹. Für ihr eigenes Instrument komponierte sie Konzerte, Sonaten und Fantasien, daneben aber auch, wohl im Zeichen der immer mehr zur anspruchsvollen Kammermusik hintendierenden bürgerlichen Musikkultur, ein Trio mit Violine und Violoncello.[41]

Maria Theresias einzige *erhaltene* Oper, das »ländliche Singspiel in drei Akten«, trägt den Titel ›Der Schulkandidat‹. Sie wurde von 1792 bis 1793 sechsmal aufgeführt, und zwar am Leopoldstädter Marinellitheater unter der Intendanz des prominenten Kapellmeisters und Komponisten Wenzel Müller. Die Künstlerin selbst mag, wie damals üblich, ihr Werk vom Cembalo aus dirigiert haben. Vor Müllers Amtsantritt gab es auf dieser kleineren Vorstadtbühne vor allem Possen, Pantomimen und Kasper-

54 Aus ›Der Schulkandidat‹. Ländliches Singspiel von Maria Theresia von Paradis. Arie der Luise (Anfang).

liaden zu sehen, die auf den Geschmack eines recht anspruchslosen Publikums zugeschnitten waren. Seit 1786 aber wurden Oper und Singspiel intensiver gepflegt; wenn die Namen der aufgeführten Komponisten – Schenk, Dittersdorf, Gassmann, Grétry – auch heute nur noch dem Kenner etwas sagen: im Wien der 1790er Jahre hatten sie den allerbesten Klang, und es spricht für Maria Theresias Bekanntheit, daß ihr Werk in dieser Gesellschaft aufgeführt wurde.

Die Partitur – Teile davon wurden 1962 in der Musiksammlung des Linzer Landesmuseums gefunden[42] – ist für ein gutgeschultes Sängerpersonal geschrieben. Besonders die Sopranpartien enthalten schwierige Koloraturpassagen, wobei Maria Theresia offensichtlich von ihrem eigenen Standard als Vokalistin ausgegangen ist.

Die Handlung – soweit sie sich aus dem nur noch bruchstückweise vorhandenen Textbuch rekonstruieren läßt – ist die schlichte Geschichte zweier Liebespaare, die sich allen Widrigkeiten zum Trotz am Schluß das Jawort geben. Galante Abenteurer und tölpische Junker haben das Nachsehen. Die Musik dieses fragmentarisch erhaltenen Werkes ist bisher nur einmal besprochen worden, und zwar von dem österreichischen Musikforscher Hermann Ullrich, der sich in jahrzehntelanger Kleinarbeit und in einer kaum noch überschaubaren Fülle einzelner ›Miszellen‹ mit der Biographie der Komponistin befaßt hat. Angesichts so gründlicher Forschung nach zum Teil geringfügigen biographischen Einzelheiten sollte man eigentlich erwarten, daß Ullrich auch in den wenigen musikalisch-analytischen Passagen seiner Aufsatzsammlung um Objektivität bemüht wäre. Anstelle einer Analyse des ›Schulkandidaten‹ findet man jedoch einen Vergleich mit Singspielen männlicher Komponisten, der unter Verwendung aller gängigen Klischees zum Nachteil Maria Theresias ausfällt. Abweichend von seiner sonstigen philologischen Akribie verzichtet Ullrich hier leider auf jeden musikalischen Beleg.

»Maria Theresia Paradis' Musik ist technisch voll gekonnt und entbehrt an sich ... nicht des Reizes. Aber sie ... besitzt zu wenig zündenden Einfall und frische Unmittelbarkeit, um zu fesseln ... Größere Formen ... fehlen, der erste Akt ... schließt mit einem recht flauen Terzett. Was Maria Theresia Paradis vor allem abgeht, ist Humor und jener Sinn für bühnenwirksame Komik, über die ihre Zeitgenossen Dittersdorf, Schenk und Wenzel Müller verfügten. Dafür ist ihre Lyrik immer nobel, gepflegt, wenngleich nicht originell ... Die Unterschiede zwischen der kräftig-humorvollen, straffen Schreibweise der Singspielmeister Dittersdorff, Schenk, Wenzel Müller und der sehr femininen, lyrisch-empfindsamen Maria Theresia Paradis' liegen offen zutage ... So bedauerlich es vom musikgeschichtlichen Standpunkt bleibt, daß das Werk ... unvollständig erhalten ist, die Auffindung der fehlenden Teile ... könnte das Urteil über ein interessantes, aber doch nicht starkes Werk kaum ändern.«[43]

Hermann Ullrich ist nicht auf den naheliegenden Gedanken gekommen, daß Maria Theresia, die seit dem vierten Lebensjahr blind war und nie eine Opernaufführung *gesehen* hatte, wohl schwerlich Sinn für »bühnenwirksame Komik« entwickeln konnte. Daran mag es auch liegen, daß sie weitaus größere Erfolge mit Balladenkompositionen für Frauenstimme und Klavier auf Texte von Gottfried August Bürger errang. Sie hatte den Neuschöpfer der deutschen romantischen Ballade während ihrer Kunstreise kennengelernt und im April 1789 zunächst dessen ›Lenore‹, wenige Monate später dann ›Des Pfarrers Tochter von Taubenhain‹ vertont. ›Lenore‹ erschien im Paradisschen Selbstverlag, versehen mit einer herzlichen Widmung an den Dichter, in der sich Maria Theresia dafür entschuldigt, als Frau und Blinde eine Neukomposition auch nur versucht zu haben. War die ›Lenore‹ doch schon von weitaus berühmteren Kollegen wie Johann André, Johann Philipp Kirnberger und dem Freiherrn von Braun vertont worden. Interessant ist, daß sich Maria Theresia das Vorurteil von der »typisch weiblichen«, also einseitig-sentimentalen Kompositionsweise bereits vollkommen zu eigen gemacht hatte:

»Zwar hat Ihre Lenore schon viele große Freunde gefunden ... Doch ohne dem Verdienste dieser würdigen Vorgänger nahe zu treten, so wollte ich doch das gute Kind einmal nach meiner Grille kleiden, und wohl mir, wenn der Schnitt des Gewandes nicht ganz verworfen wird. Wäre die Rede hierbei von gelehrten Abhandlungen, von philosophischen Unternehmungen u. dgl., so wäre es freilich unverzeihlich naseweis für ein Mädchen, sich hinein zu mischen; allein, wenn die Sprache Einbildungskraft und Gefühl ist, so denke ich, dürfte das Mädchen wohl auch ein Wörtchen mitsprechen. Zwar hätte ich dieses Wörtchen zu Hause für mich sprechen können, ohne es in die Welt hinauszuschicken, aber was kann ich denn dazu, daß einige Musikfreunde mich so lange quälten, bis ich es herausgab ...«[44] Der letzte Satz ist durchaus nicht als vorgeschobene Rechtfertigung zu verstehen, denn die Subskribentenliste zu diesem Werk umfaßte über hundert Namen, so daß also das Unternehmen auch materiell abgesichert war.[45] ›Lenore‹ ist zwar nicht in einer neuzeitlichen Ausgabe erschienen, aber sie wird immerhin auch von der Musikwissenschaft des 20. Jahrhunderts als Balladenkomposition von »starker illustrativer und tonmalerischer Kraft« gewürdigt.[46]

55 Aus ›Lenore‹. Ballade für Klavier und Gesang von Maria Theresia von Paradis (Anfang).

Welch tiefen Eindruck Maria Theresias Balladen auf ihre Zeitgenossen machten, geht aus einem Bericht des Göttinger Rechtsgelehrten Friedrich August Schmelzer über ihre – heute leider verschollene – Vertonung ›Des Pfarrers Tochter von Taubenhain‹ hervor. Schmelzer, der im Jahre 1790 einige Monate bei der Familie Paradis wohnte, schrieb an seine Braut Sofie Beckmann, daß sich Maria Theresia in »dieser trefflichen Komposition ... selbst übertroffen« habe. »Die beiden Kupelwiesern«, zwei Freundinnen der Paradis, »hatten dieses Meisterstück noch nicht gehört ... Frl. Paradis fing an zu spielen und zu singen, jeder hielt den Atem an. Bald fing die Kupelwiesern an zu zittern ... Ich fühlte ihr Schauern an meiner Seite und sah ihr hochrotes Gesicht. Ihre Augen waren voll Wasser. Ich tat mir Zwang an ...: ›O weh, daß du mich zur Mutter gemacht, bevor du mich gemacht zum Weibe!‹ Sichtbar, hörbar und fühlbar war der Eindruck, den diese Stelle auf das Mädchen machte ...«[47]

Die zahlreichen Klaviersonaten und -konzerte, die Maria Theresia nach ihrer Rückkehr von der Kunstreise wohl hauptsächlich für den eigenen Vortrag schrieb, sind ebenfalls nur bibliographisch belegt. Vollständig erhalten haben sich lediglich zwei Fantasien, von denen die eine im Jahre 1807 dem Abbé Vogler, die andere vier Jahre später ihrer Klavierschülerin Nanette de Sprinz gewidmet ist.[48] Beide Kompositionen sind in ihren brillanten Läufen, Dreiklängen, Tremoli und Oktavgängen hochvirtuose Beispiele des vollentwickelten Klaviersatzes der Wiener Klassik. Sie sind reich an unerwarteten Modulationen, enharmonischen Verwechslungen, Kadenzen und Kontrapunkten, enthalten aber bei aller klaviertechnischen, harmonischen und formalen Fortschrittlichkeit auch kleine lyrische Intermezzi, zierliche Menuette und kantable Andante-Teile. Maria Theresia hat sich also mit diesen Spätwerken, die stilistisch durchaus mit Mozarts Klavierfantasien vergleichbar sind, von der Schlichtheit ihrer frühen Lieder und Singspiele weit entfernt. Folglich müßte auch das musikwissenschaftliche Gesamturteil über ihr kompositorisches Schaffen, das nur die ins Konzept passenden Werke, also die »einfachen«, »rührenden«, »weiblich-gefühlvollen« Lieder, Balladen und Singspiele berücksichtigt, grundlegend revidiert werden.

Wie Marianne Martinez gründete auch Maria Theresia in ihren letzten Lebensjahrzehnten eine »Musikalische Bildungsanstalt« für junge Frauen, aus der viele ausgezeichnete Pianistinnen hervorgingen.[49] Die sonntäglichen Hauskonzerte dieses Instituts, an denen sich bereits Mitglieder des Schubertkreises betei-

56 Aus der Klavierfantasie in G von Maria Theresia von Paradis (Anfang).

ligten, wurden rasch zu gesellschaftlichen Ereignissen und waren für das Wiener Musikleben des Empire und Biedermeier charakteristisch. Als Maria Theresia im 46. Lebensjahr starb, hinterließ sie, wie eine renommierte Leipziger Fachzeitschrift schrieb, »viele um ihren Verlust innig trauernde Schülerinnen, in deren dankbaren Herzen ihr teures Andenken noch lange fortleben wird«[50].

Anmerkungen

1 Vgl. A. Elson, Woman's Work in Music, Boston 1931, S. 167.
2 Josepha war wie Maria Theresia von Paradis eine Schülerin des böhmischen Komponisten und Klaviervirtuosen Leopold Anton Kozeluch gewesen. Ihr späterer Lehrer Mozart erwiderte zwar ihre Liebe nicht, estimierte aber ihre Fähigkeiten als Pianistin. Er widmete ihr die Klaviersonaten KV 296 und KV 376–380.
3 Vgl. Karoline Pichler geb. von Greiner, Denkwürdigkeiten aus meinem Leben, hrsg. v. E. K. Bluml, München 1914, Einleitung des Herausgebers, S. IX–XIV.
4 Siehe dazu H. Spiel, Fanny von Arnstein oder die Emanzipation, Frankfurt a. M. 1962, S. 80.
5 Zit. nach H. Spiel, Fanny von Arnstein, S. 153.
6 Zeitbilder, 1839–1841; Denkwürdigkeiten aus meinem Leben, 1844. (Ausgabe siehe oben.)
7 R. Flotzinger, Musikgeschichte Österreichs II, S. 191.

8 C. W. v. Schindel, Die deutschen Schriftstellerinnen des 19. Jahrhunderts II, S. 75ff.
9 E. Guhde, Gottlieb Konrad Pfeffel, Winterthur 1964, S. 260f.
10 S. 22f.
11 Dr. Charles Burney's musikalische Reise durch das alte Österreich (1772), hrsg. v. B. Paumgartner, Wien o. J., S. 38, S. 70ff, S. 76, S. 89, S. 93ff, S. 98, S. 109f.
12 C. F. Pohl, Joseph Haydn, Leipzig 1882, S. 166f.
13 Auszug aus dem Werkverzeichnis nach Eitners Quellenlexikon: (a) Isacco figura del redentore. Oratorio del Metastasio. Manuskripte im Archiv der Gesellschaft der Musikfreunde Wien und in der Deutschen Staatsbibliothek Ost-Berlin. (b) Santa Elena al Calvario. Oratorio in 2 parti. Manuskripte wie a. (c) Kyrie a 4 voci con instromenti. – Et vitam venturi a 4 voci senza instromenti. Manuskript in der Bibliothek des Liceo Musicale in Bologna. (d) Perchè compagne amate, Cantata für Sopran und Violine. Manuskript wie c. (e) Im Archiv der Gesellschaft der Musikfreunde Wien finden sich ferner folgende Autographen: 4 Messen/1 Miserere/3 Litaneien für Chor und Orchester/6 Motetten für Sopran und Orchester/1 Regina Coeli für acht Stimmen und Instrumente/ Amor timido, Cantata für Sopran und Instrumente/2 Konzerte für Klavier und Orchester/1 Ouvertüre in C für kleines Orchester. (f) Die Deutsche Staatsbibliothek besitzt folgende Autographen: Dixit, a 5 voci con instromenti/Quemadmodum desiderat, a 4 voci con instromenti mit italienischem Text von Mattei/Deh dammi un altro core, Arie für Sopran und Orchester = Ms. 13681/2 Psalmen für vier Stimmen mit Orchester = Ms. 13682/Sonata per il Cembalo = Ms. 11587. (g) La Tempesta, Cantata. Österreichische Nationalbibliothek Wien, Ms. 16569. (h) Raccolta di Arie. Manuskript in der Bibliothek des Konservatoriums della Pietà de Turchini, Neapel. (i) 2 Arien für Sopran und Instrumente, Sächsische Landesbibliothek Dresden.
14 Zwei Klaviersonaten wurden gegen Ende des vorigen Jahrhunderts neu herausgegeben von Ernst Pauer (Alte Meister II, Leipzig o. J., Breitkopf und Härtel, S. 166f).
15 Vgl. Die Musik in Geschichte und Gegenwart, Artikel ›Marianne Martinez‹.
16 Vgl. L. Hoffmann-Erbrecht, Der Nürnberger Musikverleger J. U. Haffner, in: Acta Musicologica XXVI, 1954, S. 114–126.
17 Ch. Burney, S. 70f, S. 89.
18 Auseinandersetzung mit diesen Behauptungen bei C. v. Wurzbach, Biographisches Lexikon, S. 24.
19 Zit. nach einer josephinischen Gottesdienstverordnung von 1783. Vgl. auch O. Biba, Die Wiener Kirchenmusik um 1783, in: Beiträge zur Musikgeschichte des 18. Jahrhunderts, Eisenstadt 1971, S. 10.
20 E. Hanslick, Geschichte des Concertwesens in Wien, Wien 1869, S. 125.
21 Artikel ›Marianne Martinez‹.
22 R. Eitner, Die Sonate, in: Monatshefte für Musikgeschichte 20, 1888.
23 E. Hanslick, Concertwesen, S. 124, Anmerkung 2.
24 K. Pichler, Denkwürdigkeiten I, S. 295f.
25 Fast gleichlautende Betrachtungen auf S. 191 ihres Buches.
26 Z. B. bei W. K. v. Jolizza, Das Lied und seine Geschichte, Leipzig 1910, S. 316f.
27 H. Ullrich, Maria Theresia Paradis, Werkverzeichnis, in: Beiträge zur Musikwissenschaft 5, 1963, S. 117.
28 H. Ullrich, Maria Theresia Paradis' große Kunstreise, Voraussetzungen und Motive, in: Österreichische Musikzeitschrift 15, 1960, S. 472.

29 C. v. Wurzbach, Biographisches Lexikon, S. 288.
30 H. Ullrich, Maria Theresia Paradis' Kunstreise, in: Österreichische Musikzeitschrift 17, 1962, S. 20.
31 Abgedruckt bei Sophie de la Roche, Briefe über Mannheim. Vgl. auch H. Ullrich, Maria Theresia Paradis' große Kunstreise, in: Österreichische Musikzeitschrift 15, 1960, S. 480, Anmerkung 17.
32 Zu Maria Theresias Beziehungen zu Mozart vgl. E. Komorzynski, Mozart und Maria Theresia von Paradis, in: Mozart-Jahrbuch 1952; ferner H. Ullrich, Maria Theresia Paradis and Mozart, in: Music and Letters 27, 1946, S. 224ff.
33 Abgedruckt in ›Des Freiherrn G. v. Bibra Journal von und für Deutschland‹, 3. Jahrgang, 1786, Nr. 8, S. 97f.
34 Deutsche Übersetzung dieser Rezension mit Gedicht und Notenbeilage in ›Des Freiherrn G. v. Bibra Journal . . .‹, S. 93ff.
35 Vgl. z. B. C. F. Cramers Magazin der Musik II, 2. Stück 10–12, Hamburg 1786, Rezensionen S. 1316ff.
36 M. Friedländer, Das deutsche Lied im 18. Jahrhundert I, S. 46, II, S. 217; I. Pollak-Schlaffenberg, Die Wiener Liedmusik 1778–1789, in: Studien zur Musikwissenschaft = Beiheft zu: Denkmäler der Tonkunst in Österreich 5 (1918), S. 116ff; M. Ansion (Text) und I. Pollak-Schlaffenberg (Musik), in: Das Wiener Lied von 1778 bis Mozarts Tod = Denkmäler der Tonkunst in Österreich 54; E. Alberti-Radanovic, Das Wiener Lied von 1789–1815, in: Studien zur Musikwissenschaft = Beiheft zu: Denkmäler der Tonkunst in Österreich 10; A. Ullrich, Die Musik im Wiener Almanach von 1777–1817, Phil. Diss. Wien 1953.
37 Allgemeine Musikalische Zeitung 30, 1810, S. 471.
38 I. Pollak-Schlaffenberg, Die Wiener Liedmusik, S. 116.
39 GZ. 3018/808 des Stadtmagistrats Wien im Städt. Archiv.
40 Vollständige Aufzählung bei H. Ullrich, Maria Theresia Paradis, Werkverzeichnis (mit Nachträgen und weiterführenden Literaturangaben).
41 Bisher nur bibliographisch nachweisbar. Eine Vorankündigung der Komponistin ist in der Wiener Zeitung vom 22. März 1800 abgedruckt.
42 Der Torso trägt heute die Manuskriptnummer 108.
43 H. Ullrich, Drei wiederaufgefundene Werke von Maria Theresia Paradis, in: Österreichische Musikzeitschrift 17, 1962, S. 462ff.
44 H. Ullrich, Maria Theresia Paradis, Werkverzeichnis, S. 137f.
45 H. Ullrich, Drei wiederaufgefundene Werke, S. 470, Anmerkung 22; Vorrede zum Stich der »Lenore« abgedruckt in: Allgemeine Musikalische Zeitung 30, 1810, S. 471ff.
46 Siehe u. a. H. Kretzschmar, Die Geschichte des neuen deutschen Liedes I, S. 317, S. 233ff.
47 Abgedruckt bei A. Nebe, Aus der Brautzeit eines deutschen Gelehrten, Halle 1924.
48 Zu den Fantasien vgl. H. Ullrich, Ein wiederaufgefundenes Klavierwerk . . ., in: Österreichische Musikzeitschrift 21, 1966, S. 400ff; ders., Drei wiederaufgefundene Werke . . ., S. 465ff.
49 Vgl. H. Ullrich, Maria Theresia Paradis als Musikpädagogin, in: Musikerziehung I, Jahrgang 14, 1960.
50 Nachruf der Leipziger Allgemeinen Musikalischen Zeitung. Zit. nach E. Komorzynski, Mozart und Maria Theresia von Paradis, S. 113.

Abb. 23: Fanny Hensel, geb. Mendelssohn (rechts) mit ihrer Schwester Rebecka. Zeichnung von Wilhelm Hensel.

FANNY HENSEL, JOSEPHINE LANG, JOHANNA KINKEL

Komponistinnen um Schumann und Mendelssohn

Wie in den vorhergehenden Kapiteln gezeigt werden konnte, sind die meisten wissenschaftlichen Fehlurteile über komponierende Frauen der vergangenen Jahrhunderte auf den simplen Umstand zurückzuführen, daß nur der kleinste Teil ihrer Kompositionen in erreichbaren Editionen vorliegt. Obwohl Musikwissenschaftler im allgemeinen Bibliotheks- und Archivarbeit nicht scheuen, lassen sie es in diesem speziellen Fall bei einem offensichtlich unvollständigen Befund bewenden und ziehen die uns bereits vertrauten Schlußfolgerungen: es gebe nur eine verschwindend kleine Anzahl komponierender Frauen, Frauen bevorzugten grundsätzlich die kleine Form, den »lyrisch-empfindsamen Ausdruck« . . .

Man sollte eigentlich erwarten, daß sich die Überlieferungslage und damit auch die Möglichkeit wissenschaftlicher Urteilsbildung verbessert, sobald es sich um Frauenkompositionen des mittleren und ausgehenden 19. Jahrhunderts handelt. Dem ist jedoch nicht so. Wer nach Werkbeispielen der drei wohl produktivsten deutschen Komponistinnen dieser Zeit – Fanny Hensel, Josephine Lang und Johanna Kinkel – sucht, muß ebensoviel Mühe aufwenden, wie bei der Forschung nach einer byzantinischen Neumenhandschrift des 9. Jahrhunderts. Moderne Editionen existieren nicht, die Fundorte der Autographen und Originalausgaben sind jeweils nur in detektivischer Kleinarbeit auszumachen, da die Hinweise in den neueren Nachschlagewerken ebenso unzulänglich wie willkürlich sind. So enthält etwa ›Die Musik in Geschichte und Gegenwart‹ einen Artikel über Josephine Lang, aber keinen über Johanna Kinkel, ohne daß diese unterschiedliche Wertung in irgendeiner Weise zu rechtfertigen wäre. Immerhin hat sich das musikwissenschaftliche Bewußtsein inzwischen schon so weit gewandelt, daß Fanny Hensel im kürzlich erschienenen Ergänzungsband behandelt wird. Alle drei hinterließen ein umfangreiches Liedschaffen nach Texten zeitgenössischer Lyrik und experimentierten mit großen Formen von der Sonate bis zum Oratorium; alle drei leisteten Beachtliches als Dirigentinnen und Pädagoginnen; Johanna Kinkel und

Fanny Hensel verfaßten schließlich auch Briefe und Aufsätze über Musik, die aus literarischer und musiktheoretischer Sicht zu den interessantesten der deutschen Romantik gehören.

Das wissenschaftliche Schweigen über FANNY HENSEL (1805–1847), die älteste Schwester Felix Mendelssohn-Bartholdys, ist insofern noch verständlich, als sich ihr Vater Abraham eine Drucklegung ihrer Werke immer streng verbeten hat. Die gleiche Auffassung wurde später auch von Bruder Felix vertreten. Fanny, obgleich, wie wir sehen werden, durchaus emanzipiert, hat sich dem Familienwillen gebeugt, ein scheinbarer Widerspruch, der wohl nur aus der jüdischen Tradition zu verstehen ist. Abraham und Lea Mendelssohn sahen sich bis ins hohe Alter hinein als Leiter und Berater ihrer Kinder.[1] Ein Opponieren gegen ihre Ansichten war undenkbar, es sei denn, man wagte es, mit der Verwandtschaft für immer zu brechen, wie es einst Fannys Tante Dorothea, die hochbegabte und erotisch emanzipierte Frau Friedrich Schlegels, getan hatte. Erst unter dem Einfluß ihres Mannes Wilhelm Hensel, eines zwar nicht genialen, aber durch und durch antipatriarchalisch eingestellten Porträtmalers, begann Fanny an eine Publikation ihrer Werke zu denken. 1837 überließ sie dem Berliner Musikalienhändler Schlesinger ein Lied zum Abdruck in einem der damals beliebten Salonalben[2], zehn Jahre später erteilte sie dem Verlag Bote & Bock die Erlaubnis zur Veröffentlichung ihres op. 2 (›Vier Lieder für das Pianoforte‹) und op. 3 (›Gartenlieder. Sechs Gesänge‹). Nach ihrem Tod gab Wilhelm Hensel noch ›Nachgelassene Werke‹ (op. 8 und op. 10) heraus.
Daß Fannys eigentliche Stärke auf dem Gebiet der großen Form, der symphonischen und dramatischen Musik lag, wurde erst 1965 klar, als der größte Teil ihrer unveröffentlichten Kompositionen aus dem Besitz der Mendelssohnschen Erben an die Stiftung Preußischer Kulturbesitz überging. Wider alles Erwarten fanden sich Klaviersonaten und Streichquartette, Chöre, Ouvertüren und Kantaten, ja sogar Oratorien und »Szenen zu lebenden Bildern« darunter. Das alles war von der weitverzweigten Nachkommenschaft streng bewahrt, sozusagen als Familiengeheimnis gehütet worden. Einige Autographen sind bis heute in ihrem Besitz, darunter möglicherweise auch das Klaviertrio aus dem Jahre 1846.[3]
Das Rätsel um diesen merkwürdigen Akt familiärer Solidarität, durch den die interessantesten Frauenkompositionen der deut-

Abb. 24: Lea und Abraham Mendelssohn, die Eltern von Fanny Hensel. Porträts von Wilhelm Hensel.

schen Romantik mehr als ein Jahrhundert lang dem Musikleben und der wissenschaftlichen Forschung entzogen wurden, kann in diesem Buch nicht geklärt werden. Wir können uns nur auf die Biographie der Komponistin beschränken, die allerdings schon Aufschluß genug gibt. – »In behaglicher Landhausumgebung«[4] wird Fanny am 15. November 1805 als erste Tochter des Hamburger Bankiers Abraham Mendelssohn und seiner Frau Lea geboren. Vier Jahre später kommt Felix, der Lieblingsbruder, zur Welt, nach weiteren zwei Jahren die ebenfalls hochmusikalische Rebecka. Noch vor der Geburt des jüngsten Sohnes Paul wird Abraham als »Blockadebrecher und Schmuggler« von französischen Marschallen aus Hamburg vertrieben;[5] keineswegs verarmt, verlegt er sein Bankhaus nach Berlin, wo er um äußerste Loyalität gegenüber dem preußischen Monarchen bemüht ist. Als dessen Aufruf »An mein Volk« erscheint, rüstet er freiwillige Truppen aus und schickt sie in den anti-napoleonischen Befreiungskampf. Nach dem Sieg über den französischen Feind erwacht in ihm, wie in vielen Angehörigen seiner Generation, ein um so stärkeres deutsches Nationalbewußtsein. »Deutsch« kann man aber offenbar nur als Christ sein. Darum läßt er sich selbst und seine Kinder taufen.[6] – Im neuerworbenen Haus an der Leipziger Straße 3 erhalten die jungen Mendelssohns eine vielseitige Allgemeinbildung. Fanny lernt die englische, französische, lateinische und griechische Sprache und ist darin ihrem Bruder nicht nur wegen des Altersvorsprungs überlegen. Die Geschwister lesen die Werke Shakespeares und begeistern sich für die Erzählungen Jean Pauls ebenso wie für Humboldts Kollegien über physikalische Geographie. Sie sind befreundet mit dem Violinisten Julius Rietz, dem Musikschriftsteller Adolf Bernhard Marx, den Komponisten Louis Spohr und Ignaz Moscheles und vielen anderen Künstlern des damaligen Berlin. Ähnlich wie ihre Tante Dorothea entwickelt Fanny ein bemerkenswertes literarisches Talent. Die Briefe, die die Siebzehnjährige von einer Reise durch die Schweizer Alpen an ihre Cousine Marianne schreibt, können zu den gelungensten Beispielen romantischer Naturbeschreibung gerechnet werden.[7]

Die hochintelligente und wissensdurstige Fanny entspricht in keiner Weise dem deutschen Frauenideal ihrer Zeit. Sie ist klein von Gestalt, hat – ein Erbteil von Moses Mendelssohn – eine leicht verwachsene Schulter, zu große Hände und Füße und eine stark ausgeprägte Nasen- und Mundpartie. Das einzig Schöne an ihr sind die großen schwarzen Augen, in denen sich alle Stimmungen, von kindlicher Freude bis zum Spott über ihre Umwelt, unverstellt widerspiegeln. Die Schärfe ihrer Repliken wird von Männern und Frauen gleichermaßen gefürchtet. Clara Schumann beklagt sich mehr als einmal über ihr »schroffes Wesen«[8]. Klingemann hält Fanny für so unweiblich, daß er sich geradezu überrascht zeigt, als sie den Schritt ins bürgerliche Eheleben tut. Doch Dorothea Schlegels Nichte nimmt seine Anschauungen über Bildung und Selbstbewußtsein der Frau, die bekanntlich von sämtlichen »liberalen« Denkern des deutschen Vormärz vertreten und beherzigt werden, nicht unwidersprochen hin:

»Beinahe hätte ich vergessen Ihnen zu danken, daß Sie erst aus meiner Verlobungskarte geschlossen, ich sei ein Weib wie andere, ich meinestheils war darüber längst im Klaren, ist doch ein Bräutigam auch nur ein Mann wie andere. Daß man übrigens seine elende Weibsnatur jeden Tag, auf jedem Schritt seines Lebens von den Herren der Schöpfung vorgerückt bekommt, ist ein Punkt, der einen in Wuth und somit um die Weiblichkeit bringen könnte, wenn nicht dadurch das Übel ärger würde.«[9]

Fannys musikalische Ausbildung war zwar intensiver, als es damals unter »höheren Töchtern« üblich war, jedoch längst nicht so gründlich wie die von Felix, den Vater Abraham von vornherein für ein öffentliches Wirken bestimmt hatte. Wenn sie auch schon mit dreizehn Jahren alle Präludien und Fugen des Wohltemperierten Klaviers auswendig spielen konnte, so hatte sie doch nie Gelegenheit, dieses Talent außerhalb des Elternhauses zu demonstrieren. Die natürlichen Folgen waren Publikums-

angst und Selbstunterschätzung. Ihren ersten (und einzigen) großen öffentlichen Auftritt hatte sie im Jahre 1837, als sie auf einer Wohltätigkeitsveranstaltung das g-Moll-Konzert ihres Bruders spielte. Dieses Debüt als Pianistin war allerdings so erfolgreich, daß ein Kritiker des Londoner ›Athenäum‹ meinte, sie hätte eine ebenso große Künstlerin werden können wie Clara Schumann, wenn sie nur arm geboren und gezwungen gewesen wäre, sich ihren Lebensunterhalt durch öffentliches Auftreten zu verdienen.[10]
Fanny erhält wie Felix Kompositionsunterricht bei Ludwig Berger und Carl Friedrich Zelter, wird wie er an Bach, Beethoven und den deutschen Klassikern geschult, aber an seinem weiteren künstlerischen Werdegang, der ihn quer durch Deutschland und Europa führt, ihn in fruchtbaren Kontakt mit den größten Komponisten der Zeit, allen voran Robert Schumann, bringt, kann sie nur als Beobachterin teilnehmen. Bis zu ihrer Eheschließung bleibt sie auf die musikalischen Eindrücke angewiesen, die die preußische Metropole bietet. Die »Fülle der Erfahrungen und Beobachtungen«, nach der zeitgenössischen Philosophie die Grundbedingung für die Entwicklung geistiger Produktivität[11], bleibt ihr im Gegensatz zu Felix versagt. Während dieser im Jahre 1828 im Londoner Haus des Romanciers Walter Scott neue Anregungen empfängt, sitzt Fanny in ihren Berliner Räumen und fühlt sich »mit wirklich kindischem Sinn« an die weiblichen Beschäftigungen der Weihnachtszeit gebunden, als gebe es »keine andere Bestimmung als die stickerliche«[12]. Warum Vater Abraham solche Unterschiede in der Ausbildung seiner Kinder zuließ, hat er in mehreren Briefen klar und deutlich formuliert:
»Was Du mir über Dein musikalisches Treiben im Verhältnis zu Felix ... geschrieben, war eben so wohl gedacht wie ausgedrückt. Die Musik wird für ihn vielleicht Beruf, während sie für Dich stets nur Zierde, niemals Grundbasis deines Seins und Thuns werden kann und soll; ihm ist daher Ehrgeiz, Begierde, sich geltend zu machen in einer Angelegenheit, die ihm sehr wichtig vorkommt, weil er sich dazu berufen fühlt, eher nachzusehen, während es dich nicht weniger ehrt, daß du dich von jeher in diesen Fällen gutmüthig und vernünftig bezeugt, und durch deine Freude an dem Beifall, den er sich erworben, bewiesen hast, daß du ihn dir an seiner Stelle auch würdest verdienen können. Beharre in dieser Gesinnung und diesem Betragen, sie sind weiblich, und nur das Weibliche ziert die Frauen.«[13]
Abrahams väterliche Ratschläge könnten von einem reaktionären Sozialtheoretiker seiner Zeit stammen. Wie wir gesehen

haben, nimmt in Deutschland die Tendenz, die Frau aus der musikalischen Produktivität hinaus- und in Wohn- und Kinderstube hineinzudrängen, wenige Jahrzehnte nach Beginn des bürgerlichen Zeitalters deutlich zu.[14] Wilhelm Heinrich Riehl, der im Vorwort zu seiner vielbenutzten Liedersammlung ›Hausmusik‹ die schöne Analogie konstruiert hatte: »Wer in der Social-Politik aus Überzeugung conservativ ist, der wird es auch in der Musik seyn«[15], will ganz wie Abraham die musikalische Betätigung der Frau auf bloßen Zierat reduziert sehen:

»Das Weib kann die mannichfachsten Bildungsstoffe in sich aufnehmen, es kann in der Kunst und Wissenschaft festen Fuß fassen, und sofern es dadurch nur dem weiblichen Hauptberuf ... nicht untreu wird, mag eine solche anspruchslose Bildung ... auch dem Weibe ein köstlicher Schmuck werden!«[16]

Wie mag die intelligente, zynische, über ihre Frauenrolle so kritisch denkende Fanny auf die merkwürdig bieder erscheinenden Äußerungen ihres Vaters reagiert haben? Auf eine direkte Auseinandersetzung ließ sie es offensichtlich nicht ankommen, dazu war sie zu sehr der Familientradition verpflichtet. 1965 kam aber ans Tageslicht, daß sie im stillen Kämmerlein fleißig komponiert hat, und zwar wesentlich mehr, als Abraham Mendelssohn

57 Unveröffentlichtes Vokalquartett ›Am Grabe‹ von Fanny Hensel. Kopie mit Textkorrektur der Komponistin in Takt 8.

wissen durfte. Bis zu ihrer Eheschließung hat sie Dutzende von Liedern, Duetten, Terzetten und Quartetten mit und ohne Klavierbegleitung geschrieben. Die Texte stammen von der gesamten klassischen und romantischen Dichterprominenz, von Goethe, Herder, Schiller, Lord Byron, Tieck, Heine, Novalis, Uhland, Wilhelm Müller und vielen anderen. Wo und von wem mögen diese durchaus nicht »dilettantischen« Vokalkompositionen aufgeführt worden sein? Vielleicht, wie die große Anzahl

58 Aus dem unveröffentlichten Klavierquartett in As-Dur von Fanny Hensel (Anfang).

von Ensemblestücken vermuten läßt, von Fanny, Rebecka und Mutter Lea?
Bei den hervorragenden pianistischen Fähigkeiten der Künstlerin lag es nahe, daß sie auch Klaviermusik komponierte. Einige ihrer fragmentarischen, mehr als Studien gedachten Stücke waren, wie die handschriftlichen Korrekturen beweisen, auch Zelter und dem Bruder bekannt. Die wirklich anspruchsvollen und umfangreichen Kompositionen hat Fanny jedoch offensichtlich heimlich geschrieben. Dazu zählen ein Sonatensatz in E-Dur, eine vollständige Sonate in c-Moll und ein sogenanntes ›Klavierbuch‹ mit den Sätzen Präludium, Fuge, Allegro, Largo, Präludium und Toccata. Für ihre Hochzeit mit Wilhelm Hensel komponierte sie, diesmal natürlich mit Wissen der Familie, ein Orgelstück in F-Dur, das dann auch während des Gottesdienstes gespielt wurde.
Überraschende Entdeckungen waren vor allem diejenigen Kompositionen, in denen sich Fanny weit über ihren Erfahrungshorizont als Pianistin und Liedbegleiterin hinauswagt: ein Capriccio für Violoncello und Klavier (1829), ein Adagio für Violine und Klavier (1823) und sogar ein vollständig ausgearbeitetes Klavierquartett in As-Dur (1822–1824). Fanny muß sich also weit mehr mit Instrumentenkunde und Instrumentationslehre befaßt haben, als ihre zwar recht tüchtigen, aber niemals den engen Rahmen des väterlichen Studienplanes verlassenden Lehrer ahnten.
Alle diese heimlichen Arbeiten waren offenbar nur möglich, weil Vater Abraham viel auf Geschäftsreisen war. Die ebenfalls hochmusikalische Lea Mendelssohn hatte zumindest in diesem Punkt großzügigere Ansichten. (Noch 1837 setzte sie sich gemeinsam mit Wilhelm Hensel für eine Publikation von Fannys Liedern ein, stieß aber auf den erbitterten Widerstand ihres Sohnes.) Der an der Nase herumgeführte Abraham muß spätestens 1828 bemerkt haben, daß Fanny den ihr abgesteckten Rahmen musikalischen Produktivität – gegen die gelegentliche Komposition von »heiter fließenden Romanzen« hatte er, wie wir aus den Briefen wissen, nichts einzuwenden[17] – ganz gewaltig überschritt. Vielleicht fürchtete er um die Heiratsaussichten des nach damaligen Begriffen nicht mehr jungen Mädchens, vielleicht ärgerte ihn auch einfach die Mißachtung seiner Autorität. Jedenfalls schlug er jetzt wesentlich härtere Töne an als noch acht Jahre zuvor:
»Du mußt Dich mehr zusammennehmen, mehr sammeln; du mußt Dich ernster und emsiger zu deinem eigentlichen Beruf, zum *einzigen* Beruf eines Weibes, zur Hausfrau bilden . . .; Der

Frauen Beruf ist der schwerste; die unausgesetzte Beschäftigung mit dem Kleinsten, das Auffangen jedes Regentropfens, damit er nicht im Sande verlaufe, sondern, zum Bache geleitet, Wohlstand und Segen verbreite, die Wohltat jedes Augenblicks und die Benutzung jedes Augenblicks zur Wohltat, das, und alles, was du dir dazu denken wirst, sind die ... schweren Pflichten der Frauen.«[18]

Was Fanny über diese für heutige Begriffe unerhörte Zurücksetzung gegenüber dem Bruder hinweghalf, waren jedoch nicht nur ihre Fähigkeit zum Zynismus, ihr Familienbewußtsein und ihre heimlich weiterbetriebene Kompositionstätigkeit, sondern auch ihre intensive Beziehung zu Felix. Das Verhältnis zwischen den Geschwistern ist gelegentlich als Studienobjekt für Psychoanalytiker bezeichnet worden. Fanny schrieb Felix während ihrer Verlobungszeit geradezu hysterische Briefe und entwickelte eine kaum zu bezwingende Eifersucht auf seine spätere Frau, Cécile Jeanrenaud. Aber auch Felix sah in ihr seinen Lebensinhalt. Als sie 1847 starb, verließ den Bruder jede Initiative. Er komponierte noch ein trauriges Streichquartett in f-Moll, sagte dann alle Verpflichtungen als Dirigent und Konservatoriumsdirektor ab und erlag noch im gleichen Jahr den Folgen eines Schlaganfalls.

Fanny war Felix' musikalische Ratgeberin, sein hundertmal befragter »Kantor mit den dicken Augenbrauen«, wie er sie scherzend nannte. »Ich habe sein Talent sich Schritt vor Schritt entwickeln sehen und selbst gewissermaßen zu seiner Ausbildung beigetragen«, schrieb sie stolz im Jahre 1833. »Er hat keinen musikalischen Ratgeber als mich, auch sendet er nie einen Gedanken auf's Papier, ohne ihn mir vorher zur Prüfung vorgelegt zu haben.« Die Ouvertüre zum ›Sommernachtstraum‹ habe sie, wie viele andere Stücke, »z. B. auswendig gewußt, noch ehe eine Note aufgeschrieben war«[19]. Die Anteilnahme an der Arbeit des Bruders führte bei Fanny fast bis zur Auflösung der künstlerischen Identität. Sie faßte es geradezu als Kompliment auf, wenn er ihr ein unvollendetes »Lied ohne Worte« nach Hause schickte, mit der Bemerkung, sie möge den zweiten Teil hinzufügen. Vieles von den »genialen Jugendwerken« des »großen Meisters« stammt in Wirklichkeit von Fanny; wer's nicht glaubt, möge in der Breitkopf & Härtelschen Ausgabe seiner Gesänge op. 8 und op. 9 nachschlagen, in der unter dem Inhaltsverzeichnis kleingedruckt steht:

»Die in diesem Band enthaltenen Lieder ›Heimweh, Italien, Suleika und Hatem, Sehnsucht, Verlust und Die Nonne‹ sind

zwar von der Schwester Felix Mendelssohns, Frau Fanny Hensel, komponiert, hier aber aufgenommen, weil sie Mendelssohn selbst unter seinem Namen ohne weitere Bemerkung in seinen op. 8 und op. 9 herausgegeben hat.«
Es wäre sicherlich falsch, Felix' großzügigen Umgang mit Fannys geistigem Eigentum zum Skandal aufzubauschen, denn in der Romantik galt Derartiges als eine Art beiderseitiger Liebeserklärung. Beim Ehepaar Schumann werden wir Ähnliches beobachten. Auch Dorothea Schlegel betätigte sich für ihren Mann als Ghostwriter, um ihm »in Demuth als Handwerkerin Brod zu schaffen«[20]. Op. 8 und op. 9 sind aber insofern aufschlußreich, als sie eindeutig beweisen, daß Felix das kompositorische Talent seiner Schwester sehr wohl zu schätzen wußte; seine spätere Weigerung, ihr bei der Publikation weiterer Lieder, diesmal aber unter ihrem eigenen Namen, behilflich zu sein, scheint also eher emotionale als sachliche Gründe gehabt zu haben.
Wenn Fannys Lieder auch von dem Mendelssohn-Biographen Walter Dahms als »dilettantische Versuche« bezeichnet wurden[21] – nach inzwischen fest verbürgter musikwissenschaftlicher Tradition wird dieses Negativurteil weder an Beispielen noch Analysen konkretisiert –, die Zeitgenossen fanden sie »ganz entzückend« und brachten dadurch den Bruder in arge Verlegenheit. »Nun mußte ich bekennen, daß Fanny das Lied gemacht«, schrieb er einmal nicht ohne Selbstironie an Lea und Rebecka. »Eigentlich kam es mir schwer an, aber Hoffahrt will Zwang leiden.« Felix versicherte daraufhin, die Kompositionen, die Fanny ihm in Zukunft schicken würde, »in Gesellschaften gleich mitzutheilen«[22]. Ob er dieses Versprechen gehalten hat? Es gibt Gründe genug, das zu bezweifeln.
1829 setzt Fanny sich zum ersten Mal gegen den Familienwillen durch: Sie heiratet den Maler Wilhelm Hensel. Besonders Lea hat dem Sohn eines protestantischen Landgeistlichen jahrelang mißtraut. Will er nicht nur eine »reiche Heirat« machen? Neigt er nicht, was noch schlimmer wäre, insgeheim zum Katholizismus? Benimmt sich seine Schwester Luise, die berühmte Dichterin des Liedes ›Müde bin ich, geh zur Ruh‹ nicht ein wenig zu exaltiert? Lea stellt das junge Paar auf die Probe und schickt den Maler für sechs Jahre nach Rom, wo er seine Fähigkeit, eine Familie zu ernähren, unter Beweis stellen soll. Fanny und Wilhelm halten durch, wenn auch ihre Geschichte wesentlich weniger melodramatisch ist als die von Clara und Robert Schumann. Gegenüber so viel Entschlossenheit gibt Lea schließlich widerwillig ihr Einverständnis. Die Ehe mit Wilhelm verändert manches in

59 ›Meine Seele ist so stille‹, Kantate von Fanny Hensel (Anfang).

Fannys Leben zum Positiven hin. 1830 bekommt sie einen Sohn, Sebastian, auf dessen Erziehung sie größte Sorgfalt verwendet, ohne deshalb von ihren kritischen Ansichten über die »Bestimmung des Weibes« abzuweichen. Im Gartensaal des väterlichen Hauses versammelt sie das musikalische Berlin zu sogenannten »Sonntagsmusiken«. Es werden alte und neue Werke aufgeführt, darunter auch viele von Felix und ihr selbst. Mit der erzwungenen Beschränkung auf Lieder und Kammermusik ist es nun vorbei. Als Frau eines vorurteilslosen Künstlers hat Fanny die Freiheit (und die Geldmittel), Chöre, Orchester und Koloratursängerinnen zu engagieren, um eigene Kompositionen für große Besetzung aufzuführen. Es entstehen ein Nachtreigen für achtstimmigen Chor a cappella, eine Orchesterouvertüre in C-Dur, ein ›Lobgesang‹ für Sopran, Alt, vierstimmigen gemischten Chor und Orchester, eine Arie für Sopran und Klavier, die Kantate ›Hiob‹, ein Oratorium auf Worte der Bibel, eine dramatische Szene ›Hero und Leander‹, um nur einige Beispiele aus dieser fruchtbaren Schaffensperiode zu nennen. Auch Clara Schumann und Johanna Kinkel haben an Fannys Sonntagsmusiken teilgenommen, und es ist wahrscheinlich, daß Johanna ihre Neuorganisation des Bonner Musiklebens nach diesem Vorbild ausgerichtet hat. – Von einer Publikation der Orchesterwerke war übrigens im Mendelssohnschen Familienkreis nie die Rede. Hielt Fanny diese Kompositionen für zu schlecht? Oder teilte sie die damals herrschende Meinung, daß komponierende Frauen nur mit kleinen Romanzen, Liedern und Klavierstücken, die für die intime Atmosphäre des Salons oder noch besser: für das »Heiligtum des Hauses«[23] bestimmt waren, hervortreten sollten? Fanny selbst hat sich zu diesem Problem nie geäußert. Als musikalisch dürftig erschienen ihr ihre Werke sicher nicht, sonst hätte sie kaum die gesamte Musikerprominenz zur Mitwirkung eingeladen. Auffallend ist jedoch, daß auch die anderen deutschen Komponistinnen ihrer Zeit kaum ein Werk für große Besetzung im Druck herausbrachten. Die Möglichkeit, eine für die größere Öffentlichkeit, für die Orchester- oder gar Opernbühne bestimmte Frauenkomposition zu publizieren, muß demnach so sehr außerhalb des Diskutierbaren gelegen haben, daß sie selbst von fortschrittlichen Komponistinnen und Verlegern nicht in Erwägung gezogen wurde.

Als Abraham 1835 stirbt, wird Fanny zum heimlichen Mittelpunkt der Familie. Die Schüler ihres Mannes fühlen sich ebenso auf sie angewiesen wie Lea, Felix und Rebecka, mit denen sie beinahe täglich korrespondiert. Mit dem Tod des dominierenden Vaters hat allerdings ihre Bereitschaft zur Unterordnung unter den Bruder deutlich abgenommen. Sie nimmt es ihm übel, daß er ihre kompositorische Arbeit so wenig unterstützt, zumal jetzt, wo sie mit Rücksicht auf den Trauerfall die Sonntagsmusiken einschränken muß. Zum ersten Mal gibt sie sich mit dem »Komponieren für die Schublade« nicht mehr zufrieden. Sie sucht Ansporn, Resonanz, Publikum. Wie sehr sie über das Unbefriedigende ihrer Arbeitssituation verbittert ist, geht vielleicht am deutlichsten aus der Tatsache hervor, daß sie sogar den alles andere als emanzipatorisch eingestellten Klingemann um Hilfe bittet:

»Ich lege zwei Klavierstücke . . . für Sie bei, Sie mögen beurtheilen, ob sie sich eignen, meiner unbekannten jungen Freundin in die Hände zu kommen«, schreibt sie 1836 nach London. »Ich überlasse es ganz Ihnen, kann aber nicht unterlassen zu sagen, wie angenehm es mir ist, in London für meine kleinen Sachen ein Publikum zu finden, das mir hier ganz fehlt. Daß sich Jemand hier etwas abschriebe oder nur eine Sache zu hören verlangte, das kommt kaum einmal im Jahr vor, und seit Rebecka nicht mehr singen mag, liegen meine Lieder durchaus ungehört und ungekannt da, und man verliert am Ende selbst mit der Lust an solchen Sachen das Urtheil darüber, wenn sich nie ein fremdes

Wohlwollen ... entgegenstellt. Felix, dem es ein Leichtes wäre, mir ein Publikum zu ersetzen, kann mich auch ... nur wenig aufheitern und so bin ich mit meiner Musik ziemlich allein. Meine eigene und Hensels Freude an der Sache läßt mich indeß nicht ganz einschlafen, und daß ich bei so gänzlichem Mangel an Anstoß von Außen dabei bleibe, denke ich mir selbst wieder als Zeichen von Talent. Und nun genug von diesem uninteressanten Gegenstande.«[24]

Ob Felix sich von dieser erschütternd realistischen Selbstdarstellung hat beeindrucken lassen, muß bezweifelt werden; denn ein Jahr später schlägt er den Wunsch seiner Mutter, bei seinen Verlegern ein gutes Wort für Fanny einzulegen, glattweg ab.[25] Fanny wartet nun nicht länger auf seine Hilfe; und ihre schüchterne Eigeninitiative hat Erfolg: das Lied, das der Musikalienhändler Schlesinger 1837 publiziert, findet die Zustimmung von Kritik und Publikum, ganz im Gegensatz zu den süßlich-sentimentalen Salonstücken anderer Komponisten, die den Rest des Albums ausmachen. Felix, der bei der Uraufführung in Leipzig den Klavierpart spielt, kann nicht umhin, der Schwester zu gratulieren:

»Ich will Dir über Dein Lied gestern schreiben, wie schön es war. Meine Meinung weißt Du zwar schon, doch war ich neugierig, ob mir mein alter Liebling, den ich immer nur im grauen Kupferstichzimmer oder im Gartensaal von Beckchen gesungen und von Dir gespielt kannte, bei hellem Lampenlicht, nach vieler, lärmender Orchestermusik, die alte Wirkung thun würde. So war mir ganz kurios, als ich ganz still und allein den netten Wellenschlag anfing, und die Leute mucksmäuschenstill horchten; aber niemals hat mir das Lied besser gefallen als gestern abend, und die Leute begriffen es auch und murmelten jederzeit, wenn das Thema am Ende wieder anfängt mit dem langen e, und klatschten sehr lebendig am Schluß. Benett, der auf dem Orchester war, läßt Dich vielmals grüßen und Dir über das Lied sagen, was Du schon weißt, und ich meinestheils bedanke mich, im Namen des Publikums zu Leipzig, daß Du es gegen meinen Wunsch doch herausgegeben hast.«[26]

Woran es lag, daß Felix etwas gegen die Herausgabe ihrer Lieder hatte, wird sich wohl schwer ermitteln lassen. Das Motiv »künstlerisches Konkurrenzdenken« kommt angesichts seines kompositorischen Ranges kaum in Betracht, ebensowenig wie eine grundsätzliche Abneigung gegen weibliches Komponieren, denn wie wir später noch sehen werden, hat er seine Lieblingsschülerin Josephine Lang geradezu zum Liederschreiben gedrängt. Doch

Josephine gehörte, wenn er auch noch so sehr in sie verliebt war, immerhin nicht zur Familie. Hätte er sie an Stelle von Cécile Jeanrenaud geheiratet: die Situation hätte wahrscheinlich ganz anders ausgesehen. – Wir werden solchen unlogischen Unterscheidungen noch bei anderen Komponisten begegnen. Auch Robert Schumann setzte sich durchaus engagiert für Louise Farrenc und Johanna Kinkel ein, hat aber das öffentliche Wirken seiner eigenen Frau nur äußerst widerwillig geduldet.

Zwischen dem pädagogischen oder journalistischen Einsatz für die musikschöpferische Emanzipation der Frau und der Verwirklichung dieser Idee im eigenen Famlienleben taten sich offenbar ideologisch-emotionale Hürden auf, die zu nehmen deutschen Komponisten nicht leicht fiel. Felix' offen bekundeter Widerwille gegen eine professionelle Kompositionstätigkeit seiner Schwester blieb auch nach dem Erfolg von 1837 bestehen, so daß Fanny schließlich ganz resignierte. »Komponiert habe ich diesen Winter rein gar nichts«, klagte sie wenige Monate später. »Wie einem zu Muth ist, der ein Lied machen will, weiß ich gar nicht mehr ... Was ist übrigens daran gelegen? Kräht ja doch kein Hahn danach und tanzt niemand nach meiner Pfeife.«[27]

Um aus dieser Krise herauszufinden, fährt sie 1839 mit Mann und Kind nach Italien. Über den »von schönsten, mannigfaltigst geformten Bergen umkränzten« Comer See geht die Reise nach Venedig, Florenz und Rom.[28] Dort verbringt die Familie nahezu zwei Jahre in ungetrübter Harmonie. Während Hensel sich auf die Suche nach neuen Motiven begibt, besucht Fanny, mit Tagebuch und Notenpapier ausgerüstet, die vielen Kapellen und Kathedralen, um das Geheimnis des katholischen Kirchengesangs, einer ihr völlig fremden musikalische Welt, kennenzulernen. Ihre mit genauen Notenbeispielen versehenen Beschreibungen der römischen Karfreitagsliturgie haben den Charakter sorgfältiger musikethnologischer Studien.[29] – Die wichtigsten Impulse während jener römischen Jahre empfängt Fanny aus dem Zusammensein mit den jungen französischen Komponisten, die von den Preisrichtern der Académie Française für einen Aufenthalt in der Villa Medici ausgesucht worden sind. Auch der noch am Anfang seiner Karriere stehende Charles Gounod ist darunter. Im Gegensatz zu dem ewig von Ressentiments gequälten Felix ist er begeisterungsfähig, ehrlich, unvoreingenommen. Zwischen Fanny und ihm entsteht eine herzliche Freundschaft, die wohl auch der weiblichen Eitelkeit der von der Natur so stiefmütterlich behandelten Künstlerin ein wenig schmeichelt. Sie wandern durch »helle, südliche Mondnächte«, besuchen

Messen, Konzerte und Prozessionen, setzen die aus Natur, Volksmusik und Liturgie gewonnenen Eindrücke in kompositorische Studien um. In dieser Atmosphäre von Produktivität, »Bewunderung und Verehrung« kann Fanny endlich wieder arbeiten. Überglücklich schreibt sie in ihr Tagebuch:
»Ich schreibe jetzt auch viel. Nichts spornt mich so an als Anerkennung, wogegen mich der Tadel muthlos macht und niederdrückt. Gounod ist auf eine Weise leidenschaftlich über Musik entzückt, wie ich es nicht leicht gesehen. Mein kleines venezianisches Stück gefällt ihm außerordentlich, ferner das aus h-Moll, was ich hier gemacht habe ... Ich habe in der letzten Zeit ... meinen Klavierstückchen ... Namen von hiesigen Lieblingsplätzen gegeben, theils sind sie mir wirklich an den Orten eingefallen, theils habe ich sie im Sinn dabei gehabt, und es wird mir künftighin ein angenehmes Andenken sein, eine Art von zweitem Tagebuch.«[30]
Tatsächlich weisen die Autographenverzeichnisse besonders viele Kompositionen aus den Jahren 1839–1841 auf. Die beiden datierten Sammelbände[31] enthalten Klavierstücke, Lieder, Duette, Terzette und einen Chor a cappella. Für die pianistische Neuaufführung ist sicherlich am interessantesten der Zyklus ›Das Jahr, zwölf Charakterstücke für das Fortepiano‹, den Fanny unter dem lebendigen Eindruck des mediterranen Jahreszeitenwechsels geschrieben hat.
Fanny, für die die Abreise aus Rom »einen schweren Kampf« bedeutet, sieht fast prophetisch voraus, daß eine ähnlich produktive Zeit nicht mehr wiederkommen soll. »Überhaupt hat mein mich jung Fühlen ... einen starken Beigeschmack vom alten Weibersommer«, schreibt sie dazu an Rebecka, »denn ich habe immer das wehmütige Nebengefühl von der Vergänglichkeit aller schönen Zeit.«[32] Das erste Lied, das sie nach ihrer Rückkehr komponiert, trägt den beziehungsreichen Titel ›Hausgarten‹ und scheint beinahe darauf hinzudeuten, daß sie sich mit der bürgerlichen »Enge, die uns allein beglücke«, endgültig abgefunden hat. (Siehe auf S. 198–201 Notenbeispiel 60.)
Tatsächlich bleibt ihr außer diesem Rückzug in die Innerlichkeit nicht viel übrig, denn der preußische Beamtenstaat mit seiner auf »Anstand«, »Sauberkeit«, »Ruhe und Ordnung« basierenden Moral, seinen Spitzeln, Verboten und Zensurbestimmungen ist der künstlerischen Emanzipation der Frau nicht förderlich. »Die Geschichte unseres politischen Elends läuft parallel mit unserer Geschichte der Blaustrümpfe«, ruft Wilhelm Heinrich Riehl wenige Jahre später aus.[33] Fanny äußert sich zwar sarkastisch

60 ›Hausgarten‹. Eigenhändiges Liedmanuskript von Fanny Hensel (Anfang).

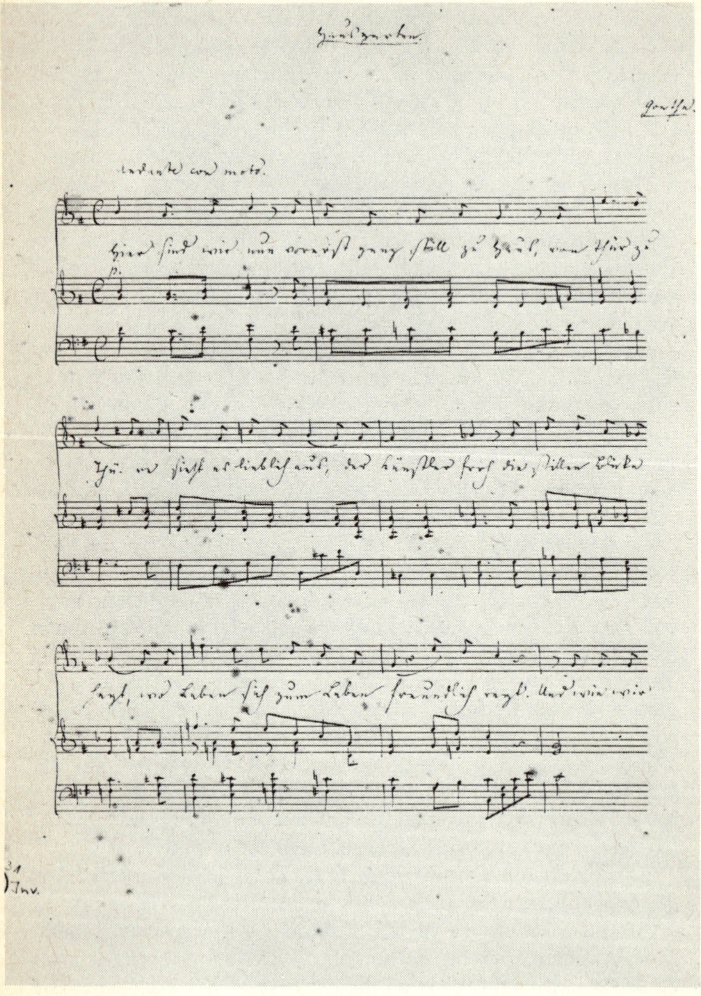

[Fortsetzung nächste Seite]

[Fortsetzung Notenbeispiel 60]

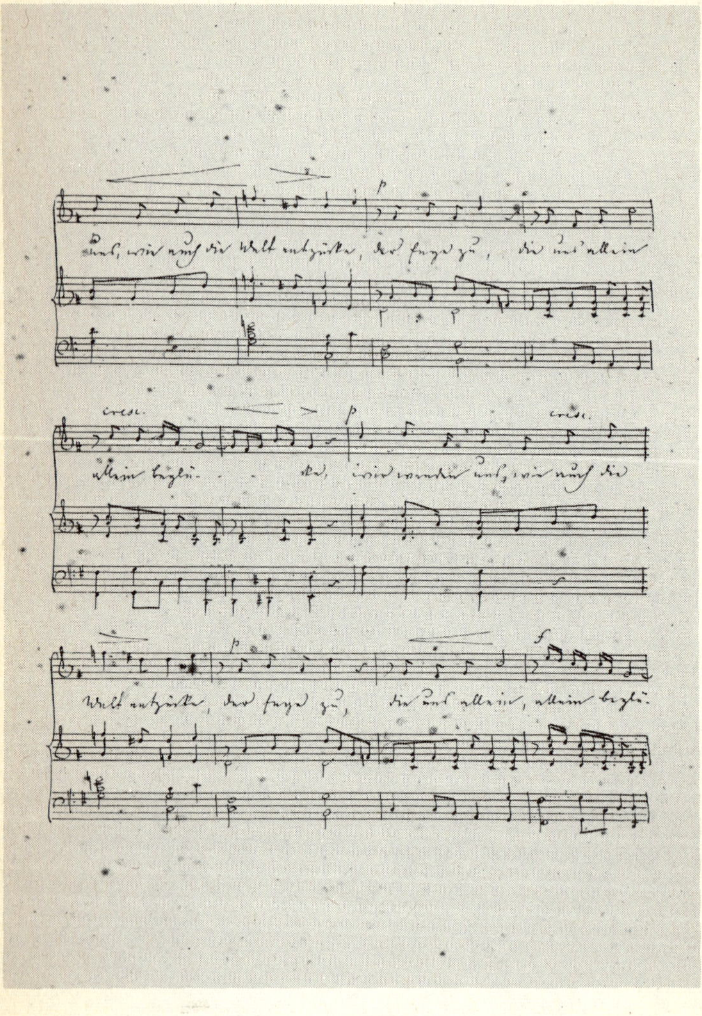

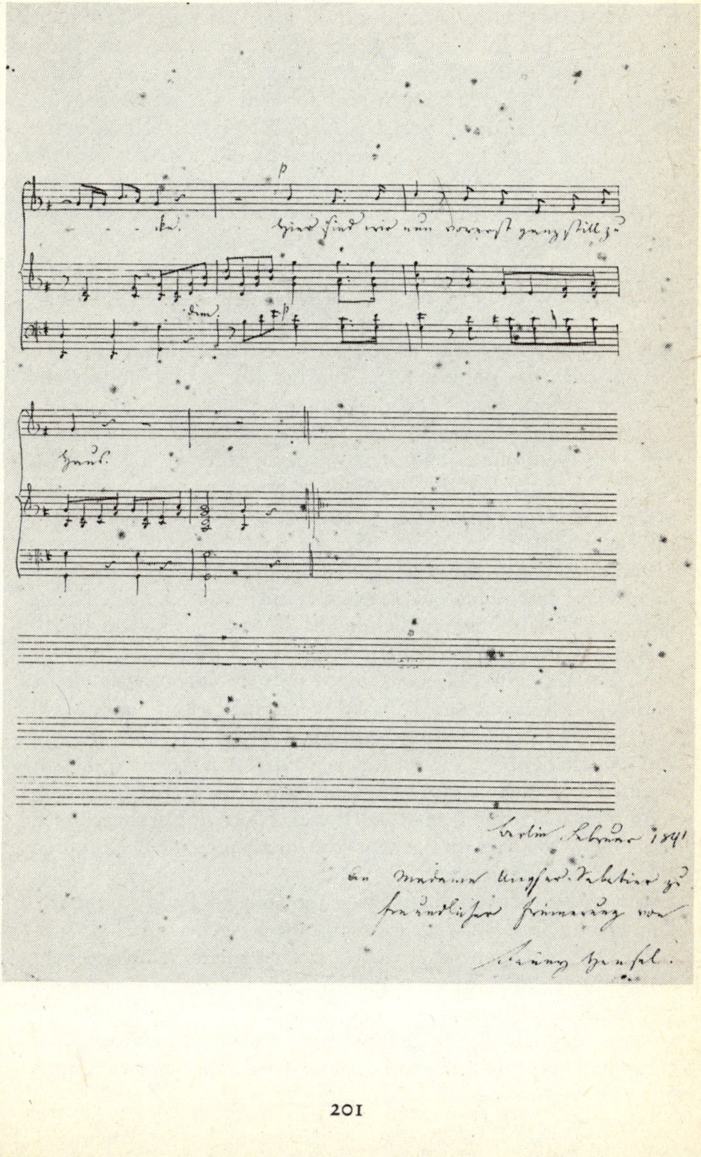
p
dim.
Berlin Februar 1841
Fanny Hensel.

über die politischen Zustände in Preußen – »Gott! Was muß der preußische Staat für ein erbärmliches Gebilde sein, wenn er wirklich Gefahr läuft zu wackeln, sobald drei Studenten einen Verein bilden, oder drei Professoren eine Zeitschrift herausgeben!«[34] –, sie geht aber nicht mit der gleichen Entschlossenheit dagegen an wie Johanna Kinkel oder Bettina von Arnim. Vielleicht fühlt sie sich schon zu schwach, vielleicht will sie wieder einmal auf ihre Familie Rücksicht nehmen, die mit der preußischen Monarchie durch wirtschaftliche Interessen verbunden ist. – Aus dieser Zurückgezogenheit und Resignation heraus entsteht noch einmal eine Reihe von Kompositionen, darunter Chöre, Lieder, Klavierstücke, eine Sonate in G-Dur und das im Autograph verschollene Klaviertrio.

Von Hensel und einem Freund der Familie gedrängt, bringt sie einen Teil ihrer Lieder bei Bote & Bock zur Veröffentlichung. Felix, der ihr mit reichlich gequält klingendem Humor wünscht, daß sie »nur Autor-Plaisirs und gar keine Autor-Misere kennen lernen«, daß das Publikum sie »nur mit Rosen und niemals mit Sand bewerfen« möge[35], geht die ganze Aktion »etwas gegen den Strich«[36]. Aber ein ausdrückliches Veto kann er natürlich nicht mehr einlegen, ohne sich vor dem Ehepaar Hensel lächerlich zu machen. Fanny weiß die zwiespältige Reaktion ihres Lieblingsbruders durchaus realistisch einzuschätzen und schreibt 1846 in ihr Tagebuch:

»Endlich hat mir Felix geschrieben und mir auf sehr liebenswürdige Weise einen Handwerkssegen erteilt; weiß ich auch, daß es ihm eigentlich im Herzen nicht recht ist, so freut mich doch, daß er mir endlich ein freundliches Wort darüber gönnt.«[37]

Nun, der »Handwerkssegen« des »Tafelschneidergesellen« Felix Mendelssohn-Bartholdy kam ein wenig spät, denn Fanny starb im Mai 1847 an einem Gehirnschlag. Wieviel produktiver, wieviel glücklicher hätte die auf Resonanz und Anerkennung so sehr angewiesene Künstlerin sein können, wenn sich der Bruder schon zwanzig Jahre eher zu dieser Haltung durchgerungen hätte. So aber bleibt ihr bis heute die ihr zustehende Bekanntheit als Komponistin versagt.

Die wenigen Musikschriftsteller, die sich an Fanny erinnern, kennen nur ihre Rolle als musikalische Ratgeberin Felix'. Wilhelm Heinrich Riehl, der nach deutscher Biedermannsart nicht nur Anti-Feminist, sondern auch Antisemit war, fand auch diese ihre Rolle tadelnswert:

»Wenn Mendelssohn manchmal so gar blaß und eintönig und traumhaft verschwommen im Colorit wird, daß sich diese dünne

61 Aus dem Klaviertrio von Fanny Hensel. Erster Satz (Anfang).

Farbe unmöglich auf die Dauer halten kann, dann möge man sich nicht bloß seiner angeborenen weiblichen Natur, sondern auch der weiblichen Einflüsse erinnern, die seine Entwicklung fortwährend begleiteten.«[38]

Im Gegensatz zu Fanny Hensel ist die süddeutsche Liederkomponistin Josephine Lang nie zum Gespött der Musikschriftsteller geworden. Wilhelm Heinrich Riehl, dessen wachem Auge so leicht keine emanzipierte Frau entging – auch Johanna Kinkel wurde, wie wir noch sehen werden, von ihm schwer gerügt – hat sie mit seiner Polemik verschont, ebenso auch Eduard Hanslick, der doch sicherlich ihre im Wiener Verlag Tobias Haßlinger erschienenen Lieder (op. 28) gekannt hat. Auch in neuerer Zeit wird Josephine mit einem gewissen Respekt behandelt. Hans-Joachim Moser nennt sie eine »Bettina unter den Musikerinnen«[39], Reinhold Sietz gesteht ihr zu, einen »Liederfrühling von fast Schumannscher Fülle mit manchmal recht selbständig werdenden Klavierbegleitungen und . . . oft ganz persönlicher Textdeutung« geschaffen zu haben[40]. Hermann Rosenwald widmet ihr in seiner Dissertation über »Das deutsche Lied zwischen Schubert und Schumann« eine geradezu enthusiastische Besprechung[41], in der er ihr eine hervorragende Position unter den Vertretern der südwestdeutschen Liederschule zuerkennt. Nun, Rosenwald gelangt aufgrund sorgfältiger Analysen zu seinem mit Überzeugung vorgetragenen Ergebnis. Was aber das Lob der anderen Autoren betrifft, so besteht durchaus kein Grund zu voreiligen Hoffnungen auf eine Tendenzwende in der musikwissenschaftlichen Beurteilung komponierender Frauen. Die positive Einschätzung war vielmehr durch Mendelssohn, Hiller und Schumann, also durch Autoritäten vorgegeben. Nach zuverlässigen Informationen über die Komponistin selbst, nach Notenbeispielen oder gar Neuausgaben wird man auch hier vergeblich suchen.[42]

Josephine stammte aus einer alten bayerischen Künstlerfamilie, in der Ressentiments gegenüber komponierenden Frauen naturgemäß weniger ausgeprägt waren als in Fannys bürgerlichem Elternhaus. Josephines Großvater war Hornvirtuose, ihre Großmutter Schauspielerin, ihr Vater, Theobald Lang, schon mit fünfzehn Jahren »Hofmusikus« des Königs von Bayern. Regina Lang, geborene Hitzelberger, die Tochter eines Würzburger Flötisten, hatte vor ihrer Verheiratung eine große Karriere als Sängerin gemacht. Von Lehrern wie Winter und Cannabich

Abb. 25: Josephine Lang.

geschult, begeisterte sie Napoleon I. so sehr, daß er sie für die Pariser Oper gewinnen wollte. Aber aus diesem Vorhaben wurde nichts, denn »sie entsagte auf Wunsch des sorglichen Gatten dem Bühnenleben, dessen Aufregungen ihre zarte Konstitution und ihr weiches, feinfühlendes Gemüt nicht gewachsen waren«[43].
Josephine, die von Geburt an nur das »Angstkind« genannt wurde, soll die schwache Konstitution ihrer Mutter geerbt haben. Vater Lang war so besorgt um ihre »zarte« Gesundheit, daß er ihr sogar den Schulbesuch untersagte. Er engagierte statt dessen einen Hauslehrer, dessen Unterricht, wie selbst Josephi-

nes Sohn später eingesteht, »in der That ... etwas mangelhaft war«[44]. Regina Lang starb im Jahre 1824; das kleine Mädchen kam in die Obhut seiner Großmutter, die damals eine Art Pensionat für Schauspielschülerinnen betrieb. Kurz darauf heiratete der Vater wieder. Seine zweite Frau, Therese Seligmann, gab Josephine zwar »Lehrer im Zeichnen, Tanzen, in französischer Sprache, aber für die Musik wurde der rechte Mann ... nicht gefunden. Ihr Claviermeister schlief in der Stunde ein und überließ sie ihrem willkürlichen Treiben«[45]. – Auch der Unterricht durch die Hofpianistin Berlinghoff wird kein wesentlicher Fortschritt gewesen sein, denn wie wir von Hiller und Mendelssohn wissen, machte sie das Mädchen nur mit Bravourstückchen von Herz, Thalberg, Moscheles usw. bekannt. Trotzdem wurde die gerade erst Elfjährige nach ihrem Debüt in der Münchener Gesellschaft »Das Museum« mit einem Schlage zu einer der bekanntesten Pianistinnen der Stadt. Im Haus des Hofmalers Joseph Stieler kam sie mit Künstlern und Intellektuellen in Kontakt, die Vater Lang beschworen, seine Tochter endlich ernsthaft studieren zu lassen. Johann Nepomuk Hummel, der in Weimar lebende Klaviervirtuose und Mozartschüler, wurde als Lehrer in Erwägung gezogen. »Aber einerseits überstiegen die Kosten bei weitem den mäßigen Gehalt des nicht allzu glänzend gestellten Hofmusikus ..., andererseits konnte es der zärtliche Vater nicht über's Herz bringen, sich von seinem Töchterchen zu trennen.«[46]

Immerhin ließ der »zärtliche Vater« zu, daß sein »Töchterchen« schon mit zwölf Jahren täglich bis zu acht Stunden Klavier- und Gesangsunterrricht gab. Wer den Umgang mit unmusikalischen Schülerinnen kennt, weiß, was das bedeutet. Angesichts dieser frühzeitigen Integration in das Berufsleben ist es um so erstaunlicher, daß sie ein sicheres Gespür für die Qualität von Poesie, für die Vertonbarkeit von Lyrik entwickeln konnte. »Wenn sie ein Gedicht las, das sie ansprach, gestaltete es sich schon ... zu Musik in ihr ... Sie sang diese Sachen ihren begeisterten Schülerinnen vor und von allen Seiten wurde sie nun ermuntert, angeregt, gedrängt, getrieben. So war schon eine ganze Sammlung zustande gekommen, aber nur auf fliegenden Blättern höchst mangelhaft notiert. Ihre Zeit war an Fremde verkauft – aber ihre musikalische Seele schaffte und wirkte unbekümmert um alles, was um sie her vorging.«[47] Josephines op. 1, ›Acht Lieder der Prinzessin Maria Anna Leopoldine von Bayern gewidmet‹, liefert den Beweis, daß ihr späterer Freund Ferdinand Hiller mit dieser Schilderung nicht übertrieben hat. Es enthält immerhin vier Vertonungen, die ausdrücklich auf das Jahr 1828 datiert sind. Die Komponistin war also damals erst dreizehn Jahre alt!

Die Musikwissenschaft hat nur diejenigen Vertonungen einer Erwähnung für würdig befunden, die nach der entscheidenden Begegnung mit Mendelssohn entstanden sind. Hiller behandelt jedoch auch die ersten Versuche mit einigem Respekt:

»Die frühesten (Lieder) gehören der Zeit an, wo sie fast noch ein Kind, und tragen den Stempel der liebenswürdigsten Naivität. Aber schnell wächst die Breite der melodischen Anlage, die Eigentümlichkeit der Harmonie, die Tiefe der Auffassung, der Reichthum der Begleitungsformen. Was diese Gesänge auszeich-

62 ›Frühzeitiger Frühling‹. Eines der ersten veröffentlichten Lieder von Josephine Lang (Anfang).

net, ist vor allem die Spontaneität der Erfindung . . . Ein anderer großer Zug . . . ist die Behandlung der Stimme – in jedem Tacte zeigt sich die Sängerin im besten Sinne des Wortes. Aber auch die Klavierbegleitung legt Zeugnis davon ab, daß die Tonsetzerin auf dem Instrumente gänzlich zu Hause ist . . . Von Nachahmung ist nirgends eine Spur. Alles ist frisch einem echt musikalischen Gemüthe entsprossen, ohne Ängstlichkeit, ohne Peinlichkeit . . . Heiter oder traurig, tief-ernst oder freudesprudelnd, stets ist die Stimmung eine gesunde, eben so entfernt von überspannter Melancholie als von . . . Glückseligkeitsdusel. Es ist aufrichtige Musik, und ihre Aufrichtigkeit entspringt einer edlen Seele.«[48]

Im Hause des Hofmalers Stieler lernt Josephine 1830 Felix Mendelssohn kennen. Zum ersten Mal begegnet dem jungen Mädchen, das bis dahin außer der zeitgenössischen Virtuosenmusik nicht viel gekannt hat, ein wirklich großer Komponist. Mendelssohn unterrichtet sie täglich im Generalbaß, legt ihr wohl auch Klavierwerke von Bach, Beethoven und Mozart vor. Josephine empfindet die Bekanntschaft mit dieser Musik als eine Art Offenbarung. Sie »brachte in meinem Leben eine völlige Umwälzung hervor«, schreibt sie selbst darüber. »Sein (Mendelssohns) Geist brachte mir Licht, sein Schaffen gab mir ein Ideal.«[49] Aber auch Mendelssohn selbst ist von dem jungen Mädchen tief beeindruckt; seine Berichte aus München klingen so enthusiastisch, daß sich Fanny einer gewissen Eifersucht nicht erwehren kann:

»Sie ist mir eine der lieblichsten Erscheinungen, die ich je gesehen. Denkt euch ein zartes, kleines, blasses Mädchen, mit edeln, aber nicht schönen Zügen, so interessant und seltsam, daß schwer von ihr wegzusehen ist. Die hat nun die Gabe, Lieder zu komponieren und zu singen, wie ich noch nie etwas gehört habe, es ist die vollkommenste musikalische Freude, die mir bis jetzt wohl zu Theil geworden ist. Wenn sie sich an das Klavier setzt und solch ein Lied anfängt, so klingen die Töne anders – die ganze Musik ist so sonderbar hin und her bewegt, und in jeder Note das tiefste, feinste Gefühl. Wenn sie dann mit ihrer zarten Stimme den Ton singt, da wird es jedem Menschen still und nachdenklich zu Muthe, und jeder auf seine Weise durch und durch ergriffen! Könntet ihr nur die Stimme hören! So unschuldig und unbewußt schön, und so aus der innersten Seele heraus, und doch so ruhig. Voriges Jahr waren all die Anlagen wohl schon da, sie hatte kein Lied geschrieben, worin nicht irgendein sonderbarer Zug von Talent war . . . Wen die jetzigen Lieder nicht packen, der fühlt überhaupt gar nichts . . .«[50]

Mendelssohn, der dem jungen Mädchen Gedichte seines väterlichen Gönners Goethe schenkte, nahm offenbar auch ihre literarische Bildung in die Hand. Während den Liedern aus op. 1 bis op. 3 noch keine Dichternamen beigegeben sind – Josephine benutzte wahrscheinlich süddeutsche Volksliedtexte oder Verse aus Musenalmanachen als Vorlage – lassen die späteren Zyklen auf eine immer gründlicher werdende Literaturkenntnis schließen. Es tauchen Namen wie Goethe, Platen, Heine und Brentano auf, daneben immer wieder Nikolaus Lenau, Justinus Kerner und Ludwig Uhland, mit denen sie seit ihrer Verheiratung eng befreundet war. – Mendelssohn wollte die junge Künstlerin sogar in sein Elternhaus schicken, wo sie bei Fanny Klavier und bei Zelter Komposition studieren sollte. Das alles wäre für Vater Lang vollkommen unentgeltlich gewesen. Aber in seiner besitzergreifenden Liebe stellte er sich auch diesem Projekt in den Weg. Aus dem gleichen Grund verhinderte er einige Jahre später eine bereits in allen Einzelheiten geplante Übersiedlung nach Wien: »Der Koffer war gepackt, der Paß ausgefertigt, ja, der Platz im Eilwagen bezahlt – aber der Abschied wurde dem Vater so schwer, daß die Tochter in kindlicher Liebe von allem abstand.«[51]

Das insgesamt nur wenige Monate dauernde Zusammensein mit Mendelssohn war natürlich kein Ersatz für ein ernsthaftes Kompositionsstudium; aber die Freundschaft und Aufmerksamkeit des bekannten Künstlers hatten immerhin zur Folge, daß Josephine bald zu einem Münchener Lokalstar avancierte. Sie kam in Kontakt mit Franz Lachner, Johann Baptist Cramer, Adolph v. Henselt und Wilhelm Taubert, mit Sigismund Thalberg, Vieuxtemps und Anton Rubinstein. Bei seiner Abreise sah Mendelssohn sehr wohl die Gefahren solcher Popularität voraus. Handelte es sich doch bei Josephines neuen Gönnern fast ausnahmslos um die zweite Garnitur neumodischer Salonkomponisten, die nichts Eiligeres zu tun hatten, als ein Wunderkind à la Clara Wieck aus ihr zu machen.

»Es ist nun gar leider Mode geworden, das kleine Mädchen um Lieder zu bitten, ihr die Lichter vom Klavier wegzunehmen, um sich an ihrer Melancholie in Gesellschaft zu freuen. Das bildet einen bösen Kontrast, denn es ist möglich, daß sie von all' dem Gerede noch verdorben werden kann, weil niemand neben ihr steht, der sie versteh'n oder leiten könnte«, stellte er verärgert fest.[52]

Nun, auch in jener Zeit fehlte es nicht an ernstgemeinter Aufmunterung von wirklich sachverständiger Seite. Robert Schu-

mann bezeichnete ihre Heine-Vertonung ›Das Traumbild‹ als »ein feines, äußerst zartes Gewächs, das wir der aufmerksamen Betrachtung des Lesers empfehlen«. Es gefalle ihm »durchaus in seiner Innigkeit, namentlich da, wo es in C-Dur ausweicht, wie denn das Ganze sehr ausdrucksvoll deklamiert ist«[53].
Ähnlich gerührt reagierte auch Nikolaus Lenau, dessen ›Scheideblick‹ (»Als ein unergründlich Wonnenmeer«) sie ebenfalls in den Münchener Jugendjahren vertonte.
Als sie ihm dieses Lied später einmal vorsang, »saß er mit gefalteten Händen vor ihr und den dunklen Augen entquollen Thränen; reden konnte er nicht mehr«[54].

63 ›Scheideblick‹. Lied von Josephine Lang (Anfang).

1835 bewarb sich Josephine bei der »königlichen bayerischen Hofmusik-Intendanz« um die Stelle einer Kirchensängerin; offenbar hoffte sie, von den Kapellmeistern Blangini, Aiblinger und Lachner etwas über die Musikgeschichte, Instrumentations- und Harmonielehre lernen zu können. Daneben ging es ihr natürlich auch um das feste Gehalt. Die Tätigkeit als freiberufliche Pianistin und Komponistin war eben ein hartes Geschäft, zumal jetzt, wo sie schon ins heiratsfähige Alter kam und ihre Attraktivität als Wunderkind nachzulassen begann. Auch Clara Wieck sollte die Unberechenbarkeit des bürgerlichen Publikums immer wieder zu spüren bekommen. Besonders in Deutschland und Österreich neigte die sogenannte »bessere« Gesellschaft dazu, die Interpretationen und Kompositionen »zarter«, »melancholischer« Mädchen – Clara und Josephine entsprachen beide einem romantischen Idealtypus – über alle Gebühr zu verherrlichen; kaum aber waren die »Feen- und Engelskinder« zu »sittsamen Jungfrauen« herangereift, begegnete man ihnen mit den bekannten Vorurteilen: man rümpfte die Nase über ihr »dilettantisches« Komponieren, empörte sich über ihre Selbständigkeit, ja, man sah überhaupt die freiberuflich tätige Künstlerin, die ohne »Anstandsdame« und »männlichen Schutz« hin- und herreiste, als eine moralisch mehr als anrüchige Person an. Etwas von dieser gesellschaftlichen Geringschätzung klingt auch aus dem Schreiben, das Josephine auf ihre Bewerbung als Kirchensängerin erhielt:
»Von königlich-bayerischer Hofmusik-Intendanz wird der Demoiselle Josepha Lang auf ihre . . . anher gestellte Bitte, zu ihrer weiteren Ausbildung . . . der Acceß in die königliche Hof-Capelle bey der Parthie des Soprans hiermit bewilliget. Dieselbe hat jedoch das allerhöchste Aetat mit Gesuchen um Anstellung oder um Verleihung einer Gratification auf keine Weise zu behelligen, vielmehr ruhig abzuwarten, bis sich der königlichen Hofmusik-Intendanz selbst eine geeignete Gelegenheit bietet, zu Gunsten der Bittstellerin bei seiner königlichen Majestät auf amtlichem Wege sich verwenden zu können.«[55] Diese günstige Gelegenheit ließ allerdings recht lange auf sich warten, denn Josephine wurde erst 1840 zur »Wirklichen königlichen Hofsängerin« ernannt.
Trotz ihrer vielfältigen Verpflichtungen – seit dem Tod des Vaters mußte sie auch die Stiefmutter und deren zahlreiche Nachkommenschaft miternähren – gab Josephine die Liedkomposition nicht auf. Ihrem Wahlspruch »Meine Lieder sind mein Tagebuch« folgend war sie sogar in psychischen und wirtschaftlichen Krisen besonders kreativ. Hermann Rosenwald hat einmal

treffend bemerkt, daß sie »für ihre jeweilige psychische Verfassung ... mit geradezu schlafwandlerischer Sicherheit das adäquate Gedicht« fand.[56] Während einer unglücklichen Verlobungszeit mit dem Pianisten Steffen Heller vertonte sie Texte voller Todessehnsucht wie Lenaus ›Schilflied‹, Heines ›Frühes Sterben‹ und Platens ›Du denkst an mich so selten‹. Nach dem Tod ihres Vaters im Jahre 1839 schrieb sie tief deprimiert über ein soeben begonnenes Liederbuch: »Ob dies das letzte Heft meiner Lieder sein wird?«[57]

1840 lernt sie im oberbayerischen Bad Kreuth, wo sie sich auf Wunsch der ihr wohlgesonnenen Königin Karoline von einem »Brustleiden« erholen soll, den Tübinger Rechtsgelehrten Christian Reinhold Koestlin kennen. Die beiden verlieben sich rasch ineinander und beschließen zu heiraten. Bis dahin gilt es allerdings noch eine Reihe von Hindernissen zu überwinden, denn nach damaliger Anschauung stand der Sohn einer Juristen- und Theologenfamilie weit über der Tochter eines Hofmusikus. Zu allem Übel ist Josephine noch katholisch. Aber der zukünftige Schwiegervater, selbst Pfarrer und Theologieprofessor, hat wesentlich weniger Bedenken als sein etwas unbeweglicher Sohn. Als ehemals führendes Mitglied der württembergischen Aufklärung stimmt er einer ökumenischen Trauung zu und akzeptiert die junge Frau voller Herzlichkeit. – Der Bräutigam hat schon vor seiner Bekanntschaft mit Josephine romantische Gedichte im Stil der schwäbischen Tradition geschrieben und unter dem Pseudonym »C. Reinhold« veröffentlicht. Während der Verlobungszeit steigert er sich zu ungeahnter Produktivität. Er verfaßt Tag für Tag neue Texte, die von Josephine vertont werden. Auf diese Weise entstehen zwischen dem 6. Juli und dem 12. August 1840 nicht weniger als einundvierzig Liedkompositionen. Eine kleine Auswahl aus diesem umfangreichen Schaffen, den Liederzyklus op. 12, widmet Josephine ihrem Freunde Felix Mendelssohn-Bartholdy, der seinerseits umgehend antwortet:

»Und dann haben Sie für Ihr liebes, schönes Geschenk, für Ihre schönen Lieder ... den besten, herzlichsten Dank. Ich weiß nicht, welche ich besonders hervorheben soll, da mir alle so sehr gefallen, da alle Ihre Persönlichkeit so deutlich und liebenswürdig aussprechen; nicht bloß die drei, die Sie hervorheben ..., sondern vor allen gewiß auch das von Platen ›Wehe, so willst du wieder‹, und der Schluß von ›Ach, wenn du wärst wie mein eigen‹ und der Anfang von ›Sprache der Liebe‹ und eben alle zusammen ... Erhalte Ihnen der Himmel zu unserer aller Freude die

64 ›Wehe, so willst du mich wieder‹. Lied von Josephine Lang (Anfang).

herrlichen Gaben, die er Ihnen vor den meisten anderen so reichlich zugetheilt hat.«[58]

Als Familienvater von durchaus nicht bedingungsloser Fortschrittlichkeit sah Mendelssohn realistisch voraus, daß die Ehe dieser reichen Produktivität ein Ende setzen würde. »Um Gottes Willen, halten Sie sie zum fleißigen Komponieren an«, schrieb er darum an Koestlin. »Es ist wahrhaftig Ihre Pflicht gegen uns alle, die wir nach gutem Neuen immerfort lechzen und umschauen!«[59] Aber es sollte alles ganz anders kommen, denn für die Gattin eines Professors der Rechte, in dessen idyllisch gelegenem Gartenhäuschen sich das ganze intellektuelle Tübingen traf, war ein auch nur annähernd berufsmäßiges Komponieren wirklich nicht mehr »standesgemäß«. »Die Künstlerin Josephine Lang verschwand vor der Frau Professorin, ja, die Tonkunst mußte vielfach der Kochkunst weichen«, hat Ferdinand Hiller einmal zynisch bemerkt.[60] In den folgenden Jahren wurden sechs Kinder, zwei Mädchen und vier Jungen geboren, von denen einer mit neun Jahren an einem skrofulösen Leiden erkrankte. Er blieb bis zu seinem Tod nahezu bewegungsunfähig und bedurfte der ständigen Pflege der Mutter. Schon aus diesen Gründen blieb Josephine nichts anderes übrig, als nur noch zur Erbauung der Familie zu komponieren, ganz wie es sich konservative Sozialtheoretiker vom Schlage Riehls als Idealzustand vorstellten. Auch ihr Sohn Heinrich Anton Koestlin, der sich nach ihrem Tod »nur mit Mühe« zur Publikation einer kurzen Biographie entschließen konnte[61], sah in solcher Beschränkung durchaus nichts Negatives:

»Nie kargte die Künstlerin mit ihren Gaben, wenn es galt, die Freuden der Geselligkeit zu verschönern oder einen wohltätigen Zweck zu fördern. Nur zu öffentlichem Auftreten ... war sie schwer zu bringen. Auch zur Herausgabe von Kompositionen kam sie in der schönen Rosenzeit nicht: Die Künstlerin wich der Hausfrau und Mutter. Süße Wiegenlieder, fröhliche Kinderlieder waren die freundlichen Gaben, mit welchen der Genius den Gatten und die Kinder erfreute.«[62] Ludwig Uhland ironisiert einmal gesprächsweise gegenüber Koestlin diese patriarchalisch-egozentrische Denkungsart:

»Dann ist's gut, wenn einem, wie Ihnen, die eignen Lieder von der eignen Frau vorgesungen werden!«[63]

Die Beschränkung auf Kochtopf und Wiegenlied sollte allerdings nicht ewig dauern, denn schon bald wurde es notwendig, daß Josephine zum Lebensunterhalt der Familie hinzuverdiente. Christian Koestlin zog sich schon nach wenigen Ehejahren ein hartnäckiges Halsleiden zu, das ihn zur Aufgabe seiner Lehrtätigkeit zwang. Als er 1856 starb, ließ er seine Frau mit sechs unmündigen Kindern, darunter einem hilflosen Krüppel, zurück. – Die kleine Pension einer Professorenwitwe reichte bei weitem nicht aus. Rebecka Dirichlet, geborene Mendelssohn, Ferdinand Hiller und Clara Schumann halfen schnell und taktvoll, letztere wohl auch wegen der geradezu frappierenden Parallelität zum eigenen Schicksal. Josephine begann wieder zu unterrichten und wurde schnell zu einer der bedeutendsten Klavierpädagoginnen Württembergs. Selbst die Prinzen Wilhelm und Eugen begehrten ihren Unterricht. Auch die Kompositionstätigkeit wurde wieder aufgenommen, wenn es sich auch als äußerst schwierig herausstellte, geeignete Verleger zu finden. Josephines Werkverzeichnis enthält zwischen op. 15 und op. 20 eine wohl aus der Zeit der Ehe herrührende Lücke. Danach folgt zweimal kurz hintereinander die Bemerkung: »ein ausgesandtes, nicht angenommenes Opus.« Erst nach 1860 scheinen sich Verleger wie Kistner in Leipzig, Simrock in Bonn, Ebner und Zumsteeg in Stuttgart für ihre Kompositionen interessiert zu haben. Natürlich fiel es Josephine nach so langer Pause nicht leicht, wieder an ihr früheres Niveau heranzukommen. In den ersten Zyklen mischte sie vorsichtig neue Lieder mit solchen aus der Münchener Jugendzeit. Aber es gab noch andere Gründe für die Schwierigkeiten am Beginn ihrer zweiten Karriere: die Blütezeit des romantischen Klavierliedes näherte sich ihrem Ende und – die Arbeitsbedingungen für deutsche Komponistinnen hatten sich allgemein stark verschlechtert. Clara Schumann, Johanna Kinkel, Emilie Zumsteeg und die meisten anderen Repräsentantinnen der deutschen Romantik hörten nach 1848 auf zu komponieren. Josephine Lang war noch diejenige, die am längsten durchhielt, was sicher auch ein Zeichen tiefer Verzweiflung war, denn noch immer betrachtete sie ihre Lieder als ihr Tagebuch, als Analogien zum real Erlebten und Durchlittenen. 1859 zeigten sich beim ältesten Sohn Felix, einem ehemals hochbegabten Theologiestudenten, Symptome einer schweren psychischen Erkrankung. Den vagen Andeutungen seines Bruders ist zu entnehmen, daß es sich um Depressionen und paranoide Schizophrenie handelte.[64] Josephine hat jahrelang um die Gesundheit des Sohnes gekämpft. Erst als überhaupt keine Hoffnung auf Heilung mehr bestand, stimmte sie einer stationären Behandlung zu. In dieser Zeit entstanden ihre tieftraurigen ›Lieder des Leids‹ op. 29 nach Texten von Albert Zeller.

Um die gleiche Zeit, 1862, starb einer ihrer besten Freunde und reichsten Inspiratoren, Ludwig Uhland, der liberale Dichter, Politiker und Germanist, der sie weit mehr als ihr eigener Mann zum Komponieren angeregt hatte. Josephine wich nun zum ersten Mal von ihrer spezifischen Ausdrucksform, dem Klavierlied, ab und komponierte ein Phantasiestück für das »Pianoforte«: die ›Elegie auf den Tod Ludwig Uhlands‹, op. 31. (Siehe auf Seite 217 Notenbeispiel 66.)

1868 brach in der Anstalt Winnenthal, in der Felix Koestlin

65 ›Leb' wohl, leb' wohl, du schöne Welt‹ aus ›Lieder des Leids‹ von Josephine Lang (Anfang).

untergebracht war, ein vergleichsweise harmloses Feuer aus. Dabei kam Felix als einziger Patient ums Leben; vielleicht ein Fall von Brandstiftung und Selbstmord? – Soweit die ungenauen Datierungen erkennen lassen, hat Josephine nach diesem furchtbaren Schock zwei Jahre lang nichts komponiert. In ihren letzten Werken ist von der musikalischen Umsetzung eigener Leidenserfahrung, zu der ja immerhin eine gewisse Kraft und der Wille, Probleme zu erkennen und zu bewältigen, gehörten, kaum noch etwas zu spüren. Sie vertont Lieder aus Viktor von Scheffels verflacht-romantischem Vers-Epos ›Der Trompeter von Säckingen‹, schreibt wirkungsvolle Charakterstückchen für das Klavier

66 Elegie auf den Tod Ludwig Uhlands. Klavierstück von Josephine Lang (Coda).

und widmet ihre Kompositionen der württembergischen Aristokratie. Dieser Rückzug in Oberflächlichkeit und Resignation ist auch von daher zu verstehen, daß sie 1873 und 1880 zwei weitere Söhne, Theobald und Eugen, verlor. Im November 1880 starb sie selbst, eine psychisch gebrochene Frau, im Alter von 65 Jahren.

Die aus Bonn stammende Komponistin Johanna Kinkel (1810–1858) ist vielleicht nicht die musikgeschichtlich bedeutendste Repräsentantin der deutschen Romantik, denn sie hatte weder die »liebenswürdige Naivität« Josephines noch die materielle Unabhängigkeit Fannys, um ein ganzes Leben lang komponieren zu können. Im Gegensatz zu ihren beiden Kolleginnen hat sie die Revolution von 1848 bewußt und kritisch miterlebt. Im Londoner Exil empfand und formulierte sie das, was hundert

Jahre später auch Ilse Fromm-Michaels zum Abbruch ihrer kompositorischen Karriere bewegen sollte: daß nach einer politischen Katastrophe Komponieren einfach nicht mehr möglich sei.[65] Im Anschluß an die Frauenbewegung des deutschen Vormärz, wie sie von ihren besten Freundinnen, Malvida von Meysenbug und Fanny Lewald, repräsentiert wurde, hat sie als einzige unter den romantischen Komponistinnen das Problem »Frau und Komposition« konsequent zu Ende gedacht. Schon deshalb ist sie für dieses Buch von Interesse.

Johanna, nach Emanuel Geibel »so reich mit Talenten begabt, daß sie in keinem Fach Genie ist«[66], verdient weit eher als Josephine den Namen einer »Bettina unter den Musikerinnen«. Ihr Gesamtwerk umfaßt so viele literarische und musikalische Sparten, daß man sich wirklich fragen muß, wie solche Produktivität in einem einzigen, durch Krankheiten, Ehekrisen, Schwangerschaften und politische Verfolgung belasteten Frauenleben möglich war. Von 1830 an schrieb sie Lieder, Duette, Kantaten und musikalische Bühnenwerke für Liebhaber, Abhandlungen zur Musikpädagogik, Briefe und Aufsätze über musikästhetische Fragen, Gedichte, Opernkritiken und politische Glossen, dazu noch Mundartdichtung, Novellen und einen zweibändigen Roman[67], das alles begleitet von einer anstrengenden Tätigkeit als Musiklehrerin, Dirigentin und Interpretin. Ihr Briefwechsel mit Mendelssohn[68], Bettina von Arnim, Rebecka Dirichlet, Fanny Lewald und vielen anderen Mitgliedern der intellektuellen und künstlerischen Elite des deutschen Vormärz würde mehrere Bände füllen.[69]

Johanna war von ihren Familienverhältnissen her zu diesem Leben keineswegs im gleichen Maß prädestiniert wie Fanny Hensel oder Bettina von Arnim. Ihr Vater Peter Joseph Mockel war Maître d'études am Bonner französischen Lyceum, die Mutter Anna Maria Tochter eines kurfürstlichen Büchsenspanners. Man lebte in einem dörflichen Vorort des provinziellen Universitätsstädtchens Bonn und war selbstverständlich gut katholisch. Da Johannas umfangreicher Nachlaß noch nicht annähernd ausgewertet und eine 1922 entstandene Dissertation über ihr Musikwerk nicht mehr auffindbar ist[70], wissen wir nur wenig über die Anfänge ihrer musikalischen Ausbildung. Es steht lediglich fest, daß es in Bonn seit dem Zusammenbruch der kurfürstlichen Hofkapelle kein organisiertes Musikleben, keine ernstzunehmende Musikpädagogik, ja nicht einmal ein nennenswertes Konzertwesen gab. Franz Anton Ries, der erste Lehrer Beethovens, war noch der beste Mentor, den Vater Mockel

Abb. 26: Johanna Kinkel. Kolorierte Bleistiftzeichnung von 1844. Fräulein Auguste Heinrich gewidmet.

seinem heißgeliebten Hannchen beschaffen konnte. Aber auch er war seit Jahrzehnten nicht mehr aus Bonn herausgekommen und erteilte einen hoffnungslos altmodischen Klavier- und Kompositionsunterricht:
»Ich bin in dem orthodoxen Lager aufgewachsen und hatte das Glück, daß derselbe Mann, der in seiner Jugend den Knaben Beethoven unterrichtete, in seinem späten Greisenalter mein Lehrer ward«, schrieb Johanna darüber. »Was Wunder, daß mir seit meiner Kindheit der Name Beethoven als musikalischer Gott und Rossini als Antichrist vor der Seele stand. Dazu kam noch, daß in meiner Heimat, wo, wie in jeder deutschen Universitäts-

stadt, die Gelehrten auch im Kunstgeschmack den Ton angeben, die Haupteindrücke, die ich empfing, Oratorien und Kirchenmusik der alten Schule waren. Ich versenkte mich mit Leidenschaft in das Studium der ernsten und tiefen Musik und löste mich mit Widerwillen von aller oberflächlichen Modekomposition.«[71]

Aus dem Riesschen Schüler- und Freundeskreis entstand nach und nach eine musikalische Liebhabergesellschaft, deren Leitung 1829 an Johanna überging. Man traf sich wöchentlich in den Häusern von Bonner Familien und führte kleine Ensemblestücke aus Opern von Mozart, Weber, Beethoven, Gluck, Spohr und Spontini auf. Auch Annette von Droste-Hülshoff, die übrigens selber Volksliedbearbeitungen und Opernfragmente hinterlassen hat[72], ist im Winter 1830/31 Ehrenmitglied dieses »sehr niedlichen musikalischen Kränzchens« gewesen.

Johanna, die sich schon seit langem gern »in freier Fantasie über ein Mozartsches, Riessches oder Beethovensches Thema erging«[73], komponierte für die Karnevalsfeier der Liebhabergesellschaft ihr Opus 1, die ›Vogelkantate für fünf Stimmen mit Klavierbegleitung‹, Untertitel: »Ein musikalischer Scherz«.[74] Fräulein Nachtigall und Fräulein Elster (zwei Soprane), Herr

67 Aus ›Die Vogelkantate‹. Musikalischer Scherz von Johanna Kinkel. Partie der Nachtigall (Ausschnitt).

Kuckuck und Herr Papagei (zwei Alte) wollen gemeinsam mit Herrn Rabe (Baß) ein Ständchen zu Ehren des Herrn Adler einstudieren. Sie streiten sich, verpassen ihre Einsätze, kritisieren den Dirigenten, bis sie am Ende doch noch das Schlußquintett »Es lebe die Göttin Harmonie« zustande bringen. Die Vogelkantate zeigt Beherrschung von Tonsatz und Harmonielehre, imitiert mit verblüffend einfachen Mitteln die Vogelstimmen und sprudelt in jedem Takt von Sarkasmus und Humor. Wer genauer hinhört, wird sehr schnell merken, daß Johanna ihren eigenen Musikverein ein wenig auf den Arm nimmt: Der Rabe ist Symbol der Unmusikalität, die Elster steht für die vielen Damen, die erst nach langem Keifen und Zetern zu einer kleinen Ensembleleistung bereit sind, die Nachtigall für die jedem Chorleiter zur Genüge bekannte Möchtegernprimadonna.
1831 lernt die »tolle Mockel«, wie sie von ihren Freunden halb scherzhaft, halb ernstgemeint genannt wurde, den Kölner Buch- und Musikalienhändler Johann Paul Mathieux kennen. Die beiden heiraten, trennen sich aber schon nach sechs Monaten. Zu einer Scheidung, auf die Johanna unablässig drängt, kommt es erst viele Jahre später. Was war in dieser glücklicherweise kinderlos gebliebenen Ehe, die monatelang den Gesprächsgegenstand Nummer eins der Bonner Kleinstadtgesellschaft bildete, eigentlich vorgefallen? Ein gewisser Dr. Joesten zeigt sich in seinem Buch »Literarisches Leben am Rhein«[75] besonders gut informiert:
»Johanna war damals noch keine Hausfrau, setzte ungern den Fuß in die Küche und spielte den ganzen Tag Klavier. Als der junge Ehemann eines Tages in einer Anwandlung von Zorn ihr Notenheft aus dem Fenster warf, stand sie kaltblütig auf, ging zu Fuß zu ihren Eltern nach Bonn und ließ die Ehe trennen.«
Aus welcher ideologischen Ecke diese mehr als fadenscheinige Version kommt, ist einer weiteren Äußerung des Autors zu entnehmen, nach der Johanna mit einer gründlichen, fast männlichen Bildung ... einen starken Mangel an weiblicher Anmut verband.
Nun, die Bonner Universitätsbibliothek besitzt ein ärztliches Attest aus dem Jahre 1836, das – so die Aufschrift des Nachlaßverwalters – »Johanna Kinkels Scheidung von ihrem ersten Gatten ... in jeder Beziehung rechtfertigt«. Es heißt darin unter anderem:
»Frau Johanna Mathieux, geborene Mockel, habe ich in Bonn während des Frühlings und Sommers ... 1833 behandelt. Sie litt an einer Nervenzerrüttung mit Abzehrungsfieber, veranlaßt

durch Mißhandlungen vermittelst ausgesuchter Quälereyen, die sie von ihrem Mann . . . fast ununterbrochen zu erdulden hatte. Derselbe hat nähere Tatsachen, wodurch die Gesundheit seiner Frau . . . zerrüttet worden ist, in meiner Gegenwart eingestanden. Wie er nämlich durch gesundheitsverderbliche Eingriffe auf ihr Gemüth ihr alle Ruhe bei Tag und Nacht geraubt hat, wobey er gleichzeitig erklärte, daß ein friedliches Leben nur für Schwächlinge passe und daß Zank und Streit die Nerven stärke. Da er von seiner Behandlungsart nicht im Mindesten abgehen wollte, sondern erklärte, seine Maßregeln zukünftig noch zu schärfen, so habe ich der Frau Mathieux's Eltern, in deren Haus dieselbe während ihrer Krankheit gebracht worden war, erklärt, daß dieselbe unfehlbar sterben würde, wenn sie den Mißhandlungen ihres Mannes länger ausgesetzt bliebe . . . Die Folgen des Übels der Frau Mathieux sind erst jetzt insoweit gehoben, daß sie ohne Gefahr eines Rückfalls jede Reise antreten kann.«
Ihre Arbeit mit dem Musikverein kann Johanna aber erst im Winter 1833/34 wieder aufnehmen. Sie studiert nun ganze Opern »oder doch vollständige Akte derselben« ein[76], etwa Teile aus Mozarts ›Figaro‹, ›Don Juan‹ und ›Idomeneo‹, Glucks ›Armida‹ und manches andere. Ihre Absicht war, das provinzielle Konzertleben neu zu organisieren und durchreisenden Künstlern ein über das ewige ›In einem kühlen Grunde‹ hinausgehendes Rahmenprogramm zu bieten. Nach zwei erfolgreichen Veranstaltungen scheiterte, so Johanna, »die Sache an der philiströsen Ansicht der Väter und Mütter meiner Schülerinnen, die es unschicklich fanden, im Entréekonzert eines fremden Musikers zu singen, dessen Herkunft man nicht genau kenne«.
Johanna begann jetzt immer deutlicher zu erkennen, daß ihre bei Ries genossene Ausbildung im Komponieren, Dirigieren und Klavierspielen insgesamt recht unzureichend war. Sie beschloß, ein ernsthaftes Musikstudium in Angriff zu nehmen und reiste aus diesem Grund 1836 über Frankfurt nach Berlin. Wie groß der Widerstand ihrer Eltern war – sie mögen um Johannas ohnehin geschädigten »guten Ruf« gefürchtet haben – läßt sich der posthum erschienenen Glosse ›Hausfrau und Künstlerin‹ entnehmen.[77] Sie handelt von einem jungen Mädchen, das trotz überdurchschnittlicher musikalischer Begabung mit aller Gewalt auf den »einzigen Beruf einer Frau«, den der Haus-, Ehefrau und Mutter, vorbereitet werden soll:
»Ich fuhr fort, alle Zeit den offiziellen weiblichen Beschäftigungen zu stehlen und heimliche Entdeckungsreisen in die Klavierauszüge der Opern zu unternehmen . . . Um sich meiner gewiß

zu machen, schickte man mich in eine Nähschule, wo kein Klavier nah und fern zu sehen war ... und wo ich unter der strengen Aufsicht von ein paar älteren Basen die schweren Kunstwerke, welche Saumnaht, Überhandnaht und doppelte Naht benannt werden, in höchster Vollendung lernte. Ach, wieviel lieber und leichter hätte ich Generalbaß gelernt ... Als ich aber in einem Singverein Händel, Bach und Beethoven kennen lernte, da war kein Zaum mehr stark genug, mich vom Klavier abzuhalten, und ich weinte die bittersten Thränen, wenn ich zu mechanischen Arbeiten getrieben wurde ... Man that methodisch alles, um mich von dieser musikalischen Narrheit zu heilen.«

In Frankfurt wird Johanna durch Dorothea Schlegel bei Mendelssohn eingeführt, der ihr »sehr viel Ermutigendes« über ihre kompositorische Begabung sagt und bis zu seinem Tod ein aufrichtiger Bewunderer ihrer Werke bleibt.[78] Mit den besten Empfehlungen schickt er sie im November 1836 nach Berlin. Beim königlichen Kammermusikus Karl Böhmer absolviert sie einen vollständigen Kursus in Generalbaß, Kontrapunkt und Fuge, der Virtuose Wilhelm Taubert gibt ihr den letzten Schliff in der Klaviertechnik. Natürlich muß das alles finanziert werden. Johanna kann zwar an ihre Bonner Erfahrungen als Klavierlehrerin anknüpfen, hat aber in der großen fremden Stadt beträchtliche Startschwierigkeiten. In ihrer stark autobiographischen Novelle ›Musikalische Orthodoxie‹[79] hat sie ihre Hilflosigkeit in geschäftlichen Dingen und ihre Verzweiflung über die mangelnde Musikalität der höheren Töchter (»In einer Stunde, als ein Mädchen ... immer mit der rechten Hand eine Dur-Terz zu einem Moll-Akkord in der Linken griff, stieg in ihr ganz ernstlich der Gedanke an Selbstmord auf«) eindringlich beschrieben. Die Geschichte ihrer Heldin Ida ist ein Paradebeispiel dafür, welche Probleme eine von den Realitäten des »feindlichen Lebens« sorgsam ferngehaltene Frau beim Eintritt in den Beruf zu bewältigen hatte. – Mit der Zeit erhält Johanna jedoch Zutritt zu den großbürgerlichen Salons einer Fanny Hensel, Bettina von Arnim, Emilie von Henning usw. Ihr gesellschaftlicher Kontakt erstreckt sich schließlich auf dreißig Häuser[80], in denen sie wegen ihres rheinischen Humors als eine Art musikalischer Clown gern gesehen ist. Komische Musik, so schreibt Johanna, ist in Berlin sehr begehrt, aber kein Berliner kann welche komponieren, und daher will sie, anstatt sich weiter mit Kleinigkeiten abzugeben, gleich eine ordentliche komische Oper auf eigenen Text machen. Noch vor 1840 entstehen ›Themis und Savigny oder die Olympier in Berlin‹, ein Geschenk für den berühmten Juristen, ein ›Vaudeville für den Hochzeitstag des Professors von Henning‹ und eine Operette mit dem Titel ›Die Landpartie‹. Wo mögen die Manuskripte dieser Werke, sämtlich einmalige Dokumente der von Frauen bestimmten Musikkultur in den Berliner Salons, heute aufbewahrt werden?

Johanna hat in Bettina von Arnims Haus freies Wohnen, flieht aber bald vor der temperamentvollen Freundin. Vielleicht sind sich die beiden Frauen zu ähnlich, um auf die Dauer miteinander leben zu können. Beide komponieren[81], beide schreiben, beide nehmen auf die gleiche zynische Weise zu Problemen der Frauenemanzipation Stellung. In der Abgeschiedenheit eines Gartenhauses widmet sich Johanna dem romantischen Klavierlied, mit dem sie in ihrer ganz auf Barock und Klassik fixierten Heimatstadt Bonn kaum in Kontakt gekommen war. Bei den Verlagen Kistner und Trautwein erscheinen rasch hintereinander die Opusnummern 6, 7, 8 und 10, je sechs Lieder auf Texte von Johanna selbst, von Goethe, Heine, Kopisch und Geibel. Op. 9 enthält eine Vertonung von Chamissos ›Schloß Boncourt‹, op. 11/12 je drei Duette für Frauenstimmen nach Goethe und Wolfgang Müller.

Bei einem so starken Verlegerinteresse konnte es nicht ausbleiben, daß Johannas Lieder in den renommiertesten Zeitungen besprochen wurden. Selbst der gestrenge Ludwig Rellstab äußerte in der Vossischen Zeitung großes Lob, er nannte sie »die eigenthümlichsten und schönsten, die ihm neuerlich vorgekommen«. Nach dem Erscheinen ihres op. 6 wurde auch der Kreis um Schumann auf ihre Lieder aufmerksam. Schumanns Mitarbeiter Lorenz verfaßte für die ›Neue Zeitschrift für Musik‹ eine im ganzen positive Besprechung, konnte sich aber nicht enthalten, sattsam bekannte Adjektive wie »zart« und »empfindsam« einfließen zu lassen. Schumann selbst empfand das offensichtlich als ein Abgleiten in Klischees und bat Johanna um Entschuldigung. Ihre eigene Schilderung dieser ganzen Episode nimmt sich auch heute noch recht komisch aus:

»Mein zweites Heft ist nun auch erschienen und für den Herbst habe ich wieder Bestellungen von meinem Verleger. Nach dem Erscheinen des ersten passierte es, daß eine Konföderation junger Liederkomponisten in Leipzig, die Rellstabs Rezension gelesen, sich hinterher die Mienen geben wollten, als hätten sie an meinem Stil gleich gemerkt, daß dies eine Damenkomposition sei. Unter anderem hoben sie die Vorliebe für das Sanfte, Zarte ein wenig scherzhaft (in ihrer Rezension) hervor und spöttelten

68 ›Die Geister haben's vernommen‹. Lied von Johanna Kinkel (Anfang).

über eins von den Mondscheinliedern. Auf einmal satteln sie um; einer dieses Klubs (nicht der Rezensent) schreibt mir äußerst schmeichelhafte Briefe . . . und bittet mich, als Mitarbeiterin bei einer musikalischen Beilage zu seiner Zeitung irgendeine Komposition zu liefern. Dies war für mich eine kostbare Gelegenheit, das Sanfte, Zarte dem Rezensenten einzutränken. Ich schrieb einen ganz feinen zimperlichen Brief und schickte dazu mein wildestes Trinklied für Männerchor, zu welchem ich selbst einen rechten Studententext gemacht habe. Dürfte ich doch nur die Gesichter meiner unbekannten Korrespondenten sehen, wenn die die Bescherung durchsingen.«[82]

Johanna beschreibt in ihrer Novelle ›Musikalische Orthodoxie‹, wie sie sich in Berlin mit Schmerzen von der ihr anerzogenen Fixierung auf alte Musik zu lösen versuchte. Ihr Repertoire als

Klavierspielerin und Dirigentin reichte jetzt von der Barockmusik bis zu Mendelssohn und Chopin, über den sie später einen epochemachenden und in seiner Vorausahnung der tonalen Neuentwicklungen des 20. Jahrhunderts geradezu unerhört fortschrittlichen Aufsatz schrieb[83]:
»Über Chopin ist der Geist einer neuen Musik gekommen; er hat sich ihm in Melodien offenbart, die ihn wie Träume der Zukunft umströmen. Die vorhandenen Intervalle sind fast zu breit, um seine ätherischen Intervalle wiederzugeben; darum schleichen sie widerstrebend durch die chromatischen Verhältnisse der Tonleiter und suchen nach den noch feineren Verhältnissen, die die enharmonische Verwechslung bietet . . .
Er rüttelt eben schon an der noch geheimnisvoll verschlossenen Pforte der Vierteltöne, die dereinst späteren Jahrhunderten das sein werden, was uns jetzt die kleine Sekunde ist und was unsern Vorfahren die Terz war.«
Nur der Kuriosität halber sei hier wiedergegeben, wie Wilhelm Heinrich Riehl, der einige Semester bei Kinkel in Bonn belegt hatte und Johannas musikalischen Standpunkt gekannt haben muß, darauf reagierte:
»Die Katzen haben . . . bereits das System der ganzen und halben Töne überwunden, sie haben jene bekannten Vierteltöne (sic!) bereits emanzipiert, die, wie Johanna Kinkel träumt, nach ihrer Erlösung seufzen, die Katzen sind bereits fortgeschritten zu jenen ganz neuen, unerhörten Modulationen, welche jene Schriftstellerin in den Mazurken des französischen Polaken Chopin bereits geweissagt findet.«[84]
Im Jahre 1839 kehrte Johanna nach Bonn zurück, um ihre Scheidung von Mathieux zu erwirken. Obwohl die »Qual des endlosen Prozesses« und die oft grausame Intoleranz der Bonner Spießbürger Depressionen und Selbstmordgedanken in ihr hervorriefen[85], nahm sie sofort die Reorganisation ihres Musikvereins in die Hand. Sie dirigierte Mozarts Requiem und komponierte selbst ein kirchliches Werk für Chor und Orchester, das 1840 als ›Hymnus in Coena Domini‹ (op. 14) bei Eck in Köln erschien.

→

69 ›Hymnus in Coena Domini‹ für Chor und Orchester von Johanna Kinkel (Anfang).

Maestoso
Soprano
Alto
Tenore
Basso
Piano
f
Qui es cre - a - tor si - de-rum, teg-men su - bis - ti_ car - ne - um, dig -
Du, der er-schuf die Ster - ne all, Du, dem verstummt des_ Don - ners Schall, Steigst
Qui, es cre - a - tor si - de-rum, teg-men su - bis - ti var - ne - um, dig -
Du, der er-schuf die Ster - ne all, Du, dem verstummt des Don - ners Schall, Steigst
na - tus hanc vi - lis - si - mam pa - ti do - lo - ris_ for - mu - lam!
mit - leid - voll zur Erd her - ab, und gehst für uns in_ Tod und Grab!
na - tus hanc vi - lis - si - mam pa - ti do - lo - ris for - mu - lam!
mit - leid - voll zur Erd her - ab, und gehst für uns in Tod und_ Grab!

Nach dem Vorbild Fanny Hensels veranstaltete sie exklusive Morgenkonzerte in ihrer Wohnung.[86] Die meisten ihrer neuen Kompositionen wurden hier uraufgeführt, so auch die hochdramatische Vertonung der Heine-Ballade ›Don Ramiro‹, op. 13:

70 ›Don Ramiro‹. Ballade für Gesang und Klavier von Johanna Kinkel (Ausschnitt).

Im Hause der Frau »Konsistorialdirektor« Augusti lernte die allgemein als häßlich geltende Komponistin den männlich-schönen Gottfried Kinkel, einen ehrgeizigen Theologen und Amateurdichter, kennen. Zwischen den beiden entwickelte sich eine zunächst rein geistige, später aber sehr leidenschaftliche Beziehung, die durch einen gemeinsam erlittenen Bootsunfall auf dem Rhein endgültig gefestigt wurde. Kinkel war damals mit der Tochter eines evangelischen Pfarrers verlobt, eine Verbindung, die seinem Ansehen in der theologischen Fakultät zweifellos förderlich war. Seine Liebesbeziehung zu einer katholischen, emanzipierten, geschiedenen und demzufolge unmoralischen Frau machte seine Aussichten auf eine feste Staatsanstellung mit einem Schlag zunichte. Auch der Groll der Kleinstadtgesellschaft richtete sich gegen ihn. Der Dekan der theologischen Fakultät sah sich schließlich genötigt, ihn persönlich zu rügen (»Eine geistreiche Frau hat sich in Sie vernarrt!«) und ihm seine bescheidene Stellung als Privatdozent und Hilfsprediger zu entziehen.
Seit 1840 entwickelt sich zwischen Johanna und Gottfried eine rege Zusammenarbeit. Johanna wird Mitglied im ›Maikäferbund‹, einer Vereinigung schwärmerischer Dichterjünglinge wie Jacob Burckhardt, Ferdinand Freiligrath, Alexander Kaufmann, die sich der Rheinromantik und der patriotischen Poesie verschrieben haben. Da auch Johanna ihrer rheinischen Heimat eng verbunden ist, komponiert sie eine ganze Serie von Klavierliedern auf Texte ihrer neuen Freunde.

71 ›Stürmisch wandern‹. Lied von Johanna Kinkel (Anfang).

[Fortsetzung nächste Seite]

[Fortsetzung Notenbeispiel 71]

Johannas »Liederspiele« nach Versepen von Gottfried Kinkel – ›Otto der Schütz‹ und ›Die Assassinen‹ – sind zwar vom Musikverein aufgeführt, von der Komponistin selbst aber nie für den Druck vorbereitet worden, möglicherweise wegen der Sentimentalität und Langatmigkeit der Libretti. Nur einzelne, besonders gelungene Nummern gingen auf Gottfrieds Drängen hin in neue Klavierzyklen ein.

Nachdem Johanna dem Freund zu Gefallen zum Protestantismus übergetreten ist, kommt es 1843 endlich zur Eheschließung. Das Paar bezieht eine universitätseigene Wohnung im Poppelsdorfer Schloß, das wie noch heute von blühenden Parkanlagen, Wassergräben und Fischteichen umgeben ist. Gottfried widmet sich ganz seiner neuen Karriere als Kunsthistoriker, die Sorge um den Lebensunterhalt liegt allein bei Johanna. Ihre Lieder sind nach wie vor bei Verlegern gefragt, ihre Qualifikation als Klavierlehrerin spricht sich so schnell herum, daß selbst die klatschsüchtigen Bonner Beamtenfrauen ihre Kinder von ihr ausbilden lassen. Der Musikverein wird selbstverständlich weitergeführt; sein Repertoire umfaßt bald Oratorien wie Händels ›Josua‹ und Pergolesis ›Stabat Mater‹, daneben Opern von Spohr, Marschner, Weber. Er ist die einzige musikalische Attraktion, die das kleine Bonn zu bieten hat, eine Tatsache, die Johanna eher mit Bedauern als mit Stolz erfüllt.

»Ich muß immer musikalische Gedanken ausgeben, ohne anderen neuen Nahrungsstoff einzusaugen, als den ich mir mit dem ungeheursten Zeitaufwande selbst zusammenscharren muß«, schreibt sie einmal an eine Freundin. »Ich möchte Musik *genießen* nach dieser jahrelangen Tagelöhnerarbeit in meinem Fach.«[87]

Der Mangel an Anregung von außen war nur einer der Gründe für den Stillstand, der in diesen Jahren in ihrer kompositorischen Entwicklung (nicht in ihrer Produktivität) eintrat. Noch mehr fiel die Belastung durch Haushalt und Familie ins Gewicht. In den sechs Jahren von der Eheschließung bis zu Gottfrieds Verhaftung als Aufständischer hat Johanna vier Kinder geboren, zum Teil mit schwersten gynäkologischen Komplikationen. Haushaltshilfen und Gouvernanten konnten sich die Kinkels nicht leisten, und von Gottfrieds zarter Hand war auch keine Unterstützung zu erwarten. Ob er ahnte, daß sie trotz ihrer Liebe zu ihm darunter litt, nur noch »eine Pflichtmaschine« und mit all ihren Talenten »lebendig begraben« zu sein?[88] Er wird sich, wie die meisten Demokraten von 1848, wenig Gedanken darüber gemacht haben: in seiner Autobiographie brüstet er sich zwar damit, ihr »die vollste Freiheit, sich fortzuentwickeln« gelassen zu haben, behauptet aber wenige Seiten später, »die geregelte bürgerliche Hausführung, die Reinlichkeit und der Sinn für das Solide« seien ihr »zur anderen Natur geworden«[89]. Wer Johannas schriftstellerisches Werk kennt, weiß, wie sehr ihr die »klebrichten, nassen und unästhetischen« Arbeiten am Waschzuber zuwider waren.[90]

Mit dem Komponieren von Klavierliedern, Liederspielen und

kirchlichen Werken wäre es allerdings ohnehin bald vorbei gewesen, denn die politische Stimmung am Vorabend der Revolution setzte den biedermeierlichen Idyllen des Musikvereins und des Maikäferbundes ein Ende. Der leicht entflammbare Gottfried wurde zum Führer der Bonner Demokraten gewählt und wegen seiner rhetorischen Überzeugungskraft – schließlich war er einmal Hilfsprediger gewesen – als Abgeordneter nach Berlin geschickt. Johanna übernahm die Schriftleitung der von ihm ins Leben gerufenen ›Neuen Bonner Zeitung‹, für die sie bis dahin hauptsächlich scharfzüngige Musikkritiken geschrieben hatte; unter ihrer Redaktion entwickelte sich das Blatt, »diese letzte Presse der Freiheit« im rheinischen Raum, zu einem radikalen politischen Kampforgan. Tag für Tag berichtete sie über neue preußische Zensurmaßnahmen, über den Stand der Revolution in anderen Teilen Deutschlands, über Kinkels Rolle als Freischärler und seine Festungshaft seit 1849.[91] Sämtliche Bonner Beamtenfrauen kündigten ihr den Klavierunterricht und streuten die wildesten Gerüchte über sie aus: so soll sie eine Guillotine in Auftrag gegeben und, auf einem Tisch stehend, Lehrjungen und Proletarierfrauen gegen den König aufgewiegelt haben. »Diese Verschwörung kleinstädtischer Weiber zum Ruin des Einzelnen hat etwas wahrhaft Mittelalterliches«, schrieb sie in einer geharnischten Gegendarstellung.[92] »Hatte im 16. Jahrhundert eine Frau durch irgendeine Eigenschaft, die sie vor der Masse auszeichnete, den Haß derselben auf sich geladen, so bezeichnete man sie als Hexe und sie starb auf dem Scheiterhaufen. Im gesegneten 19. Jahrhundert hat sich die Szene dahin geändert, daß man eine solche Frau den Bajonetten fanatisierter Soldaten, ihr Haus der Demolierung und ihre Kinder dem Elend preisgibt.«

Johanna ist gezwungen, zu ihren Eltern zu ziehen und ihre Unterrichtstätigkeit nach Köln zu verlegen. Wie wir von Fanny Lewald wissen, hat sie selbst in dieser Notsituation nicht versäumt, kleine Kanons und »bönnsche Geschichten« für ihre Kinder zu schreiben. Allerdings sei auch ihr Vertrauen zu dem inhaftierten Mann, der durch seine flammenden Reden vor Gericht wieder einmal zum Liebling der Damen geworden sei, merkwürdig erschüttert gewesen. Sie soll von Scheidungsabsichten, Depressionen und Selbstmordgedanken gesprochen haben.[93]

Nachdem Kinkel durch Carl Schurz aus der Spandauer Festung befreit worden ist, geht die Familie nach London ins Exil. Johanna arbeitet als Musiklehrerin, ihr Mann hält Vorle-

sungen über Kunst- und Literaturgeschichte. Obwohl sie es mit den Jahren zu einigem Wohlstand bringen, sind Johannas Briefe an Fanny Lewald und Malvida von Meysenbug voll von Klagen über eine geradezu unerträgliche Arbeitsbelastung ... Gottfried hat – nach dem pervertierten Motto »Was schert mich Weib, was schert mich Kind« – kaum Zeit für die Familie, dafür aber um so mehr für die exilierten Demokraten, die sich in seinem Salon häuslich niederlassen. Auch eine schöne baltische Freifrau ist darunter. Von Johanna wird wie selbstverständlich die Bewirtung und Bedienung dieser »spießbürgerlichen Genossen des großen Schiffbruchs«[94] erwartet. Zum Komponieren findet sie keine Zeit mehr. Allerdings ist sie auch zu der Überzeugung gekommen, daß eine »Intelligenz ersten Ranges« nach der gescheiterten Revolution ihre Energie nicht mit »Sängeln und Klimpern« vertun dürfe.[95] Es gibt, wie sie am eigenen Leib erfährt, Vordringlicheres zu tun: vordringlich sind vor allem die Verbesserung der Mädchenerziehung – Gottfried setzt seine Töchter in geradezu unerhörter Weise gegenüber seinen Söhnen zurück – und die geistige Emanzipation der Hausfrau. In einem zweibändigen Roman ›Hans Ibeles in London – ein Familienbild aus dem Flüchtlingsleben‹[96] greift sie noch einmal alles auf, was sie in den letzten Jahren bewegt hat: die Frage nach der Existenzberechtigung der Kunst in einem Zeitalter sozialer Ungerechtigkeit, die männlichen Vorstellungen von der »Bestimmung des Weibes«, das Ausufern des englischen Kolonialismus und ihr eigenes, immer schlechter werdendes Verhältnis zu Gottfried.
Im November 1858 stürzt sie sich aus dem Fenster ihres Schlafzimmers, angeblich in einem Anfall akuter Herzbeschwerden. Viele ihrer Freunde haben Zweifel an dieser von Gottfried über Gebühr leidenschaftlich verfochtenen Version. Der Gedanke an einen Selbstmord liegt wohl wesentlich näher, zumal Johanna in ihrem Roman mehr oder weniger deutlich davon gesprochen hatte. »Es war ihr, als ob sie tief in der Erde läge, und die Kinder über sich auf dem Rasen des Grabhügels lachen und tanzen hörte«[97], heißt es auf einer der letzten Seiten. An ihrem wirklichen Grab spricht Ferdinand Freiligrath ein Gedicht, dessen revolutionäres Pathos nach Kenntnis der Vorgeschichte recht peinlich wirkt. Johanna, die Komponistin »mut'ger Liederweisen«, sei auf dem »Schlachtfeld des Exils« gefallen[98]; aber sie fiel wohl eher in dem von vornherein aussichtslosen Kampf gegen die Gedankenlosigkeit und Egozentrik Gottfried Kinkels, der eben doch nicht mehr als ein »braver, sogar etwas philiströser

Mensch war«[99], und sich ein einziges Mal »aus dem Spießbürgertum auf eine Woge der Weltgeschichte geschwungen«[100] hatte. Mit Johanna Kinkel wurde also nicht nur eine der produktivsten Komponistinnen der deutschen Romantik, sondern auch die immer noch ungelöste Frauenfrage zu Grabe getragen.

Anmerkungen

1 Vgl. dazu S. Hensel, Die Familie Mendelssohn, Berlin 1886, S. 99f.
2 Das Lied ist bisher nur bibliographisch belegt bei S. Hensel, Die Familie Mendelssohn II, S. 35. Nach dieser Stelle muß es in A-Dur geschrieben sein.
3 Sämtliche bisher erreichbaren Autographen und Abschriften wurden von dem Berliner Musikwissenschaftler Rudolf Elvers sorgfältig aufgelistet. Der größte Teil befindet sich im Mendelssohn-Archiv bei der Stiftung Preußischer Kulturbesitz in Berlin, weitere Fundorte sind das Heinrich-Heine-Institut und das Goethe-Museum in Düsseldorf, ferner die Bodleian Library in Oxford und die immer noch existierenden Mendelssohnschen und Henselschen Familienarchive. Vgl. dazu R. Elvers, Verzeichnis der Musikautographen von Fanny Hensel im Mendelssohnarchiv zu Berlin, in: Mendelssohn-Studien (Beiträge zur neueren deutschen Kultur- und Wirtschaftsgeschichte, Bd. 1), hrsg. von Cécile Lowenthal-Hensel, Berlin 1972, S. 169ff; ders., Weitere Quellen zu den Werken von Fanny Hensel, ebda., Bd. 2, S. 215ff; ders., Fanny Hensel, Dokumente ihres Lebens – Ausstellungs-Katalog zum 125. Todestag im Mendelssohn-Archiv der Staatsbibliothek Preußischer Kulturbesitz vom 3. Mai bis 31. Mai 1972, Berlin-Dahlem, Archivstr. 11.
4 H. E. Jacob, Felix Mendelssohn und seine Zeit, Frankfurt a. M. 1959, S. 33.
5 H. E. Jacob, Felix Mendelssohn und seine Zeit, S. 35.
6 H. E. Jacob, Felix Mendelssohn und seine Zeit, S. 32; zum Assimilationsproblem, das auch für Fannys Stellung als »deutsches Bürgermädchen« wichtig ist, vgl. auch H. Brunschwig, Gesellschaft und Romantik in Preußen im 18. Jahrhundert, Frankfurt a. M. 1975, S. 167ff.
7 Abdruck der Briefe und Tagebücher bei S. Hensel, Die Familie Mendelssohn I, S. 124ff.
8 Zit. nach B. Litzmann, Clara Schumann, Ein Künstlerleben, II, Leipzig 1920, S. 161.
9 S. Hensel, Die Familie Mendelssohn I, S. 197.
10 Vgl. H. Kupferberg, Die Mendelssohns, Tübingen/Stuttgart 1972, S. 188.
11 S. dazu W. Tappert, Die Frauen und die musikalische Composition, in: Musikalisches Wochenblatt II, 1871, S. 812. Tappert stützt sich bei seinen interessanten und auch noch für heutige Begriffe fortschrittlichen Ausführungen zum Problem weiblicher Produktivität auf Eduard v. Hartmanns ›Philosophie des Unbewußten‹.
12 S. Hensel, Die Familie Mendelssohn I, S. 186.
13 Ebenda, S. 96f (Brief vom 16. 7. 1820 aus Paris).
14 Zu den wirtschaftlichen und ideologischen Hintergründen dieser Entwicklung vgl. I. Weber-Kellermann, Die deutsche Familie, Frankfurt a.M. 1974, S. 102ff.

15 W. H. Riehl, Hausmusik, Stuttgart/Augsburg 1855.
16 W. H. Riehl, Die Familie, Stuttgart/Augsburg 1855, S. 103.
17 S. Hensel, Die Familie Mendelssohn I, S. 96f.
18 S. Hensel, Die Familie Mendelssohn I, S. 98f.
19 S. Hensel, Die Familie Mendelssohn I, S. 135, S. 150f.
20 Zit. nach I. Drewitz, Berliner Salons, Berlin 1965, S. 40.
21 W. Dahms, Mendelssohn, Berlin o. J., S. 115.
22 Vgl. dazu R. Sietz, Felix Mendelssohn-Bartholdy, Sein Leben in Briefen, Köln/Krefeld, S. 188; ferner S. Hensel, Die Familie Mendelssohn I, S. 299.
23 So bei W. H. Riehl, Hausmusik, Vorwort.
24 S. Hensel, Die Familie Mendelssohn II, S. 35.
25 S. Hensel, Die Familie Mendelssohn II, S. 37.
26 S. Hensel, Die Familie Mendelssohn II, S. 34.
27 S. Hensel, Die Familie Mendelssohn II, S. 43.
28 Ausführliche Beschreibung der Romreise mit Zitaten aus Fannys Briefen und Tagebüchern bei S. Hensel, Die Familie Mendelssohn II, S. 67ff.
29 Vgl. dazu S. Hensel, Die Familie Mendelssohn II, S. 108–112.
30 S. Hensel, Die Familie Mendelssohn II, S. 115.
31 Sammelband mit zehn Liedern, zwei Duetten usw. im Mendelssohn-Archiv Berlin, Ms. 46; der zweite Sammelband aus dieser Zeit befindet sich in Privatbesitz.
32 S. Hensel, Die Familie Mendelssohn II, S. 131.
33 W. H. Riehl, Die Familie, S. 52.
34 S. Hensel, Die Familie Mendelssohn II, S. 336.
35 S. Hensel, Die Familie Mendelssohn II, S. 366 (Brief Felix' vom 12. 8. 1846 aus Leipzig).
36 S. Hensel, Die Familie Mendelssohn II, S. 366.
37 S. Hensel, Die Familie Mendelssohn II, S. 366 (Tagebucheintragung v. 14. 8. 1846).
38 W. H. Riehl, Die Familie, S. 79.
39 H.-J. Moser, Das deutsche Lied seit Mozart, Tutzing 1968, S. 123.
40 R. Sietz, Artikel ›Josephine Lang‹, in: Die Musik in Geschichte und Gegenwart.
41 H. Rosenwald, Das deutsche Lied zwischen Schubert und Schumann, Phil. Diss. Heidelberg 1929, S. 61ff.
42 Ein bis heute nicht überholtes Werkverzeichnis findet sich bei H. A. Koestlin, Josephine Lang, Leipzig 1881. Hier werden jedoch nur die gedruckten Kompositionen, nicht die unveröffentlichten Autographen aufgeführt, die, wie aus dem biographischen Material hervorgeht, sehr zahlreich sein müssen. In der Musiksammlung der Bayerischen Staatsbibliothek in München finden sich fast alle seltenen Druckausgaben von Josephine Lang.
43 H. A. Koestlin, Josephine Lang, S. 53.
44 H. A. Koestlin, Josephine Lang, S. 54.
45 F. Hiller, Aus dem Tonleben unserer Zeit II, Leipzig 1868, S. 121.
46 H. A. Koestlin, Josephine Lang, S. 58.
47 F. Hiller, Aus dem Tonleben ..., S. 124.
48 F. Hiller, Aus dem Tonleben ..., S. 134.
49 H. A. Koestlin, Josephine Lang, S. 58.
50 Zit. nach R. Schumann, Gesammelte Schriften II, 1914, S. 472, Anmerkung 579.
51 F. Hiller, Aus dem Tonleben ..., S. 127.
52 Zit. nach H. A. Koestlin, Josephine Lang, S. 60.
53 R. Schumann, Gesammelte Schriften II, S. 334.

54 Zit. nach H. A. Koestlin, Josephine Lang, S. 61.
55 Zit. nach H. A. Koestlin, Josephine Lang, S. 64.
56 H. Rosenwald, Das deutsche Lied, S. 62.
57 Zit. nach H. A. Koestlin, Josephine Lang, S. 68.
58 Zit. nach H. A. Koestlin, Josephine Lang, S. 94.
59 Zit. nach H. A. Koestlin, Josephine Lang, S. 60.
60 F. Hiller, Aus dem Tonleben ..., S. 129.
61 H. A. Koestlin, Josephine Lang, S. 52.
62 H. A. Koestlin, Josephine Lang, S. 81.
63 Wiedergegeben von F. Hiller, Aus dem Tonleben ..., S. 130.
64 H. A. Koestlin, Josephine Lang, S. 86.
65 Vgl. S. 353.
66 E. Geibel, Jugendbriefe, S. 115 f.
67 Unvollständiges Werkverzeichnis bei K. Stephenson (Rheinische Musiker = Beiträge zur rheinischen Musikgeschichte, Heft 64, 4. Folge, hrsg. von K. G. Fellerer, Köln 1966, Artikel ›Johanna Kinkel‹). In der Aufzählung fehlen vor allem Hinweise auf Johannas journalistische Arbeiten.
68 Vgl. dazu A. Rittershaus, F. Mendelssohn und Johanna Kinkel, Ungedruckte Tagebuchblätter und Briefe, in: Neue Freie Presse, Wien, 19. April 1900.
69 Ein kleiner Teil dieser Briefe ist neuerdings ediert worden in dem Sammelband ›Frauen im Aufbruch – Frauenbriefe aus dem Vormärz und der Revolution von 1848‹, hrsg. von Fritz Böttger, Darmstadt/Neuwied 1979. Briefe an Fanny Lewald ferner in dies., Zwölf Bilder nach dem Leben. Ausführliche Briefzitate auch bei Malvida v. Meysenbug, Memoiren einer Idealistin. Der größte Teil der Briefe ist jedoch unveröffentlicht in den Kinkelsammlungen der Universitätsbibliothek und des Stadtarchivs in Bonn enthalten.
70 E. Thalheimer, Johanna Kinkel als Musikerin, phil. Diss. Bonn 1922.
71 Zit. nach A. Henseler, Das musikalische Bonn im 19. Jahrhundert, in: Bonner Geschichtsblätter XIII, Bonn 1959, S. 137.
72 Zu Annettes kompositorischer Tätigkeit siehe A. Arens, Drostes Lieder und Kompositionen, in: Der Gral VIII, 1915; ders., Volkslieder bei Annette von Droste-Hülshoff, in: Zeitschrift für rheinische und westfälische Volkskunde 14, 1917; K. G. Fellerer, Annette von Droste-Hülshoff als Musikerin, in: Archiv für Musikwissenschaft 10, 1953; ders., Das Lochamer Liederbuch in der Bearbeitung von Annette von Droste-Hülshoff, in: Die Musikforschung 5, 1952; M. Krass, Die Musik in Annette von Droste-Hülshoffs Leben und Dichtung, in: Münsteranische Heimatblätter II, 1919; J. Meier und E. Seemann, Volksliedaufzeichnungen der Annette von Droste-Hülshoff, in: Jahrbuch für Volksliedforschung I, 1928.
73 W. Hesse, Gottfried und Johanna Kinkel in Bonn, in: Bonner Archiv V, 1893, S. 37.
74 Erschienen bei Trautwein & Co., Berlin.
75 Leipzig 1899, S. 69.
76 Die folgenden Ausführungen stützen sich auf Johannas handschriftlich erhaltene »Notizen, den Gesangverein betreffend«.
77 Erschienen in der Frankfurter Zeitung vom 30. 11. 1885.
78 Vgl. dazu einen Brief von Rebecka Dirichlet an Johanna Kinkel (handschriftlich im Stadtarchiv Bonn), in dem es u. a. heißt: »Soll ich Ihnen einige Empfehlungsbriefe schicken? Ich kenne zwar selbst nicht viele in ..., kann aber für sehr verschiedene Kreise Briefe erhalten, und das

einfache Factum, daß Felix ein großer Bewunderer Ihrer Kompositionen, Ihrer ganzen Musik war, öffnet Ihnen Tür und Tor ...«

79 In: Erzählungen von Gottfried und Johanna Kinkel, Stuttgart 1849.

80 Über den Berliner Aufenthalt Johannas vgl. P. Kaufmann, Johanna Kinkel, in: Preußisches Jahrbuch Bd. 221/3 und Bd. 222/1 (1930)

81 Bettina von Arnims Kompositionen, hrsg. von M. Friedlaender (= Bettina von Arnims stl. Werke, hrsg. v. W. Oehlke, Bd. 4) Berlin 1920. Diese Edition ist leider weitgehend unbrauchbar, weil Friedlaender glaubte, Bettinas »dilettantische« Lieder verbessern zu müssen. Der Liederzyklus »Dedié à Spontini ...«, Leipzig (Breitkopf & Härtel) 1843, wurde jedoch keiner fremden Bearbeitung unterzogen. Ein Exemplar dieser seltenen Ausgabe ist im Düsseldorfer Goethe-Museum vorhanden. Weitere Lieder unter dem Pseudonym Beans Beor in »Armuth, Reichtum, Schuld und Buße der Gräfin Dolores. Eine wahre Geschichte zur lehrreichen Unterhaltung armer Fräulein aufgeschrieben von Ludwig Achim von Arnim« (2. Band), sowie in ders., Isabella von Ägypten, Kaiser Karl des Fünften erste Jugendliebe ...; zeitgenössische Urteile über ihre Kompositionen bei Alois Bihler, Jugenderinnerungen, in: Die Gartenlaube 1870.

82 Vgl. dazu R. Schumann, Ges. Schriften II, 333; ferner Johannas Brief an Angela Oppenhoff, Berlin, Juli 1838 (veröffentlicht in: Frauen im Aufbruch, S. 392).

83 Friedrich Chopin als Komponist, geschrieben 1855, erschien (angeblich) zum erstenmal nach ihrem Tod in der ›Deutschen Revue‹, Jg. 27, Bd. 1, Januar/März 1902.

84 W. H. Riehl, Hausmusik, Vorwort S. XI. – Die Tatsache, daß Riehl 1855 aus dem Aufsatz zitiert, deutet auf eine Veröffentlichung zu Lebzeiten Johannas hin.

85 Ausführlich darüber in Gottfried Kinkels ›Selbstbiographie‹ (Bonn 1931), S. 224 und an vielen anderen Stellen.

86 Augenzeugenberichte bei Berta Augusti, Erinnerungsblätter aus dem Leben einer deutschen Frau, Köln/Leipzig 1887, S. 129ff.

87 Zit. nach Th. A. Henseler, Das musikalische Bonn ..., S. 151 (ohne Quellenangabe).

88 Vgl. Fanny Lewald, Zwölf Bilder nach dem Leben, S. 13.

89 G. Kinkel, Selbstbiographie, S. 138.

90 Vgl. die oben zitierte Glosse ›Hausfrau und Künstlerin‹.

91 Über Johannas Rolle als Revolutionärin und politische Journalistin habe ich an anderer Stelle (»... Wie einen Kampfgenossen«, Zur politischen und künstlerischen Emanzipation der rheinischen Komponistin Johanna Kinkel – Hörfunkmanuskript aus der Reihe »Samstagabend im WDR III« vom 23. 2. 1980) ausführlich berichtet.

92 »Spartakus«, 11. 6. 1849.

93 F. Lewald, Zwölf Bilder nach dem Leben, S. 2ff.

94 J. Kinkel, Hans Ibeles in London I, S. 171.

95 J. Kinkel, Hans Ibeles in London I, S. 171, 295.

96 Stuttgart 1860.

97 J. Kinkel, Hans Ibeles in London II, S. 292.

98 Veröffentlicht u. a. bei Fanny Lewald, Zwölf Bilder nach dem Leben.

99 J. Kinkel, Hans Ibeles in London II, S. 265.

100 J. Kinkel, Hans Ibeles in London II, S. 122.

LOUISE FARRENC

Eine Zeitgenossin von Hector Berlioz

Während die deutschen Komponistinnen bis weit ins 19. Jahrhundert hinein zwar Streichquartette, Ouvertüren oder Oratorien schrieben, mit diesen Werken aber nicht an die Öffentlichkeit traten, waren ihre französischen Kolleginnen bereits weitgehend in das außerhäusliche Musikleben integriert. Das Beispiel Elisabeth Claude Jacquet de Laguerres war nicht ohne Wirkung geblieben. Lucille Grétry (1770–1790), die Tochter des gleichnamigen Komponisten, schrieb zwei große Opern, die noch zu ihren Lebzeiten aufgeführt wurden.[1] Sophie Gail (1775–1819) hatte zwischen 1814 und 1818 ungewöhnlichen Erfolg mit verschiedenen Operetten, besonders mit ihrer letzten, ›La Sérénade‹, die in Zusammenarbeit mit ihrem berühmten Kollegen Boieldieu entstand.[2] Pauline Duchambge (1778–1858) war eine Komponistin des leichteren Genres. Für ihren vornehmen Salon komponierte sie modisch-gefühlvolle Romanzen, von denen über dreihundert publiziert wurden.[3] Louise Angelique Bertin (1805–1877), ein weibliches Universalgenie à la Bettina von Arnim, dichtete, sang und malte, hatte Erfolge als Pianistin, schrieb drei Opern, dazu noch Lieder und Kammermusik.[4]

Als absolut seriöse Komponistin von professioneller Schulung kann Maria Félice Clémence de Grandval, geborene de Reiset (1830–1907), gelten. Sie studierte Komposition bei Camille Saint-Saëns und Frédéric Chopin, schrieb Opern, sakrale und sinfonische Werke, darunter ein ›Stabat Mater‹, zwei Oratorien und eine Orchester-Ouvertüre mit dem Titel ›Esquisses Symphoniques‹. Ihre Musikdramen wurden in Bordeaux und sogar in Baden-Baden aufgeführt, wahrscheinlich dank der privaten Initiative von Pauline Viardot, einer ebenfalls komponierenden Sopranistin von internationalem Renommee. Pauline betrieb gemeinsam mit ihrem langjährigen ›Hausfreund‹ Iwan Turgenjew eine eigene Opernbühne, für die sie mit Vorliebe Frauenkompositionen (natürlich auch ihre eigenen) inszenierte. Das war ihre Methode, sich über die frauenfeindliche Programmgestaltung deutscher Konzertveranstalter hinwegzusetzen; Frauen mit weniger klangvollen Namen und geringeren finanziellen

Mitteln wie Johanna Kinkel und Josephine Lang hatten diese Möglichkeit nicht.[5] Ähnlich vielseitig begabt wie Louise Angélique Bertin war schließlich auch Augusta Mary Anne Holmès (1857–1903), eine Schülerin von César Franck. Sie trat unter ihrem wirklichen Namen als Sängerin und Pianistin auf, veröffentlichte aber die meisten ihrer Dichtungen, Lieder, Opern und Orchesterwerke unter dem männlichen Pseudonym Hermann Zenta, möglicherweise aus Sympathie zu ihrer Freundin George Sand? Obwohl diese faszinierende Persönlichkeit in fast allen bedeutenden französischen Memoiren des späten 19. Jahrhunderts erwähnt wird, ist ihr musikalisches und literarisches Werk noch nicht annähernd erforscht. Ihre Beziehung zu der Schriftstellerin Paula Barillon-Banche war eine der intensivsten und künstlerisch fruchtbarsten Frauenfreundschaften der damaligen Zeit.[6]

Französische Frauenrechtlerinnen haben sich etwa seit Beginn des 20. Jahrhunderts über die angeblich zurückgesetzte Stellung der Komponistin im öffentlichen Musikleben beklagt. Indizien für die Existenz von Vorurteilen und Diskriminierung schienen vor allem zwei Tatsachen zu sein:

Erstens: Komponierende Frauen waren bis 1908 nicht zum Wettbewerb um den begehrten Rompreis zugelassen. Zweitens: Ihre Lehrtätigkeit wurde in den meisten Fällen schlechter bezahlt als die ihrer männlichen Kollegen. Das hing wiederum damit zusammen, daß sie am Pariser Conservatoire keine Dozentur für Komposition, sondern bestenfalls einen Lehrauftrag für Musiktheorie, Klavierbegleitung oder Partiturspiel erhalten konnten. Auch Nadia Boulanger, aus deren Schule immerhin ein Großteil der zeitgenössischen Komponistenprominenz hervorging, hat sich bis zu ihrem Tod im Jahre 1979 mit diesen »Nebenfächern« abgeben müssen.[7]

Die Angriffe der feministischen Zeitschrift ›La Fronde‹ (1897 von Marguerite Durand gegründet)[8] und der »Union des Femmes Professeurs et Compositeurs de Musique« waren also gewiß nicht unberechtigt. Aber im historischen Rückblick wird deutlich, daß die französischen Komponistinnen des 19. Jahrhunderts ungleich bessere Arbeitsbedingungen hatten als ihre Kolleginnen in Deutschland. Sie wurden nicht mit Gewalt auf den »einzigen Beruf des Weibes« vorbereitet, sondern durften ganz offiziell am Conservatoire studieren. Konzertsäle und Opernbühnen standen ihnen offen, männliche Kritiker waren sich nicht zu fein, sich ausführlich und fair mit ihren Werken auseinanderzusetzen, ohne das etwas herablassende Wohlwollen der Rezensenten von Schumanns ›Neuer Zeitschrift für Musik‹. Sicher sind für diese Situation neben schwer definierbaren nationaltypischen Eigenschaften auch politische Gründe verantwortlich gewesen. Die in kurzen Abständen aufeinanderfolgenden Revolutionen – 1789, 1830 und 1848 – haben die Ideale der Gleichberechtigung aller Menschen und der Freiheit Presse und Kunst zumindest so weit lebendig gehalten, daß das Bürgertum nicht in extrem reaktionäre Positionen verfiel. Auch war das Gedankengut der Aufklärung, das ja in seiner Ausprägung durch Rousseau eine Verbesserung der weiblichen Erziehung mit einschloß, in Frankreich wesentlich bereitwilliger akzeptiert worden als in Deutschland. Seit 1789 ging schließlich auch der Einfluß der Kirche zurück; ihre Mitwirkung wäre aber unerläßlich gewesen, um das Zerrbild von der ein wenig beschränkten, dafür aber frommen und sittenstrengen Hausmutter praktisch werden zu lassen.

In diesem bewegten politischen Klima ist Louise Farrenc[9] (1804–1875), die »bedeutendste Komponistin in der Mitte des 19. Jahrhunderts«[10], aufgewachsen. Schon ihre Herkunft wäre nach deutschen Moralvorstellungen mehr als zweifelhaft gewesen: ihre Eltern Jacques Edmé Dumont und Marie Elisabeth Louise Courton lebten in eheähnlicher Gemeinschaft und »legalisierten« ihre Verbindung erst nach der Geburt des dritten Kindes. Beide stammten aus alten, ursprünglich flandrischen Maler- und Bildhauerfamilien. Das Haus, in dem sie lebten, gehörte zur Académie des Beaux Arts und beherbergte eine Art Wohngemeinschaft von Künstlern aller Fachrichtungen, so daß Louise ganz zwangsläufig musisch erzogen wurde.

Ihren ersten Klavierunterricht erhielt sie von ihrer Patentante Anne-Elisabeth Cécile Soria, die selbst bei dem Pianisten und Komponisten Muzio Clementi studiert hatte. Als das hochbegabte, aber ein wenig schüchterne Mädchen fünfzehn Jahre alt war, wurde es zu Antonin Reicha in die Schule geschickt. Dieser aus Prag stammende Musiker, ein Schüler von Mozart und Michael Haydn, hatte eine Professur für Fuge und Kontrapunkt am Pariser Conservatoire. Er unterrichtete gründlich, vielleicht aber zu akademisch und rückwärtsorientiert, woraus sich auch Louises Vorliebe für den strengen Satz und die kontrapunktischen Kompositionstechniken der Barockmusik erklären läßt.

Ein anderer Lehrer, der ihren künstlerischen Werdegang beeinflußte, war Johann Nepomuk Hummel. Er kam gegen 1830 nach Paris und führte die junge Frau so weit in die moderne Klaviertechnik ein, daß sie bedeutende Studienwerke für dieses Instru-

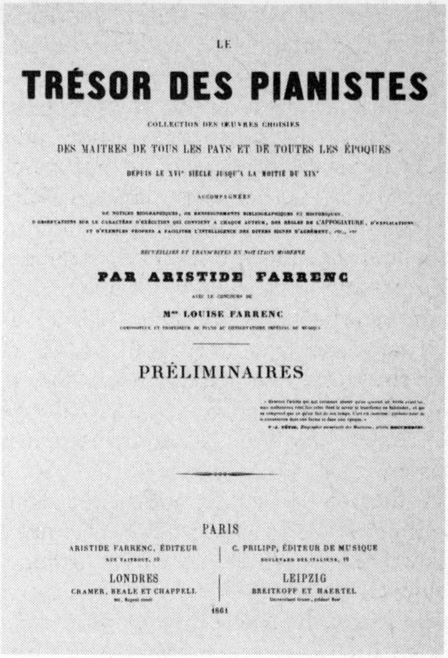

Abb. 27:
Titelblatt der Erstausgabe des »Trésor des pianistes« von Louise und Aristide Farrenc.

ment schreiben konnte. Ihre ›30 Etüden in den Dur- und Molltonarten‹ (1839) haben viele Jahrzehnte lang dem französischen Pianistennachwuchs als Ausbildungsgrundlage gedient.

1821 heiratete Louise den Flötisten, Verleger und Musikschriftsteller Aristide Farrenc. Er komponierte selbst kleinere Werke für Querflöte und Klavier und teilte Louises Vorliebe für die alte Musik. Konkurrenzdenken und patriarchale Bevormundung hat es in dieser Beziehung nie gegeben. Aristide begleitete seine Frau auf Konzertreisen, half ihr bei der Organisation musikalischer Soireen, verlegte einen Großteil ihrer Kompositionen[11] und gab gemeinsam mit ihr das wohl monumentalste Sammelwerk alter und neuerer Klaviermusik heraus: den ›Trésor des pianistes‹, dessen zwanzig Bände erst nach seinem Tod von Louise in achtjähriger Arbeit vollendet wurden.

Der ›Trésor des pianistes‹ ist nicht nur eine wissenschaftlich-philologisch orientierte Anthologie, sondern auch eine Kampfansage gegen die süßlich-sentimentale Salonmusik des 19. Jahrhunderts. Aristide und Louise haben die Aufmerksamkeit der Musikliebhaber auf die fast vergessenen Werke der französischen Clavecinisten, der Familie Bach und der Wiener Klassik

gelenkt. Daß die zeitgenössische Musik nur mit Weber, Mendelssohn, Hummel und Chopin vertreten war, kann nicht wirklich als Nachteil bezeichnet werden, denn das Ehepaar wollte ja, wie im Vorwort vermerkt ist, einen Überblick über die *Geschichte* des Klavierspiels »vom 16. Jahrhundert bis zur Mitte des 19. Jahrhunderts, begleitet von biographischen, ... bibliographischen und historischen ... Notizen« geben. Der ›Trésor‹ steht bis heute absolut einzigartig da und könnte nach entsprechender Neubearbeitung immer noch *das* Standardwerk für historisch interessierte Pianisten und Klavierpädagogen sein.
1826 wurde Louises einzige Tochter, Victorine, geboren. Auch sie wurde eine hochbegabte Pianistin. Als junges Mädchen trug sie fast das ganze Beethovensche Klavierwerk einschließlich der Solokonzerte öffentlich vor. Sie half nicht nur der Mutter bei der Uraufführung ihrer Kompositionen, sondern war auch selbst schöpferisch tätig. So schrieb sie u. a. Etüden für das Klavier und Romanzen und Chöre auf geistliche Texte. Mit zwanzig Jahren erkrankte sie jedoch an Tuberkulose, an der sie nach weiteren zwölf Jahren schrecklichen Leidens starb.
Louises erste Kompositionen aus den Jahren 1824–1825 unterscheiden sich noch nicht allzusehr vom üblichen Salonrepertoire ihrer Zeit. Es sind »brillante« bzw. »große« (grandes) Klaviervariationen über ein Thema ihres Mannes und über die Volksliedmelodie ›Le premier pas‹. Aber im Gegensatz zu Komponisten wie Henri Herz, Franz Hünten und anderen vermeidet Louise donnerndes Passagenwerk ebenso wie billiges Sentiment und parfümierte Phrasen. Selbst in den Moll-Variationen verfällt sie nicht in tränenselige Gefühlsduselei. Der Ausdruck ist immer beherrscht, fast neutral, ein Anzeichen dafür, daß dieses leichtere Genre dem disziplinierten Temperament der Komponistin im Grunde fremd war.
Trotzdem braucht sie noch einige Zeit, um sich von der für heutige Begriffe minderwertigen Salonmusik, die beim Pariser Publikum so außerordentlich beliebt war, endgültig zu emanzipieren. Ihre nächsten Klavierwerke sind Variationen und Rondos über bekannte Opernmelodien von Weber, Rossini, Bellini und Donizetti. Erst 1835 gelingt ihr ein Variationenzyklus, der sie auf der ganzen Höhe romantischer Erfindungskraft zeigt: es ist ihre berühmte Klavierkomposition ›Air russe varié‹, op. 17.
Dieses op. 17 ist länger und anspruchsvoller als ihre früheren Variationen. Schon das Prélude, nach Louises Biographin Bea Friedland ein »verhaltenes Gedicht in einunddreißig Takten«, scheint mit allen sentimentalen Klischees zu brechen. Seine

wellenförmigen Figuren, die eine ausdrucksvolle Diskantmelodie in der rechten Hand spielend umkreisen, wirken eher wie eine romantische Weiterentwicklung der gebrochenen Akkorde des C-Dur-Präludiums aus dem ersten Teil des ›Wohltemperierten Klaviers‹ von Johann Sebastian Bach.

72 ›Air russe varié‹ (Preludio) von Louise Farrenc (Anfang).

Nach dieser flüssigen, aber doch streng gegliederten Einleitung ist der Hörer in keiner Weise auf die Ankunft des Themas vorbereitet. Die herzhafte slawische Melodie, die Eindrücke aus dem bäuerlichen Leben wachruft, klingt wie eine musikalische Rückbesinnung auf das Einfache, Volkstümliche; der Kontrast zwischen beiden stilistischen Ebenen bewirkt einen angenehmen Überraschungseffekt:

73 ›Air russe varié‹ (Thème) von Louise Farrenc.

Die acht folgenden Variationen halten das, was das Präludium verspricht. Indem romantisches Figuren- und Oktavenwerk mit streng-polyphonen Sätzen, Imitationen und Fugati abwechselt, entsteht in keinem Takt der Eindruck vordergründiger Virtuosität. Das ganze op. 17 rangiert, wie Bea Friedland zutreffend schreibt, »hoch über den zeitgenössischen französischen Produktionen dieses Genres«[12].

74 ›Air russe varié‹ (8. Variation) von Louise Farrenc (Ausschnitt).

Das Finale hat die Gestalt einer voll entwickelten vierstimmigen Fuge. Neben erfindungsreichen kontrapunktischen Arrangements enthält es auch freiere, mehr »romantische« Impulse. Dort, wo das Stück seinen Höhepunkt erreicht, wird das Fugenschema durch weniger orthodoxe Stimmführung und stark erweiterte Tonalität aufgelockert:

75 ›Air russe varié‹ (Finale) von Louise Farrenc (Ausschnitt).

Robert Schumann war von Louises Werk, das seinem eigenen früheren Klavierstil durchaus vergleichbar war, verständlicherweise sehr beeindruckt. In einer Rezension von 1836 schrieb er darüber:
»Legte mir ein junger Componist Variationen wie die von Louise Farrenc vor, so würde ich ihn darum sehr loben, der günstigen Anlagen, der schönen Ausbildung halber, wovon sie überall Zeugnis geben. Zeitig genug erfuhr ich von dem Stand des Verfassers, der Verfasserin nämlich, die die Gemahlin des bekannten Musikhändlers in Paris (ist), und bin verstimmt, daß sie schwerlich etwas von diesen aufmunternden Zeilen erfährt. Kleine, saubere, scharfe Studien sind es . . ., so sicher im Umriß, so verständig in der Ausführung, so fertig mit einem Worte, daß man sie lieb gewinnen muß, um so mehr, als über ihnen ein ganz leiser romantischer Duft fortschwebt. Themen, die Nachahmungen zulassen, eignen sich bekanntlich am besten zum Variieren, und so benutzt denn dies die Componistin zu allerhand netten canonischen Spielen. Sogar eine Fuge gelingt ihr . . . mit Umkehrungen, Engführungen, Vergrößerungen . . . und dies Alles leicht und gesangreich. Nur den Schluß hätt' ich in ebenso stiller Weise gewünscht, als ich vermuthet, daß es nach dem Vorhergehenden kommen würde.«[13]
Gerade die im letzten Satz enthaltene kritische Einschränkung macht deutlich, daß es sich bei dieser Rezension keineswegs nur um ein galantes Kompliment an die »Gemahlin des bekannten Musikhändlers« handelte.
Etwa gleichzeitig mit ›Air russe varié‹ entstanden Louises große Orchesterouvertüren op. 23 und op. 24. Aristide hatte bei aller Fortschrittlichkeit offenbar gewisse Bedenken und gab diese Werke nicht im Druck heraus. Trotzdem wurden sie immer wieder aufgeführt, und zwar von durchaus prominenten und professionellen Ensembles wie der neugegründeten Konzertgesellschaft »Le Gymnase musical« und der »Société des Concerts du Conservatoire«[14]. Op. 24 erklang sogar im fernen Kopenhagen, in ehrenvoller Kombination mit der Waverley-Ouvertüre von Hector Berlioz.
Nachdem Robert Schumann 1836 den Bann gebrochen hatte, begannen sich jetzt auch andere einflußreiche Kritiker für Louises Schaffen zu interessieren. Maurice Bourges hielt die Leserschaft der exklusiven ›Revue et gazette musicale‹ über ihre Fortschritte auf dem laufenden, Kollege Berlioz bemerkte sogar, daß besonders die zweite Ouvertüre »gut geschrieben und mit einem für eine Frau außergewöhnlichen Talent orchestriert« sei.[15]

Ermutigt durch den Erfolg der Ouvertüren schrieb Louise drei große Sinfonien (op. 32, 35, 36) und war damit eine der ersten Frauen, die sich auf dieses Gebiet vorwagten. Die Weltpremiere von op. 32 fand 1845 im Musiksaal des Brüsseler Konservatoriums unter der Leitung des berühmten Musikschriftstellers und Dirigenten François-Joseph Fétis statt, die französische Erstaufführung wurde wenige Monate später von der »Société des Concerts du Conservatoire« gestaltet. 1846 folgte die zweite Sinfonie, 1849 die dritte.

76 Dritte Sinfonie von Louise Farrenc. Erster Satz (Anfang).

Louise befand sich jetzt auf dem Höhepunkt ihrer kompositorischen Karriere. Ihre Klavierstücke waren im Druck erschienen, Dirigenten wie Théophile Tilmant und Narcisse Girard interpretierten ihre Orchesterwerke neben solchen von Beethoven, Mozart und Berlioz. Die prominenten Musikkritiker, die ihre Sinfonien besprachen, konnten nun nicht länger an dem Problem »Frau und Komposition« vorbeisehen, zumal die revolutionäre Stimmung der vierziger Jahre ohnehin das Interesse für Fragen der Emanzipation geweckt hatte. Alle Rezensionen kamen übereinstimmend zu dem Ergebnis, daß Louise »das Talent aller komponierenden Frauen, die unserem Geschlecht Konkurrenz machen, übertrifft«[16]. Sie habe sich vor anderen Komponistinnen durch »noch nicht dagewesene Taten ausgezeichnet«, verkörpere überhaupt »die größte sinfonische Begabung unter den Frauen«[17]. Noch nie habe eine Komponistin »solche Vertrautheit mit der Werkstatt des Orchesters, solche Stärke der Konzeption und Ausführung bewiesen«. Madame Farrenc müsse ihre Rivalen unter Männern suchen. – Maurice Bourges, von dem diese letzte (offenbar als Kompliment gemeinte) Bemerkung stammt, wußte, wovon er sprach, denn er ließ seinem Artikel eine Aufzählung aller ihm bekannten Komponistinnen einschließlich Francesca

Caccini und Elisabeth Claude Jacquet de Laguerre folgen. Wenn sein Aufsatz auch einen für heutige Begriffe überheblichen Unterton hat, so läßt er doch Sachkenntnis und Bemühen um musikhistorische Objektivität erkennen.

Tatsächlich hat Louise diese positiven Würdigungen verdient. Bea Friedland hat hervorgehoben, daß ihre Sinfonien zwar eine gewisse Affinität zu klassischen Modellen zeigen, was die Klarheit der formalen Anlage betrifft; daß sie aber in ihrer fortgeschrittenen Harmonik und in der Feinheit des orchestralen Klanges durchaus individuell seien. Wenn überhaupt der Vergleich mit männlichen Komponisten zulässig und aussagekräftig sei, so lasse sich die Sinfonikerin Louise am ehesten neben Felix Mendelssohn stellen, der ebenfalls das klassische Ideal struktureller Klarheit in die romantische Tonsprache umgesetzt habe.

Seit 1839 wendet sich Louise immer mehr von der reinen Klavierkomposition ab, die ihrem vollentwickelten Talent nicht mehr zu genügen scheint. 1840 schreibt sie zwei große Quintette für Streicher und Klavier. Bea Friedland bemerkt mit Recht, daß diesen Stücken in der Musikgeschichte des 19. Jahrhunderts eine Sonderstellung zukommt, weil »die wichtigsten Werke ... für diese Besetzung – mit Ausnahme der Schubertschen – noch nicht geschrieben waren: Farrenc's Quintette gehen den Schumannschen um zwei bis drei Jahre voraus, den Brahmsschen sogar um fünfundzwanzig!«[18]

Louises entschlossene Hinwendung zur Kammermusik war aber noch in anderer Hinsicht bemerkenswert: das ein wenig oberflächliche Pariser Publikum bevorzugte entweder die brillante Solokomposition, das monumentale Orchesterwerk oder die bühnenwirksame Oper; an der zwischen diesen Gattungen stehenden Ensemblemusik fand es keinen rechten Gefallen. Es vermißte die äußeren Effekte, war wohl auch nicht bereit, über längere Zeit ein Höchstmaß an Konzentration aufzubringen.

Auf großen öffentlichen Erfolg konnte Louise also mit ihren Quintetten nicht rechnen. Folgerichtig ließ sie sie nicht im Saal des Konservatoriums, sondern bei sich zu Hause oder in den intimen Räumlichkeiten der Konzertveranstalter Erard und Pleyel aufführen, zum Teil mit Victorine als Pianistin. Die Anerkennung der Sachverständigen blieb allerdings auch jetzt nicht aus. So schrieb z. B. Henri Blanchard in der ›Revue et gazette musicale‹ vom 4. 11. 1840:

»Dieses zweite Quintett plaziert seine Schöpferin unter die bedeutendsten Komponisten dieses Genres. (Es) ist bemerkenswert wegen seiner kompositorischen Fertigkeit, der Klarheit der

Konzeption, der Einheit des Gedankens, der Gesundheit der Stimmführung, wegen des Geschmacks und der Eleganz des Stils, vor allem aber wegen seiner melodischen Ideen . . ., die alle von einer köstlichen Frische sind.«
Nach einem Nonett und einem Sextett für Klavier, Streicher und Bläser – der später weltberühmte ungarische Geiger Joseph Joachim spielte bei den Uraufführungen die erste Violine – schrieb Louise ihre beiden Trios für Klavier, Geige und Violoncello. Ihr Klavierstil ist in diesen großformatigen Werken noch reifer geworden. Sie verwendet vielstimmige Akkorde hoch über dem System und virtuose chromatische Passagen; besonders in den Durchführungsteilen der Kopfsätze ist die vom Klavier getragene Harmonik voll unerwarteter, hochdramatischer Wendungen.
1842 erhielt Louise eine Professur am Pariser Conservatoire, selbstverständlich nicht als Kompositionslehrerin, sondern als Klavierpädagogin. Aber auch in dieser Funktion stand sie einer Abteilung nur für Frauen vor, ein heute beinahe unvorstellbares Kuriosum! Später müssen sich allerdings die strengen Sitten gelockert haben, denn auch begabte Pianisten männlichen Geschlechts wie Ernest Reyer und die Brüder Lévy bewarben sich erfolgreich um ihren Unterricht. Louise bezog jahrelang zweihundert Francs weniger Gehalt als ihr Kollege Henri Herz. Erst nach dem Erfolg ihres Nonetts op. 38 wagte sie, sich über diese Ungerechtigkeit zu beschweren. Sie unterrichtete bis zum Jahre 1872 und veranstaltete mit Hilfe ihrer Schüler eine Reihe von Konzerten, deren Programme sich aus Werken des ›Trésor des pianistes‹ zusammensetzten.
Louise war zu ihrer Zeit die einzige Pianistin, die eine wirklich wichtige Stellung am Konservatorium einnahm. Andere Klavierspielerinnen erhielten höchstens einen Anstellungsvertrag als Begleiterin oder Repetitorin. Das Engagement, mit dem sie sich nach dem Tod von Mann und Tochter ihrer pädagogischen Arbeit widmete, ist von mißgünstigen Zeitgenossen als unweiblich, fanatisch, pedantisch usw. bezeichnet worden. Antoine François Marmontel behauptet in seinem 1878 erschienenen Buch ›Berühmte Pianisten‹, auch ihre eigenen Interpretationen seien, von Jean Baptist Cramer und Friedrich Kalkbrenner herkommend, korrekt und rein, aber kühl gewesen. Es ist recht typisch für die moderne deutsche Musikgeschichtsschreibung, daß ausgerechnet dieses Urteil in ›Die Musik in Geschichte und Gegenwart‹ zitiert wird. Die positiven Würdigungen von Schumann und Berlioz werden unterschlagen.

Louises Klavierspiel wird in Wirklichkeit eher dem entsprochen haben, was man heute unter einer gedanklich erarbeiteten Interpretation versteht. Auch Clara Schumann ist diesem Vortragsideal weitgehend gefolgt. Ganz genau wie Louise wurde auch ihr von französischen Liszt-Anhängern Mangel an Leidenschaft oder Wärme vorgeworfen. In Wahrheit stießen hier zwei verschiedene, miteinander absolut unvereinbare Interpretationsstile aufeinander: der intellektuell-beherrschte und der gefühlsbetont-virtuose. Das Urteil der einen oder anderen Partei in einem modernen Standardwerk als historisch »richtig« zu zitieren, ist ebenso unwissenschaftlich wie ungerecht.
Emile Haraszti, der Verfasser jenes Artikels, stellt seine Argumentation überdies dadurch in Frage, daß er eine Analogie zwischen Louises Aussehen und ihren Kompositionen konstruiert. »Nach ihrem Zeitgenossen A. Marmontel wirkten Persönlichkeit und Anblick der Komponistin etwas streng und sogar asketisch: das ist nicht ohne Wirkung auf ihre Kompositionen . . . geblieben.«
Man gestatte mir, einmal darüber zu spekulieren, wie denn die Werke männlicher Komponisten beurteilt werden müßten, wenn die Analogie »Aussehen = Kompositionsstil« dereinst als Kriterium musikwissenschaftlicher Urteilsbildung akzeptiert würde: wird man dann Schumanns ›Rheinische Sinfonie‹ als »feist«, Regers ›100. Psalm‹ als »fettleibig« und Hindemiths ›Harmonie der Welt‹ als »glatzköpfig« charakterisieren? Oder Mussorgskijs ›Bilder einer Ausstellung‹ als »versoffen«? »Schön« im herkömmlichen Sinne war Louise Farrenc sicher nicht. Honoré Chavée beobachtete an ihr »den Kopf und die Gesichtszüge einer Frau von großer Statur und fast maskulinem Betragen, das Haar grau gefärbt weniger aus Gründen des Alters als von fieberhafter gedanklicher Arbeit«. Ihre »breite und hohe Stirn« habe auf ein »mächtiges konstruktives Talent« schließen lassen, ihr Blick sei »fest und irgendwie anklagend« gewesen, die energische Furche zwischen ihren Augenbrauen so »wunderlich stark entwickelt«, wie er es noch nie an einer Musikerin gesehen habe.[19]
Die Preisrichter der Académie des Beaux Arts, die bestimmt weder besonders fortschrittlich noch frauenfreundlich waren, haben sich wesentlich objektiver gezeigt als Emile Haraszti und die Herausgeber von ›Die Musik in Geschichte und Gegenwart‹. Sie erkannten Louise den begehrten »Prix Chartier« zu, der später an die (über den Vorwurf des Akademismus wohl erhabenen) Komponisten Éduard Lalo, César Franck und Gabriel

Fauré ging. Auch diese Information wird von Haraszti schlichtweg unterschlagen. In dem Bericht der Akademie, der übrigens besonders Louises Sinfonien lobend hervorhebt, heißt es wörtlich:

»... Die Wahl ... ist auf Madame Farrenc gefallen, die das von dem Preisstifter bevorzugte Genre (der Sinfonie) durch Werke von größtem Wert bereichert hat ... Die Kompositionen ... strahlen im reinsten klassischen Stil und zeichnen sich durch erhabene Einfälle aus ...«[20]

Die französische Jury war im Jahre 1862 zu diesem Urteil gekommen. Sechs Jahre zuvor war Aristide Farrenc nach Deutschland gereist, um dort das sinfonische Werk seiner Frau populärer zu machen. Aber er stieß bei Dirigenten und Konzertveranstaltern auf eisige Ablehnung. Der Kapellmeister der Frankfurter Museumsgesellschaft wies ihm aus »banalen Gründen« die Tür, ein Brief an die Direktion des Leipziger Gewandhauses wurde erst gar nicht beantwortet. – Louise hat sich durch diese Reaktion zum Glück nicht beeindrucken lassen, zumal sie sich nach wie vor der »uneingeschränkten Anerkennung französischer Kritiker« erfreute.[21] Ein Jahr nach Aristides Rückkehr komponierte sie noch zwei Trios (op. 44 und op. 45) für Klarinette beziehungsweise Flöte, Violoncello und Klavier. Erst nach dem Tod von Victorine im Jahre 1859 hat sie die Freude an musikalisch-schöpferischer Tätigkeit verloren. Sie regte auch die Aufführung eigener Werke nicht mehr an, vermutlich, um nicht mehr als nötig an ihre Tochter, die beste Interpretin ihrer Klavierstücke, erinnert zu werden.

Louises Kompositionen, von der frankophonen Musikgeschichtsschreibung bis heute durchaus sachlich und mit Respekt behandelt, sind in Deutschland völlig unbekannt. Das ist übrigens kein Wunder, da ›Die Musik in Geschichte und Gegenwart‹ die Legende verbreitet, daß »die Mehrzahl ... unveröffentlicht ... oder unter dem Namen ihres Gatten« publiziert ist. Aristide hat sich nie solch einer patriarchalen Anmaßung schuldig gemacht. Er half seiner Frau lediglich bei ihren ersten kompositorischen Versuchen und ließ nicht weniger als einundvierzig ihrer Werke im Druck erscheinen. Nur die Fugen für Klavier op. 22, die beiden Orchesterouvertüren, die drei Sinfonien, das Nonett und das Sextett op. 38 und op. 40 sind Manuskripte geblieben.

Amerikanische Musikwissenschaftlerinnen feministischer Ausrichtung haben sich, offenbar angeregt durch die Dissertation von Bea Friedland, seit 1978 auf Louises Kammermusik besonnen. Einzelne Besprechungen sind im ›Journal of women in Music‹ (»Paid my dues«) erschienen[22], die Klaviertrios wurden sogar auf Schallplatten eingespielt.[23] Das ist gewiß ein vielversprechender Neubeginn. Louise Farrencs Kompositionen hätten es jedoch verdient, aus der feministischen Isolation herausgeholt und zum selbstverständlichen Bestandteil des romantischen Konzertrepertoires zu werden, ganz wie es zu Lebzeiten der Künstlerin in Frankreich und Belgien der Fall gewesen ist.

Anmerkungen

1 Vgl. dazu A. M. Grétry, Memoires en Essais sur la Musique, o.O.u.J., hrsg. von D. K. Spazier, Leipzig 1880; das »Divertissement en un acte et en prose« mit dem Titel ›Le Mariage d'Antonio‹ wurde am 29. Juli 1786 am Théâtre de la Comédie Italienne aufgeführt. A. Krille (Beiträge zur Geschichte der Musikerziehung . . ., S. 139) zitiert einige zeitgenössische Berichte, in denen es u. a. heißt, daß über die bekannte Bravour-Arie aus dieser Oper »Pergolesi selbst nicht mißvergnügt sein würde«.

2 Vgl. Bea Friedland, Louise Farrenc, Diss. New York 1975, S. 22.

3 Vgl. dies., ebenda.

4 Vgl. dies., S. 61; ferner A. Elson, Woman's Work in Music, Boston 1931, S. 182f. Nach diesem Autor studierte Louise Angélique bei Fétis. Er zählt die folgenden, von ihr komponierten Opern auf: Guy Mamering (private Aufführung), Le Loup Garou (öffentlich), Faust (öffentlich), Masaniello (öffentlich), Wilhelm Tell (öffentlich), Esmeralda (öffentlich) und Notre Dame (öffentlich).

5 Vgl. A. Elson, Woman's Work in Music, S.180f. Die Vicomtesse de Grandval arbeitete »praktisch auf allen Gebieten der Komposition«. Einige ihrer Operntitel: ›Le Sou de Lise‹, ›Les Fiancés de Rosa‹, ›La Comtesse Eva‹, ›La Penitante‹, ›Piccolino und Mazeppa‹. Zwei Messen von ihr sind häufig in Paris aufgeführt worden.

6 Vgl. A. Elson, Woman's Work in Music, S. 178 ff. Ihre erste Oper ›Hero et Leandre‹ wurde 1874 uraufgeführt. Sie schrieb u. a. eine Sinfonie ›Lutèce‹ und zwei sinfonische Gedichte (›Pologne‹ und ›Irlande‹), ein lyrisches Drama ›Les Argonautes‹, ferner die ›Vision de Sainte Therese‹ für Stimme und Orchester und eine große ›Ode Triomphale‹. Augusta Mary Anne komponierte ihre Lieder meist auf eigene Texte. Weitere Hinweise bei P. Barrilon-Banche, Augusta Holmès et la femme compositeur, Paris 1912; R. Myers, Augusta Holmès, A Meteoric Career, in: The Musical Quarterly LIII, 1967.

7 Vgl. dazu S. 325.

8 Genaueres bei Bea Friedland, Louise Farrenc, S. 310 ff.

9 Die folgende Darstellung stützt sich in erster Linie auf das bisher umfassendste Werk über Louise, die Dissertation von Bea Friedland. Vgl. dazu den (in Deutschland leichter erreichbaren) Aufsatz derselben Autorin: ›Louise Farrenc: Composer, Performer, Scholar‹, in: The Musical Quarterly 60 (1974), S. 257–274.

10 Die Musik in Geschichte und Gegenwart. Artikel ›Farrenc‹.

11 Umfassendes Werkverzeichnis bei B. Friedland, Louise Farrenc, Appendix.
12 B. Friedland, Louise Farrenc, S. 42.
13 Robert Schumann, Gesammelte Schriften I, S. 225.
14 Vgl. z. B. die Gazette Musicale, 19. September 1847.
15 Revue et gazette musicale, 9. April 1840.
16 Henri Blanchard über die Pariser Premiere der viersätzigen Sinfonie in c-moll.
17 M. Bourges in der Gazette Musicale, 19. September 1847.
18 B. Friedland, Louise Farrenc, S. 56.
19 in: France Musicale, 31. März 1851.
20 Zit. nach B. Friedland, Louise Farrenc, S. 133.
21 Genaue Schilderung der peinlichen Episoden bei B. Friedland, Louise Farrenc, S. 115 ff.
22 Vol. III, I (1978).
23 Musical Heritage Society, no 3766. Bezugsadresse: 14 Park Road, Triton Falls, New Jersey 07724.

Abb. 28: Clara Schumann.

CLARA SCHUMANN UND LOUISE ADOLPHA LE BEAU

Komponistinnen und Virtuosinnen der Hochromantik

Die Lebens- und Liebesgeschichte von CLARA SCHUMANN (1819–1896) hat, wie ihre Tochter Eugenie schreibt, »von jeher die Teilnahme der ganzen menschlich fühlenden Welt gefunden«. Sie müsse fürchten, mit allem, was sie über diesen »Liebesroman« sage, »nur längst Bekanntes zu wiederholen«[1]. – Diese Worte beziehen sich auf die späten zwanziger Jahre, in denen Clara schon seit langem Legende war. Bereits damals gab es eine kaum noch überschaubare Fülle sentimentaler und melodramatischer Veröffentlichungen, deren Autoren, je nach Kenntnisstand und ideologischem Selbstverständnis, den einen oder anderen Aspekt dieses »großen Frauenlebens« phantasievoll ausschmückten: Clara Schumann als engelgleiches Wunderkind, als leidenschaftliche Geliebte, als dienende Ehefrau und Mutter, als zu Tode betrübte Witwe, als Hohepriesterin der Kunst.[2]
Eugenie hat in ihren Büchern[3] manche dieser bildungsbürgerlichen Sentimentalitäten weiter fortgesponnen, andererseits aber auch vieles historisch zurechtgerückt. So erfährt der Leser mit Staunen, daß die während des Nationalsozialismus zum Mütterlichkeitsidol der deutschen Nation hochstilisierte Clara ein recht kühles Verhältnis zu ihren Kindern hatte. Die Mädchen wurden nach Roberts Tod von streng-protestantischen Internatsfräulein erzogen, die Jungen kamen zu »guten Familien« in Pension. Clara hat vier ihrer sieben Kinder überlebt. Zwei davon starben in sogenannten Irrenanstalten, eine bemerkenswerte Analogie zum traurigen Ende Robert Schumanns.
Trotz dieser unbestreitbaren Tatsachen ist der Muttermythos fleißig weitertradiert worden. Während des »Dritten Reiches« nahm er die phantastischsten Formen an, aber auch noch in Schiedermeiers 1978 erschienener Biographie lebt er weiter fort. Ein Versuch, ihn in einer Rundfunksendung vorsichtig abzubauen, löste besonders unter den älteren Hörern eine kleine Palastrevolution aus.[4]
Selten ist in der Musikgeschichte so viel Kitsch, so viel unkritisch Glorifizierendes geschrieben worden wie im Falle Clara Schumann, aber: man wird in der Fülle dieser bürgerlichen Gefühls-

ergüsse vergeblich nach konkreten Informationen über ihre künstlerische Leistung suchen. Claras Klavierspiel wird heute noch mit denselben irrationalen Metaphern beschrieben, die vor mehr als hundert Jahren Franz Liszt benutzte. Eine schlichte wissenschaftliche Arbeit über die von ihr begründete Interpretationsrichtung, über ihre Leistungen als Pädagogin und ihre Rolle im Kampf der um Brahms versammelten Nachromantik gegen Wagner und das Virtuosentum steht bis heute noch aus. Das gleiche gilt für ihr kompositorisches Werk[5], das immerhin dreiundzwanzig veröffentlichte opera umfaßt und damit wesentlich umfangreicher ist, als man es von einer »Frau im Schatten des Genies« erwarten würde.

Die herkömmlichen Biographien erwähnen Claras Mutter, die Kantorentochter Marianne Tromlitz, meist nur am Rande. Vor ihrer Ehe mit Friedrich Wieck war sie als Pianistin in den Leipziger Gewandhauskonzerten aufgetreten. Man wird also annehmen müssen, daß auch sie die musikalische Bildung des Kindes stark beeinflußt hat, zumal ihr Verhältnis zu Clara noch Jahrzehnte nach der Scheidung überaus herzlich und liebevoll war. Nach der Trennung von Marianne bemühte sich Wieck mit Erfolg, Clara zum Aushängeschild seiner klavierpädagogischen Methode zu machen, die in der Tat vieles für sich hatte: Auch Robert Schumann und Hans von Bülow sind unter seiner Aufsicht zu hervorragenden Pianisten herangewachsen. Vater Wieck wollte jedoch nicht einsehen, daß zwischen einem achtzehnjährigen Klavierstudenten und einem sechsjährigen Mädchen ein Unterschied bestand. Schumann und Bülow waren, als sie zu ihm kamen, schon vielseitig gebildete Persönlichkeiten. Sie waren gereist und zur Schule gegangen, hatten studiert und im Café gesessen, schwärmten für die Dichtung ihrer Zeitgenossen und hatten manche psychische Krise hinter sich. Das harte pianistische Training gab ihnen nur noch den letzten Schliff. Für Clara hingegen waren Tonleitern, Dreiklänge und Etüden von klein auf ausschließlicher Lebensinhalt. An ihre außermusikalische Bildung wurde ebenso wenig gedacht wie an den Kontakt mit Gleichaltrigen. Hinzu kam, daß Wieck es in seinen Klavierstunden an liebevoller Anerkennung fehlen ließ. Es mutet fast wie Sadismus an, wenn er der erst Neunjährigen ins Tagebuch diktierte:

»Mein Vater, der längst schon vergebens auf eine Sinnesänderung von meiner Seite gehofft hatte, bemerkte heute nochmals, daß ich immer noch so faul, nachlässig, unordentlich, eigensinnig, unfolgsam etc. sei, daß ich dies namentlich auch im Klavierspiel sei, und weil ich Hüntens neue Variationen op. 26 in seiner Gegenwart so schlecht spielte, ... so zerriß er das Exemplar vor meinen Augen, und von heute an will er mir keine Stunde mehr geben, und ich darf nichts weiter spielen als die Tonleitern, Cramers Etüden und Czernys Trillerübungen.«[6]

Wenn Wieck dem kleinen Mädchen Kompositionsunterricht vom Thomaskantor Weinlig und vom Kapellmeister Heinrich Dorn erteilen ließ, so geschah das wohl weniger, um – wie die Musikschriftstellerin Marie Lipsius in unkritischer Übernahme der Clara-Legende meint – »ihrem schöpferischen Trieb Nahrung und Regelung zu geben«[7]. Gegen diese Annahme spricht schon die banale Erkenntnis, daß kreative Begabung einen gewissen Freiraum für ihre Entfaltung braucht, und den bot Claras streng reglementierter Tagesablauf sicher nicht. Vater Wieck hatte vielmehr mit der ihm eigenen Geschäftstüchtigkeit erkannt, daß sich der Erfolg seines allerorts bestaunten Wunderkindes noch vergrößern würde, wenn es auch ein wenig komponieren konnte; natürlich keine anspruchsvolle Klaviermusik wie die ›Papillons‹ seines Studenten Robert Schumann, sondern brillante und sentimentale Rondos, Romanzen und Capricen, ganz wie es das teils großbürgerliche, teils aristokratische Publikum von einer künftigen jungen Dame erwartete. Daß man Wieck mit dieser Interpretation kein Unrecht tut, zeigt schon ein Blick auf Claras op. 1 bis op. 11: die Titel lauten etwa ›Soirées musicales‹, ›Variations de Concert‹, ›Souvenir de Vienne‹, entsprechen also der sentimal-bravourösen Klaviertradition französischer Provenienz, die auch ihr frühes Repertoire als Interpretin beherrschte. Bis 1835 überwogen in ihren Konzertprogrammen Kompositionen von Ignaz Pleyel, Ignaz Moscheles, Friedrich Kalkbrenner, Johann Peter Pixis und Henri Herz. Erst nach dem Zurückgehen des väterlichen Einflusses gewannen ernstzunehmende Stücke von Beethoven, Bach, Schumann die Oberhand.[8]

Obwohl man also zusammenfassen darf, daß op. 1 bis op. 11 in erster Linie Zugeständnisse an ein Publikum waren, das »lediglich erstaunliche Technik und gefällige, nichtssagende Melodik« erwartete[9], gibt es auch in diesen Stücken einzelne individuelle Züge. Das gilt besonders für die ›Quatre pièces caracteristiques‹ op. 5. Die letzte Nummer – ›Ballets des Revenants‹ – ist voll von unheimlichen, spukhaften Stimmungen, raffinierten Taktverschiebungen und scharfen Dissonanzen, »wie sich überhaupt in dem ganzen Heft eine bemerkenswerte Beherrschung auch entlegener harmonischer Möglichkeiten zeigt«[10].

Der Opuszahl nach folgen nun die ›Soirées musicales‹ mit den

Sätzen Toccata, Ballade, Nocturne, Polonaise und Mazurka. Robert Schumann, damals schon leidenschaftlich in Clara verliebt, hat dieses Werk in seiner ›Neuen Zeitschrift für Musik‹ ausführlich besprochen. Wie immer bereitet es Schwierigkeiten, seine an Bildern und Andeutungen reiche Sprache auf ein Werturteil zu reduzieren. Aber es sieht doch so aus, als ob er mit dem, was er taktvoll als »ausländische Phantasie« umschreibt, in Wirklichkeit einen Mangel an theoretischer Schulung meint. In der Rezension vom 12. September 1837, die natürlich auch Positives enthält, heißt es wörtlich:

»Sind sie (die Soirées) doch einer zu ausländischen Phantasie entsprungen, als daß hier die bloße Übung ausreichte, diese seltsam verschlungenen Arabesken verfolgen zu können . . . Einesteils verraten die Soiréen doch gewiß jedem ein so zartes, überwallendes Leben, das vom leisesten Hauche bewegt zu werden scheint, und doch auch wieder einen Reichtum an ungewöhnlichen Mitteln, eine Macht, die heimlicheren, tiefer schimmernden Fäden der Harmonie zu verwirren und auseinanderzulegen, wie man es nur an erfahrenen Künstlern, an Männern gewöhnt ist . . .«[11] (Siehe Notenbeispiel 77.)

Die ›Drei Romanzen‹ op. 11 sind »Monsieur Robert Schumann« gewidmet, was um so mehr hervorzuheben ist, als sie in einer Zeit schwerer partnerschaftlicher Konflikte entstanden. Claras Biographen haben ihre Liebesbeziehung zu Robert als ungetrübte Idylle geschildert, die nur durch das autoritäre Gebaren Friedrich Wiecks gestört worden sei. Diese Darstellung ist leider falsch. Wie ein Blick in Litzmanns Quellensammlung zeigt, hat das junge Mädchen von Anfang an geschwankt. Einmal, weil es den Vater nicht verletzen wollte, zum anderen, weil es vor der Ehe mit einem so sensibel veranlagten Mann zurückschreckte. Clara wollte, wie sie ihm mit erstaunlicher Härte vortrug, ein »anständiges«, »sorgenfreies« Leben führen, schob den Zeitpunkt der Heirat immer wieder hinaus, um Robert Zeit zur Ansammlung eines Startkapitals zu geben. Daß der Komponist auf solche materialistischen Äußerungen mit Entfremdung, Depressionen und Selbstmordabsichten reagierte, ist der nüchtern und praktisch denkenden Clara zeitlebens unverständlich geblieben.

Doch selbst in diesen Zeiten oft brutaler Auseinandersetzungen war sie objektiv genug, seine Überlegenheit als Komponist anzuerkennen. Deutlichstes Zeichen dieser Anerkennung war ihr Entschluß, seine dem herrschenden Publikumsgeschmack so wenig entsprechenden ›Symphonischen Etüden‹ und die ihr

77 ›Mazurka‹ aus den ›Soirées musicales‹ von Clara Schumann (Anfang).

gewidmete fis-Moll-Sonate öffentlich vorzutragen. »Ich habe eine sonderbare Furcht, Dir etwas von meiner Komposition zu zeigen, ich schäme mich immer«, hat sie ihm einmal voll Bewunderung geschrieben.[12] Aber: Clara war eben doch zu wenig »dienendes« und »gehorsames« Weib, um sich seinem Urteil bedingungslos zu unterwerfen. Ungemein aufschlußreich ist die Auseinandersetzung um die ›Idylle‹, das dritte Stück der Romanzen op. 11:

Robert hatte Clara im Frühjahr 1839 gebeten, ein Stück für die musikalische Beilage seiner Zeitung zu schreiben. Sie schickte ihm daraufhin die Idylle in As-Dur. Obwohl er, wie wir von Johanna Kinkel und Louise Farrenc wissen, keine kleinlichen Vorurteile gegen weibliche Komponisten hatte, fand er an diesem Klavierstück manches auszusetzen: die Überschrift sagte ihm nicht zu – er fasse die Komposition »mehr elegisch« auf und würde sie darum lieber »Notturno« nennen – und auch mit der Ausführung sei er, trotz »zarter Motive«, »allerhand Gedanken und Hoffnungen« nicht zufrieden. Er änderte das Stück kurz entschlossen nach seinem Geschmack ab. Hierauf wollte sich nun Clara wieder nicht einlassen. Sie antwortete ihm recht selbstbewußt und zugleich ein wenig gekränkt:

»Doch verzeihst Du mir gewiß, wenn ich Dir sage, daß mir einiges daran nicht gefällt. Den Schluß, mir stets das Liebste, hast Du ganz und gar geändert, und der machte auf Jeden Effekt . . .; das Thema scheint mir gleich im Anfang zu gelehrt, etwas zu wenig einfach und klar . . . Ich wollte Dich fragen, ob Du nicht meinst, ich lasse es hier im Verein mit noch einigen anderen kleinen Sachen so drucken, wie ich es erst hatte, und Du nimmst es in die Zeitung, ganz so, wie Du es geändert hast, und nennst es Notturno, obgleich mir der Name etwas fremd vorkömmt . . .«[13]

Wir wissen nicht, wie diese Meinungsverschiedenheit schließlich ausgegangen ist. Jedenfalls entschlüpfte Robert die besorgte Bemerkung:

»Und doch glaub' ich, sind wir in unserem Urteil oft weit auseinander. Daß wir uns später darüber ja keine bitteren Stunden machen.« – Nun, die Idylle wurde auf seine Anregung hin gemeinsam mit zwei von ihm sehr gelobten Romanzen bei Mechetti in Wien verlegt. Damit schien die kleine Polemik beendet.

Die umfangreichste und bekannteste Komposition aus der Zeit vor der Ehe ist das Klavierkonzert in a-Moll, das, obgleich es der virtuosenhaften Richtung angehört, noch heute von namhaften

Pianisten wie Michael Ponti[14] gespielt wird. Sein erster Satz erinnert mit seinem kräftigen, von Arabesken umspielten Hauptthema lebhaft an Chopin, dessen e-Moll-Konzert Clara damals schon beherrschte. Der zweite Satz, eine Romanze in As-Dur, fällt in seiner schmachtenden Sentimentalität gegen den ersten etwas ab, der dritte besticht durch einen brillanten Klavierpart und einfache, aber geschmackvolle Instrumentierung.

78 Finale aus dem Klavierkonzert a-moll von Clara Schumann (Ausschnitt).

Das Konzert hatte, weil es zu sehr zwischen konventioneller Virtuosität und Chopinscher Rhythmik und Melodik schwankte, bei der Uraufführung einen nur mäßigen Erfolg. Offensichtlich ist es auch von der gegen fremde Kritik sehr empfindlichen Clara nicht wieder öffentlich gespielt worden. Trotzdem war es, wie Richard Hohenemser zutreffend bemerkt, »als das Werk

eines vierzehn- bis fünfzehnjährigen Mädchens ... eine ganz erstaunliche Leistung«[15]. Im vierten seiner »Schwärmbriefe an Chiara« hat Schumann – in der Allegoriegestalt des Eusebius – seinen ganz persönlichen Eindruck blumenreich geschildert. Das Ganze klingt wie immer metaphorisch und enthusiastisch, ist aber nicht frei von berechtigter, wenn auch liebenswürdig verpackter Kritik. »So hört' ich hier Gedanken, die oft nicht die rechten Dolmetscher gewählt hatten, um in ihrer ganzen Schöne zu glänzen, aber der feurige Geist, der sie trieb ..., strömte sie endlich sicher zum Ziel«, heißt es da unter anderem.[16]
Claras a-Moll-Konzert sollte später noch Anlaß zu wirklichen Differenzen geben. Als es 1837 bei Hofmeister in Leipzig herauskam, rechneten Vater und Tochter fest auf eine Besprechung in der ›Neuen Zeitschrift für Musik‹. Die Rezension erschien dann auch, war aber wider alles Erwarten nicht von Schumann selbst, sondern von seinem Mitarbeiter C. F. Becker verfaßt. Der wiederum war taktlos genug, zu bemerken, von einer wirklichen Kritik solle gar keine Rede sein, »weil wir es mit dem Werke einer Dame zu thun haben«. – Clara fühlte sich durch diese banalen Redensarten tief gekränkt, sah wohl auch die Behauptung ihres Vaters bestätigt, daß Schumann zu träge, gleichgültig und mißgünstig sei, ihren Ruhm als Komponistin journalistisch zu fördern.[17] Sie machte Robert brieflich die bittersten Vorwürfe:
»Vater kann sich nicht denken, daß ich glücklich mit Dir werden könnte, denn er sagt: ›Thut Schumann nicht einmal jetzt in diesen Verhältnissen etwas für die Clara – sollte er etwas thun, wenn er verheiratet ist?‹«[18] – Robert mag viele Gründe gehabt haben, das a-Moll-Konzert nicht eingehend zu besprechen. Vor einer sachlichen Beurteilung schreckte er aus Liebe zu Clara zurück, eine überschwenglich enthusiastische wäre ihm Wieck gegenüber als »zudringlich und ... bedientenmäßig« erschienen. In jedem Fall empfand er Claras Brief als »todtenkalt« und »unzufrieden«, und die ohnehin problematische Beziehung war um einen unbewältigten Konflikt reicher.
Nach der Heirat im Jahre 1840 mußte Clara ihre Tätigkeit als Virtuosin aus verschiedenen Gründen einschränken. Da sie in dreizehnjährigem Zusammenleben acht Kinder bekam, konnte sie nur drei große Konzertreisen machen: nach Skandinavien, Rußland und Wien. Während dieser Zeit entwickelte Robert eine immer stärker werdende Abneigung gegen ihr öffentliches Auftreten. Das ruhelose und zugleich unproduktive Reiseleben deprimierte ihn; er konnte es nicht ertragen, daß das Publikum Claras Spiel weit mehr honorierte als seine für den damaligen

Hörer schwer verständlichen Kompositionen. Gereiztheit und psychosomatische Beschwerden waren die Folge. Aber auch zu Hause durfte Clara nicht wie gewohnt üben, denn Robert wurde durch die geringste Störung vom Komponieren abgelenkt. In den Tagebüchern aus den ersten Ehejahren klagt die junge Ehefrau über diesen schier unlösbaren Konflikt.[19]

Robert hat seiner Arbeit mit der größten Selbstverständlichkeit den Vorrang gegeben. Er redete sich ein, Clara sei »glücklich in den Verhältnissen, wie sie sich nun einmal nicht ändern lassen«[20], tröstete sich auch mit dem Gedanken, daß ihre musikalische Bildung tiefer, ihr Spiel »geistiger und zarter« geworden sei. Damit hatte er in der Tat nicht ganz unrecht. Denn Clara hatte jetzt endlich einmal Gelegenheit, etwas für ihre geistige Bildung zu tun, die unter der väterlichen Obhut so sträflich vernachlässigt worden war. Dichter wie Goethe, Shakespeare und Jean Paul lernte sie eigentlich erst durch Schumann und Mendelssohn kennen. Vor dem erweiterten intellektuellen Horizont erschien ihr auch die Virtuosenmusik immer blasser. Noch intensiver als bisher studierte sie Beethoven, Bach, Schumann und Chopin und war an musikalischer Reife bald ihrem einstigen Kritiker, dem biederen Organisten Becker überlegen:

»Ich spielte Sonntag nachmittag einige Sonaten von Beethoven, doch fanden weder Becker noch Krägen Genuß daran ... Ihre Bildung ist mehr auf das Virtuosentum gerichtet als auf die wahre Musik. Eine Fuge von Bach z. B. langweilt sie, sie sind nicht fähig, die Schönheit zu empfinden, die in dem verschiedenen Eintreten der Stimmen mit dem Thema liegt ... Je weniger ich jetzt öffentlich spiele, je mehr wird mir das ganze mechanische Virtuosentum verhaßt. Die Konzertkompositionen als: Etüden von Henselt, Phantasien von Thalberg, Liszt usw. sind mir ganz zuwider geworden ... Alles das kann keinen dauernden Genuß schaffen.«[21]

Auch als Komponistin hat sich Clara jetzt völlig von der Salon- und Virtuosenmusik freigemacht. Gemeinsam mit Robert, der das Jahr 1840 als »mein Liederjahr« bezeichnet, wendet sie sich derjenigen Musikgattung zu, die wohl am wenigsten auf Effekthascherei und großen Publikumserfolg zugeschnitten ist: dem schlichten deutschen Klavierlied. Robert hat den Plan, Rückerts ›Liebesfrühling‹ gemeinsam mit ihr zu vertonen. In rasanter Geschwindigkeit stellt er die ersten neun Nummern fertig. Clara, an so intensive schöpferische Arbeit nicht gewöhnt, läßt sich von diesem übermächtigen Vorbild fast wieder entmutigen: »Ich habe mich schon einige Male an die mir von Robert aufgezeichneten Gedichte von Rückert gemacht, doch will es gar nicht gehen, ich habe gar kein Talent zur Komposition!«[22]

Im Juni 1841, drei Monate vor der Geburt der Tochter Marie, ist jedoch auch ihr Anteil am ›Liebesfrühling‹ fertig. Es sind die Lieder ›Warum willst Du andre fragen?‹, ›Er ist gekommen in Sturm und Regen‹ und ›Liebst Du um Schönheit, o nicht mich liebe‹, die in einer gemeinsamen Ausgabe – als Claras op. 12 bzw. Roberts op. 37 – bei Breitkopf & Härtel erschienen. Ganz sicher gehören diese Lieder zu dem Besten, was Clara je geschrieben hat. Sie haben selbständige, zum Teil unruhig bewegte Begleitungen, Nachspiele, in denen die Gesamtstimmung langsam ausklingt. Das dritte Lied entfernt sich mit seinem kontrapunktischen Klavierpart und den schönen Sequenzen aus Septimenakkorden vielleicht am weitesten vom Schumannschen Vorbild:

79 ›Liebst du um Schönheit‹. Lied von Clara Schumann aus Rückerts ›Liebesfrühling‹, op. 12 (Schluß).

Wenn Claras Anteil an diesem op. 37 heute auch kaum noch bekannt ist: der Textdichter Friedrich Rückert schätzte ihn nicht geringer ein als den ihres Mannes. »An Robert und Clara Schumann . . ., für ihre Tonsetzungen zu meinem Liebesfrühling«, so hat er sein Dankesgedicht aus dem Jahre 1842 überschrieben:

»Meine Lieder
singt ihr wieder,
mein Empfinden
klingt ihr wieder,
mein Gefühl
beschwingt ihr wieder,
meinen Frühling
bringt ihr wieder,
mich, wie schön,
verjüngt ihr wieder.«

Ermutigt durch diese unerwartete Anerkennung arbeitete Clara in den folgenden Monaten an einem weiteren Zyklus, der 1843 als op. 13 veröffentlicht wurde. Die Texte stammten diesmal von Heine, Geibel und Rückert. Robert Schumann notierte in seinem Tagebuch, daß Claras Vertonung von ›Sie liebten sich beide‹ (Heine) »das gelungenste« sei, »was sie bis jetzt überhaupt geschrieben hat«[23]. Tatsächlich hat die nüchterne und vitale Frau »einen so herben Ton tiefsten Schmerzes . . . niemals sonst angeschlagen. Die Deklamation mit den charakteristischen Pausen ist ausgezeichnet, die Begleitung . . . harmonisch sehr eindrucksvoll, namentlich durch den Orgelpunkt im Anfang«[24].
Ist der Ton dieses Liedes vielleicht deshalb so »herb« und voll »tiefsten Schmerzes«, weil das Heinesche Gedicht von den ständig einander mißverstehenden Partnern so gut auf die eigene Ehe paßte? Diese Vermutung liegt recht nahe, zumal sich bei Robert eine analoge Entwicklung beobachten läßt: Seine einhundertsechsundzwanzig Lieder, die allein im Jahr der Vermählung

entstanden, schildern keineswegs ein gänzlich konfliktfreies Zusammenleben. Der Zyklus ›Dichterliebe‹ op. 48 nimmt sogar in mancher Vertonung die Düsseldorfer Entfremdung und den Selbstmordversuch musikalisch-literarisch vorweg.

Die wenige Zeit, die ihr zwischen Konzertreisen, Entbindungen, Üben und Haushaltspflichten bleibt, nutzt Clara zu ihrer musikalischen Weiterbildung. Gemeinsam mit Robert, der gerade an seinen Streichquartetten op. 41 arbeitet, vertieft sie sich in die Geschichte der Quartettmusik. Die Mozartschen und Haydnschen Werke dieser Gattung hört sie jetzt – mit immerhin fünfundzwanzig Jahren – zum ersten Mal, ein weiterer Beweis dafür, *wie* einseitig ihre musikalische Ausbildung gewesen ist. Doch Clara nimmt die neuen Anregungen so begierig und gründlich auf, daß sie wenige Jahre später selbst Kammermusik schreiben kann, zwar kein Streichquartett, aber wenigstens ein Klaviertrio. In dieser Zeit hatte sie auch in ihrem Tagebuch notiert: »Jetzt erst fange ich an, Gefallen an Quartettmusik zu finden, denn bis jetzt muß ich offen bekennen, langweilte mich diese Musik meistens, ich konnte das Schöne nicht heraus finden.«[25]

1845 gerät Robert in eine »Fugenpassion«, wovon Clara, wie immer, profitiert. Sie betreibt unter seiner Aufsicht kontrapunktische Studien, was ihr »trotz der Mühe viel Freude machte«. Ausdruck dieser Freude ist der Klavierzyklus ›Präludien und Fugen für das Pianoforte op. 16‹. Clara selbst hat von diesen Stücken, die irgendwann zwischen Umzügen, im Hotel, vielleicht sogar im Wochenbett entstanden, nie viel Aufhebens gemacht. Nicht einmal eine Tagebucheintragung findet sich darüber. Sie wußte genau, daß zur Komposition anspruchsvoller und großformatiger Klaviermusik nicht nur Begabung, sondern auch Ruhe gehörte, und die konnten eben nicht beide Ehepartner gleichzeitig haben. Robert hat diese Situation durchaus realistisch eingeschätzt, freilich ohne die ernsthafte Absicht, etwas daran zu ändern:

»Clara hat eine Reihe von kleineren Stücken geschrieben, in der Erfindung so zart und musikreich, wie es ihr füher noch nicht gelungen. Aber Kinder haben und einen immer phantasierenden Mann und komponieren, geht nicht zusammen. Es fehlt ihr die anhaltende Übung, und dies rührt mich oft, da so mancher inniger Gedanke verloren geht, den sie nicht auszuführen vermag.«[26]

Auf der gemeinsamen Rußlandreise, von der das Ehepaar im Sommer 1844 zurückkehrte, hatten sich Roberts Depressionen

80 ›Fuga III‹ aus den Präludien und Fugen op. 16 von Clara Schumann (Ausschnitt).

stark verschlimmert. Durch Claras öffentliches Auftreten fühlte er sich ständig in den Hintergrund gedrängt, sein Selbstwertgefühl als Künstler und Mann erlitt empfindliche Einbußen. Robert brachte es nicht fertig, sich in einer Aussprache Luft zu machen, sah vielleicht auch nach vielen erfolglosen Verständigungsversuchen keinen Sinn mehr darin. So wirkte er auf das Publikum finster, geistesabwesend und verschlossen. Für Clara war dies recht belastend. Er verscherzte ihr manche Sympathie, litt zudem ständig an Rheuma und Schwindelanfällen, so daß die Reise immer wieder unterbrochen werden mußte. – Nach der Rückkehr aus Rußland verlegten die Schumanns ihren Wohnsitz von Leipzig nach Dresden. Offenbar war Robert der ein wenig naiven Ansicht, daß sich seine Beziehung zu Clara durch einen Ortswechsel bessern würde, wobei er unter »Besserung« ein völliges Sich-Zurückziehen der Künstlerin in Familie und Kinderstube verstand. 1845 wurde Julie geboren, Emil elf Monate später, Ludwig im Jahre 1848 und Ferdinand nach weiteren anderthalb Jahren. Claras Tagebücher sind voll von Klagen über diese Situation, die ihr eine Fortsetzung ihrer Karriere nahezu unmöglich machte. Eine Konzertreise nach Wien endete als totaler Mißerfolg, und das nicht nur wegen der angeblich zu anspruchsvollen Programmgestaltung. Clara, die oft monatelang nicht zum Üben gekommen war, hatte »jene mechanische

Sicherheit«, jene »Schnellkraft der Finger« verloren, mit der sie früher das Wiener Publikum begeistert hatte. Auch ihre persönliche Ausstrahlung, einst wichtigster Pluspunkt gegenüber anderen Pianisten, hatte merklich nachgelassen. Sie war nicht mehr »engelgleiches Wunderkind« und noch nicht »Hohepriesterin der Kunst«; sie war schlicht und einfach eine nicht mehr ganz junge Frau, deren Figur durch die zahlreichen Schwangerschaften gelitten hatte. Solche Frauen sah man zu Hause jeden Tag, dafür brauchte man nicht eigens ins Konzert zu gehen.

Es klingt fast wie Hohn, wenn Schumann und Litzmann ausgerechnet jetzt, wo Clara schon aus körperlichen Gründen gar nicht mehr ausbrechen konnte, von einer Identifikation mit der Hausfrauenrolle sprechen: »Dieses Dienen, dieses Einordnen und Unterordnen, das eine kleinere Natur hätte zerbrechen können, ward ihr zum Heile, es riß sie nach oben.«[27]

In dieser Situation entsteht ihr Klaviertrio op. 17. Zunächst ist Clara recht glücklich, trotz Schwangerschaften, wirtschaftlicher Not und pianistischer Mißerfolge wenigstens ein größeres Werk zustande gebracht zu haben. »Es geht doch nichts über das Vergnügen, etwas selbst komponiert zu haben und dann zu hören«, notiert sie nach einer Probe im Oktober 1848. Auch mit der Komposition als solcher scheint sie durchaus nicht unzufrieden: »Es sind einige hübsche Stellen in dem Trio, und wie ich glaube, ist es auch in der Form ziemlich gelungen.« Doch schon im gleichen Atemzug folgt die Einschränkung: »Natürlich bleibt es immer Frauenzimmerarbeit, bei der es ... an der Kraft und hie und da an der Erfindung fehlt.« Besonders im Vergleich mit Roberts Klavierquartett op. 47 kommt ihr das Stück »immer unschuldiger« vor, und nach der Veröffentlichung im September 1847 schreibt sie gar: »Das wollte mir aber nicht sonderlich nach des Roberts munden, es klang gar weibisch sentimental.«[28]

In ›Die Musik in Geschichte und Gegenwart‹ wird auf diese Äußerungen angespielt, wenn es im Artikel über Clara Schumann heißt, sie habe selbst ihre Kompositionen »nicht allzuhoch eingeschätzt«. Eine bessere Gewährsperson für die These »Frauen können nicht komponieren« läßt sich, wie es scheint, kaum finden. – Nun, von einer »Einschätzung« im Sinne sachlich begründeter Selbstkritik kann bei Claras Äußerungen nicht die Rede sein. Es sind unreflektierte Übernahmen des so beliebten Vorurteils, die allerdings mit einer gewissen Kontinuität in ihren Selbstzeugnissen auftauchen. Schon vor ihrer Ehe hat sie sich über gelegentliche Ideenlosigkeit damit hinweggetröstet, daß sie ja »ein Frauenzimmer« sei, und die seien »nicht zum Componieren geboren«[29]. Und über die Kompositionen von Fanny Hensel – sie präzisiert nicht, welche – schreibt sie einmal: »Frauen als Komponisten können sich doch nicht verleugnen, dies lass' ich von mir wie von anderen gelten«.[30]

Was führte Clara dazu, solche Gemeinplätze und Banalitäten, die sich an Niveaulosigkeit kaum von der »Damen-Rezension« des vielgeschmähten Becker unterscheiden, niederzuschreiben und – was noch schlimmer ist – zu akzeptieren? Von Robert hatte sie diese Einstellung bestimmt nicht. Hatte der doch noch 1836 gesagt, daß eine Frau, der der Durchbruch vom Hausfrauendasein zum schöpferischen Künstlertum gelinge, »zehnmal mehr Grund ... zu komponieren« besitzen müsse als die Männer, die es »nur der Unsterblichkeit wegen thun«[31]. Wir wissen auch, daß er seine Frau wesentlich lieber komponieren als öffentlich auftreten sah, wobei allerdings das nicht ganz lautere Motiv mitgespielt haben mag, daß die Komponistin Clara seinem künstlerischen Ehrgeiz weniger gefährlich werden konnte als die Pianistin.

Schumann teilte das weitverbreitete Vorurteil also nicht. Dafür taten es andere Männer in Claras Umgebung um so mehr. Hans von Bülow, der später weltberühmte Pianist und Kapellmeister, hatte im Zusammenhang mit ihren Kompositionen allen Ernstes behauptet:

»Reproductives Genie kann dem schönen Geschlecht zugesprochen werden, wie productives ihm unbedingt abzuerkennen ist ... Eine Componistin wird es niemals geben, nur etwa eine verdruckte Copistin ... Ich glaube nicht an das Femininum des Begriffes: Schöpfer. In den Tod verhaßt ist mir ferner alles, was nach Frauenemancipation schmeckt.«[32]

Bülows Verquickung von angeblichen Tatsachen und offen zugegebener Voreingenommenheit ist so unlogisch, daß sie keines Kommentars bedarf. Wichtiger dagegen ist die Frage, ob Clara Schumann, die sich so bereitwillig Argumentationen dieser Art angeschlossen hat, eine wirklich emanzipierte Frau war. Die Antwort darauf ist nicht ganz einfach. Natürlich hat sie de facto mit vielen Rollenvorschriften gebrochen. Aber im entscheidenden Moment fehlte ihr immer wieder der »Bekennermut«, durch den sich Fanny Lewald, Malvida von Meysenbug oder Johanna Kinkel auszeichneten. So erwog sie im Jahre 1839, nun doch wieder gemeinsam mit dem Vater zu reisen, da »man ... schon überall mehr angesehen (ist) in männlicher Begleitung«[33]. Das klingt sehr nach naivem Opportunismus. Auch im Zusammenhang mit ihrer Ehe gibt es ähnliche Äußerungen. Trotz schwerer Krisen hat sie nicht die doch durchaus verständliche Entfremdung eingestanden, sondern sich ihr Leben lang als zärtlich liebende Gattin ausgegeben, die ihrem Robert noch über dessen Tod hinaus treu war. Nach Roberts Tod machte sie eine für damalige Begriffe völlig unweibliche Karriere, was sie jedoch mit Keuschheit, Frömmigkeit und Mütterlichkeit zu verbrämen wußte. Darin bestand wohl das Geheimnis ihres Erfolges in einer so bürgerlichen und frauenfeindlichen Welt.

Clara Schumann war eher angepaßt als emanzipiert. Das wird besonders im Vergleich mit Johanna Kinkel deutlich, die zu ihrem Verdruß über die weiblichen Rollenvorschriften mit so viel größerer Konsequenz gestanden und sich um das Urteil der Zeitgenossen so viel weniger gekümmert hat. Johanna und Clara haben sich übrigens nie besonders gut verstanden. Auch Bettina von Arnim fühlte sich von der »Prätention« der erst Siebzehnjährigen abgestoßen und bezeichnete sie als »eine der unausstehlichsten Künstlerinnen, die mir je vorgekommen sind«[34]. Später wurde ihr Urteil milder. Erst kurz vor Schumanns Tod kamen ihr erneut Zweifel an Clara. Sie spürte instinktiv, daß hier eine Ehekrise, die einen der Partner an den Rand des Selbstmordes getrieben hatte, auf recht ungewöhnliche Weise »bewältigt« bzw. vor der Außenwelt versteckt wurde. »Man erkennt deutlich, daß sein überraschendes Übel . . . sich schneller hätte beenden lassen, hätte man ihn besser verstanden oder auch nur geahnt, was sein Inneres berührt«, hat sie Clara geschrieben.[35]

Doch zurück zu dem Trio und seiner Herabwürdigung durch Clara. Natürlich ist es verständlich, daß ihr das Stück im Vergleich mit Roberts Kompositionen fade und naiv erschien. Die Gefahr, an der Seite eines solchen Künstlers den Mut zu verlieren, soll hier keineswegs geleugnet werden. Damit ist aber immer noch nicht erklärt, warum sie sich selbst als Gegnerin der Emanzipation oder, genauer gesagt, als Anhängerin der These »Frauen können nicht komponieren« ausgegeben hat. Der Grund wird schlicht und einfach Naivität gewesen sein. Clara war, das zeigen ihre Briefe immer wieder, keine gebildete und kritische Denkerin. Robert hat beispielsweise die gesellschaftlichen Hintergründe des Problems »Frau und Komposition« sehr viel deutlicher erkannt als sie, von Johanna Kinkel ganz zu schweigen. Ein weiterer Grund ist, wie bereits angedeutet, in ihrer geradezu virtuosen Anpassungsfähigkeit zu suchen. Ein klares Ja zur Emanzipation, und sei es auch nur zur tonschöpferischen, hätte dem sentimentalen Image geschadet, das man in ganz Europa von ihr hatte.

Da schloß sie sich lieber Musikpatriarchen vom Schlage Hanslicks an, auch wenn deren Meinung noch so wenig mit ihrer eigenen tatsächlich praktizierten Lebensweise konform ging. Es muß zu denken geben, daß ausgerechnet Eduard Hanslick, der leidenschaftliche Gegner jeder Emanzipation, die salbungsvollsten Kritiken über Clara Schumann geschrieben hat.[36]

Richard Hohenemser, übrigens der einzige mir bekannte Musikologe, der es gewagt hat, das Phänomen Clara mit den Mitteln nüchterner musikwissenschaftlicher Analyse zu untersuchen, schätzte ihr negatives Selbsturteil ganz ähnlich ein. Zumindest fühlte er sich in die für einen Musikschriftsteller nicht gerade alltägliche Situation gebracht, das Werk gegen seine Komponistin verteidigen zu müssen. In seinem Aufsatz ›Clara Wieck-Schumann als Komponistin‹ schrieb er beispielsweise über das Allegretto:

»Nachdem sich aus einem sehr schönen Hauptthema . . . und einem graziösen Seitenthema . . . ein vollständiger erster Teil des Sonatensatzes aufgebaut hat, wird das Hauptthema über einem

81 Klaviertrio op. 17 von Clara Schumann. Erster Satz (Anfang).

Orgelpunkt der Dominante und mit sehr eigenartiger Harmonisierung durchgeführt.« Und über das Gesamtwerk heißt es dann weiter, daß »die Instrumente ... mit auffallender Sicherheit behandelt« seien; das Klavier dränge sich nirgends hervor, sondern sei »verhältnismäßig einfach, im echten Kammermusikstil gehalten«. Der Violine fielen »viele dankbare Aufgaben« zu; und auch das Cello erscheine »nicht selten als selbständige, das heißt vom Klavierbaß losgelöste Stimme«.

Das Trio op. 17 zählte übrigens zu den wenigen eigenen Kompositionen, die Clara später (1877) wieder in ihr Repertoire aufgenommen hat. Schon diese Tatsache läßt an der Ehrlichkeit ihrer Selbstkritik zweifeln. Bis heute erfreut sich das Stück einer gewissen Popularität. So wurde es z. B. vom Beaux Arts Trio auf Schallplatte eingespielt, zusammen mit den Klaviertrios von Robert Schumann.[37]

Nach Roberts Tod im Jahre 1856 hörte Clara auf zu komponieren. Sie nahm zwar an Brahms' schöpferischer Entwicklung lebhaften Anteil, hat für den Freund auch die Rolle einer Beraterin und Muse gespielt. Doch ihre eigene Produktivität ruhte, wie denn auch gleichzeitig zu beobachten ist, daß ihre Repertoirekenntnis sich zwar vertiefte, aber nicht erweiterte. Ein Blick auf die Konzertprogramme der drei letzten Lebensjahrzehnte zeigt, daß sie den stilistischen Bereich, in den sie durch Schumann und Mendelssohn eingeführt worden war, eigentlich nie verlassen hat. Kompositionen jüngerer Zeitgenossen wie Tschaikowsky, Grieg oder César Franck haben keine Aufnahme in ihr Repertoire gefunden. So verdienstvoll und musikgeschichtlich bedeutsam diese Kultivierung der klassischen und hochromantischen Klaviermusik auch war: sie bewegte sich an der Grenze dessen, was Johanna Kinkel »musikalische Orthodoxie« genannt hat. Clara, in diesem Sinne nicht ganz unzutreffend als »Hohepriesterin« bezeichnet, nahm eine immer mehr rückwärtsorientierte, teils sogar ausgesprochen intolerante Geschmackshaltung[38] ein – eine denkbar ungünstige Voraussetzung für eigene kompositorische Arbeit.

Ungleich produktiver und vielseitiger als Clara war ihre Zeitgenossin Louise Adolpha Le Beau (1850–1927). Auch sie begann ihre Karriere als Pianistin, nahm sogar zeitweilig bei Clara Klavierunterricht; allerdings endete die Lehrer-Schüler-Beziehung zwischen diesen beiden dominierenden Persönlichkeiten mit einem furchtbaren Fiasko. Im Gegensatz zu Clara hat sich

Abb. 29: Louise Adolpha Le Beau. Aus dem Jahr 1872.

Louise sehr schnell von der reinen Klavierkomposition gelöst, ebenso auch von den ausschließlich kammermusikalischen Gattungen. Nach ihren frühen Klavierstücken und Liedern op. 1–21 schrieb sie fast nur noch für große Besetzung: eine Konzertouvertüre, eine Fantasie für Klavier und Orchester, biblische Szenen, ein Klavierkonzert, eine Sinfonie, mehrere Männer- und Frauenchöre, um nur einige Beispiele zu nennen.[39] Mit diesen großformatigen Werken hat sich Louise nicht nur in absolut

männliche Domänen gewagt; sie hat auch den Kampf im harten Musikgeschäft mit aller Konsequenz auf sich genommen.
Johanna Kinkel, Clara Schumann und Josephine Lang hatten deshalb verhältnismäßig wenig Schwierigkeiten, ihre Kompositionen zu veröffentlichen, weil der Druck von Liedern und Klavierromanzen kein finanzielles Risiko war. Entsprechendes galt natürlich auch für die Aufführung. Für eine Komponistin von großen Werken wie Sinfonien und Oratorien sah die Situation völlig anders aus. Es mußten große Partituren und viele Einzelstimmen hergestellt werden, und die Verleger waren in den meisten Fällen nicht bereit, in das Werk einer nur mäßig bekannten Künstlerin so viel Geld zu investieren. Wer kein eigenes Kapital beisteuern konnte wie die Engländerin Ethel Smyth, mußte in der Regel auf eine Veröffentlichung verzichten. Aufführungen von Opern, Oratorien, sinfonischen Dichtungen und dergleichen waren ebenfalls eine kostspielige Angelegenheit. Es waren Proben, Noten, Dekorationen zu bezahlen, von der Honorierung der Gesangssolisten ganz zu schweigen. Die privaten Konzertveranstalter baten nicht selten die Komponistin selbst zur Kasse. Opernintendanten mußten darauf spekulieren, ein Stück so lange wie möglich im Spielplan zu halten, und das setzte wiederum Publikumswirksamkeit voraus. Grundsätzlich gaben sie dem Werk einer Frau schlechtere Chancen als dem eines Mannes, übrigens keineswegs immer in Übereinstimmung mit der Hörerschaft, wie sich an Ethel Mary Smyths zeitweiligen Erfolgen zeigen sollte.
Louise Adolpha Le Beau hat sich jahrzehntelang mit Agenten, Kapellmeistern, Verlegern und Intendanten herumgeschlagen. Sie stieß dabei teils auf Wohlwollen, teils auf berechtigte Kritik; vor allem aber auf so viel haarsträubende Frauenfeindlichkeit, daß sie ein ganzes Buch mit ihren Erfahrungen füllen konnte: Sie schrieb die zumindest im deutschsprachigen Raum einmaligen ›Lebenserinnerungen einer Komponistin‹.[40]
Geboren wurde Louise im April 1850 in Rastatt, als Tochter einer badischen Offiziersfamilie französischer Herkunft. Ihr Vater war Abteilungschef im badischen Kriegsministerium, daneben aber auch Sänger, Dirigent und Amateurkomponist. Wir wissen nicht, in welchem Umfang er an den Rastatter Todesurteilen von 1849, denen beinahe auch Gottfried Kinkel zum Opfer gefallen wäre, beteiligt war. Jedenfalls brachte er seine Familie wohlbehalten über den verheerenden Krieg hinweg. – Wilhelm Le Beau verstand es bemerkenswert gut, politische Obrigkeitshörigkeit mit persönlicher Unkonventionalität zu verbinden.

Entgegen allen damals üblichen Rollenvorschriften – auch oder besonders denen seines eigenen Berufsstandes – bereitete er seine einzige Tochter auf eine Laufbahn als Musikerin vor. Bis 1863 übernahm er ihren Unterricht selbst. Den Besuch einer öffentlichen Schule hielt er für gesundheitsschädlich, weil Louise, ein »so kleines, zartes Ding«, nur mit »wohlerzogenen« Kindern spielen sollte. Sie genoß also, wie man heute sagen würde, eine Art »over-protection«, was sie sehr schnell in Konflikt mit ihrer Umwelt brachte. So wußte sie nicht, wie sie sich gegen den Spott der Arbeiterkinder wehren sollte, die, unter den Fenstern ihrer elterlichen Wohnung stehend, Bewegungen und Geräusche ihres Violinspiels mit Begeisterung nachahmten.
Louises Ausbildungszeit in einem Institut für höhere Töchter dauerte nur drei Jahre. Danach widmete sie sich ganz einem ernsthaften Musikstudium. Ihren ersten Kompositionsunterricht erhielt sie beim damaligen Karlsruher Hofkapellmeister Johann Wenzel Kalliwoda, von dessen einst viel gespielten und gesungenen Werken eigentlich nur der Männerchor ›Das deutsche Lied‹ in die Musikgeschichte eingegangen ist. Formenlehre und Theorie konnte dieser völlig unakademische Blutsmusikant seiner Schülerin, auf die er trotz ihres Geschlechtes große Stücke hielt, kaum vermitteln. Er muß aber ein fähiger Klavierlehrer gewesen sein, denn zwei Jahre nach seinem Tod – im Winter 1868 – trug Louise Beethovens Es-Dur-Konzert und Mendelssohns g-Moll-Konzert öffentlich vor. Höchst interessant ist ihre Anmerkung, daß es ihrem Vater »in Rücksicht auf seine Stellung geboten« schien, erst die Meinung des badischen Landesfürsten einzuholen. »Seine königliche Hoheit der Großherzog stellte meinem künstlerischen Streben aber nichts entgegen ... Ohne diesen toleranten Sinn ... wäre es mir nicht möglich gewesen, öffentlich zu spielen, solange mein Vater aktiv war; denn der damalige Kriegsminister, ein preußischer General ..., besaß diesen toleranten Sinn nicht.«[41]
Bis zum Ausbruch des Deutsch-Französischen Krieges reiste Louise mit ihren Eltern nach Wien, Augsburg, Basel und Heidelberg, um dort ebenfalls als Pianistin aufzutreten. Neben ihren ›Liedern für Mezzo-Sopran mit Klavierbegleitung op. 5‹ komponierte sie, hauptsächlich zum eigenen Gebrauch, Kadenzen zu Mozartschen und Beethovenschen Klavierkonzerten. Der ganzen Art ihrer Doppelbegabung wegen wurde sie immer wieder mit Clara Schumann verglichen. Und so lag es für die Eltern durchaus nahe, einen längeren Studienaufenthalt bei der inzwischen in Baden-Baden lebenden Pianistin zu erwägen, wenn auch

die Tochter selbst davor zurückschreckte. »Die personifizierte Prätention«, hatte sie, auf seltsame Weise mit Bettina von Arnim übereinstimmend, nach einem Auftritt Claras in ihr Tagebuch geschrieben.[42]
1873 wird der Plan schließlich verwirklicht. Louise wird bei Clara eingeführt und lernt sie als »unübertroffene Beethovenspielerin«, als »Vertreterin der ernsten, gediegenen Richtung« kennen. Die beiden Frauen stimmen also künstlerisch vollkommen miteinander überein. Als Persönlichkeit und Lehrerin aber wirkt Clara »brummig«. »Liebenswürdigkeiten besitzt sie nicht, sagt alles so ungeduldig, selbst brutal, daß ich leider wenig Sympathie für sie behalten kann«, notiert sich die dreiundzwanzigjährige Louise. In ihrem Unterricht gibt Clara, ohne je selbst etwas vorzuspielen, die widersprüchlichsten Anweisungen. Sie tadelt in der einen Stunde, was sie in der anderen gelobt hat und umgekehrt. Louise kommt nach und nach zu der Überzeugung, daß Clara sie »schikanieren«, »absichtlich herunterdrücken« und ihr »den Glauben an ihre Fähigkeit« nehmen will. Sie habe nicht »einen Rest von Wohlwollen für junge, aufstrebende Talente«, heißt es in ihrem Tagebuch. Auch auf dem Gebiet der Komposition kommt es nicht zu einer Solidarisierung. Louise schreibt darüber:
»Sie tat sehr wichtig mit einer ›musikalischen Arbeit‹ und fügte hinzu: ›Ich schreibe den ganzen Tag Noten!‹ – Da glaubte ich, sie komponiere mindestens ein Oratorium oder dergleichen. Als sich nun aber später herausstellte, daß sie ganz einfach Lieder ihres Gatten für Klavier übertragen mußte, also eine mechanische Arbeit ohne eigene Erfindung, da kam mir dies Getue doch recht lächerlich vor. Ich hatte ja auch schon einige Lieder geschrieben, von welchen jedoch nur meine nächsten Freunde wußten. Der Frau Schumann verriet ich nichts von diesen Versuchen; ein dunkles Gefühl sagte mir, daß ich mir bei ihr damit nicht nützen würde.«[43]
Gewiß, Clara hielt ja, wie wir wissen, wenig von »Frauen als Componisten»; und so war es in der Tat besser, daß Louise den für beide Seiten unerquicklichen Unterricht nach einigen Monaten abbrach, zumal sie vor lauter Aufregung an einem »Nervenfieber« erkrankte. Offenbar zeigten viele Menschen, die mit Clara näher zu tun hatten, diese psychosomatische Reaktion.
Zur künstlerischen Prominenz, die damals in Baden-Baden den Sommer verbrachte, gehörte auch Claras alter Intimfeind Hans von Bülow. Obwohl Louise wußte, daß er »kein Freund der Komponistinnen« war[44], bat sie ihn um Ratschläge für ihre

weitere Ausbildung. Wider alles Erwarten zeigte er sich von ihren Kompositionen beeindruckt und empfahl sie nach München zu Joseph Rheinberger, dem anerkannten Lehrmeister für Kontrapunkt, Formen- und Harmonielehre. Unter seinem Einfluß entwickelte die junge Frau eine erstaunliche Produktivität. Es entstanden die Konzertetüden op. 2 und die Variationen über ein Originalthema op. 3, zu denen Bülow Dritten gegenüber den Kommentar abgegeben haben soll, Louise sei »eine rühmliche Ausnahme unter den Damen«. Auch der Münchener Hofkapellmeister Hermann Levi soll von diesem Stück mehr als angenehm überrascht gewesen sein: »Ich spielte die Variationen und es war komisch zu sehen, wie Levi mich von allen Seiten betrachtete; er lief förmlich um mich herum ... und sprach sein Erstaunen offen aus«, erinnert sich Louise nicht ohne Zynismus.[45] (Siehe auf Seite 278 Notenbeispiel 82.)
Nach einer Klaviersonate op. 8 und fünf Chören a cappella op. 9 scheint der jungen Künstlerin mit einer Violinsonate op. 10 ein wirklich großer Wurf gelungen zu sein. Rheinberger fand sie »männlich, nicht wie von einer Dame komponiert« und nahm Louise nun endlich als festes Mitglied in den Kreis seiner Jüngerschaft auf, was eine große Ausnahme war, da er sonst keine Frauen unterrichtete. Louise war, das muß man zu Claras Ehrenrettung sagen, offenbar nicht ganz leicht zu nehmen, so daß es auch hier gelegentlich zu Spannungen kam. Sie beklagte sich über die Eifersucht und Bigotterie seiner Frau, vermutete sogar, daß der Einfluß der »blauen Durchlaucht«, wie die Komponistengattin scherzhaft genannt wurde, Rheinbergers Vorurteile eher zu stärken als zu mildern schien. Wie dem auch immer gewesen sein mag: Louise hat niemals abgestritten, unter seiner Anleitung enorme Fortschritte im Kontrapunkt und vierstimmigen Satz, im »cantus firmus« und der strengen Imitation gemacht zu haben. Allerdings hat sie sich nicht sklavisch an diese neuen Lehrinhalte geklammert. Ihr Klaviertrio op. 15, bei Kupper in Elberfeld erschienen, war so ausdrucksvoll und kantabel in seiner hochromantischen Melodik, daß der Komponist Franz Lachner, damals Generalmusikdirektor in München, gesagt haben soll: »Fahren Sie nur so fort; das ist heutzutage selten – denn jetzt schämen sich die Leute ja, wenn ihnen eine Melodie einfällt!«[46] (Siehe auf Seite 279 Notenbeispiel 83.)
Nachdem ihre ersten Konzerte mit eigenen Kompositionen wohlwollend rezensiert worden waren, sah sie den Unterricht ihres Lehrers kritischer; »seine Ratschläge betreffs Instrumentation stimmten ... nicht immer mit dem überein, was ich aus den

82 Originalthema mit Variationen op. 3 von Louise Adolpha Le Beau. Thema und erste Variation.

Partituren unserer Meister ersah oder was ich aus eigener Erfahrung in Betreff der Streichinstrumente sicher wußte«. Hinter Rheinbergers Rücken studierte sie ein für damalige Begriffe revolutionäres Werk, die »große Instrumentationslehre« von

Hector Berlioz. Sie lernte, daß Musik einer literarischen Idee, einem »Programm« folgen kann, zu dessen Verwirklichung die überkommenen Klangmittel nicht mehr ausreichten. Vor ihrem inneren Ohr entstand ein neuer Orchesterklang mit Massenbesetzungen, Nebeninstrumenten und stimmgewaltigen Chören, wie Berlioz ihn in seinem Tedeum (1855) realisiert hatte. Auch Wagners vielschichtige Harmonien schienen ihr auf die Dauer

83 Klaviertrio op. 15 von Louise Adolpha Le Beau. Erster Satz (Anfang).

[Fortsetzung nächste Seite]

[Fortsetzung Notenbeispiel 83]

ungleich reizvoller als Rheinbergers trockene Übungen im vierstimmigen Satz. So entfernte sie sich innerlich immer weiter von ihrem Lehrer, obwohl es noch einige Jahre dauerte, bis sie ganz selbständig wurde und an die Komposition großformatiger Orchesterwerke denken konnte.

Während dieser theoretischen und musikgeschichtlichen Studien nahm ihre eigene Produktivität keineswegs ab. Sie schrieb schnell hintereinander eine ›Fantasie für Klavier und Orchester‹ op. 25, ein Klavierquartett, Balladen für gemischten Chor und Klavier, Männerchöre und eine Konzertouvertüre. Als eine der wenigen Komponistinnen (und Komponisten) der Zeit nahm sie sich der vernachlässigten Viola an; sie komponierte drei Konzertstücke für Bratsche op. 26, die als echte Mangelware vom Leipziger Verleger Kahnt begierig aufgegriffen wurden.

In Münchener Musikerkreisen hatte sich schnell herumgesprochen, daß Fräulein Le Beau die klanglichen Möglichkeiten der Streichinstrumente wie kaum ein zweiter Komponist auszuschöpfen wußte. Man riet ihr, ihre Violoncellostücke op. 24

84 Polonaise aus den Drei Stücken für Viola mit Klavier op. 26 von Louise Adolpha La Beau (Anfang).

zu einem internationalen Wettbewerb zu schicken. Niels Wilhelm Gade und Carl Reinecke saßen in der Jury. Wider ihr eigenes Erwarten gewann sie, die einzige weibliche Teilnehmerin, den ersten Preis. Aber sie reagierte, wohl aufgrund einer Reihe einschlägiger Erfahrungen, eher ironisch als triumphierend:

»Recht komisch nahm es sich aus, daß in den mitfolgenden Zetteln überall ›Herrn‹ vorgedruckt war, welches nun durchgestrichen und durch ›Fräulein‹ ersetzt wurde.«[47]

Louises erfolgreichste Kompositionen aus der Münchener Zeit waren jedoch, was Aufführungsfrequenz und Presseecho anbetraf, die Klavierfantasie op. 25 und ein Oratorium mit dem Titel ›Ruth‹. Op. 25 wurde von ihr selbst jahrzehntelang öffentlich gespielt, so unter anderem in Baden-Baden, Wiesbaden, Salzburg und Wien. Einer ihrer Rezensenten, der Baden-Badener Musik-

kritiker Richard Pohl, erging sich zwar in den üblichen wohlwollend-herablassenden Phrasen, stellte dabei aber richtig heraus, daß es sich um ein für damalige Begriffe ungemein wirkungsvolles Stück handelte:
»Man erwartet solche Solidität der theoretischen Durchbildung, solche Gewandtheit in der Formbehandlung wie in der Orchestration von Damen für gewöhnlich nicht. Hier finden wir einen

85 Fantasie für Klavier und Orchester von Louise Adolpha Le Beau (Ausschnitt).

männlich ernsten Geist . . . verbunden mit feiner Empfindung für Formen- und Klangschönheit. Die Fantasie für Klavier und Orchester hat uns sehr gefallen; sie ist sehr warm empfunden und so wirksam in der Aufführung, daß wir sie allen Pianisten zum Vortrag empfehlen möchten. Es ist fast Chopinscher Geist darin, namentlich der Mittelsatz ist poetisch fein empfunden, und das Finale ist ein flottes, packendes Stück . . .«[48]

Im März 1884 trug sie die Fantasie mit dem Orchester des Salzburger Mozarteums vor. Sie sah mit Erstaunen, daß auch Geigerinnen an den Pulten saßen, was zu jener Zeit in Deutschland undenkbar gewesen wäre (und für den Vorstand der Berliner Philharmoniker heute noch ist). Sofort erwachte in der resoluten Louise, die sich aus Männern nicht viel machte und das »Joch der Ehe« entschieden ablehnte, ein starkes Solidaritätsgefühl:

». . . Ich kann versichern, daß meine Fantasie nie besser begleitet wurde als in Salzburg!«[49]

In Wien, das ihr mit seinen »malerischen alten Häusern und deren oft ganz prächtigen Thüren« sehr gefiel, wurde sie von Johannes Brahms und sogar von dem gefürchteten Frauenhasser Hanslick empfangen, der eines ihrer Konzerte rezensierte. Es wirft ein etwas unschönes Licht auf Louise, daß sie nur die für sie positiven Passagen dieser Kritik in ihre ›Lebenserinnerungen‹ aufgenommen hat; Hanslicks belehrende Krittelei ist nicht einmal durch Pünktchen angedeutet.[50] Für den hier behandelten Zusammenhang ist sie jedoch ungemein aufschlußreich, da sie eine vollständige Aufzählung aller Argumente enthält, die biedere deutschsprachige Musikschriftsteller zur Untermauerung ihrer Lieblingsthese parat haben:

»Was Fräulein Le Beau speziell charakterisiert, ist die solide musikalische Bildung, welche sie befähigt, sich in größeren, sonst nur vom starken Geschlechte bewältigten Kunstformen zu versuchen . . . Überall symmetrische Verhältnisse, gesunde Harmonie und Modulation, korrekt und selbständig einherschreitende Bässe, wie man sie bei einer Dame kaum vermuten würde. Einer kühnen Wendung oder überhaupt einer überraschenden Episode wird man bei dieser Dame kaum begegnen, und ist sie einmal in eine entfernte Modulation geraten, so überlegt sie, echt weiblich, . . . wie sie am schnellsten wieder nach Hause findet. Die großen Formen der Kammermusik, welche Fräulein Le Beau als die erste ihres Geschlechtes kultiviert, erzwingen unsern Respekt . . ., rechtfertigen aber auch manche Besorgnis. Denn sie bringen eine nicht reiche Erfindungskraft notwendig in Gefahr, breit und redselig zu werden, ja unersättlich in Wiederholungen, um nur die großen Rahmen auszufüllen. Ich gebe aus diesem Grunde einer kleinen ›Gavotte‹ für Klavier (op. 32) den Vorzug . . .; es ist ein recht charakteristisches, resolutes Stück, in dessen gesangvollem Mittelsatz sogar eine kleine humoristische Anwandlung auffällt. Dem Publikum schien die ›Phantasie mit Orchester‹ am meisten zuzusagen, ein recht wirksam gesetztes kunstreiches Klavierkonzert in regelrechten drei Sätzen, wobei Phantasie allerdings die schwächste Rolle spielt.«[51]

Das Oratorium ›Ruth‹ für Soli, Chor und Orchester, im Sommer 1882 entstanden, verwendet, wie die Komponistin selber analysiert, » . . . Leitmotive, welche bei passender Gelegenheit im Orchester erklingen. Die Stimmung der drei Szenen . . . ist sehr verschieden. Zuerst Trauer und Frömmigkeit vorherrschend; dann ein fröhlicher Erntetanz, während dessen Ruth und Boas sich zuerst sprechen; zuletzt Liebesduett, Hochzeitsmarsch und Verheißung.«[52]

›Ruth‹, von Louise bescheiden immer nur als »Werkchen« bezeichnet, sollte für mehrere Jahrzehnte lang in das internationale Oratorienrepertoire eingehen. Es wurde in Luzern, Amsterdam, Konstantinopel und Sydney aufgeführt, ohne daß die Komponistin entwürdigende Bittgänge von Dirigent zu Dirigent hätte machen müssen. – Im Streichquartett op. 34, einer weiteren Komposition aus der Münchener Zeit, versucht sie die während

86 Aus dem Oratorium ›Ruth‹ von Louise Adolpha Le Beau (Ausschnitt).

ihrer Berlioz-Studien gewonnenen Eindrücke vom Wesen der Programmusik in die eigene Tonsprache umzusetzen. Hier ein Ausschnitt aus dem Konzept, das wie viele ihrer größeren Werke um eine weibliche Hauptgestalt kreist:

»Der erste Satz, Allegro con fuoco, stellt eine Fliehende dar, welche, von Verfolgern bedrängt, nur kurz rasten darf. Das zweite Thema (tranquillo) drückt die Sehnsucht nach Befreiung und die Hoffnung auf Hilfe aus. In der Durchführung wird mit den Imitationen die Flucht immer bedrohlicher ... In Aufregung schließt der Satz.«

87 Streichquartett op. 34 von Louise Adolpha Le Beau. Erster Satz (Anfang).

»Der zweite, Thema con variazioni, beginnt Andante religioso als ein Gebet im Walde, wo die Verfolgte einschlummert. In den nun folgenden Variationen erscheint ihr Vergangenes und Künftiges im Traum ... Am Schluß dieses Satzes klingt nochmals das Thema (Andante religioso) in höherer Oktav. ›Alla zingaresca‹ ist als Zigeunertanz im Walde gedacht, wo das Mägdlein Schutz findet; ein mehrstimmiger Canon bildet das Trio. Der vierte Satz, Allegro vivo, bringt die Befreiung und die Rückerinnerung an alles überstandene Leid. Das zweite Thema (calando) ist das Thema der Variationen in etwas bewegterem Tempo ... Die Durchführung greift auf den ersten Satz zurück ... Das Mädchen ist wieder bei den Seinigen; es herrscht allgemeine Freude.«[53]

Im Herbst 1883 geht Louise in Begleitung einer jungen Sopranistin auf Tournee. Ihr erstes Ziel: die ehemalige Musenstadt Weimar, die ihr im Vergleich zu München wie »ein furchtbar kleinstädtisches Nest« vorkommt. Hier hat sich nach langen Wanderjahren auch »Abbé Liszt« niedergelassen, umgeben von einem Kreis schwärmerischer Schüler und Verehrer. Louise, die als Offizierstochter viel auf Etikette hält, macht ihm gleich am ersten Tag ihre Aufwartung, ist aber von dem großen »Meister«, der wie ein Gott in seinem rosenbekränzten Armstuhl sitzt und sich von seinen »klavierbeflissenen Affen« die weißen Haare ausreißen läßt, bitter enttäuscht:

»Liszt machte mir ... den Eindruck eines alten Charlatan, mit dem kein vernünftiges Wort zu reden war. Ich spielte ihm meine Fantasie vor; er las die Partitur nach und sagte oft ›bien‹. Dann trank er Wein und lud mich ein, auszuruhen. Alsbald kam Frau Jaell ..., von der er mir sagte: ›Sie haben hier eine Kollegin, die komponiert auch Konzerte; aber wie Weißbier, wie Weißbier!‹«

In ihrem musikalischen Urteil über Liszt ist Louise wesentlich objektiver als Clara Schumann. Sie stellt nicht ganz unzutreffend fest, daß er »wirkliche Genialität« mit »den größten Gemeinplätzen« zu verbinden wisse. Besonders seine »chromatischen Jammerpassagen« seien ihr absolut unausstehlich.[54]

Von Weimar fahren die beiden Frauen nach Leipzig, wo Louise ihr Klavierquartett op. 28 aufführen möchte. Ihr Ziel ist ein Konzert im ehrwürdigen Gewandhaus. Obwohl sie weiß, wie kompliziert die Zulassungsbedingungen sind, macht sie sich berechtigte Hoffnungen, denn ihr Name ist in Leipzig nicht ganz unbekannt: Kapellmeister Reinecke, ein Mitglied der Prüfungskommission, hatte kurz zuvor bei der Prämierung ihrer Cellostücke mitgewirkt, und im ›Musikalischen Centralblatt‹ war 1882 eine verhältnismäßig sachliche Rezension über ihr Gesamtwerk erschienen:

»Wir glauben, dem künstlerischen Schaffen Fräulein Le Beaus kein würdigeres Lob zollen zu können, als wenn wir von vornherein feststellen, daß Allem, was wir von ihr gehört, derjenige Maßstab zukömmt, den wir bei Beurteilung der Werke – nicht ihrer Kolleginnen – sondern ihrer zeitgenössischen männlichen Kollegen anzulegen gewohnt sind.«[55]

Nun, Louise hatte die konservative Haltung des Gewandhausdirektoriums wohl unterschätzt. Ein kleines Liedchen von Fanny Hensel hatte man vor rund fünfzig Jahren gerade noch durchgehen lassen. Aber eine so großformatige Frauenkomposition in so erlauchtem Kreise? Das war seit Clara Schumanns Jugendtagen nicht mehr dagewesen! Und nach dem berühmten deutschen Motto »Wo kämen wir denn da hin . . .« zeigten die Herren Prüfer zunächst nichts als eisige Ablehnung. Wie Louise den zermürbenden Kleinkrieg schließlich doch gewonnen hat, hat sie in ihren ›Lebenserinnerungen‹ beschrieben. Es besteht übrigens kein Grund, am Wahrheitsgehalt dieser Schilderung zu zweifeln, da sie sich in allen Einzelheiten mit den Erfahrungen des (offenbar weniger hartnäckigen) Aristide Farrenc deckt:

»Nach vielen Besuchen brachte ich es endlich so weit, daß ich das Klavierquartett . . . dem Direktorium vorspielen durfte. Kapellmeister Reinecke, Kantor Rust und Professor Jadassohn bildeten die Prüfungskommission . . . Ich kam mir vor, wie von Feinden umgeben; nur der gute Kantor Rust bewahrte mir sein Wohlwollen! Zu einer Entscheidung kam es aber jetzt noch nicht. Es vergingen etwa zehn Tage und es fanden mehrere Sitzungen statt, bis die Annahme erfolgte . . . Herr Kapellmeister Reinecke wollte mich gleich damit abschrecken, daß er mir sagte, vor dem 1. Dezember sei kein Platz in den Kammermusikabenden! . . . Eines Tages kam ein Brief von Konzertmeister Petri, ich möchte endlich davon absehen, mein Klavierquartett im Gewandhaus zu spielen! Einige Stunden später schrieb mir derselbe Herr, er freue sich sehr, mir mitteilen zu können, daß mein Werk zur Aufführung . . . angenommen sei! Nun mußte ich wieder beim Komitée die Besuchsrunde machen und für die Annahme danken. Als ich zu Reinecke kam, platzte der sonst so steife und zugeknöpfte Herr höchst undiplomatisch heraus mit den Worten: ›Ja, mein Gott, wenn man auch so lange dableibt!‹«[56]

Während der langen Wartezeit wird sich Louise immer mehr darüber klar, daß es weniger die Qualität ihres Werkes als ihr weibliches Geschlecht ist, was die Herren so über Gebühr gründlich nachdenken läßt. Wieviel leichter haben es da doch die Primadonnen, stellt sie nach einem Konzert ihrer Reisebegleiterin bedauernd fest: »Sopran können die Herren der Schöpfung freilich nicht singen! Darum legen sie einer Sängerin auch keine Steine in den Weg!«[57] Wie Louise später noch lernen sollte, ist selbst das nicht immer so gewesen. Francesca Caccini hatte in Kirche und Theater gegen die Konkurrenz des Primo Uomo, des Kastraten, anzutreten. Lieber sanktionierte man die noch von den Kirchenvätern als gottlos verdammte Kastration, als daß man das Gebot »mulier taceat in ecclesia« gebrochen hätte. Noch zu Louises Lebzeiten gab es Familien- und Musikschriftsteller, die den Rückgang dieser barbarischen Sitten allen Ernstes bedauerten, unter ihnen Wilhelm Heinrich Riehl:

»Die Gründung eines eigenen Berufs der Schauspielerinnen und Sängerinnen ... schloß zugleich eine ästhetische Umwälzung der gesammten Bühnenkunst in sich. Ebenso erging es mit der Kirchenmusik, als die Kirchensängerinnen dazu kamen. Der ganze catholische Cultus hat durch dieses weibliche Element eine andere Nase bekommen. Die Kirchenmusik hat ihren Mönchscharakter, ihren asketischen Ton verloren ...!«[58]

Doch zurück zu Louise und ihrer »Eroberung des Gewandhauses«. Obwohl die Veranstalter ihr Klavierquartett nicht eben fair zwischen Kompositionen von Haydn und Mozart plaziert hatten, applaudierte das Publikum schon nach dem ersten Satz. Der Tenor der Rezensionen lief wie üblich darauf hinaus, daß Louises Stück nichts enthalte, was – so wörtlich die ›Signale für die musikalische Welt‹ – »dem Vorurteil, welches wir im Allgemeinen gegen Kompositionen von Frauenhand hegen, frische Nahrung gewähren konnte«. Damals standen die Musikschriftsteller wenigstens noch zu ihren Ressentiments.[59]

Es ist nicht weiter verwunderlich, daß sich Louise nach solchen Erlebnissen auch theoretisch mit dem Problem »Frau und Komposition« auseinandersetzte. Nach München zurückgekehrt, suchte sie Kontakt zu der Schriftstellerin und Frauenrechtlerin Luise Hitz; diese stellte die Erfahrungen der Komponistin in den Mittelpunkt eines programmatischen Aufsatzes, der jedoch erst 1886, vermutlich nach vielen redaktionellen Änderungen, in Tongers ›Neuer Musikzeitung‹ erschien. – Louise hatte richtig erkannt, daß wohl noch wesentlich mehr Frauen die musikalischen Großformen »männlich« beherrschen würden, wenn es erst bessere Studienmöglichkeiten für junge Mädchen gäbe. Sie gründete darum einen »Privatmusikkursus für Töchter gebilde-

ter Stände«. Der ›Allgemeinen deutschen Musikzeitung‹ in Berlin schickte sie mehrere Beiträge über die »musikalische Erziehung der weiblichen Jugend«, die von dem Redakteur Wilhelm Tappert, einem Mann, der nach Louise »den Kampfesmut liebte«, tatsächlich unverändert abgedruckt wurden.[60]
Es ist ein trauriges Phänomen, daß die in Deutschland wirkenden Komponistinnen dieser Zeit durch die arrogante Haltung vieler Konzertveranstalter und den verletzend-hämischen Unterton selbst der wohlwollendsten Rezensionen in eine Art Paranoia gedrängt wurden. Das war bei Ethel Smyth ebenso der Fall wie bei Louise Adolpha Le Beau. Obwohl vom Charakter her völlig unterschiedlich – Ethel war sehr viel humorvoller, kontaktfreudiger und selbstkritischer als Louise – witterten beide Frauen in jedem beruflichen Rückschlag eine antifeministische Intrige. Sie machten Szenen, schrieben böse Briefe, brachen jahrelange Freundschaften ab, selbst da, wo es gar nicht nötig gewesen wäre. Louise hat de facto nie mehr Erfolge gehabt als in München. Trotzdem war sie davon überzeugt, daß sich die gesamte bayerische Musikwelt gegen sie, die Badenserin, verschworen hätte. Von ihren Eltern in diesem Glauben bestärkt, verlegte sie 1885 ihren Wohnsitz nach Wiesbaden.
In den ›Lebenserinnerungen‹ spiegelt sich deutlich wider, daß die fünfunddreißigjährige Komponistin jetzt eine wirklich tragische Entwicklung nahm. Obwohl sie auch in Wiesbaden respektiert wurde – sie gewann Schülerinnen, konzertierte, führte ihre Werke auf und erhielt keine schlechteren Rezensionen als vorher – klingen ihre Tagebuchnotizen resigniert, müde und verbittert. Louise erscheint darin als eine Frau, die die Hoffnung auf künstlerische Anerkennung und, was noch schlimmer ist, auf positiven Kontakt zu ihren Mitmenschen endgültig aufgegeben hat; die sich nur noch von ihren »guten Eltern«, in deren »trautem Heim« sie immer noch lebt, gewürdigt, verstanden und gerecht behandelt fühlt ... Da sie sich aus dem öffentlichen Leben ganz in ihre »eigene Welt« zurückzog, fehlte es ihr an musikalischen Anregungen. Ihre Kreativität ging erschreckend zurück. Es entstand in jenen Jahren nur eine einzige Komposition: die Romanze für Klavier und Violine op. 35.
Ohne jemals in Wiesbaden Freunde gefunden zu haben, zieht sie 1890 mit den Eltern nach Berlin. Noch wenige Jahre zuvor hatte sie die preußische Metropole als »ein trostloses, monotones, unmalerisches Nest, worin ich nicht konterfeit sein möchte« bezeichnet. Der Entschluß, ausgerechnet in dieser ihr offensichtlich so unbehaglichen Umgebung einen Neubeginn zu wagen,

scheint also von vornherein etwas kurios. Tatsächlich waren die dreizehn Berliner Jahre eine einzige Kette von Mißerfolgen. Die ursprünglich so kreative, engagierte, zum Sarkasmus neigende Louise näherte sich immer mehr dem Zerrbild der verschrobenen alten Jungfer. Ihre ersten Berliner Tagebuchaufzeichnungen beginnen beispielsweise mit der Bemerkung:
»Professor Joachim fragte nach meiner Wohnung, kam aber nie. Nun – dies konnte ich auch nicht erwarten. Aber manchem anderen Herrn und mancher Dame hätte es nichts geschadet, wenn sie sich zu mir bemüht haben würden. In dieser Beziehung machte ich in Berlin merkwürdige Beobachtungen und fand recht wenig Bildung selbst bei Leuten aus guter Familie.«[61]
Louise macht umgekehrt ihrer Umwelt deutlich, daß sie nur sich und ihre Eltern für »gebildet« und »wohlerzogen« hält. Sie meidet die Abendgesellschaften, lehnt es ab, junge Berlinerinnen in Musiktheorie zu unterrichten, mokiert sich offen über die »unfeinen« Verhältnisse in der Philharmonie, wo es ihrer Ansicht nach nach Bier riecht: »Eine solche Manierlosigkeit kommt in Süddeutschland nicht vor; darin können die Berliner manches von uns lernen!«[62]
Obschon Louise aus den sogenannten »besseren« Wohnvierteln nie herauskommt, entwickelt sie einen regelrechten Klassenhaß auf den arbeitenden Berliner mit seinem lebhaften, unprätentiösen Benehmen. Die lärmenden, selbstbewußten Kinder, die sogar – »wo käme das sonst vor?« – in Kirchen und Kunstausstellungen dürfen, gehen ihr ebenso auf die Nerven wie die laut debattierenden Mütter, deren »unjebildete« Sprache in ihren Ohren schrill und dissonant klingt. Mit der Einsicht in die gesellschaftlichen Hintergründe der Bildungsunterschiede, die sie, zumindest was die musikalische Mädchenerziehung betraf, in München durchaus noch gehabt hatte, ist es jetzt endgültig vorbei. Sie rechnet es den Dienst- und Ladenmädchen als persönliche Bosheit an, wenn sie nicht wissen, wo Wien liegt, oder den Unterschied zwischen Elle und Meter nicht kennen. »Je mehr mich nun die mich umgebende äußere Welt abstieß, je lieber blieb ich in ›meiner eigenen Welt‹, die mir niemand . . . verderben konnte und für die ich bei meinen Eltern das beste Verständnis fand«, schreibt sie in ihren ›Lebenserinnerungen‹.[63]
Das musikalische Berlin ist ihr in Wirklichkeit nicht so feindlich gesonnen, wie sie es in ihren ›Lebenserinnerungen‹ darstellt. Die großen Konzertagenturen bieten ihr wiederholt Tourneeverträge an, und der Direktor eines Konservatoriums will sie als Dozentin für Harmonielehre verpflichten. Louise aber lehnt

immer wieder kategorisch ab. »Weil ich diesen Anstrengungen nicht gewachsen war«, »weil wir Berlin ja wieder verlassen wollten«, so oder ähnlich hat sie diese Haltung im nachhinein begründet. 1893 erhält sie die für eine Komponistin einmalige Chance, Autographen zur Weltausstellung nach Chicago zu schicken. Doch auch hier wieder eisige Ablehnung: Manuskripte gebe sie prinzipiell nicht aus der Hand, und schon gar nicht an Amerikaner, bei denen man ja nie genau wisse, woran man sei. In ihrem grenzenlosen Kulturpessimismus geht Louise schließlich so weit, sich nur noch mit der Musik der Vergangenheit zu beschäftigen. Die Berliner Königliche Bibliothek und die Sammlung der Anna Amalie von Preußen bieten ihr reichlich Gelegenheit dazu. Sie studiert Werke von Buxtehude, Palestrina, Lasso und Schütz, von Johann Sebastian Bach und seinen Söhnen. Was das 19. Jahrhundert betrifft, so blickt sie über Spohr, Marschner und Cornelius nicht hinaus. Unmittelbare Zeitgenossen wie Gustav Mahler, Hugo Wolf, Richard Strauss und Hans Pfitzner werden in ihren »Lebenserinnerungen« nicht erwähnt, denn sie tendierte immer mehr zu der Meinung:

»Unsere jüngeren Musiker werfen alles über den Haufen und vergessen ganz die Hochachtung vor den Meistern; sie haben nicht Raum in ihrem Herzen für alles, was groß ist! . . . Und in solch einer Zeit, wo die Fürsten und Großen nicht halb so musikverständig sind, wie es vor 100 Jahren die fürstlichen Bedienten waren, da soll die Kunst gedeihen? Da soll man Anregung und Mut zum Schaffen finden? Daß Gott erbarm!«[64]

»Anregung und Mut zum Schaffen« fand Louise in Berlin tatsächlich nicht, wofür sie vielleicht nicht ganz zu Unrecht »das Flachland« verantwortlich machte. Wenn sie nicht gerade in der Bibliothek saß, beschäftigte sie sich mit der Fertigstellung einer Partitur, die sie bereits in Wiesbaden begonnen hatte: ›Hadumoth‹, Szenen aus Scheffels ›Ekkehard‹ für Soli, Chor und Orchester. – Victor von Scheffel war der Lieblingsschriftsteller des gehobenen deutschen Bürgertums im ausgehenden 19. Jahrhundert. Sein Rückzug in die Sprache des frühen Mittelalters, in eine ungeschichtliche, von edlen Menschen bevölkerte Welt war symptomatisch für die Grundhaltung seiner Leserschaft, die nach dem Scheitern der Revolution die Augen vor der politisch-sozialen Realität verschlossen hatte. Daß auch Louise zu Scheffels Traumwelt Zuflucht nahm, kann als Zeichen ihrer endgültigen sozialen und künstlerischen Resignation gedeutet werden. Der kämpferische Aufbruch ihrer Jugendjahre, der Anschluß an

eine musikalische Emanzipationsbewegung war aufs Ganze gesehen mißglückt. Aus der mit allen Rollenvorschriften brechenden Komponistin war eine vom Leben enttäuschte Einzelgängerin geworden, die schon mit vierzig Jahren Kunst und Gesellschaft ihrer Zeit nicht mehr verstand und sich musikalisch in die alemannische Vergangenheit zurückträumte. Als ihr Verleger Kahnt-Nachfolger nicht bereit war, die ›Hadumoth‹-Szenen zu publizieren – Louise hatte zu allem Übel auch noch für Massenbesetzung à la Berlioz geschrieben –, nahm sie die Vervielfältigung selbst in die Hand. Sie kaufte sich einen gebrauchten Tachographen und brachte, von ihren Eltern unterstützt, insgesamt ein Jahr damit zu, Partituren, Klavierauszüge, Solo-, Chor- und Orchesterstimmen in einem überaus komplizierten Arbeitsvorgang abzudrucken. 240 Frauen- und fast ebensoviel Männer- und Hunnenstimmen waren für die Aufführung vorgesehen!
Daß es schwierig sein würde, ein solches Werk in die Öffentlichkeit zu bringen, hätte sich bei halbwegs realistischer Einschätzung voraussehen lassen. Louise aber betrachtete jeden ablehnenden Bescheid als persönlichen Angriff; in ihren Lebenserinnerungen nimmt sie eine akribisch genaue Aufzählung sämtlicher deutscher Konzertveranstalter und Dirigenten vor, die ihr die ›Hadumoth‹-Partitur zurückschickten, zum Teil mit wörtlichen Zitaten aus den Begleitschreiben.[65]
In Baden-Baden, wohin Louise 1893 mit ihren Eltern übersiedelte, hatte die Scheffel-Vertonung mehr Erfolg. Das örtliche Orchester begann sofort mit den Proben, und schon gegen Ende des Jahres konnte das monumentale Werk mit einem ad hoc zusammengestellten Chor uraufgeführt werden. Die Rezensionen schwelgten nur so in Lokalpatriotismus. War Louise Adolpha Le Beau doch nach Clara Schumann und Pauline Viardot die dritte komponierende Frau, die Baden-Baden zu ihrer Wahlheimat gemacht hatte. Auch in Konstanz, Speyer und Pforzheim fand ›Hadumoth‹ interessierte Zuhörer, aber irgendein internationaler Erfolg war dieser Komposition nie beschieden.[66]
In Baden-Baden fand Louise zumindest quantitativ zu ihrer alten Produktivität zurück. Sie komponierte eine Sinfonie und eine sinfonische Dichtung, Solostücke für Violine und Klavier, ein Streichquintett und zahlreiche Lieder und Balladen in solistischer und chorischer Besetzung. Leider hat sie diese Werke dem Urteil der Nachwelt entzogen, denn seit der ›Hadumoth‹-Erfahrung war ihr Mißtrauen gegen die Verleger so gewachsen, daß sie nichts mehr in den Druck gab. Nach dem Tod ihrer Eltern im

Jahre 1900 wurde sie vollends zur mürrischen Eigenbrötlerin. Sie entwickelte pathologischen Geiz und seltsame religiöse Ideen, litt an nicht näher definierten Krankheiten und verscherzte sich durch ihre überspitzten Reaktionen schließlich sogar das Wohlwollen des Baden-Badener Bürgermeisters, der sie bis dahin vorbehaltlos gefördert hatte. Im November 1903 hatte sie ihren letzten Auftritt als Pianistin. Danach hat sie ihre »musikalischen Wünsche ... begraben« und überhaupt »mit dem Außenleben abgeschlossen«, wie sie in ihren Lebenserinnerungen nicht ohne ein Gefühl der moralischen Überlegenheit gegenüber ihren »erschreckend frivolen« Zeitgenossen erklärt.[67]

Louises tragische Entwicklung von der hochbegabten Komponistin zur bigotten alten Jungfer ging mit der zunehmenden Diskriminierung künstlerisch emanzipierter Frauen Hand in Hand; Pianistinnen, Sängerinnen, Schauspielerinnen und Komponistinnen galten schon wenige Jahre nach der gescheiterten Revolution mehr denn je als Halbweltdamen. Nur wenn sie ein nach außen hin so untadeliges Leben führten wie Clara Schumann, durften sie auf gesellschaftliche Respektierung rechnen. Von der biedermeierlichen Idylle, in der die geistreiche und sexuell freizügige Künstlerin »doch immerhin einen ehrenvollen Platz eingenommen hatte«, war man zu Ende des Jahrhunderts weit entfernt. »Nie zuvor«, schreibt Ingeborg Weber-Kellermann, »hatte die Frau eine so untergeordnete und unselbständige Stellung ... innegehabt« wie in diesen Jahrzehnten.[68] Nie zuvor, könnte man ergänzen, haben sich deutschsprachige Musikschriftsteller so sehr als gottväterlich-absolute Autoritäten aufgespielt und über ihre komponierenden Untertaninnen so viel Plattes, Dummes und Gemeines geschrieben. Selbst den tolerantesten Rezensionen kommt in keinem Satz auch nur die geringste analytische Aussagekraft zu. Man kann sich unschwer vorstellen, daß sensible Komponistinnen durch die ständigen Hinweise auf ihre, wie Fanny Hensel gesagt haben würde, »elende Weibsnatur« nach und nach immer mehr verunsichert wurden, besonders wenn sie so elitär und unselbständig erzogen waren wie Louise. Aus der Unsicherheit wurde Resignation, aus der Resignation ein geistiger Selbstmord auf Raten. Anders ist Louises Erklärung, ihre »musikalischen Wünsche ... begraben« zu haben, wohl kaum zu deuten.

Anmerkungen

1 E. Schumann, Robert Schumann, Leipzig 1931, S. 222.
2 Ausführliches Literaturverzeichnis bei Karla Höcker, Clara Schumann, München 1978.
3 S. auch E. Schumann, Erinnerungen, Stuttgart 1925.
4 Vgl. E. Weissweiler, Zwischen Kindbett und Karriere – Rundfunkmanuskript WDR III, Januar 1979.
5 Der Aufsatz von K. F. Bernhardt (Schumanns Weggefährtin. Zur musikschöpferischen Emanzipation der Frau, in: Musica 1956, S. 460ff.) hält in keiner Weise, was der Titel verspricht. Lediglich R. Hohenemser (Clara Wieck-Schumann als Komponistin, in: Die Musik V/4, 1905/1906) bringt einige über die äußeren Daten hinausgehende Informationen.
6 Zit. nach B. Litzmann, Clara Schumann, Ein Künstlerleben, I, Leipzig 1920, S. 16.
7 La Mara (eigtl. Marie Lipsius), Die Frauen im Tonleben der Gegenwart, S. 7.
8 Chronologischer Überblick über Claras Studienwerke und Repertoire bei B. Litzmann, Clara Schumann III.
9 R. Hohenemser, Clara Wieck-Schumann als Komponistin, S. 110.
10 Zit. nach R. Hohenemser, Clara Wieck-Schumann als Komponistin, S. 119.
11 Zit. nach R. Hohenemser, Clara Wieck-Schumann als Komponistin, S. 120.
12 B. Litzmann, Clara Schumann I, S. 352.
13 Zum Streit um die ›Idylle‹ vgl. genauer B. Litzmann, Clara Schumann I, S. 353f.
14 Beim Westdeutschen Rundfunk in Köln existiert eine Aufnahme von Clara Schumanns Konzert mit Michael Ponti und dem WDR-Sinfonieorchester.
15 R. Hohenemser, Clara Wieck-Schumann als Komponistin, S. 123.
16 Neue Zeitschrift für Musik vom 8. 12. 1835, Nr. 46 (III, S. 182). Vgl. R. Schumann, Gesammelte Schriften I, Leipzig 1854, I, S. 168.
17 B. Litzmann, Clara Schumann I, S. 113.
18 B. Litzmann, Clara Schumann I, S. 159.
19 B. Litzmann, Clara Schumann II, S. 15f., 36, 163, 174 usw.
20 B. Litzmann, Clara Schumann II, z. B. S. 16.
21 B. Litzmann, Clara Schumann II, S. 18.
22 B. Litzmann, Clara Schumann II, S. 21f.
23 B. Litzmann, Clara Schumann II, S. 23.
24 R. Hohenemser, Clara Wieck-Schumann als Komponistin, S. 125.
25 B. Litzmann, Clara Schumann II, S. 53.
26 B. Litzmann, Clara Schumann II, S. 21.
27 B. Litzmann, Clara Schumann II, S. 136.
28 B. Litzmann, Clara Schumann II, S. 140.
29 B. Litzmann, Clara Schumann I, S. 189.
30 B. Litzmann, Clara Schumann II, S. 161.
31 Zit. nach ›Komponistinnen aus drei Jahrhunderten‹ = Ausstellungskatalog der Bayerischen Vereinsbank in Zusammenarbeit mit der Musiksammlung der Bayerischen Staatsbibliothek.
32 K.-F. Bernhardt, Schumanns Weggefährtin.
33 B. Litzmann, Clara Schumann I, S. 320.
34 Zit. nach K.-F. Bernhardt, Schumanns Weggefährtin.
35 B. Litzmann, Clara Schumann II, S. 325.

36 Vgl. dazu M. Willfort, Clara Schumann, in: Neue Zeitschrift für Musik 1971.
37 Philips No. 6700051
38 In die Musikgeschichte eingegangen ist ihre heftige Polemik gegen Wagner und Liszt.
39 Vollständiges Werkverzeichnis in ihrer Autobiographie ›Lebenserinnerungen einer Komponistin‹, Baden-Baden 1910. Autographen befinden sich in der Bayerischen Staatsbibliothek München, in der Deutschen Staatsbibliothek in Ostberlin, in der Badischen Landesbibliothek Karlsruhe und in der Österreichischen Nationalbibliothek Wien.
40 Ein Exemplar dieses in kleiner Auflage erschienenen Buches besitzt m. W. nur noch die Bayerische Staatsbibliothek München.
41 L. A. Le Beau, Lebenserinnerungen, S. 30.
42 L. A. Le Beau, Lebenserinnerungen, S. 44.
43 L. A. Le Beau, Lebenserinnerungen, S. 50.
44 L. A. Le Beau, Lebenserinnerungen, S. 59.
45 L. A. Le Beau, Lebenserinnerungen, S. 60.
46 L. A. Le Beau, Lebenserinnerungen, S. 63.
47 L. A. Le Beau, Lebenserinnerungen, S. 74.
48 Abgedruckt (mit vielen weiteren Rezensionen) bei L. A. Le Beau, Lebenserinnerungen, S. 80.
49 L. A. Le Beau, Lebenserinnerungen, S. 112.
50 Die Wiener Kritiken sind, z. T. ohne die Namen der Rezensenten, abgedruckt bei L. A. Le Beau, Lebenserinnerungen, S. 118ff.
51 Zit. nach ›Komponistinnen aus drei Jahrhunderten‹, Artikel ›Louise Adolpha Le Beau‹.
52 L. A. Le Beau, Lebenserinnerungen, S. 75.
53 L. A. Le Beau, Lebenserinnerungen, S. 76f.
54 L. A. Le Beau, Lebenserinnerungen, S. 94ff.
55 L. A. Le Beau, Lebenserinnerungen, S. 91.
56 L. A. Le Beau, Lebenserinnerungen, S. 99f.
57 L. A. Le Beau, Lebenserinnerungen, S. 102.
58 W. H. Riehl, Die Familie, S. 53.
59 L. A. Le Beau, Lebenserinnerungen, S. 107.
60 L. A. Le Beau, Lebenserinnerungen, S. 128; die Bayerische Staatsbibliothek München besitzt eine Sammlung sämtlicher Aufsätze, Musikkritiken usw. von Louise Adolpha Le Beau.
61 L. A. Le Beau, Lebenserinnerungen, S. 162.
62 L. A. Le Beau, Lebenserinnerungen, S. 173.
63 L. A. Le Beau, Lebenserinnerungen, S. 207.
64 L. A. Le Beau, Lebenserinnerungen, S. 198.
65 L. A. Le Beau, Lebenserinnerungen, S. 227ff.
66 Sämtliche über ›Hadumoth‹ erschienenen Rezensionen sind in den ›Lebenserinnerungen‹ abgedruckt.
67 L. A. Le Beau, Lebenserinnerungen, S. 261.
68 J. Weber-Kellermann, Die Deutsche Familie, S. 117f.

Abb. 30: Ethel Smyth. Zeichnung von John Sargent.

ETHEL SMYTH

Eine englische Musikdramatikerin an der Wende zur Moderne

Louise Adolpha Le Beau hatte in ihren letzten schöpferischen Jahren eine Märchenoper mit dem Titel ›Der verzauberte Kalif‹ komponiert. Das Mannheimer Theater lehnte eine Aufführung ab, ebenso das Karlsruher Hoftheater, obwohl sich »Ihre königliche Hoheit«, die Großherzogin von Baden, lebhaft dafür eingesetzt hatte. »Wäre es von Humperdinck, so wäre die Aufführung wohl ohne Bedenken gefördert worden«, soll Melchior Sachs, Louises alter Berater aus den Münchener Tagen, dazu gesagt haben.[1]

Nun, ganz so finster, wie Louise es schildert, sah die Situation an deutschen Opernbühnen nicht aus. Louises unmittelbare Zeitgenossin Ethel Smyth (1858–1944) hat immerhin vier ihrer sechs Opern in Deutschland zur Uraufführung gebracht, und Ingeborg von Bronsart (1840–1913) hatte mit ihrem Singspiel ›Jery und Bätely‹ einen derartigen Erfolg, daß es in Weimar, Karlsruhe, Baden-Baden, Schwerin, Kassel, Wiesbaden, Braunschweig, Hannover, Königsberg und Mannheim immer wieder ins Programm genommen wurde.[2] Ingeborg von Bronsart, eine Schülerin von Liszt, hat sich – ob freiwillig oder nicht, mag hier dahingestellt bleiben – ihrer kompositorischen Arbeit nur mit halber Kraft gewidmet; ihr Gatte, der Pianist, Komponist und Dirigent Hans von Bronsart, war vom preußischen König zum Intendanten des Hannoverschen Hoftheaters ernannt worden, und wie wir bereits aus Louises Biographie wissen, war den Frauen und Töchtern höherer Staatsbeamter der Musikerberuf in der Regel verboten. Außerdem beanspruchten Kinder und Repräsentationspflichten einen Großteil ihrer Zeit, so daß sie während der Arbeit an einer weiteren Oper (›König Hiarne‹) mit leisem Bedauern schrieb:

»Ich kann sagen, daß ich jeden Tact mit Lust und Liebe geschrieben habe. Ich wäre ja auch längst fertig, wenn mein Leben nicht ein so vielseitiges sein müßte und ich nicht nur *die* Zeit der Musik widmete, die mir meine anderen Pflichten übrig lassen.«[3]

Im Gegensatz zu Ingeborg von Bronsart hatte sich Ethel Smyth schon als junges Mädchen für ein von familiären und gesellschaftlichen Verpflichtungen unbelastetes Leben entschieden. Keiner der wohlerzogenen jungen Gentlemen, die im Landhaus ihrer Vaters, des Major-Generals John H. Smyth verkehrten, schien ihr auch nur eine Affäre wert. »Ich habe kein Talent zum Flirten«, schreibt sie in einem ihrer vielen autobiographischen Bücher.[4] Eine Verlobung mit Oscar Wildes Bruder William ging schon nach drei Wochen in die Brüche, da ihr die heimlichen Verabredungen, das verstohlene Austauschen der Ringe und überhaupt das ganze sentimentale Getue doch reichlich albern erschienen. Jahre später begann sie ein leidenschaftliches Liebesverhältnis mit einem verheirateten Mann, dem in Italien lebenden Schriftsteller Henry Brewster. Was ihre Familie, ihr Publikum, »die« Gesellschaft darüber dachten, war ihr herzlich gleichgültig. Sie ging ihren Weg mit einer derartigen Selbstverständlichkeit, daß man ihr notwendigerweise einen gewissen Respekt entgegenbrachte. Als Henrys Frau Julia starb, sagte sie überraschenderweise immer noch »nein« zur Ehe. Ihre Arbeit würde darunter leiden. Außerdem könne ein einziger Partner unmöglich alle ihre körperlichen und emotionalen Bedürfnisse befriedigen. – Ethel hat aus ihrer von Jugend an stark ausgeprägten Bisexualität nie ein Geheimnis gemacht. Der erotische Aspekt ihrer Freundschaften mit vielen bedeutenden Frauen des 19. und 20. Jahrhunderts wie der Schauspielerin Marie Geistinger, der Komponistengattin Elisabet von Herzogenberg, der Schriftstellerin Virginia Woolf und den Suffragetten um Rhoda Garrett und Sylvia Pankhurst wäre ein wichtiges Studienobjekt für eine feministisch orientierte Psychoanalyse. Von der Musikwissenschaft ist er schamhaft verschwiegen worden, obwohl er nicht nur in ihren literarischen, sondern auch in beinahe allen ihren musikalischen Spätwerken offen zutage tritt.

Doch beginnen wir von vorn, bei der strengen, viktorianischen Erziehung der jungen Ethel, die für die Entfaltung musikalischen Talents so wenig Raum zu bieten schien. Ihr Vater, nach jahrelangem Offiziersdienst in der bengalischen Armee nach England zurückversetzt, stammte aus einer Familie von Generälen, Bischöfen, Kaufleuten und Bankiers. Erstaunlicherweise verliebte sich der begeisterte Nationalist, dem jedes Abweichen von der feinen englischen Art zutiefst verdächtig war, in die exotischreizvolle Nina Struth. Nina hatte ihre ganze Jugend in Paris verbracht und sprach besser Französisch als Englisch. Ihre Mutter unterhielt unter dem Namen Madame de Stracey einen musikalischen Salon, in dem Chopin, Rossini, Auber und selbstverständlich auch George Sand verkehrten. Ethel ist erst im

Laufe genealogischer Studien auf die Existenz dieser Frau gestoßen. Sie betrachtete sie als ihre geheime Verbündete und führte ihre eigene, für ein viktorianisches junges Mädchen so völlig atypische Entwicklung auf sie zurück.
Ethel ist zusammen mit fünf Schwestern und einem Bruder auf einem idyllischen Landgut in der Nähe der englischen Ortschaft Sidecup aufgewachsen. Weil sie vorlaut und »ungezogen« war und immer wieder auf die Akazien im Küchengarten kletterte, »mußte« der Vater sie öfters schlagen. Als bevorzugtes Züchtigungsinstrument diente eine zweieinhalb Fuß lange hölzerne Stricknadel. Ethels Biograph Christopher St. John vermutet, daß ihre spätere Taubheit auf diese patriarchalischen Erziehungsmaßnahmen zurückzuführen ist.[5]
Ethel und ihre Schwestern wurden, wie viele Engländerinnen aus »guter Familie«, von deutschen Gouvernanten erzogen. Diese auf den ersten Blick erstaunlich scheinende Tatsache erklärt sich daraus, daß zahlreiche Anhängerinnen der Bewegung von 1848 nach England emigriert waren und sich dort unter oft entwürdigenden Umständen als Musiklehrerinnen, Erzieherinnen oder Gesellschafterinnen durchschlugen. Ethel hat von diesem an und für sich unerfreulichen Tatbestand profitiert, denn eine ihrer Gouvernanten hatte ein vollständiges Klavierstudium am Leipziger Konservatorium hinter sich. Sie machte ihre jungen Schützlinge, die bis dahin nur Choräle und Volkslieder kannten, mit der Musik von Beethoven, Schubert und Schumann vertraut. »In diesem Moment entwickelte ich den Plan, den ich sieben Jahre später auch ausführte: nämlich in Leipzig zu studieren und mein Leben der Musik zu widmen.« So hat Ethel dieses »Initiationserlebnis« beschrieben.
1872 kam sie zusammen mit ihrer Schwester Mary in ein Mädchenpensionat in der Nähe von London. Die Eltern gaben ihnen zu verstehen, daß dies als Strafexpedition aufzufassen sei, weil sie zu Hause »untragbar« (unmanageable) geworden seien. Ethel erinnerte sich später mit Schrecken, daß sie nur paarweise und in langen Reihen spazierengehen durften; ihre Lieblingsbeschäftigungen – Sporttreiben, Musikhören und Klavierspielen – wurden von der Schulleitung auf ein Minimum beschränkt. »Ich glaube immer noch, daß Strümpfestopfen zu den wichtigsten Dingen gehörte, die ich dort lernte.«[6] Ihre homoerotische Veranlagung, von ihr selbst sehr viel vornehmer als »Sapphismus« umschrieben, wurde durch die nach Geschlechtern getrennte Pensionatserziehung zweifellos gefördert. Sie legte ein ›Book of passions‹ (Buch der Leidenschaften) an, in das sie die Namen

aller Mädchen eintrug, um deren Hand sie, wenn sie ein Mann gewesen wäre, angehalten hätte. Ethel war auch später zu wenig mit der noch jungen Wissenschaft der Psychoanalyse vertraut, um sich über die möglichen Hintergründe ihrer Entwicklung klarzuwerden. Aufschlußreich ist jedoch ein Brief, den sie 1892 an ihren Freund Henry Brewster geschrieben hat:
»Ich nehme an, Du kennst Platens Gedichte? Ich habe gerade Heines ›Reisebilder‹ gelesen. Etwas Lustigeres ist sicher nie geschrieben worden. Und was seine Anmerkungen über Platens Bewunderung der griechischen Homosexualität und seine Behauptung betrifft, die ganze Schönheit der Shakespearschen Sonette erkläre sich nur daher, daß sie ... einem Jungen gewidmet seien ... nun, Du kannst Dir Heine zu diesem Thema vorstellen! Ich wundere mich, warum ich ... mein eigenes Geschlecht so viel leidenschaftlicher lieben kann als eures? Selbst die Liebe zu meiner Mutter hatte eine emotionale Qualität, die ich nur Leidenschaft nennen kann. Was meinst Du dazu? Ich kann es nicht herausfinden, weil ich eine sehr geradeaus denkende Person bin und dies ist ein immerwährendes Puzzle ...«[7]
Als Ethels einziger Bruder stirbt und ihre Schwestern Alice und Mary »reiche Ehen« eingehen, wird sie wieder nach Hause abkommandiert, um ihre jüngeren Geschwister zu beaufsichtigen. Mehr als einmal hat sie den Wunsch auszubrechen, spielt sogar mit dem Gedanken, Nonne zu werden. Ein befreundetes Ehepaar – er ist Musiker, sie Schriftstellerin – bringt etwas Abwechslung in dieses triste Landleben. Ethels Opposition gegen den autoritären Vater wächst. Mit ihren neuen Bekannten studiert sie die Berliozsche Instrumentationslehre und die Partituren des ›Fliegenden Holländer‹ und des ›Lohengrin‹. Um seine Tochter vor diesen verderblichen Einflüssen zu schützen, setzt General Smyth das Gerücht in die Welt, der verheiratete Musiker habe das minderjährige Mädchen verführt. Beide Eheleute müssen den Wohnort wechseln. Als Ethel noch einmal vorsichtig ihren Wunsch, nach Leipzig zu gehen, erwähnt, antwortet er kurz und knapp: »Lieber würde ich dich unter dem Erdboden sehen!«[8]
Immerhin darf sie gelegentlich zu Konzerten nach London, wo sie Clara Schumann Brahms spielen hört. Ihr Verlangen nach einem Musikstudium wird stärker, aber sie ändert ihre Taktik:
»Ich beschloß, das häusliche Leben so sehr zu stören, daß sie mich schon um ihrer eigenen Ruhe willen nach Leipzig schicken würden.« Konkret bedeutet das: Hungerstreik, eisiges Schweigen, Verweigerung von Kirch-, Dinner- und Partybesuch. Ange-

sichts dieser gesellschaftlichen Blamage muß General Smyth schließlich kapitulieren. Im Jahre 1877 darf Ethel, begleitet von vielen Ermahnungen und Drohungen, das elterliche Landhaus verlassen.

Der Unterricht am Konservatorium erweist sich insgesamt als enttäuschend. Carl Heinrich Reinecke ist »ganz unfähig, sein höfliches Desinteresse an den ihm vorgelegten Kompositionen zu verbergen«. Salomon Jadassohn, der Professor für Kontrapunkt und Theorie, kommt immer eine Viertelstunde zu spät und erzählt Witze und Anekdoten, so daß seine Vorlesungen eine »ziemliche Farce« bleiben. Um so anregender ist der Kontakt mit den ausübenden Musikern, die Ethel vorbehaltlos akzeptieren. Sie schließt Freundschaft mit den Sängern Max Friedländer und Redeker, den Dirigenten George Henschel und Engelbert Röntgen. »Papa Röntgen«, zu dieser Zeit Leiter des Gewandhausorchesters, findet das Rondothema ihrer ersten Klaviersonate »so rein und frisch, daß man fast schwören könnte, es sei von Mozart«[9]. Ethel fühlt sich durch diese Anerkennung so ermutigt, daß sie bereits im Jahr ihrer Ankunft (1877) zwei weitere Sonaten, kurze Zeit später dann Variationen über ein Originalthema und eine ganze Reihe von Kanons, Präludien und Fugen schreibt, außerdem sechs Streichquartette, ein Quintett und ein Klaviertrio. Obwohl sie selbstkritisch genug ist zu erkennen, daß die reine Kammer- und Instrumentalmusik nicht ihr spezifisches Medium ist, fühlt sie sich durch den Respekt der Kollegen in ihrer Berufswahl bestätigt, auch wenn sich die Familie noch so sehr dagegen sträubt. So schreibt sie im August 1877 an ihre Mutter:

»Denke nicht . . ., daß ich den Kopf verliere und mir einbilde, ich brauchte nur die Feder aufs Papier zu senken, um berühmt zu werden. Es ist nur dies: Männer, die ihr Leben lang mit Musikern zusammen waren, die Hand in Hand mit Schumann und Mendelssohn gearbeitet haben, so wie sie es jetzt mit Brahms und Rubinstein tun, sagen, daß sie selten solch ein Talent gesehen hätten; bei einer Frau überhaupt noch nie! Ich weiß trotzdem, daß noch viele Jahre harter Arbeit vor mir liegen, Jahre, in denen wenig oder nichts von meinen Kompositionen gedruckt werden wird – dazu habe ich mich fest entschlossen – Jahre, in denen ich ein Niemand sein werde; und am Ende wartet vielleicht ein Lorbeerkranz auf mich in der Gestalt eines Namens . . .!«[10]

Schon während der Leipziger Zeit widmet Ethel sich intensiv einem immer größer werdenden Freundes- und Bekanntenkreis, eine Eigenschaft, die ihr später von Musikkritikern oft zum

Vorwurf gemacht wurde. Sie schwärmt für die Tragödin Marie Geistinger, kommt mit der Konzertsängerin Livia Frege und Mendelssohns Tochter Lili Wach in Kontakt. Eine beinahe mütterliche Lebensgefährtin findet sie in der elf Jahre älteren Elisabet von Herzogenberg (»Lisl«), der kinderlosen Gattin des Präsidenten des Leipziger Bachvereins. Dieser Heinrich Aloysius Freiherr von Herzogenberg hat nichts dagegen, daß Ethel als Ersatztochter in sein Haus zieht und viele Jahre mit der Familie verbringt. Er übernimmt sogar selbst ihren Kompositionsunterricht, klammert aber, da er die Oper verachtet, das dramatische Element vollkommen aus. Auch die Instrumentationslehre läßt er weitgehend unberücksichtigt. Im Hause Herzogenberg lernt Ethel Grieg und Brahms kennen. Grieg schätzt ihr fundiertes künstlerisches Urteil, Brahms, der nach ihrer Beobachtung keine hohe Meinung von Frauen hat, verhält sich brummig, herablassend, beleidigend:

»Eines Tages ... zeigte Lisl ihm eine kleine Fuge von mir; als ich hereinkam und sie damit beschäftigt sah, begann er, sie zu analysieren ..., indem er sagte, diese Durchführung sei gut, jene Modulation kurios usw. ... Ich verlor den Kopf, zeigte auf ein konstruktives Detail, das Herzogenberg sehr beschäftigt hatte ... und fragte eifrig: ›Meinen Sie nicht, daß ich, wenn ich es gefühlsmäßig für richtig halte, das Recht habe, auf der Dominante zu schließen?! – Plötzlich änderte sich die Szene ... und indem er seinen Schnurrbart streichelte, sagte er mit einer Stimme voll freundlicher Verachtung: ›Ich bin ganz sicher, liebes Kind, daß du schließen kannst wann und wo es dir Spaß macht!‹« – Ethel hat sich allerdings später für diese Beleidigung gerächt, indem sie in einem ihrer Bücher schrieb, daß Brahms auf hübsche Frauen starre »wie ein sabberndes Milchknäbchen Marmeladentörtchen anglotzt«[11].

Im August 1882 fährt Ethel über die Schweiz, wo sie ihre Leidenschaft für das Bergsteigen entdeckt, nach Italien. Sie spürt immer mehr, daß sie einen Ortswechsel nötig hat, da sie eigentlich dramatische Komponistin ist und in der ein wenig sterilen kammermusikalischen Atmosphäre Leipzigs nicht dazulernen kann. So macht sie Nägel mit Köpfen und bezieht eine vermutlich recht komfortable Künstlerwohnung in der Via dei Serragli in Florenz. – Florenz ist die Wahlheimat Julia Brewsters, der Schwester von Elisabet von Herzogenberg. Es entwickelt sich eine starke Sympathie zwischen den Frauen; Henry Brewster, ein wohlhabender und deshalb privatisierender Literat, Philosoph und Kosmopolit, zeigt sich irritiert und »flieht« nach

Algier. Wenige Wochen später kehrt er zurück, bis über beide Ohren in die blonde, blauäugige, athletisch gebaute Ethel verliebt. Es kommt zu schrecklichen Szenen, schließlich sogar zum Bruch zwischen den Gatten. Ethel fährt nach Leipzig zurück, bleibt aber mit Brewster in Kontakt. Jetzt wendet sich auch die aus doppeltem Grund erzürnte Elisabet von Herzogenberg von ihr ab, ein Schmerz, den Ethel ihr Leben lang nicht verwunden hat. Die Freundschaft mit Brewster bietet ihr zumindest in musikalischer Hinsicht Ersatz, da er die Oper für die größte Kunstform hält und ihr künftig als Librettist und Berater zur Seite stehen will. Doch zunächst versucht sie, Anschluß an die englische Kammermusikszene zu finden, und zwar mit einem Streichquintett und – deutschsprachigen – Liedern und Balladen. Dieses Unternehmen schlägt gründlich fehl, weniger, weil sie eine Frau ist, als wegen der typisch deutschen Ausrichtung dieser Werke, in die sie als Epigonin von Robert Schumann all ihr persönliches »Liebesleid«, und das heißt in diesem Fall: den Schmerz um den Verlust ihrer Freundin Elisabet, hineinlegt.
Im Winter 1887 entschließt sich Ethel, nach Deutschland, zu dieser Zeit ihrer eigentlichen musikalischen Heimat, zurückzukehren. Erstaunlicherweise zeigt sich niemand über ihre spektakuläre Liebesaffäre entrüstet. In Leipzig lernt sie Peter Tschaikowsky kennen, der einen beträchtlichen Einfluß auf ihre kompositorische Entwicklung ausübt und ihre Lücken auf dem Gebiet der Instrumentationslehre schließt. Doch bevor sie sich der orchestralen und dramatischen Großform zuwendet, schreibt sie zwei Solosonaten op. 5 und op. 7 für Violine beziehungsweise Cello und Klavier. Die Violinsonate wird von Fanny Davies und Adolf Brodsky in einem Kammerkonzert des Gewandhauses uraufgeführt. Übereinstimmender Tenor der Kritiken: ihr fehle der »feminine Charme«, den man von einer Frau erwarte; »der gute alte Hinweis, den ich noch so oft zu hören bekommen sollte«, schreibt Ethel dazu.[12]
Ein geradezu desillusionierender Kommentar von Joseph Joachim gibt der Komponistin den letzten Anstoß, das ihrem musikalischen Temperament so wenig adäquate Gebiet der Kammermusik endgültig zu verlassen; sie komponiert eine Orchesterserenade und eine Ouvertüre ›Anthony and Cleopatra‹, die zwar, getreu ihrem alten Vorsatz, nicht veröffentlicht, dafür aber in England mit einigem Erfolg uraufgeführt werden. Die Monate nach den Konzerten verbringt sie bei ihrer alten, einsamen, tauben und wohl auch ein wenig neidischen Mutter. Von endlosen Streitigkeiten zermürbt, flieht sie so schnell wie möglich nach

München, wo sie den Dirigenten Hermann Levi und die junge Engländerin Pauline Trevelyan kennenlernt. Unter dem Einfluß des streng katholischen Mädchens entdeckt die bis dahin in religiösen Dingen indifferente Ethel den merkwürdigen Reiz von Gregorianik und Liturgie: »Oh, was für eine Messe werde ich eines Tages schreiben! Agnus Dei, qui tollis peccata mundi! Welche Worte!« Ethel schiebt diesen Plan nicht auf, sondern beginnt sofort mit der Arbeit. Es entsteht die Pauline gewidmete ›Mass in D‹, die als eines ihrer wichtigsten Werke jahrzehntelang zum englischen Standardrepertoire gehörte. 1893 kommt es zur ehrenvollen Uraufführung in der Royal Albert Hall.
Unter dem Publikum ist sehr viel Prominenz, auch die exilierte Kaiserin Eugénie. Ihrer Freundin Ethel zuliebe – Teile der Messe waren auf der kaiserlichen Jacht während einer Mittelmeerkreuzfahrt instrumentiert worden – bricht sie das ungeschriebene Gesetz, nach dem sie nicht in der englischen Öffentlichkeit erscheinen darf. Die unkonventionelle und in mancher Hinsicht fast feministisch engagierte Frau hat Ethels künstlerische Arbeit auch in den folgenden Jahrzehnten immer wieder unterstützt, sei es durch beträchtliche Geldsummen oder durch ihren gesellschaftlichen Einfluß. – Nach der Uraufführung erschien eine Kritik von George Bernard Shaw unter dem Pseudonym »Corno di Bassetto« (Bassetthorn):
»Das Werk wurde vorsichtig als ›eine feierliche Messe‹ angekündigt. Aber als es zur Sache ging, war es nicht so sehr feierlich: in der Tat, das Gloria, das aus seinem eigentlichen Kontext herausgenommen und am Ende als Finale gesungen wurde, begann genau wie die Eröffnungschöre, die zur Zeit in komischen Opern de rigeur sind. Tatsächlich liegt dem ganzen Werk, obwohl es nach außen hin hochanständig ist, eine unterschwellige Profanität zugrunde, die dem Publikum die Arbeit erleichtert ... Der dekorative Instinkt hat vor dem religiösen ganz entschieden den Vorrang, und ... die Religion ist nicht von der weitherzigsten, überzeugendsten Art.
Es gibt großartige Passagen in dieser Messe, wie z. B. ›I Look for the life of the world to come‹ ... Ethels Messe gehört zur angenehmen Branche der Kirchenmusik, obwohl sie nicht frivol und vulgär ist ... Sie schnellt immer wieder in der erfrischendsten Art nach vorn; so erinnerten mich ein oder zwei Trommeltusche nicht an etwas so Vulgäres wie die Heilsarmee, sondern an eine lärmende Kavallerie-Kapelle.
In Miss Smyths Gedankenwelt gibt es auch eine seltsam heidnische, aber durchaus angenehme Assoziation von Himmlischem

88 ›Mass in D‹ von Ethel Smyth. Agnus Dei (Ausschnitt aus dem Klavierauszug).

[Fortsetzung nächste Seite]

- re - re no - - - - bis, qui tol - - - - lis pec - ca - - - ta, pec - ca - - -
Ag - nus De - - - - i, qui tol - - - - lis pec - ca - - - ta. pec - ca - -
- re - re, mi - se - re - re, qui tol - - - - lis pec - ca - - - ta, qui tol - lis pec -
- re - re . . no - - . bis, qui tol - lis pec - ca - ta mun - - di, qui tol - lis pec -
C
- - ta mun - - - di, mi - - se - re - re no - bis, mi - se - re - re
- - ta mun - - di, mi - - se - re - re no - bis, mi - se - re - re
- ca - ta mun - - - di, mi - se - re - re no - bis, mi - se - re - re
- ca - ta mun - - di, mi - - - se - re - re, mi - se - re - re
no - bis, ... mi - - - - - - se - re - - - - re no - -
no - bis, ... mi - se - re - re no - - - - bis, no - -
no - bis, ... mi - - - - - - se - re - - - - re no - -
no - bis, ... mi - se - re - re no - - - bis, no - -
8va

und Pastoralem: die kuriosen Triller und Pfiffe mit obligater Violine, die sich beim Abstieg aus dem Himmel in das Credo mischen; ... das vielstimmige Schmettern der Finken des Hains am Ende des Gloria ... Vieles in der orchestralen Aufmachung ist sehr hübsch und zeigt ein wirkliches Gespür für die Instrumente ...

Das Werk ... ist weit entfernt von der langweiligen, mechanischen Äußerlichkeit des Dvorakschen Requiems, oder von der salbungsvollen Schwere des – – nun, Schwamm drüber. Vor allem aber ist es interessant als Beginn dessen, was ich so oft prophezeit habe: nämlich die weibliche Eroberung der populären Musik. Wenn immer ich irgendeinen Musiker, dessen ganze geistige und künstlerische Begabung bei großzügiger Schätzung etwa derjenigen gleichkommt, die (die Romanschriftstellerinnen) Miss Braddon oder Miss Broughton im kleinen Finger haben, erklären höre: ›Frauen können nicht komponieren‹, schmunzle ich jedesmal und sage im stillen: ›Warte nur, Bürschchen, bis sie herausfinden, wieviel leichter es ist als die Literatur, und wie wenig das Publikum deine Bedenken gegen versteckte Quint- und Oktavfortschreitungen, absteigende Leittöne, ansteigende Septimen, falsche Verwandtschaften und all die anderen Nummern in deinem Index purgatorius teilt!‹ – Welcher Musiker, der jemals einen Roman von Ouida las, hat nicht manchmal ausgerufen: ›Wenn sie doch nur so was mal für Orchester setzen wollte, was die Konzerte dann endlich für Geld einbrächten!‹ – Nachdem Frauen in Victor Hugos Beruf auffallende Erfolge erzielt haben, sehe ich nicht ein, warum ihnen das nicht auch in Liszts Beruf gelingen sollte, sobald sie ihm erst einmal ihre Aufmerksamkeit zuwenden!«[13]

Man kann sich unschwer vorstellen, daß diese herzerfrischende, geistreiche und ironische Kritik Balsam auf Ethels gequälte Seele war. Für eine Frau von ihrem intellektuellen Niveau muß der unsäglich banale Pauschaleinwand deutscher Rezensenten, ihren Kompositionen fehle der »feminine Charme«, tatsächlich eine Zumutung gewesen sein. – Dreißig Jahre später – Ethel hatte inzwischen vieles an der Messe geändert und umarrangiert – schlug George Bernard Shaw sich sogar noch mehr auf die Seite der komponierenden Frauen:

»Liebe Dame Ethel, danke, daß Sie mich so lange tyrannisiert haben, bis ich mich aufgerafft habe, die Messe zu hören! Die Originalität und Schönheit der Solopartien sind heute noch genauso beeindruckend wie vor 30 Jahren, und das übrige wird in der besten Gesellschaft Bestand haben! Prächtig!

Sie sind total und diametral im Unrecht, wenn Sie glauben, daß Sie unter einem Vorurteil gegen weibliche Musik gelitten hätten ... Es war Ihre Musik, die mich für immer von der alten Wahnvorstellung geheilt hat, daß Frauen auf dem Gebiet der Kunst und auch sonstwo keine Männerarbeit tun könnten ... Ihre Musik ist männlicher als die von Händel!
Wann haben Kritiker und Publikum jemals etwas gegen feminine Musik gehabt? Hatten sie etwas gegen Arthur Sullivan, dessen Musik eine Musik in Unterröcken vom ersten bis zum letzten Takt war? Können Sie mir einen damenhafteren Komponisten nennen als den geliebten und vielimitierten Mendelssohn? Sind Sie von der mächtigen Zuckerstange, dem sogenannten Deutschen Requiem beeindruckt, nur weil Brahms etwas Tinte darauf gekleckst und sie in Kreppapier eingewickelt hat? Sie haben Zucker und Sentimentalität verachtet; und Sie waren von unbezähmbarer Wildheit. Sie haben Elgar wie ein altes Weib verächtlich von Ihrem Weg gestoßen. Und nun sagen Sie, wir schreckten vor Ihnen zurück, weil Sie ›nur eine Frau‹ sind? Guter Gott! Ihr lieber großer Bruder George Bernard Shaw.«[14]
Trotz der Anerkennung, die die Messe bei der englischen Uraufführung fand, wollte Ethel ihre erste Oper ›Fantasio‹ zunächst einem deutschen Opernhaus anbieten. In Deutschland gab es damals vierzehn Opernbühnen, in England nur eine einzige: das berühmte Musiktheater Covent Garden, wo die Saison nur wenige Monate dauerte, so daß für Experimente kein Platz war. Die Intendanten nahmen grundsätzlich nur bekannte Repertoirestücke, ausgeführt von internationalen Gesangsstars, ins Programm. – Für Ethel begann jetzt eine anstrengende und frustrierende Rundreise durch sämtliche deutschen Musikzentren, die einen Großteil ihrer künstlerischen Energie absorbierte. Der Karlsruher Dirigent Felix Mottl war »ganz verrückt« nach dem Werk, konnte aber nicht die Zustimmung seines Intendanten erlangen. Ähnliche Erfahrungen machte Ethel in Dresden, Leipzig, Köln, Hamburg und Wiesbaden. »Es scheint meine Hauptschwierigkeit zu sein, daß ich nicht mehr als halbherzige Versprechungen für eine Produktion des ›Fantasio‹ bekomme. Obwohl sie es niemals zugeben würden, ist es so«, schrieb sie an Henry Brewster.[15] Durch den teilweise berechtigten Ärger verschlechterte sich ihre an sich stabile psychische Verfassung. Sie begann zu trinken und rauchte bis zu vierzig Zigarren am Tag. Henry Brewster entführte sie schließlich auf eine Fahrradtour durch die Abruzzen. Irgendwo in den Bergen begann sie eine zweite Oper, ›Der Wald‹, nach einem Libretto ihres Freundes.

1898 wurde ›Fantasio‹ schließlich uraufgeführt, und zwar am Weimarer Opernhaus unter Leitung des jungen Dirigenten Bernhard Stavenhagen. Der Publikumserfolg war beträchtlich, aber die aus allen Teilen Deutschlands zugereisten Kritiker ergingen sich in den üblichen Klischees. Nur die Orchestrierung, die anerkanntermaßen stärkste Seite der Komponistin, wurde allgemein gelobt. Trotz einer hervorragenden Aufführung durch Felix Mottl im Jahre 1901 zweifelte Ethel jetzt an ihrem Werk: »Ich glaube, daß die Diskrepanz zwischen der Musik und dem Libretto zu groß ist – viel zu viel Leidenschaft und Heftigkeit für solch einen Gegenstand.« Anstatt beleidigt und rechthaberisch zu schmollen wie Louise Adolpha Le Beau, zog Ethel eine recht ungewöhnliche Konsequenz: sie zündete im Garten ihres englischen Landhäuschens einen Scheiterhaufen an und verbrannte das gesamte Notenmaterial. Die Asche von mit Tinte getränktem Papier gebe besonders guten Dünger ab, bemerkte sie voller Selbstironie.
Die insgesamt unerfreuliche Fantasio-Erfahrung hatte immerhin den Vorteil, daß sie sich kritische Gedanken über Wort-Ton-Verhältnis und Bühnenwirksamkeit machte und bei der Fertigstellung des ›Wald‹ sehr viel vorsichtiger zu Werke ging. Angebote von Covent Garden und dem Dresdner Opernhaus kamen, ohne daß sie sich darum zu bemühen brauchte. Allerdings: Graf Seebach, damals Intendant in Dresden, schickte die Partitur nach kurzer Zeit kommentarlos zurück. Dritten gegenüber soll er später erklärt haben, daß die selbstbewußte und energiegeladene Ethel wie ein rotes Tuch auf ihn wirke. Wenn er sie in den Straßen von Dresden sähe, würde er in die erstbeste Droschke springen und die Stadt mit dem nächsten Expreßzug verlassen! Graf Seebach war offensichtlich den Umgang mit emanzipierten Frauen nicht gewohnt. Unabhängig davon mag noch eine gewisse Anglophobie, die sich während des Burenkrieges in Deutschland breitgemacht hatte, mit im Spiel gewesen sein.
Zur Uraufführung kam es 1902 in Berlin. Auch hier wieder Pfiffe, Buhrufe und schlechte Kritiken, teilweise sicher erklärlich durch die gespannte politische Lage. Die englischen Rezensenten ergriffen jetzt Ethels Partei und motivierten sie zu einer Übersetzung des Librettos. Eine Aufführung in Covent Garden war wesentlich erfolgreicher, zumal die Komponistin den Schlußapplaus nicht wie üblich in Lodenrock, Tweedjacke und Herrenhut, sondern in einem »Abendkleid aus blasser heliotropfarbener Seide« entgegennahm. Im Frühjahr 1903 sollte das Werk an der Metropolitan Opera in New York herauskommen. Ethel wollte

dieses einmalige Ereignis nicht verpassen, aber Henry Brewster hatte Bedenken: für die vielen Empfänge, Dinnerparties, Interviews sei eine Persönlichkeit wie sie nicht gemacht. – Trotzdem fuhr sie gemeinsam mit ihrer Schwester, der wohlhabenden Mäzenin Mary Hunter, zur Premiere. Ein Kritiker über den New Yorker Gala-Abend:

»Alle Damen trugen ihre schönsten Abendkleider und ihre teuersten Juwelen. Die Sänger wurden immer wieder vor den Vorhang gerufen, und Miss Smyth hatte eine Ovation von nahezu zehn Minuten ... Sie ertrank fast in Blumen ... Miss Smyths Musik gehört entschieden der deutschen Schule an. Sie zeigt den Einfluß Wagners, imitiert ihn aber in keiner Weise. Wenn es überhaupt Geschlecht in der Musik gibt, würde ich sagen, daß ›Der Wald‹ sehr viel männlicher ist als Padarewskis ›Manru‹ ...«[16]

Wenn Ethel über die Pressenotizen insgesamt schrieb, sie seien »teils gut, teils schlecht, in jedem Fall aber sehr idiotisch« gewesen, hat sie ihren Rezensenten wohl Unrecht getan. In Amerika war man in puncto musikalische Frauenemanzipation sehr viel weiter fortgeschritten als in Weimar, Dresden, Leipzig oder Berlin. Schon vor der Jahrhundertwende existierten Symphonieorchester, in denen nur Frauen mitspielten. Außerdem gab es eine Reihe von Opernkomponistinnen wie Adeline Carola Appleton, Lucile Crews und die berühmte Augusta Cassel-Zuckermann, genannt »Mana-Zucca«. Was Ethel in Wirklichkeit mißfiel, war wohl eher das fade gesellschaftliche Leben und die gewiß nicht erfreuliche Tatsache, daß sie neben ihrer eleganten Schwester wie das graue Aschenputtel vom Lande behandelt wurde.

Während des Amerika-Aufenthaltes trug sie sich bereits mit neuen Opernplänen. Sie hatte sich inzwischen so weit von ihrer Leipziger Vergangenheit und den musikalischen Vorbildern Schumanns und Wagners emanzipiert, daß sie an ein genuin englisches Musikdrama denken konnte. Als Libretto schwebte ihr eine dramatisierte Fassung einer Sage aus Cornwall, die Geschichte von den Strandräubern (›The Wreckers‹) vor. Dutzende von Briefen gingen zwischen ihr und Brewster hin und her, ehe sie sich in ihrem Cottage »One Oak« an die Arbeit machte. Ihre einzigen Lebensgefährten während dieser Zeit waren ein geduldiges Hausmädchen, ein stattlicher Schäferhund und – die rauhe englische Landschaft, die sich in den Chor- und Orchesterpartien dieses Werkes allenthalben widerspiegelt. – Trotz ihrer negativen Erfahrungen mit deutschen Opernhäusern

brachte sie das Werk in Leipzig heraus, ohne großen Erfolg, wie schon wegen des spezifisch angelsächsischen Librettos zu erwarten war. Die Dirigenten hatten während der Probezeit mehrmals gewechselt und das Stück bis zur Unkenntlichkeit gekürzt. Ethel, erst zwei Tage vor der Uraufführung angereist, war mit den Strichen nicht einverstanden; am letzten Abend ergänzte sie eigenhändig das Notenmaterial und brachte dadurch Orchester, Sänger und Dirigenten in totale Konfusion. Das Ergebnis: falsche Töne und zahlreiche »Schmisse« während der Vorstellung. Ethel wartete die Presseresonanz erst gar nicht ab, sondern begab sich geradewegs nach Wien, wo sie Gustav Mahler und Bruno Walter für das ›Strandrecht‹, die deutsche Fassung der ›Wreckers‹, zu gewinnen hoffte. Walter konnte das Werk zwar damals in Wien nicht ins Programm nehmen, dirigierte es aber später in München. Über die Begegnung mit Ethel, den Anfang einer lebenslangen Freundschaft, schrieb er in seiner Autobiographie ›Thema und Variationen‹:
»Vor mir erschien eine hagere, etwa 48 Jahre alte Engländerin in farblosem sackartigen Gewand und erklärte mir, sie sei hier, um uns in Wien mit ihrer letzten Oper ... bekannt zu machen. Ich sah unserer Zusammenkunft mit peinlichem Vorgefühl entgegen, aber noch hatte sie nicht zehn Minuten gespielt und mit unschöner Stimme dazu gesungen, als ich sie unterbrach, um zu Mahler hinüberzustürzen, und ihn zu beschwören, mit mir zu kommen – mir spielte die Engländerin ihr Werk vor und sie sei ein wirklicher Komponist ... Wir verbrachten dann den ganzen Nachmittag mit ihrer Oper, und als wir uns trennten, stand ich völlig im Bann des Gehörten und ihrer Person ...«[17]
In Wien lebte damals der berühmte Musikkritiker Richard Specht, der von »Frauen ... die Musik ›begehn‹, wie sie eine kleine Sünde begehen«, von »Damen, die ... musikalische Handarbeiten verrichten, Melodien nähen und Töne stricken«, nicht viel hielt. Er erfand auch, in schöner Abwandlung des kirchenväterlichen Diktums, den Leitsatz »Mulier taceat in musica«, womit er, ohne es zu wollen, Ursprung und Geschichte der Diskriminierung komponierender Frauen im christlichen Abendland kurz und präzise umrissen hat. Es war eine hohe Anerkennung für Ethel, daß sich ausgerechnet dieser Mann für die ›Wreckers‹ begeisterte und einen ganzen Aufsatz im ›Merker‹ darüber schrieb.[18] Teile daraus seien hier zitiert:
»Dieses ›Strandrecht‹ ..., gegen das sich zuerst manches wehrt, dessen herbe Trostlosigkeit anfangs verstört und beunruhigt, läßt einen bald nicht mehr los. In dieser großen dramatischen

Ballade ist ein Ton von einer trotzig verzweifelten Leidenschaft und einer umbarmherzigen Kraft, der auch im Abstoßenden unwiderstehlich ist. Eine finstere Sage kornwallischer Überlieferung, die Ethel Smyth von den Fischern dieser Küste gehört hat und die sich zu einer Dichtung von unheimlicher und drohender Wirkung gestalten ließ ...

Was an der Musik zu dieser lichtlosen und wilden Sage auffällt, ist vor allem ihr durchaus Unfeminines: keine Spur von Sentimentalität, von Schwelgen in sanften Empfindungen ... Wunderschön sind melancholische kornwallische Motive in der Musik verwendet; prachtvoll packend ... das ›Die Ratt' ist da!‹, der in einem schmerzlichen Gassenhauer aufheulende Zorn des verlassenen Mädchens, mit Harmonien von einer vergifteten Qual und Schaurigkeit, die sich fast martervoll im Ohr festnisten.«

89 ›Ha! Ha! Ha! Die Ratt' ist da!‹ Lied der Avis aus der Oper ›The Wreckers‹ (›Strandrecht‹) von Ethel Smyth (Anfang).

»Alles ist knapp; gleichsam in Rotglut gehämmert; immer höchster musikalischer Monometerstand . . . Genial, wie der ›Chor‹, das Volk als Held, individualisiert ist: diese Gebete um losbrechenden Sturm und gottgefällige Beute, die Raserei der Entdeckung eines Verrats – all das ist mit . . . Kraft und Vielfalt gegliedert.«

»Im Harmonischen ist die Smyth überhaupt von meisterlicher Kühnheit: die seltsamsten Folgen werden oft in scheinbar schroffster Modulation mit einer Konsequenz geführt, die nur aus unbedingter Notwendigkeit kommend schließlich mit solch einwandfreier Naturgemäßigkeit wirken kann. Von ihrer kontrapunktischen Kunst gar nicht zu reden: mit Orgelpunkten, liegenden Stimmen, doppelten Kontrapunkten arbeitet sie in solcher . . . Leichtigkeit, daß all dies beinahe zum Nebensächlichen wird und erst bei genauer Untersuchung zutage tritt: die Chöre des dritten Akts und der Gesang der Avis sind Musterbeispiele dafür.«

. . . Außerordentlich interessant ist die Verwendung des Melodrams im ›Strandrecht‹: Stellen, die einen zu starken Ton bedingen könnten, um dann noch eine Erhöhung dieses Tons zu vertragen, andere, in denen die Musik allzu retardierend wirken müßte . . . werden gesprochen, bei fortwährend beibehaltenem Reim. Manchmal mit höchstem Eindruck. Die Stelle zum Beispiel, in der Thirza . . . in wahnwitziger Halluzination all die Opfer dieses Volkes vor sich sieht und unter Orgelklang . . . in eine furchtbare Parodie jenes Gebets ausbricht:

Ihre Augen voll Salz,
Ihre bleichen Lippen
Wahren ein ewiges Schweigen!
Schonet weder Weiber noch Kinder!
Schlachtet sie hin wie Schafe und Rinder!
Herr, den Leidenden ewig nah,
Gib uns heute
Die Menschenbeute!
Amen und Hallelujah!«

Ethels ›Wreckers‹ wurden übrigens später noch viele Male in England aufgeführt, unter so weltberühmten Dirigenten wie Sir Thomas Beecham und Arthur Nikisch. Das Werk gehört bis heute zum Standardopernrepertoire im angelsächsischen Raum und ist mehrmals auf Schallplatte aufgenommen worden. Die orchestrale Einleitung zum zweiten Akt – ›On the Cliffs of Cornwall‹ – wird als Tondichtung von zeitloser Wirkung immer wieder von englischen und amerikanischen Orchestern gespielt.
Die Anerkennung durch Bruno Walter und Richard Specht ist symptomatisch für das Renommee, das sich Ethel jetzt in den großen außerdeutschen Musikzentren erworben hatte. Ihr orchesterbegleiteter Chor ›Hey Nonny No‹ nach einem Text aus

90 ›Auf, denn zum Tanz die Winde‹. Chor des Volkes aus der Oper ›The Wreckers‹ (›Strandrecht‹) von Ethel Smyth (Ausschnitt).

91 Gebetsszene Thirza / Chor aus der Oper ›The Wreckers‹ (›Strandrecht‹) von Ethel Smyth (Ausschnitt).

[Fortsetzung Notenbeispiel 90]

dem 16. Jahrhundert wurde in Wien, Paris, London aufgeführt und erhielt überall die enthusiastischsten Kritiken. Der Rezensent der Wiener ›Neuen Freien Presse‹ schrieb, daß dieses Werk »in seiner Größe und überwältigenden Kraft den ganzen Rausch des Lebens und all' die für die elisabethanische Epoche charakteristische trotzige Todesverachtung« zusammenfasse.[19] Kathleen Dale, die Autorin einer kritischen Studie über Ethels Gesamtwerk, urteilte noch 1959 über den Chor:

»Starr und grell, eine kühne Mischung von Primitivität und Modernität ... ist es genauso aufregend aufzuführen wie es zu komponieren gewesen sein muß ... Der stark akzentuierte Tempo di valso-Rhythmus und das endlose Hämmern von Akkorden und melodischen Fragmenten aus schmucklosen, vergrößerten Intervallen rufen die musikalische Atmosphäre äußerster Verlassenheit hervor, wie sie von den Worten verlangt wird.«[20]

Mit ›The Wreckers‹ und ›Hey Nonny No‹ hatte Ethel das Interesse der militanten englischen Frauenrechtlerinnen auf sich gelenkt, die in der 1903 gegründeten Organisation »The Women's Social and Political Union« für die Einführung des Frauenwahlrechts kämpften. Die Gestalt der tragischen Heldin Thirza, die, nur von einem Fischer unterstützt, gegen die Brutalität der männlich dominierten Seeräubergesellschaft ankämpft und ihre Opposition mit dem Leben bezahlen muß, wirkte wie eine Symbolfigur des Feminismus; und den Chor ›Hey Nonny No‹ beschlossen die Frauenstimmen mit den Worten:

Is't not fine to dance and sing
when the bells of death do ring!
Is't not fine to swim in wine
and turn upon the toe?
Men are fools that wish to die.

Ist es nicht fein, zu tanzen und zu singen,
wenn die Todesglocken läuten?
Ist es nicht fein, in Wein zu schwimmen
und sich auf der Zehe zu drehen?
Männer sind Narren, die sterben möchten.

Die Suffragetten Rhoda Garrett und Emmeline Pankhurst, letztere im gleichen Jahr wie Ethel geboren, hatten schon verschiedentlich versucht, die Komponistin von ihrer Sache zu überzeugen. Aber es mangelte ihr, wie sie selber zugab, an »Gruppensinn«; auch hielt sie das Engagement in einer so militanten

Bewegung – Emmeline Pankhurst und ihre sechzigtausend organisierten Anhängerinnen mußten, um die Aufmerksamkeit der Politiker zu wecken, zu drastischen Maßnahmen wie Kirchenbesetzungen, Massendemonstrationen usw. greifen – für unvereinbar mit konzentrierter künstlerischer Arbeit. Jahrelang habe sie den Frauenrechtlerinnen mit »Gleichgültigkeit, gemischt mit Widerwillen, und, Himmel vergib mir, mit Spott« gegenübergestanden. Ihr Desinteresse mochte vor allem daher rühren, daß Henry Brewster, der toleranteste Partner, den man sich vorstellen konnte, sie nie zu beeinflussen oder bevormunden suchte; er hatte im Gegenteil seine literarischen Ambitionen in den Dienst ihrer Karriere gestellt. Nach seinem Tod begann Ethel umzudenken. Besonders die anregenden Diskussionen mit dem Wiener Dramatiker Hermann Bahr und seiner Frau, der berühmten Wagner-Sängerin Anna von Mildenburg, brachten ihr mehr und mehr zu Bewußtsein, daß ihre einzelkämpferische Aktion letztlich nur zu Resignation und Paranoia führen würde. Die Biographie der Louise Adolpha Le Beau war das beste Beispiel dafür. Ethel fuhr also nach London, um sich der gemeinschaftlichen Aufgabe zu stellen. Ein Produkt dieses Engagements: die autobiographisch orientierten Bücher ›A Final Burning of Boats‹ (Ein letztes Brennen der Schiffe) und ›Female Pipings in Eden‹ (Weibliche Pfiffe in Eden). Außerdem komponierte sie eine Marseillaise der Frauenbewegung, den ›March of the Women‹, basierend auf einem Volksliedthema aus den Abruzzen.

Dieses Lied verbreitete sich mit rasender Geschwindigkeit über ganz England und wurde von sämtlichen Suffragetten mit Begeisterung gesungen, sowohl auf der Straße als auch bei organisierten Protestkundgebungen. Ethel begann jetzt ihre eigenen Stükke selbst zu dirigieren und bildete sich zu diesem Zweck eine nur aus Frauen bestehende Chor- und Orchesterformation heran. Im Mittelpunkt des spektakulären Debüts in der Royal Albert Hall stand das Chorwerk ›Hey Nonny No‹. Sylvia Pankhurst hat in ihrem Buch ›The Suffragette Movement‹ die Persönlichkeit Ethels und die Stimmung während der Proben eindringlich beschrieben:

»Hey Nonny No ... ist nie mit solcher Gewalt und Schicksalskraft gehört worden ... Stimmen von Seeleuten, die in einer Taverne trinken, ungehobelte, rauhe Kerle, wilde, abenteuerliche Seelen ... Stimmen von Frauen, närrisch, erhitzt, glücklich, traurig und voll Schmerz; Stimmen des Schreckens; Stimmen des Todes – alles das eingehüllt in das rauhe, wilde Blasen des Sturms, das man in diesem Chor hörte ...

Individualisiert bis zum Letzten, hatte Ethel in ihren mittleren Jahren wenig an sich, was als feminin bezeichnet werden konnte. Ihre Züge waren klar geschnitten und stark ausgeprägt, weder männlich noch weiblich; ihr dünnes Haar war schlicht zur Seite gekämmt, ihre Sprache klar in der Artikulation, eher scharf als melodisch, jedoch mit ausgesprochen witzigem Unterton. Sie trug einen kleinen Herrenhut, verbeult und alt, einfach geschnittene Landkleidung, dazu eine Krawatte in strahlendstem Lila ... eine scheußliche lila Baumwolljacke oder sonst irgend etwas Seltsames in den Farben der Organisation, auf die sie so stolz war ...«[21]

Ethel entwickelte sich alsbald von der feministisch orientierten Komponistin zur engagierten Mitkämpferin der Bewegung. Ihre noble Familie distanzierte sich zwar nicht völlig von ihr, hatte aber herzlich wenig Verständnis für diese Art emanzipatorischer Aktivität. So sah Ethel sich gezwungen, ihrer Schwester und Geldgeberin Mary Hunter in einem Brief zu erklären:

»Ich glaube, die Leute verstehen nicht, daß wir Revolutionärinnen und unsere rechtswidrigen Akte wohlüberlegte politische Maßnahmen sind. Wenn ich aus bloßem Spaß ein Fenster einwerfe, bin ich in gewisser Hinsicht ein Verbrecher. Wenn dieses Fenstereinwerfen aber eine der wenigen mir offenstehenden Möglichkeiten ist, die öffentliche Aufmerksamkeit auf die Tatsache zu lenken, daß ich Grund zur Beschwerde habe, bin ich, wie sehr man auch meine Aktion mißbilligen mag, ein politischer, nicht ein krimineller Verbrecher! Der Hungerstreik dieser edlen, feinfühligen Frauen ist Zeichen des Protestes gegen ihre illegale Behandlung als Kriminelle in den Gefängnissen.«[22]

Ethel sprach jedoch nicht nur theoretisch vom Fenstereinwerfen. Während einer Gemeinschaftsaktion von Suffragetten nahm sie die maßangefertigten Butzenscheiben eines Kabinettsministers aufs Korn, der eine Abordnung ihrer Freundinnen schrecklich provoziert hatte: er werde, hatte er auf die Forderungen der Frauen geantwortet, der Einführung des Frauenwahlrechts erst dann zustimmen, wenn sich sämtliche Suffragetten so gesittet und wohlerzogen benähmen wie seine ihm angetraute Gattin. Ethel demolierte also sein Fenster und ließ sich mit einem Gefühl des Triumphes verhaften. Man brachte sie in das Gefängnis von Holloway und wies ihr eine Zelle neben der im Absitzen von Haftstrafen bereits einschlägig erfahrenen Emmeline Pankhurst zu. »Ich war wirklich sehr glücklich ... und spürte, daß mein Leben nach dieser Erfahrung nie wieder dasselbe sein würde«, erinnerte sie sich später. »Jetzt erkannte ich, daß diese Frauen

größer, wundervoller waren, als ich mir jemals hatte träumen lassen ... Zum ersten und letzten Mal in meinem Leben fühlte ich mich in wirklich guter Gesellschaft ... Man stelle sich nur vor! Mehr als hundert zusammengepferchte Frauen, alte und junge, reiche und arme, starke und schwache ... Ältere Damen, die eine vielversprechende berufliche Laufbahn in der Mitte abgebrochen hatten, Frauen der Arbeiterklasse, Krankenschwestern, Sekretärinnen, Verkäuferinnen usw., die guten Grund hatten, daran zu zweifeln, ob ihre Chefs sie jemals wieder beschäftigen würden ...«[23]
Sir Thomas Beecham und George Bernard Shaw, letzterer ein ausgesprochener Anhänger der Bewegung, hielten auch in dieser Zeit zu Ethel Smyth. Berühmt geworden ist Beechams Bericht über einen Besuch im Frauengefängnis:
»Ich erreichte den Gefängnishof und sah, wie die edle Gesellschaft der Märtyrerinnen auf- und abmarschierte, aus voller Brust ihren Kriegsgesang schmetternd, während die Komponistin ... aus einem höher gelegenen Fenster schaute und ... den Takt mit der Zahnbürste schlug.«[24]
In der Tat eine kuriose Situation. Man sollte jedoch über Beechams launiger Schilderung nicht vergessen, daß viele Frauen in den Gefängnissen zu Tode gefoltert wurden oder ihre Haftzeit als Invaliden beendeten. Auch Ethels Gesundheit hatte nach achtwöchigem Aufenthalt in Holloway sehr gelitten. Tragischerweise war ausgerechnet ihr Gehör immer schlechter geworden. Sie nahm merkwürdige singende Geräusche wahr, die, wenn sie eigene Werke dirigierte, das Spiel der Instrumente übertönten. Auf Anraten ihrer Ärzte fuhr sie nach Ägypten, wo sie eine neue Oper – ›The Boatswain's Mate‹ – in Angriff nahm. Trotz seiner feministischen Tendenzen und seiner völlig unorthodoxen Mischung verschiedener Stilebenen wurde dieses Werk, nach Kathleen Dale »halb Ballade, halb Musikdrama«, ebenso populär wie ›The Wreckers‹. 1914 fanden erfolgreiche Aufführungen in Frankfurt, München und Shaftesbury statt. »Mein kühner Traum war wahr geworden; in einer einzigen Wintersaison sollten zwei meiner Opern (›The Wreckers und ›The Boatswain's Mate‹) gleichzeitig an zwei der ersten Opernbühnen des Kontinents gespielt werden«, schrieb Ethel dazu.[25]
Während der Arbeitszeit in Ägypten hatte sich die mit allen sexuellen Verhaltensnormen ihrer Gesellschaftsklasse brechende Künstlerin in einen afrikanischen Hermaphroditen verliebt. Ihre Freunde waren von ihr bereits so viele Extravaganzen gewöhnt, daß sie sich nicht einmal mehr schockiert fühlten, als sie die

schöne junge Person in ihr Zelt aufnahm. Selbst die hochanständige Schwester Mary gab zu dieser neuen Episode einen unerwartet sachlichen Kommentar ab:

»Du bist immer dein eigenes Gesetz gewesen und hast dich mit ungewöhnlicher Direktheit Dingen und Ansichten genähert, die andere Leute hinter verschlossenen Lippen und schamhaft bedeckten Augen verbergen. Ich habe das immer als Teil ... deines Wesens angesehen; es wird von deiner Musik gespiegelt. So könnte zum Beispiel niemand deiner ›anakreontischen Ode‹ zuhören, ohne zu spüren, daß sich der Geist hinter diesen Dingen völlig außerhalb jeder Konvention und in heidnischen Regionen bewegt.«[26]

Die ›Anakreontische Ode‹ gehörte übrigens zu einem 1907 entstandenen Liederzyklus für Sopran, Flöte, Harfe, Streicher und Schlagwerk. Kathleen Dale hat die durch diese »angenehme Mischung von Instrumenten hervorgerufene Atmosphäre« als »ausgesprochen delikat« bezeichnet. »Der Solopart, selten im eigentlichen Sinne melodisch, fließt auf so innige Weise in die begleitende Struktur ein, daß die Lieder Ensemblemusik par excéllence sind. Die ›anakreontische Ode‹, das Lied einer Bacchantin, ist eine Orgie prächtiger Klänge.«[27]

Nach den Kriegsjahren, die Ethel schriftstellernd im französischen St. Briac verbracht hatte, hatten sich die Arbeitsbedingungen für englische Komponisten verbessert. Es entstanden die ersten Schallplattenfirmen, die auch Ethels Musik, an der man wegen ihrer autobiographischen Publikationen um so größeres Interesse hatte, gern ins Programm nahmen. Dirigenten wie Henry Wood und Robert Newman riefen die populären »Proms«, die Samstagsnachmittagskonzerte in der Queen's Hall ins Leben. Das Publikum war moderner, aufgeschlossener geworden. Ethels Stücke galten nicht mehr als merkwürdig und kurios, sondern beinahe als ausgesprochene Klassiker. Von 1920 an wurden ihr Streichquartett, ihr Liederzyklus und einzelne Szenen aus ihren Opern viele Male aufgeführt. Es folgten zahlreiche Rundfunkproduktionen, an denen Ethel voller Interesse für dieses neue auditive Medium mitwirkte.

Ihre Taubheit war mit den Jahren so weit fortgeschritten, daß sie neben zwei unterhaltsamen Operneinaktern (›Fête Galante‹ und ›Entente Cordiale‹) nur noch ein größeres Werk schreiben konnte: ›The Prison‹ (Das Gefängnis), eine Symphonie für Soli, Chor und Orchester. Ethel, zum Zeitpunkt der Entstehung siebzig Jahre alt, wollte mit dieser Komposition, die nach einem Gedicht Henry Brewsters entstand, die Lebensphilosophie ihres verstorbenen Freundes einer größeren Öffentlichkeit bekannt machen. In der seltsam heterogenen, ganz und gar ›unvokalen‹ Musik mischen sich englische Hornsignale, deutsche Choräle und griechische Kirchentonarten mit Elementen serieller Kompositionstechnik. Die beinahe polytonale Sinfonie wurde unter Sir Thomas Beecham für die BBC produziert und von der Kritik übereinstimmend als stilistisch »zeitloses«, in jedem Fall aber absolut individuelles Spätwerk bezeichnet.

Im Februar 1942 brach Ethel im Bad ihrer Wohnung zusammen und lag die ganze Nacht auf dem feuchten Steinboden. Danach war sie fast nur noch bettlägrig, erholte sich aber immerhin so weit, daß sie, im Vollbesitz ihrer geistigen Kräfte, ›The Boats-

92 ›The Prison‹. Sinfonie für Sopran, Bariton, Chor und Orchester von Ethel Smyth (Anfang).

Part I. Close on Freedom

(NB * In the recitative parts of the music the metronome marks are only approximate indications)

wain's Mate‹ für den Rundfunk einrichten und, zur Einweihung einer Statue der längst verstorbenen Emmeline Pankhurst, die Metropolitan Police Band dirigieren konnte. Wenige Tage nach dieser letzten – feministischen – Aktion starb sie im Alter von sechsundachtzig Jahren.

Abb. 31: Ethel Smyth (als Dirigentin der Metropolitan Police Band) in ihren letzten Lebenstagen.

Anmerkungen

1 L. A. Le Beau, Lebenserinnerungen, S. 269.
2 Zur damaligen weiblichen Opernproduktion vgl. grundsätzlich Franz Stieger, Opernkomponistinnen, in: Die Musik 13(1913/1914), S. 270–272; zu Ingeborg von Bronsart vgl. La Mara, Die Frauen im Tonleben der Gegenwart, S. 127ff.
3 La Mara, Die Frauen im Tonleben der Gegenwart, S. 143.
4 Eine ausführliche Besprechung ihres schriftstellerischen Werks ist in diesem Buch nicht möglich. Es sei dazu auf die Biographie von Christopher Saint John (Ethel Smyth, New York 1959) verwiesen, die ein größeres Kapitel über Ethel Smyth als Schriftstellerin enthält.
5 Zu Ethels Kindheitserlebnissen vgl. vor allem ihr Buch ›Impressions That Remained‹ Vol. I, London 1923.
6 Zit. nach Chr. Saint John, Ethel Smyth, S. 7.
7 Ethel Smyth, As Time Went On, London 1936, S. 156.
8 Zit. nach Chr. Saint John, Ethel Smyth, S. 13.
9 Zit. nach Chr. Saint John, Ethel Smyth, S. 18.
10 Übersetzt nach Chr. Saint John, Ethel Smyth, S. 19.
11 Übersetzt nach Chr. Saint John, Ethel Smyth, S. 31.
12 Zit. nach Chr. Saint John, Ethel Smyth, S. 54.
13 Übersetzt nach Chr. Saint John, Ethel Smyth, S. 186f. Dort als Quellenangabe: Music in London II, S. 231–234.
14 Übersetzt nach Chr. Saint John, Ethel Smyth, S. 185.
15 Übersetzt nach Chr. Saint John, Ethel Smyth, S. 91.
16 Übersetzt nach Chr. Saint John, Ethel Smyth, S. 104.
17 Bruno Walter, Thema und Variationen, Stockholm 1947, S. 229f.
18 Der Merker, Österreichische Zeitschrift für Musik und Theater, Jg. 2, Teil V, Okt.–Dez. 1911. Den Hinweis auf diesen Aufsatz gab mir Frau Regine Schulz, Berlin, der ich an dieser Stelle für ihre freundliche Hilfsbereitschaft herzlich danken möchte.
19 Rückübersetzt nach Chr. Saint John, Ethel Smyth, S. 111.
20 Die kritische Studie über Ethels Musik ist in der bereits mehrfach zitierten Biographie enthalten.
21 Sylvia Pankhurst, The Suffragette Movement, S. 377–378.
22 Übersetzt nach Chr. Saint John, Ethel Smyth, S. 154.
23 Übersetzt nach Chr. Saint John, Ethel Smyth, S. 155f.
24 Die Autobiographie von Sir Thomas Beecham trägt den Titel ›A Mingled Chime‹. Abdruck des (englischen) Zitats bei Chr. Saint John, Ethel Smyth, S. 155.
25 Zit. nach Chr. Saint John, Ethel Smyth, S. 169.
26 Übersetzt nach Chr. Saint John, Ethel Smyth, S. 167.
27 Chr. Saint John, Ethel Smyth, S. 295.

Abb. 32: Lili Boulanger. Kohleskizze von Jean Dupas. 1914.

LILI BOULANGER

Eine Repräsentantin des musikalischen Impressionismus

Kurz bevor die weltberühmte französische Dirigentin, Theoretikerin, Pädagogin, Organistin und Musikschriftstellerin Nadia Boulanger im Oktober 1979 starb, war sie von einem Journalisten gefragt worden, warum sie schon in jungen Jahren das Komponieren aufgegeben habe. Hatte sie doch im Jahre 1908 als erste Frau der Musikgeschichte den zweiten Preis in der Konkurrenz um den »Prix de Rome« erhalten, und zwar mit ihrer Kantate ›La Sirène‹; drei Jahre später schrieb sie eine Oper nach einem Libretto von Gabriele d'Annunzio – ›La ville morte‹ (Die tote Stadt), die zwar selten aufgeführt wurde, aber immerhin gedruckt vorliegt. – Nadia Boulanger hat auf die Frage des Journalisten nicht geantwortet: »Weil Frauen nicht komponieren können«, oder: »Weil Komponistinnen in unserer Männergesellschaft keine Chance haben.« Ihre Entgegnung lautete schlicht: »Ich habe kein Talent.« Und: »Meine Schwester Lili, das war die Komponistin. Sie war schon eine bedeutende Komponistin, als sie mit vierundzwanzig starb. Sie war sechs Jahre jünger als ich, und sie brachte mich zum Unterrichten.«[1]

Lili Boulanger (1893–1918) war nicht die einzige, aber zweifellos die bedeutendste französische Komponistin im zweiten Dezennium des 20. Jahrhunderts. Ihre Kollegin Germaine Tailleferre (geb. 1892), eine Schülerin von Milhaud, hatte sich 1918 der »Groupe des Six« angeschlossen, zu der neben ihrem Lehrer auch Arthur Honegger, Francis Poulenc, Georges Auric und Louis Durey gehörten. Ästhetischer Wortführer dieser Gruppe war der Dramatiker Jean Cocteau. Unter seiner Anleitung vertraten die jungen Komponisten eine entschieden anti-romantische, vom »deutschen Pathos« fortstrebende Richtung. Die Gegenwart wurde »als Alltag bejaht, die Vergangenheit als klassische Verpflichtung. Zirkus, Tanzboden, ländliche Kapellen stimulieren die Phantasie dieser jungen, des Raffinements satten Großstädter. Versachlichung um jeden Preis wird angestrebt, bis zum Extrem der ... ›musique d'ameublement‹, einer Kunst, die so wenig beachtet werden will wie das Muster einer Tapete oder die Form des Theaterkronleuchters.«[2]

Von diesem Konzept war es zur reinen Funktions- und Gebrauchsmusik nicht mehr weit. Wie die meisten ihrer Freunde schrieb auch Germaine zahlreiche Hörspiel-, Film- und Funkmusiken, die von späteren Musikkritikern (wohl in Verkennung der dahinterstehenden Idee) als allzu seicht und gefällig verschrien wurden. Eine Beschreibung ihrer Stellung in der »Groupe« und eine Analyse ihrer Opern, Orchester-, Vokal- und Kammermusikwerke steht noch aus.[3]

93 Sonate für Klarinette Solo von Germaine Tailleferre. Letzter Satz.

Auch Cécile Chaminade (1861–1944), deren Flöten-Concertino immerhin noch zum internationalen Standardrepertoire gehört, ist ohne musikalisch-analytische Begründung in die Unterhaltungsmusik gedrängt worden. Dabei wird ihre großangelegte Symphonie lyrique ›Les Amazones‹ für Chor und Orchester völlig übergangen, ebenso wie das interessante Urteil des gewiß nicht übermäßig progressiven ›Musikalischen Wochenblatts‹ aus dem Jahre 1894:

»Kein Hörer konnte bei dem kraft- und wechselvollen Konzertstück für Klavier und Orchester, das den Namen Chaminade trug, ahnen, daß es einer weiblichen Feder entstammte, eine weibliche Hand diesen schwungvollen musikalischen Bogen entworfen hatte. Zwar artet das Streben, Neues zu gestalten, einige Male in Originalitätssucht aus, aber auch diese zeigt noch Spuren von Geist und Talent, und wenn nicht alles trügt, so dürfte Fräulein Chaminade den alten Wahn vernichten, daß das weibliche Geschlecht nicht berufen sei, in der musikalischen Produktion Bedeutsames zu leisten. Bemerkenswert waren ebenso die nahezu demonstrativ wirkenden Anlehnungen an den Bayreuther Meister, wie der überaus brillante Klaviersatz.«[4]

Lili Boulanger unterscheidet sich rein äußerlich schon dadurch von diesen Frauen, daß sie, nachdem ihre Schwester das Eis gebrochen hatte, von einer extrem konservativen Jury den ersten Prix de Rome und damit den begehrtesten französischen Kompositionspreis überhaupt erhielt. Die Nachricht von ihrem qualvollen Tod im Jahre 1918 hat die gesamte europäische Musikpresse mehrere Monate lang bewegt. Nach dem Zweiten Weltkrieg haben Dirigenten und Interpreten wie Igor Markevitch, Yehudi Menuhin, Clifford Curzon, Eric Tappy und Jean Françaix nahezu ihr ganzes publiziertes Œuvre auf Schallplatte aufgenommen. In Paris existiert seit einiger Zeit eine von der französischen Regierung anerkannte Organisation »Les Amis de Lili Boulanger«. Ziel dieser Vereinigung, der unter anderem auch Olivier Messiaen und Svjatoslav Richter angehören: die Wiederbelebung ihrer Werke und die Förderung junger Komponisten. Seit den späten sechziger Jahren hat endlich auch die Musikgeschichtsschreibung nachgezogen. Norbert Duforq stellt Lilis religiöse Vokalmusik auf eine Ebene mit inhaltlich vergleichbaren Kompositionen von Gabriel Fauré und Claude Debussy.[5] Christopher Palmer sieht in ihrem Gesamtwerk »die legitime Fortsetzung der französischen impressionistischen Tradition«[6].

Die feministische Neubelebung durch Konzerte, Schallplatten, Zeitschriftenartikel usw. blieb im wesentlichen auf Frankreich und Amerika beschränkt.[7]

Als Lili 1893 geboren wurde, war ihre Familie schon seit gut zwei Jahrhunderten im Pariser Musikleben aktiv. Ihr Großvater war Cellist, ihre Großmutter eine berühmte Sopranistin. Vater Ernest Boulanger, Komponist und Rompreisträger wie später die Tochter, hatte in fortgeschrittenem Alter eine Petersburger Prinzessin namens Raïssa Mychetsky geheiratet. Das Ehepaar bekam zwei Töchter: Juliette-Nadia (geb. 1887) und Marie-Juliette Olga, die wegen ihrer zarten und wohl auch ein wenig exotischen Erscheinung nur »Lili« genannt wurde.

Nadia, bei weitem die Robustere von beiden, hat die kleine Schwester immer bemuttert und sich nach ihrem Tod als Dirigentin und Interpretin ihrer Werke betätigt. Der amerikanische Geiger Albert Spalding beschrieb den rein physischen Unterschied zwischen den jungen Mädchen so:

»Die Töchter waren beide sehr anmutig: Nadia, hochgewachsen und schlank, mit großen durchdringenden Augen, glänzte durch findige, disziplinierte Intelligenz; Lili, schmächtig, blond und zerbrechlich, wirkte neben Nadias gesunder Vitalität wie die verlorene Prinzessin aus einem Stück von Maeterlinck. Es war schon damals offensichtlich, daß ihr herausragendes Talent ihre schwachen physischen Reserven alsbald überfordern würde.«[8]

Lili war mit zwei Jahren an einer Bronchiopneumonie erkrankt, die, nicht sachgemäß behandelt, ihre Resistenz gegen Infektionen aller Art auf ein Minimum reduzierte. Das Zusammensein mit anderen Kindern wäre lebensgefährlich für sie gewesen, ebenso der Schulbesuch oder die Teilnahme an regulären Kompositionskursen. Lili verbrachte ihr kurzes Leben fast ausschließlich in Kurorten und Sanatorien, begleitet von Privatlehrern, der Mutter oder ihrer Freundin Miki Piré. Trotzdem soll sie temperamentvoll, witzig und ungewöhnlich herzlich im Umgang mit Freunden und Familienmitgliedern gewesen sein. Über die Schwere ihrer Krankheit waren eigentlich nur Raïssa, Nadia und Miki informiert. Der Direktor der Villa Medici hielt sie, als sie sich dem Gemeinschaftsleben der Stipendiaten nicht in vollem Umfang anschließen wollte, für eine verzärtelte Simulantin.

Von 1898 an nahm Lili, die den Musikstunden ihrer Schwester mit Begeisterung zugehört hatte, Privatunterricht in den Fächern Harmonielehre, Orgel, Klavier, Cello und Harfe. Ihre kindlichen Skizzenbücher und Kompositionen hat sie später vernichtet. Wir wissen nur, daß sie nach dem Tod ihres Vaters im Jahre

1900 ein Sololied über das Sterben geschrieben hat. – Lili und Nadia, die den zärtlichen, verständnisvollen Ernest Boulanger sehr geliebt hatten, flüchteten sich in eine tiefe katholische Frömmigkeit, gemischt mit osteuropäischen und asiatischen Elementen. Die Mutter hatte überall im Haus russische Ikonenbilder aufgehängt, machte die Kinder wohl auch mit den orientalisch anmutenden Klängen der ostkirchlichen Liturgie vertraut. Es ist anzunehmen, daß die schon aufgrund ihrer Herkunft kosmopolitisch orientierte Frau die französische Vorliebe für die Kulturen des Fernen Ostens teilte. Man erinnere sich nur, wie sehr Claude Debussy seit der Pariser Weltausstellung von 1889 dem Reiz des Exotischen erlegen war. Auch Lili ist von dieser für die französischen Impressionisten so typischen Faszination ergriffen worden. Eine aus Asien zurückgekehrte Freundin, die Professorentochter Suzanne Karpelès, schenkte der erst Siebenjährigen die Übersetzung eines alten buddhistischen Gebets. Das übersensible, überintelligente Mädchen gab dieses Schriftstück nie aus der Hand und benutzte es in ihrem Todesjahr als Vorlage für eine ihrer ergreifendsten Kompositionen: ›Vieille Prière bouddhique‹ für Tenorsolo, Chor und Orchester.

Möge alles, was atmet,
ohne Feind, ohne Hindernis,
den Schmerz überwinden und glücklich sein,
und sich in Freiheit bewegen können,
Jedes nach seiner Art.

Mögen alle Lebewesen,
all' die Geister und alle Geborenen,
ohne Feind, ohne Hindernis,
den Schmerz überwinden und glücklich sein,
und sich in Freiheit bewegen können,
Jedes nach seiner Art.

Mögen alle Frauen,
mögen alle Männer,
Arier und Nicht-Arier,
alle Götter und alle Menschen,
und alle, die gestorben sind,
ohne Feind, ohne Hindernis,
den Schmerz überwinden und glücklich sein,
und sich in Freiheit bewegen können,
Jeder nach seiner Art.

Im Osten und im Westen,
im Norden und im Süden,
möge alles, was existiert,
ohne Feind, ohne Hindernis,
den Schmerz überwinden und glücklich sein,
Jedes nach seiner Art.[9]

Im Jahre 1904 trat Lili zum ersten Mal als Pianistin auf. Sie spielte eine Beethoven-Sonate und Robert Schumanns Berceuse, ein Zeichen sowohl für ihr pianistisches Talent als auch für den soliden Geschmack ihrer musikalischen Berater. Zu diesen gehörte seit 1902 der Komponist Gabriel Fauré. Er machte sie mit der Musik der französischen Clavecinisten, mit Bach, Mozart, Wagner und Mussorgskij bekannt, ließ sie sogar gelegentlich in seiner Kompositionsklasse hospitieren. Hier studierten immerhin »gestandene« Künstler wie Alfredo Casella, Charles Koechlin, George Enesco und Maurice Ravel. 1904 war auch das Jahr, in dem die erst sechzehnjährige Nadia ihr Abschlußexamen am Konservatorium machte. Sie begann jetzt zu unterrichten und die verwitwete Mutter zu unterstützen. Die Wege der bis dahin unzertrennlichen Schwestern mußten sich zwangsläufig trennen. Lili nutzte die langen ihr auferlegten Ruhepausen, um sich kreuz und quer durch die Weltliteratur zu lesen: Sophokles, Shakespeare, Pascal, Poe, Daudet, Tolstoi und immer wieder die französischen Symbolisten wie Claudel, Maeterlinck und Jammes. Obwohl sie die Natur, besonders die ländliche Umgebung ihres Feriendomizils, der Künstlerkolonie Gargenville, leidenschaftlich liebte, durfte sie das Haus nur selten verlassen. Das führte zu einem traurigen Gefühl der Isolation. Schon in diesen Kinderjahren identifizierte sie sich mit der melancholischen Princesse Maleine aus Maeterlincks gleichnamigem Stück, über die sie später eine Oper schreiben sollte.
Seit 1904 entstand eine ganze Reihe von Kompositionen, die, wenn sie auch später von ihrer selbstkritischen Schöpferin vernichtet wurden, immerhin den Titeln nach bekannt sind: es waren Psalmvertonungen für Soli und Orchester, ein Ave Maria für Orgel und Singstimme und eine Apokalypse in oratorischer Besetzung. Schon damals hatte Lili eine besondere Vorliebe für das vokale Element und einen »imaginativen« Gebrauch der Instrumente.
Als sie siebzehn Jahre alt wurde, hatte sich ihre körperliche Verfassung kontinuierlich verschlechtert, so daß die Mutter eine Eheschließung für indiskutabel hielt. Sie machte sich ernsthafte

Sorgen um Lilis Zukunft. Physisch war sie unbedingt auf Dienstboten und Familienmitglieder angewiesen. Was sollte aus ihr werden, wenn ihr, Raïssa, oder der älteren Schwester etwas zustoßen würde? – Lili hatte sich in den Kopf gesetzt, ohne Rücksicht auf ihre Gesundheit zu studieren und so schnell wie möglich den Rompreis zu gewinnen, wie es ihrem Vater 1835 gelungen war. Offenbar wußte sie ganz genau, daß alle ärztlichen Vorsichtsmaßnahmen ihr Leben nur unwesentlich verlängern würden. Die Mutter tat das einzig Richtige und stimmte zu. Lili bestand die Aufnahmeprüfung am Conservatoire und erhielt zum ersten Mal systematischen Unterricht in Harmonielehre, Kontrapunkt und Komposition. Sie fand gute, verständnisvolle Freunde, allen voran die ebenfalls halbrussische Pianistin Miki Piré, die sie bis zu ihrem Tod beraten und gepflegt hat. Unter ihrem Einfluß erwachte in Lili soviel neuer Lebensmut, daß sie sogar die Dinnerparties, Bälle und Bridge-Wettkämpfe ihrer Studienkollegen besuchen konnte.

Ihre ersten veröffentlichten Kompositionen in diesem Studienjahr (1911): ›Nocturne‹ für Violine, Flöte und Klavier, ›Renouveau‹ für Vokalquartett und Orchester, ›Les Sirènes‹ für Mezzosopran, Chor und Klavier und ›Reflets‹ für Stimme mit Klavierbegleitung. Natürlich sind diese Stücke als Semester- und Examensarbeiten nach bestimmten »Regeln« geschrieben, die Lilis musikalischer Veranlagung Gewalt anzutun scheinen. Sie fühlte sich, wie schon ihre bis zur Selbstauflösung reichende Identifikation mit den Frauengestalten Maeterlincks beweist, der aristokratisch-dekadenten Mentalität der Symbolisten, der freien Tonsprache Claude Debussys verbunden. Zwar war sie streng, kritisch, ja unerbittlich ihrer eigenen Musik gegenüber, aber diese Strenge hatte mit dem, wie George Bernard Shaw gesagt haben würde, »Index purgatorius« der klassischen Harmonielehre nichts zu tun. Die funktionale Stellung eines Klangs im überlieferten Dur-Moll-System – Tonika, Dominante, Subdominante – wurde unwichtig gegenüber seinem Stimmungswert, ganz abgesehen davon, daß sich ihre spätere, von den lästigen Schulregeln befreite Musik über die Grenzen des tonalen Denkens hinausbewegte und in emanzipierte Bereiche der Chromatik und Dissonanz vorstieß. Aus allen diesen Gründen wirken die unter den Augen der Lehrer entstandenen Kompositionen sehr viel zwiespältiger und unentschlossener als die späteren Werke.

Hier ein Ausschnitt aus ›Renouveau‹. In diesem Stück gibt es, so Lilis Biographin Leonie Rosenstiel, eine musikalische »Frische, die irgendwie größer ist als die Gesamtsumme ihrer einzelnen

Elemente – die Fülle von Terzen und Sexten, die Wärme der Tonart E-Dur, oder . . . die Vorherrschaft des schwungvollen dreiteiligen Metrums. Die Stimmeinsätze sind vorsichtig imitatorisch, wie es sich für ein nach bestimmten kompositorischen ›Gesetzen‹ geschriebenes Stück gehört, aber selbst der Wohlklang dieser Musik paßt gut zu den in der Tradition der Parnassiens stehenden Versen von Armand Silvestre . . . ›Renouveau‹ schöpft die verschiedenen Möglichkeiten des Wechsels zwischen Ensemble und Solo aus und setzt die Stimmen als Instrumente ein.«[10]

94 ›Renouveau‹ für Vokalquartett und Instrumente von Lili Boulanger (Ausschnitt).

Im März 1912 machte Lili mit diesem Stück ihr offizielles Debüt als Komponistin. Da die Mutter ein öffentliches Konzert und die damit verbundenen Aufregungen für zu anstrengend hielt, veranstaltete sie eine Soiree in ihrer Wohnung und lud die prominentesten Musikkritiker dazu ein. In einer Rezension des ›Monde Musical‹ hieß es nach einigen Tagen:
»Aber die Sensation ... des Abends war das ... Debüt der ›kleinen Schwester‹ Lili Boulanger, deren Chor der Sirenen bereits solide Technik zeigt und deren Vokalquartett ›Renouveau‹ voller Frische und Inspiration ist.«[11]
Gegen den Rat von Familie und Freunden entschloß sich Lili, schon im gleichen Jahr am Wettbewerb um den Rompreis teilzunehmen. Mutter Raïssas Bedenken waren berechtigt, denn die Atembeschwerden des jungen Mädchens hatten sich nach dem arbeitsreichen Jahr 1911 so verschlimmert, daß sie den physischen Anforderungen des Auswahlverfahrens kaum gewachsen sein würde. – Der Wettbewerb fand jeweils in zwei Runden statt. Alle Teilnehmer wurden zunächst für fünf Tage nach Compiègne in Klausur geschickt, wo sie eine Fuge über ein vorgegebenes Thema und eine Komposition für Chor und Orchester nach einem ebenfalls feststehenden Text schreiben mußten. Die sechs besten Kandidaten kamen in die Endrunde. Die Klausur dauerte diesmal einen Monat, und die Prüfungsaufgabe bestand in der Komposition einer Kantate für Soli, Chor und Orchester. Mitglieder der Académie des Beaux Arts beurteilten die Werke und vergaben in einer öffentlichen Sitzung den ersten Preis, der den Empfänger zu einem kostenlosen Studienaufenthalt in der römischen Villa Medici berechtigte. Lili stellte sich mutig der ersten Runde, erlitt aber schon während der fünftägigen Klausur solche Schwächeanfälle, daß sie nicht einmal mehr im Stande war, deutlich lesbare Noten zu Papier zu bringen. Ihre noch erhaltenen Skizzenbücher zeigen das recht deutlich. Sie kapitulierte also vor der Aussichtslosigkeit des Unternehmens und zog ihre Teilnahme zurück. Außer ihrer Mutter und ihren nächsten Freunden kannte niemand die Hintergründe. Was der Öffentlichkeit bekannt wurde, war lediglich die Tatsache, daß die einzige weibliche Teilnehmerin schon nach wenigen Tagen aufgegeben hatte. Die Académie des Beaux Arts habe, so meinte man, eben doch keine kluge Entscheidung getroffen, als sie auch Frauen zum Wettbewerb zuließ.
Im September 1912 bekam Lili unerträgliche Schmerzen in Füßen und Beinen. Sie wurde in ein Sanatorium in Berck geschickt und gab sich dort, mitten unter todkranken, an den Rollstuhl

gefesselten Invaliden, an ihre nächste große Arbeit: ›Pour les Funérailles d'un Soldat‹ für Bariton, Chor und Orchester nach einem Text von Alfred de Musset. Sie verarbeitete die Vorlage so, als ob es sich um einen traditionellen, im Freien aufzuführenden Grabgesang handelte; Blasinstrumente und immer wiederkehrende Paraphrasen des Dies Irae spielen eine wichtige Rolle in der Partitur. Nachdem die Schlaginstrumente in den ersten beiden Takten einen Marschrhythmus eingeführt haben, stimmen die Holz- und Blechbläser mit lang ausgehaltenen Akkorden in feinstem Pianissimo ein. Die Textdeklamation hat in ihrem asketischen Stil eine fast rituelle Färbung.

95 Dies-Irae-Motiv aus ›Pour Les Funérailles d'un Soldat‹ von Lili Boulanger.

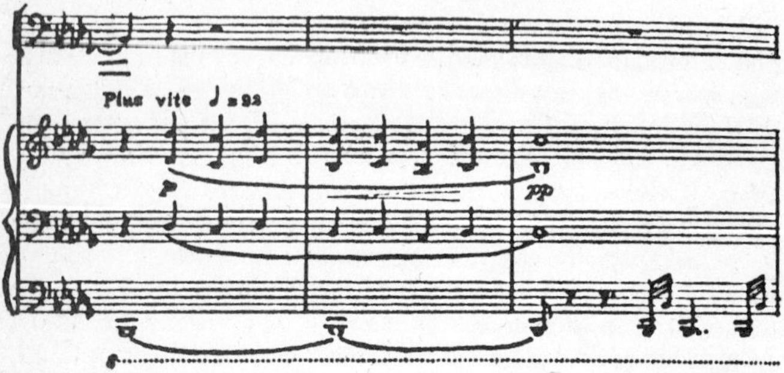

1913 meldete sich Lili erneut zum Wettbewerb an. Diesmal drang sie bis in die Endrunde vor, in der sie ihre berühmte Kantate ›Faust et Hélène‹ für Tenor, Bariton, Mezzosopran, Chor und Orchester schrieb. In der Jury saßen so bekannte Komponisten wie Gustave Charpentier, Gabriel Fauré und Camille Saint-Saëns. Am 5. Juli 1913 wurden die Kantaten der sechs Teilnehmer öffentlich aufgeführt und gewertet. Darüber Émile Vuillermoz in der Augustnummer von ›Musica‹:
»Fräulein Lili Boulanger hat soeben ... über alle ihre männlichen Konkurrenten gesiegt ... und den großen ersten Preis mit einer Überlegenheit, Leichtigkeit und Geschwindigkeit davongetragen, die die anderen Kandidaten ernstlich verstören mußte, weil sie jahrelang Blut und Tränen geschwitzt hatten und sich in mühseliger Arbeit ihrem Ziele näherten ... Dabei war es keineswegs die Galanterie der Juroren, die ihr den Sieg erleichtert hat; im Gegenteil: man kann sagen, daß sie mit diesem neunzehnjährigen jungen Mädchen härter umsprangen als mit ihren Rivalen.

Die Frauenfeindlichkeit der Jury war bekannt. Der Eintritt einer Eva in das irdische Paradies der Villa Medici wurde von bestimmten Patriarchen als totale Katastrophe gefürchtet . . . Aus diesem Grund hörten sie der weiblichen Kantate, die in diese feierliche Atmosphäre Rigorosität und Gefahr einer feministischen Debatte hineintrug, mit unbarmherziger Aufmerksamkeit zu. Und das wiederum verlangte von der Frauenarbeit das überwältigende Gewicht einer unbestreitbaren Überlegenheit, wenn sie über die hausbackenen Kompositionen ihrer Kollegen triumphieren wollte . . . Davon abgesehen hat Galanterie auch in einem musikalischen Wettstreit nichts verloren. Der zerbrechliche Charme von Fräulein Lili Boulanger bewegte wohl eher die Zuhörer, die sich durch den Anblick der Kandidatin und ihrer Schwester, beide in konzentrierter und liebevoller Zusammenarbeit am Klavier vereint, aufs tiefste rühren ließen. Die Hitze des Gefechtes machte ihre jungen männlichen Rivalen . . . gefühllos für diese Poesie. Sie hockten über den Tasten wie Jockeys über den Hälsen . . . ihrer Pferde, spornten die Begleiter an und bedrohten die Ausführenden mit verzweifelten Gebärden und verzerrten Fratzen . . . Spätestens in diesem Augenblick wurde sich der Beobachter der Überlegenheit des ewig Weiblichen bewußt. Verglichen mit ihren rasenden Kameraden zeigte die junge Frau die perfekteste Kaltblütigkeit. Ihr bescheidener und natürlicher Gesichtsausdruck, ihre auf die Partitur gesenkten Augen, ihre Unbeweglichkeit während der Aufführung, ihre absolute Bereitschaft, den hervorragenden Musikern freie Hand zu lassen . . . alles das sprach für sie . . . und machte die puerile Unausgegorenheit ihrer Mitstreiter offensichtlich. Es war dies wirklich ein trauriger Augenblick für das Geschlecht, das sich selbst für so stark hält. Wenn die Porzellanpuppen der Musik sich entschließen, mit Ihm um offizielle Lorbeeren zu kämpfen, hat Er schon verloren, ehe Er überhaupt angefangen hat . . .«
Lili erhielt 31 der 36 Stimmen dieser »misogynen« Jury. Einer ihrer kampfeslustigen Konkurrenten war übrigens niemand anderer als Marcel Dupré. – Die Gründe, ihr den ersten Preis zu verleihen, wurden in den Protokollen der Académie des Beaux Arts folgendermaßen angegeben:

1. Die intelligente Behandlung des Gegenstands.
2. Die Korrektheit der Deklamation.
3. Sensibilität und Wärme.
4. Poetisches Gefühl.
5. Die kluge und farbenreiche Orchestrierung.[12]

Im historischen Rückblick stellt sich die Kantate ›Faust et Hélène‹ als ein Werk dar, das häufig und ganz bewußt auf Wagner zurückgreift. Hierzu ist wichtig zu wissen, daß Lilis Zeitgenossen, etwa die impressionistischen Maler, Wagners Musik als Ausdruck eines neuen Weltgefühls mit außerordentlicher Sensibilität erlebten. Für die jungen Musiker Frankreichs – zumindest für die, die nicht ausschließlich akademische Wege gingen – war Wagner *die* entscheidende Begegnung; man erinnere sich nur daran, daß Debussy zu den ersten französischen Bayreuthpilgern gehörte, die den ›Ring des Nibelungen‹ und den ›Parsifal‹ in authentischen Aufführungen erlebten.
In der instrumentalen Introduktion stellt Lili zwei Leitmotive vor: eines als Ausdruck der inneren Qualen des Faust, das andere als musikalisches Symbol seiner im Leben nie zu befriedigenden Wünsche.

96 ›Faust et Hélène‹. Preisgekrönte Kantate von Lili Boulanger. Orchestervorspiel (Anfang).

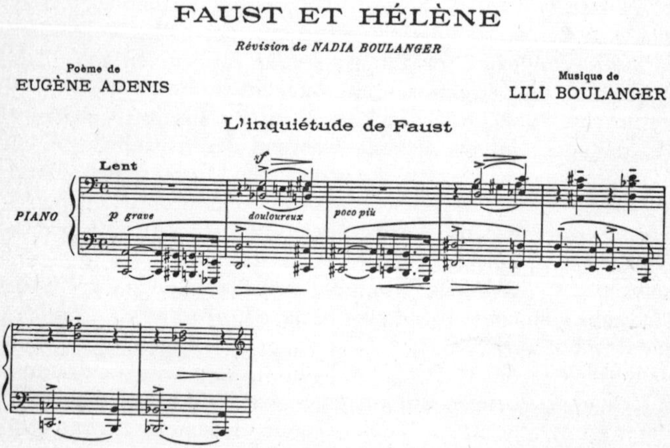

Das Duett Faust/Hélène wirkt, wohl als Zugeständnis an den konservativen Geschmack der Preisrichter, eher konventionell und dem italienischen Opernpathos angenähert. Aber nach dem zerschmetternden Höhepunkt zeigt die Komposition eines ihrer charakteristischsten Stilmerkmale: Das dreifache Forte macht

97 ›Faust et Hélène‹ von Lili Boulanger (Ausschnitt).

einem zarten Pianissimo Platz, nachdem die Leidenschaft sich sozusagen selbst verausgabt hat.
Der Sieg im Wettbewerb um den Rompreis machte Lili über Nacht zur internationalen Berühmtheit. Im Juli 1913 erschien sogar in der ›New York Times‹ ein Artikel über diesen neuen weiblichen Stern am Komponistenhimmel. Ohne nennenswerte Anstrengung gewann sie auch noch den »Prix Yvonne de Goy d'Arsy« und den »Prix Lepaulle«. Der Verleger Ricordi schloß jetzt einen Exklusivvertrag mit ihr, der ihr außer der Möglichkeit, ihre Kompositionen zu publizieren, auch ein festes jährliches Gehalt garantierte. Eine große Sorge der Mutter Raïssa war damit aus der Welt geschafft. Als erstes Werk wurde ›Faust et Hélène‹ veröffentlicht. Ehrenvolle Aufführungen in den »Concerts Colonne«, dem »Théâtre Léon Poirier« und anderen großen Sälen folgten, enthusiastisch rezensiert unter anderem von Claude Debussy.[13]

Im Winter des Jahres 1913 wurde Lili wieder sehr krank. Leber und Magen waren durch die vielen Aufregungen so sehr in Mitleidenschaft gezogen worden, daß sie die bereits fest terminierte Reise nach Rom nicht antreten konnte. Ihre Bitte, in Begleitung der Mutter fahren zu dürfen, wurde von den Mitgliedern der Académie zunächst glattweg abgeschlagen. Als sie nach langem, unerquicklichem Briefwechsel schließlich doch diese Sondererlaubnis erhielt, hatte sich die Stimmung merklich gegen sie gewandt: man munkelte, sie fühle sich, da Frau und Aristokratin, zu fein, um sich der strengen Hausordnung der Villa Medici zu beugen. Im März 1914 kamen Mutter und Tochter, letztere in tiefer Melancholie, in der italienischen Hauptstadt an. Lili erhielt ein Turmzimmer im vierten Stock, das sie wegen ihrer Atembeschwerden nur selten verlassen konnte. In der Abgeschiedenheit dieses Raumes komponierte sie zwei kleinere Klavierwerke: ›D'un Jardin Clair‹ und ›D'un Vieux Jardin‹. Schon aus diesen Titeln ist ersichtlich, wie sehr sie sich der impressionistischen Tradition als einer Malerei in Klängen, einer synästhetischen Kunst aus Ton und Farbe verbunden fühlte. Während einer vorübergehenden Besserung ihres Gesundheitszustandes schloß sie zwar Freundschaft mit anderen Stipendiaten, wie den Komponisten Claude Delvincourt und Paul Paray, aber aufs Ganze gesehen war ihr Aufenthalt in der Villa Medici eine Katastrophe. Sie litt unter der Hitze des römischen Sommers ebenso wie unter der Trennung von Mutter und Schwester. Der Direktor des Hauses, ein gewisser Herr Besnard, hielt Lili für psychisch krank und versuchte, Madame Raïssa das Besuchsrecht zu entziehen. Nach der Komposition eines kurzen Salonstücks für Violine und Klavier (›Cortège‹) packte die junge Frau schließlich ihre Sachen und floh mit der Mutter nach Hause. Ihr Aufenthalt wäre ohnehin bald zu Ende gewesen, da im Zuge der allgemeinen Mobilmachung von 1914 alle Stipendiaten die Villa verlassen mußten.
Im ersten Kriegsjahr arbeitete Lili an ihrem wohl wichtigsten Werk: dem Liederzyklus ›Clairières dans le Ciel‹ nach Gedichten des Symbolisten Francis Jammes. Francis Jammes hat in dieser mit dem Titel ›Tristesses‹ überschriebenen Sammlung seine Gefühle für eine verlorene Geliebte ausgedrückt: Im Mittelpunkt jedes Gedichtes stehen andere Symbole und Visionen, die ihn in die Vergangenheit zurückführen, etwa eine Madonna am Fuß seines Bettes, eine blühende Akelei auf einem Hügel, der Anblick von bewirtschafteten Feldern und Weiden, die Erinnerung an den letzten Flieder oder ein plötzlicher Wolkenbruch. Lili iden-

Abb. 33: Lili Boulanger an der Orgel in ihrer Pariser Wohnung. Um 1913.

tifizierte sich geradezu leidenschaftlich mit der unsichtbaren Heldin dieser Gedichte, einem schlanken, irgendwie mysteriösen jungen Mädchen, das plötzlich aus dem Leben des Poeten verschwand.

›Parfois je suis triste‹ (Zuweilen bin ich traurig), das dritte Lied, ist eine stark gegliederte Komposition, die in jedem Abschnitt eine andere Emotion beschreibt: zunächst Melancholie und Einsamkeit, dann Freude in der Rückerinnerung an die Geliebte. In dem Moment der Freude bezieht die Komponistin die vokale

Linie in das gesamte Gefüge mit ein, so daß der ursprünglich deklamatorische Charakter harmonisch mit der Begleitung verschmilzt. Danach wieder Desillusionierung, musikalisch symbolisiert durch einen rezitativischen, beinahe asketischen Stil.

98 ›Parfois je suis triste‹ aus dem Liederzyklus ›Clairières dans le ciel‹ von Lili Boulanger (Ausschnitt).

›Au pied de mon lit‹ (Am Fuß meines Bettes) knüpft an den Ton des Zweifels an, der auch die vorhergehenden Lieder charakterisiert hat. Es beschreibt das Heiligenbild, das den Dichter in Zeiten seelischer Nöte tröstet. Dieses Lied hatte eine tiefe persönliche Bedeutung für Lili, denn sie selbst pflegte, wenn sie krank und hilflos war, eine russische Ikone in ihrem Schlafzimmer aufzustellen. Das Lied beginnt ganz schlicht, fast wie ein Gesang aus Mussorgskijs ›Kinderstube‹. Dann wird es von Takt zu Takt unruhiger und spiegelt Lilis quälendes Gefühl der Abhängigkeit von anderen. Auch das elfte der insgesamt dreizehn Lieder (›Parce que j'ai souffert‹ – ›Weil ich gelitten habe‹) wird von tiefer Traurigkeit überschattet. Lili beschreibt, wie sie durch eigenes Leiden offener geworden ist für die Probleme ihrer Mitmenschen. (Tatsächlich hatte sie ja während der ganzen Kriegsjahre eine intensive Korrespondenz mit ihren im Felde stehenden Freunden geführt.) Der Vokalpart erinnert in den einleitenden Takten von Tonalität und melodischem Duktus her fast an die mittelalterliche Psalmodie. Dieses Lied ist mit Abstand das leidenschaftlichste der ganzen Sammlung. Es schildert Lilis schlaflose Nächte und ihren jahrelangen Todeskampf, der immer von dem Gefühl der Unabwendbarkeit persönlichen Schicksals begleitet wurde. Mit der zunehmenden Erregtheit des Textes wird auch die Harmonik immer stärker chromatisch; ein liegender Orgelpunkt im Baß drückt die Idee des endlosen, durch nichts zu bekämpfenden Schmerzes aus. Dieses Lied ist das einzige im ganzen Zyklus, das im Forte endet, so als ob die Komponistin hier ausnahmsweise einmal gewagt hätte, ihre Krankheit in einem Ausbruch von Wut und Verzweiflung zu beklagen.

99 ›Parce que j'ai souffert‹ aus dem Liederzyklus ›Clairières dans le ciel‹ von Lili Boulanger (Schluß).

1916 fuhr Lili ein zweites Mal nach Rom, diesmal begleitet von ihrer Schwester Nadia. Monsieur Besnard hatte offenbar eingesehen, daß er bei ihrem ersten Aufenthalt einen Schritt zu weit gegangen war; er zeigte sich jetzt wesentlich freundlicher, ließ sogar zu, daß Nadia die Schwester pflegte und ihr bei der

Niederschrift zweier großer Psalmenvertonungen half: Psalm 24 (›La Terre appartient à l'Éternel‹) und Psalm 129 (›Ils m'ont assez opprimé‹). – Lili fühlte sich jetzt von Tag zu Tag schwächer. Sie bestand darauf, daß ihr Hausarzt ihr sagte, ob sie noch irgendeine Chance hätte, ihre angefangene Oper, eine Vertonung von Maeterlincks ›Princesse Maleine‹, bei gesundem Verstand zu beenden. Der Arzt räumte ihr eine Überlebenschance von maximal zwei Jahren ein. Nach dieser deprimierenden Nachricht nutzte sie jeden Augenblick des Wohlbefindens zur Arbeit. Maeterlinck selbst leistete ihr moralischen Beistand, indem er ihr eine Textausgabe mit der Widmung schickte:

»Meiner lieben kleinen Mitarbeiterin Lili Boulanger, die, nach dem Willen der Götter der Musik und des Schicksals, der Prinzessin Maleine die Seele geben wird, auf die sie immer gewartet hat.«

Nach der Rückkehr nach Paris verschlechterte sich ihr Zustand so sehr, daß sie sich nicht einmal mehr alleine anziehen konnte. Der einzige Trost in dieser Zeit: ihre Freundschaft mit Frau Galéron de Calone, die, obwohl sie blind, taub und stumm war, einen ganzen Gedichtband veröffentlicht hatte. Lili setzte einen Text daraus – ›Dans l'immense Tristesse‹ – am 24. August 1916 in Musik.

Im folgenden Jahr arbeitete sie trotz großer Schmerzen weiter an ihrer Oper und vollendete zwei größere Kompositionen: den 130. Psalm für Stimme, Orgel, Chor und Orchester und die bereits eingangs erwähnte ›Vieille Prière bouddhique‹. Im Juli 1917 unterzog sie sich einer Operation, von der sich Mutter und Schwester viel versprochen hatten. Aber ihr Befinden verschlechterte sich danach nur noch mehr. Die Bronchiopneumonie war nun endgültig auf die Lungen übergegangen. Mit Nadias Hilfe schrieb sie ihre letzte Komposition, ›Pie Jésu‹, in der reizvollen Besetzung Stimme, Streichquartett, Harfe und Orgel, zu Ende. Die Oper ›Princesse Maleine‹ blieb Fragment. Lili Boulanger starb am 15. März 1918, sie war damals vierundzwanzig Jahre alt, während deutsche Bomben auf ihre Heimatstadt fielen.

Die französische Zeitung ›Le Temps‹ widmete ihr drei Tage später fast eine ganze Nummer, in der der Musikschriftsteller Théodore Lindenlaub rekapitulierte, der Liederzyklus ›Clairières dans le Ciel‹ habe selbst diejenigen tief bewegt, die nicht geahnt hätten, daß es sich hier um einen Abschied von Kunst und Leben handelte. Im Sommer 1918 traf der deutsche Dirigent Walter Damrosch mit Nadia Boulanger zusammen. Nadia zeigte

ihm Lilis Kompositionen, die bis dahin in Deutschland völlig unbekannt geblieben waren. Er war sofort so beeindruckt, daß er ›Pour les Funérailles d'un Soldat‹ und ›Faust et Hélène‹ in Frankfurt und in der New Yorker Carnegie Hall dirigierte. Über die Resonanz in Frankfurt ist nichts bekannt. Die New Yorker Konzerte stimulierten jedoch das bis heute fortwirkende Interesse, das die amerikanische Musikwelt Lili Boulangers Werken entgegenbringt. – In den zwanziger Jahren wurden die größeren Kompositionen immer wieder im frankophonen Raum aufgeführt, teils von feministisch orientierten Musikerinnen wie Mitgliedern der »Union des Femmes Professeurs et Compositeurs de Musique«, teils von international renommierten Ensembles wie Chor und Orchester der Oper von Monte Carlo. Nadia, später übrigens Kapellmeister (!) des Fürsten Rainier von Monaco, ist von Verlegern und Intendanten mehr als einmal gebeten worden, die ›Princesse Maleine‹ im Geist ihrer Schwester zu vollenden, fühlte sich aber dieser Aufgabe nicht gewachsen.
1960 hat das Orchestre Lamoureux unter Leitung von Igor Markevitch Lilis Psalmvertonungen, die ›Vieille Prière bouddhique‹ und ihre letzte Komposition, ›Pie Jésu‹, auf Schallplatte eingespielt.[14] Dazu Marc Blitzstein im ›Saturday Review‹:
»Wann endlich werden wir das Vergnügen haben, Lili Boulangers Musik regelmäßig in unseren Konzertsälen zu hören? Eine komponierende Frau unseres eigenen Jahrhunderts, fast gänzlich unbekannt, vor langer Zeit verstorben? Wie gut kann ihre Musik sein? Sie ist mehr als gut. Sie ist außergewöhnlich. Irren Sie sich nicht, hier gab es ein einzigartiges Talent . . . Die Musik ist maskulin . . . in ihrer rauhen Kraft, feminin in ihrer Reinheit und lyrischen Ausstrahlung. Honegger, Poulenc, Roussel . . . schulden Lili viel . . . Laßt uns mehr von ihr hören! Laßt uns wissen, was wir verpaßt haben!«[15]
Die von Blitzstein so sehr gelobte Platte wurde übrigens 1960/61 von der Académie du Disque Francais mit dem Arthur Honegger-Preis für religiöse Musik ausgezeichnet. – Nadia, eine der wenigen großen Dirigentinnen dieses Jahrhunderts, hat die Werke ihrer Schwester immer wieder aufgeführt. So haben beispielsweise 1962 die New Yorker Philharmoniker alle drei Psalmenvertonungen unter ihrer Leitung gespielt. 1968, zum fünfzigsten Todestag Lili Boulangers, organisierte sie eine Gedächtnisausstellung in der Bibliothèque Nationale, begleitet von einem großangelegten Konzertzyklus in den Gebäuden der französischen Rundfunkanstalten. Vier Jahre später komponierte einer ihrer Schüler, der junge Brasilianer José A. Prado, ein ›Portrait de

Lili Boulanger‹, basierend auf Bildern und Dokumenten aus dem Familienbesitz. – Nadias Engagement für die Musik ihrer Schwester ist zwar allenthalben respektiert worden, hat aber auch dem unschönen Gerücht Nahrung gegeben, daß Lili ihre neuerliche Bekanntheit nur der Autorität dieser Kosmopolitin der Musikpädagogik zu verdanken habe. Leonie Rosenstiel hat in ihrer Monographie aufgedeckt, wie wenig Lilis besserwisserische Kritiker über ihr Leben und Werk informiert sind. Das typischste Beispiel: ein Artikel in der amerikanischen Musikzeitung ›High Fidelity‹, der noch dazu den programmatischen Titel ›Why haven't Women become great composers?‹ trägt.[16] Die Feministin Judith Rosen und die Psychologin Grace Rubin-Rabson diskutierten hier über den Präzendenzfall Boulanger. Frau Rubin-Rabson, offenbar eine Anhängerin von Helene Deutsch, versuchte ihre schon in der Überschrift angekündigte These damit zu begründen, daß Lili als eine der bekanntesten Komponistinnen des 20. Jahrhunderts fast ausschließlich Vokalwerke geschrieben habe; eine Komposition mit Text verlange aber keine wirklich schöpferische Potenz, sondern höchstens ein ausgeprägtes Sprachgefühl, letzteres übrigens eine »typisch weibliche« Begabung. (Ob reaktionäre Literaturkritiker wohl der gleichen Meinung wären?) Bemerkenswert ist dabei, daß sich die Kontrahentinnen einstimmig auf Ereignisse berufen, die erstens nie stattgefunden haben und zweitens aus einer Zeit »datieren« sollen, in der Lili schon fast ein Jahr tot war. So sei sie beispielsweise Ende 1918 aufgrund ihres Geschlechtes nicht zum Wettbewerb um den Rompreis zugelassen worden.

Lilis gesamter kompositorischer Ehrgeiz war zunächst auf den Rompreis gerichtet, und diesen konnte man bekanntlich nur durch die Komposition einer Kantate gewinnen. Schon aus diesem äußeren Grund erklärt sich die Dominanz der Vokalmusik in ihrer frühen Schaffensperiode. Unmittelbar nachdem sie ihr Ziel erreicht hatte, komponierte sie vier reine Instrumentalstücke: ›D'un Jardin Clair‹, ›D'un Vieux Jardin‹, ›Cortège‹ und ›Thème et variations pour le Piano‹. In ihrem Todesjahr 1918 folgten noch ›D'un Matin de Printemps‹ und ›D'un Soir Triste‹ für Violine bzw. Violoncello und Klavier. – Es soll gar nicht abgestritten werden, daß Lilis innere Vorliebe der Vokalmusik gehörte. Aber diese Vokalmusik darf man sich nicht wie die unprätentiösen Liedchen von Corona Schröter oder Juliane Reichardt vorstellen. Lili hat ihre Lieder nie irgendeiner vorgegebenen musikalischen Form, etwa dem A-B-A-Schema, anzupassen versucht. Das wird besonders im Zyklus ›Clairières dans le

Ciel‹ deutlich, dessen völlig unterschiedlich strukturierte Einzelstücke ihre Reaktion auf die freifließenden Stile und Stimmungen des Dichters widerspiegeln. Jammes' poetische Formen sind nicht die der klassischen Dichtung. Er benutzt freie alexandrinische Verse, deren Reime sich aus der inneren Bedeutung der Gedichte ergeben. Lili folgt dieser ästhetischen Vorlage, indem sie alle Regeln der klassisch-romantischen Liedtradition durchbricht. Ähnlich feinempfundene Analogien zwischen Text und Musik finden sich auch bei Claude Debussy, zum Beispiel in den ›Trois Ballades de François Villon‹, und man würde Debussy ja gewiß keinen Mangel an schöpferischer Potenz vorwerfen . . . In den chorisch besetzten Werken neigt Lili dazu, die Stimmen nicht ausschließlich als Träger der Worte, sondern als vollwertige Instrumente mit individueller Klangfarbe zu behandeln. Sie werden so sehr in das orchestrale Gefüge integriert, daß von einer Komposition für Chor und Orchester eigentlich gar keine Rede mehr sein kann. In Psalm 129 scheint ein Ensemble, ein homogener Klangkörper zu musizieren. Konventionelle Vorstellungen von Vokalmusik sind von Lili Boulanger längst überwunden worden.

Anmerkungen

1 Vgl. Dietmar Polaczek in der Frankfurter Allgemeinen Zeitung vom 24. Oktober 1979.
2 H.-H. Stuckenschmidt, Schöpfer der neuen Musik, München 1962, S. 150.
3 In der Dissertation von S. M. Trickey (Les Six, Diss. Denton/Texas 1955) wird Germaine Tailleferre nur ganz am Rande behandelt.
4 Zit. nach ›Komponistinnen aus drei Jahrhunderten‹ (Ausstellungskatalog).
5 N. Duforcq, La Musique française, Paris 1970, S. 378.
6 Chr. Palmer, Impressionism, New York 1973.
7 »Cortège« und »D'un vieux Jardin« wurden von der feministisch orientierten Pianistin Nancy Fierro auf Schallplatte eingespielt (Recorded Performances of Keyboard Works by Women, Hollywood, Avant Records, 1974). Vgl. ferner die Platte ›Women's Work‹ (New York. Gemini Hall Records, 1975) mit Ausschnitten aus Lilis ›Nocturne‹ und ›Clairières‹.
8. A. Spalding, Rise to Follow, An Autobiography, New York 1943, S. 160.
9 Übersetzt nach Leonie Rosenstiel, The Life and Works of Lili Boulanger, Phil. Diss. Columbia 1974, Appendix. Die Partitur zu ›Vieille Prière bouddhique‹ war leider nicht zu erhalten.
10 L. Rosenstiel, Lili Boulanger, S. 140f.
11 »Le Monde Musical« vom 30. März 1912.

12 Institut de France, Académie des Beaux Arts, Procès-Verbal 1913–1914, 5. Juli 1913, S. 65.

13 Vgl. »Le Monde Musical«, nos. 13/14, 1913, S. 208–209.

14 »World Première Recording«: Works of Lili Boulanger, Paris: Everest (Mono, LPBR 605; Stereo, SDBR 3059), 1960. Neu herausgegeben als: Lili Boulanger. Du Fond de l'abîme, Psaume 24, Psaume 129, Vieille Prière bouddhique Pie Jésu . . Paris: EMI (CVA 919), 1967.

15 Saturday Review vom 28. 3. 1960.

16 Ausführliche Auseinandersetzung mit diesem Artikel bei L. Rosenstiel, Lili Boulanger, S. 227ff.

ILSE FROMM-MICHAELS UND GRETE VON ZIERITZ

Zwei Klassikerinnen der Moderne

Sucht man in Rundfunkarchiven und zeitgenössischen Konzertprogrammen nach Kompositionen noch lebender Künstlerinnen aus dem deutschsprachigen Raum, so stößt man gelegentlich auf die Namen Ilse Fromm-Michaels (geb. 1888) und Grete von Zieritz (geb. 1899). Beide können, wenn diese etwas marktschreierische Bezeichnung erlaubt ist, zu den großen alten Damen der Neuen Musik gerechnet werden; beide sind bei Künstlerpersönlichkeiten in die Schule gegangen, deren musikgeschichtlicher Anteil an den tonalen, harmonischen und orchestralen Neuentwicklungen des 20. Jahrhunderts erst vor wenigen Jahren erkannt worden ist: Ilse Fromm-Michaels bei Hans Pfitzner und Grete von Zieritz bei Franz Schreker. Beide haben bedeutende Preise erhalten und mit führenden Dirigenten wie Karl Böhm und Hans Schmidt-Isserstedt zusammengearbeitet. Beide tragen den Professorentitel, wozu allerdings gleich einschränkend bemerkt werden muß, daß Ilse Fromm-Michaels immer »nur« Dozentin für Klavier, nie für Komposition gewesen ist; Grete von Zieritz ist, obwohl seit 1926 in Deutschland lebend, 1958 vom österreichischen Bundespräsidenten zur Professorin ernannt worden. Der Verleihung des Titels folgte kein Lehrauftrag für Komposition, weder an einer österreichischen noch an einer bundesdeutschen Musikhochschule.

Diese Tatsachen sagen eigentlich schon alles über die Bedingungen, unter denen deutsche Komponistinnen heute noch arbeiten müssen. An den zahllosen staatlichen und städtischen Instituten für die musikalische Berufsausbildung gibt es keine einzige Frau, die einer eigenen Kompositionsklasse vorstünde, im Gegensatz übrigens zur DDR, wo Ruth Zechlin bereits seit 1949 in diesem Fach unterrichtet.[1] Die 1970 verstorbene Philippine Schick, eine Joseph Matthias Hauer vergleichbare Anhängerin der Zwölftontechnik, lehrte von 1946 an Musiktheorie und Anglistik an der Universität München.[2] Lotte Backes (geb. 1901) und Felicitas Kuckuck (geb. 1914), beide Komponistinnen oft aufgeführter Sakralmusik für Orgel und Chor, haben nach Abschluß ihrer Studien immer nur freischaffend gearbeitet. Gunhild Keetmann (geb. 1904) hat zwar 1949 einen Lehrauftrag am Salzburger Mozarteum erhalten, bezeichnenderweise aber für das »Orff-Schulwerk«, dessen Pflege und Weiterentwicklung denn auch ihre meisten kompositorischen Arbeiten dienten.

Es braucht wohl kaum noch erwähnt zu werden, daß auch innerhalb der Kompositionsklassen, Meisterkurse usw. die Studentinnen bei weitem in der Minderzahl sind. Vivienne Olive, eine 1950 geborene, in Freiburg lebende Komponistin, hat dies in einem Interview mit der feministischen Musikzeitschrift ›Troubadoura‹ auf die mangelnde Aktivität musikalisch begabter Frauen zurückgeführt.[3] Diese Interpretation halte ich für falsch, denn in den Instrumental- und Gesangsklassen ist ja der weibliche Anteil sehr hoch. Vivienne widerlegt sich außerdem selbst, indem sie von ihren Erfahrungen mit großen deutschen Musikverlagen berichtet: ihre Kompositionen seien ja sehr interessant, aber, sie müsse verstehen, es sei eben ein erhebliches finanzielles Risiko, Werke einer Frau zu verlegen, und bei der heutigen wirtschaftlichen Situation ...

Für die Studien- und Berufswahl sind eben nicht nur Talent und Aktivität, sondern auch die Aussichten auf Verdienst- und Arbeitsmöglichkeiten ausschlaggebend. Welche Frau wird sich zum Kompositionsstudium entschließen, wenn sie mit Sicherheit voraussehen kann, daß ihre Chancen, einen Lehrauftrag zu bekommen, annähernd gleich Null sind, und Dirigenten größerer Orchester sich ebensowenig für ihre Werke interessieren werden wie Opernintendanten und finanzkräftige Verleger? Die wenigen progressiven Musikredakteure, die in Köln, Baden-Baden oder Berlin Kompositionen von Renate Birnstein und Pauline Oliveros produzieren, reichen als alleinige Auftraggeber nicht aus. Vivienne Olive ist höchstens insofern recht zu geben, als die meisten Mädchen zu konventionell und anti-emanzipatorisch erzogen sind, um den Einbruch in die männliche Domäne des Komponistenberufs zu wagen. Auch das bundesrepublikanische Sicherheitsdenken mag dabei eine gewisse Rolle spielen.

Ilse Fromm-Michaels, 1888 als Tochter eines Hamburger Mathematikers geboren, hatte alle diese Bedenken nicht, brauchte sie auch tatsächlich kaum zu haben, weil Elternhaus, Ehemann und nicht zuletzt ihr solides pianistisches Können eine materielle Basis boten, auf der sich in Ruhe komponieren ließ. Von 1902 bis 1905 studierte sie in Berlin Klavier. Danach besuchte sie drei Jahre lang eine von Hans Pfitzner geleitete Kompositionsklasse

100 ›Tuareg Love Song‹ von Vivienne Olive.

am Sternschen Konservatorium. Auf meine Frage, wie denn der große Komponist über ihren ungewöhnlichen Berufswunsch gedacht habe, antwortete 1979 die Einundneunzigjährige: »Es hat ihn interessiert.« – »Wer um das kritische Temperament des berühmten Komponisten Bescheid weiß, der ermißt, was es bedeutete, von ihm überhaupt ernstgenommen und akzeptiert zu werden«, hat einer ihrer Schüler, Karl Grebe, 1968 dazu geschrieben.[4]

Ilse Fromm-Michaels war schon als knapp Zwanzigjährige eine renommierte Pianistin derjenigen Musik, die damals als neu und unerhört avantgardistisch galt. 1906 spielte sie dem verblüfften Max Reger seine Bach-Variationen vor. »Sie hatte drei Wochen gebraucht, um das ebenso schwere wie lange Stück auswendig zu lernen. Man muß bedenken, daß ein solches Werk damals nicht nur technisch als kaum ausführbar, sondern für eine junge Dame als gänzlich unangebracht galt. Zwischen den Erfolgsprogrammen einer Teresa Carreño[5] und den Pionierprogrammen der jungen Ilse Fromm klaffte ein Abgrund ... Arthur Nikisch engagierte sie mit Rachmaninows d-Moll-Konzert als Solistin ..., nachdem sie ihm eine eigene Klaviersonate vorgespielt hatte. Er war der erste in der Reihe bedeutender Dirigenten, unter denen sie damals und später musizierte. Max Fiedler, Fritz Steinbach, Wilhelm Furtwängler, Hermann Abendroth, Otto Klemperer, Carl Schuricht, Eugen Jochum und viele andere gehörten dazu. Eine stolze Bilanz, die aber erst dann ganz verblüffend wird, wenn man sie durch die Liste von modernen Komponisten ergänzt, deren Werke auf den Programmen von Ilse Fromms Klavierabenden standen, vor und nach dem Ersten Weltkrieg. Es waren Reger, Pfitzner, Hindemith, Busoni, Jarnach, Strawinsky, Schönberg, Milhaud, Bartok, Kodaly, Webern, Berg, um nur die zu nennen, deren Namen geblieben sind. Viele andere erfuhren durch sie Förderung ... In den Jahren 1923 und 1924 war sie als Pianistin ständige Mitwirkende bei dem von Hans Heinz Stuckenschmidt und Josef Rufer in Hamburg

101 ›Variationen über ein eigenes Thema‹ von Ilse Fromm-Michaels (Anfang der Variation 3).

Abb. 34: Ilse Fromm-Michaels.

veranstalteten Konzertzyklus ›Neue Musik‹; unter der Leitung von Arnold Schönberg spielte sie dort den Klavierpart im ›Pierrot Lunaire‹.«[6]

Ilse Fromms erste Kompositionen sind fast ausschließlich für ihr eigenes Instrument und in der Tradition ihrer Lehrer und Inspiratoren Reger und Pfitzner geschrieben: ein Klavierzyklus ›Vier Puppen‹ (1908), acht Skizzen op. 5, eine Sonate op. 6 (1917), ein Walzerreigen und Variationen über ein eigenes Thema (1917–1919). Die großen Lücken zwischen den Entstehungsdaten deuten nicht auf zeitweiliges Erlahmen der Produktivität, sondern auf unerbittliche Selbstkritik hin, der viele ihrer Kompositionen zum Opfer fielen. Durch den Kontakt mit dem Schönberg-Kreis emanzipierte sie sich mehr und mehr von der reinen Klavierkomposition, um zu freien Formen und variablen

Besetzungen vorzustoßen. Viele Stücke aus dieser Zeit haben noch heute Gültigkeit, so die ›Vier winzigen Wunderhornlieder‹ aus op. 9, die ›Stimmungen eines Faun‹ für Klarinette Solo, die ›Musica Larga‹ für Streichquartett und Klarinette und vor allem die Rilke-Gesänge für Bariton, Orchester und Klavier; dieser letztgenannte Zyklus, für meinen Geschmack eines der schönsten Beispiele der im 20. Jahrhundert nicht eben häufig vertretenen Gattung »Orchesterlied«, liegt bei mehreren deutschen Rundfunkanstalten in eindrucksvollen Aufnahmen vor, z. T. mit Jost Michaels, Ilse Fromms einzigem Sohn aus der Ehe mit dem Landrichter Walter Michaels, als Pianisten. Publiziert wurde er bis heute nicht, ein weiteres Symptom für die auf Verlegerseite offen gehandhabte Benachteiligung komponierender Frauen. Auch ihre Sinfonie op. 19 ist, trotz erfolgreicher Aufführungen unter Dirigenten wie Schmidt-Isserstedt und Heger, Manuskript geblieben; der Hamburger Musikverlag Hans Sikorski stellt lediglich auf Anfrage Photokopien von Ilse Fromm-Michaels' eigenhändiger Reinschrift zur Verfügung. Die Sinfonie beginnt mit einem zwölftönigen Einleitungsmotiv, das die Komponistin selbst als Motto über die 1968 erschienene Kurzbiographie ihres Schülers Karl Grebe setzte:

102 Sinfonie op. 19 von Ilse Fromm-Michaels. Erster Satz, Introduktion (Ausschnitt).

Während des »Dritten Reiches« wurde Walter Michaels als Jude aus dem Staatsdienst entlassen; Ilse Fromm, nach damaliger Terminologie »jüdisch versippt«, hatte totales Aufführungsverbot als Pianistin und Komponistin. Lediglich einigen »rassisch belasteten Kindern« durfte sie in bescheidenem Umfang Klavierunterricht geben. Walter Michaels starb im Jahre 1946, durch die Verfolgungen des Nazi-Regimes körperlich und psychisch gebrochen. Der damals dreiundzwanzigjährige Sohn Jost überlebte die Katastrophe und entwickelte sich zu einem hervorragenden Pianisten, vor allem aber zu einem der führenden Klarinettisten nicht nur der Bundesrepublik. Er hat seit Jahren eine Professur in Detmold und setzt sich als Interpret, Dirigent und künstlerischer Organisator für die Werke seiner Mutter ein. Ilse Fromm-Michaels hat nach 1949 nicht mehr komponiert. Erklärender Kommentar ihres Sohnes: nach dem Krieg, der Judenverfolgung, dem Aufführungsverbot und vor allem dem Tod ihres Mannes sei ihr schöpferischer Elan gebrochen gewesen; trotz Rehabilitation durch die Verleihung der Brahms-Medaille und eine Berufung an die Hamburgische Hochschule für Musik und darstellende Kunst.
Ilse Fromm-Michaels lebt heute in einem Altenheim in der Nähe von Detmold. Obwohl sie nach mehreren Gehirnschlägen so stark reduziert ist, daß sie sich an viele Einzelheiten ihrer musikalischen Laufbahn und sogar an einige ihrer eigenen Kompositionen nicht mehr erinnern kann, fühlt sie sich noch immer voll und ganz als Komponistin. Als ich sie im Frühjahr 1979 besuchte, hatte sie ein Notenblatt vor sich liegen, auf dem sie neue Harmonien und Akkordverbindungen ausprobierte. Mit Hilfe ihres Sohnes organisierte sie gerade ein Tonbandkonzert für ihre Mitbewohner.

Die um elf Jahre jüngere Grete von Zieritz ist mit ihren einundachtzig Jahren noch ein außerordentlich aktives Mitglied des Westberliner Musiklebens. Sie komponiert, gibt Interviews, nimmt zumindest gedanklich an der neuen Frauenbewegung teil und war 1979 eine Art geistiger Mittelpunkt des Berliner Schreker-Symposiums. Grete von Zieritz wurde 1899 als Tochter eines österreichischen Generals geboren. Bereits mit dreizehn Jahren hat sie, als pianistisches Wunderkind, Mozarts A-Dur-Konzert öffentlich gespielt, doch schien ihr »das einfache Herunterdrücken der Tasten alsbald nicht mehr zu genügen«[7]. Sie zog die Konsequenz und nahm Kompositionsunterricht, und

zwar bei Roderich von Mojsisovisc, dem Direktor des Steiermärkischen Musikvereins. Fünf Jahre später machte sie die Reifeprüfung für Komposition. 1926 reiste sie, mit dem Ziel, ihre pianistische Ausbildung zu vervollkommnen, nach Berlin, wo sie dem ebenfalls österreichischen Komponisten Franz Schreker, damals Direktor der Musikhochschule, vorgestellt wurde. Sie besuchte fünf Jahre lang seine Meisterklasse. Während dieser Zeit wurde ihr für ihre ›Vier geistlichen Lieder für Bariton, Flöte und Klavier‹ der Mendelssohn-Staatspreis verliehen; im gleichen Jahr – 1928 – erhielt sie auch noch das Schubert-Stipendium der Columbia Phonograph Company New York.
Frau von Zieritz hat 1970 der deutschen Musikschriftstellerin Ursula Stürzbecher ein Interview gegeben, in dem sie ausführlich und engagiert auf ihre Schwierigkeiten als komponierende Frau, ihren persönlichen Kompositionsstil, ihr Verhältnis zu Avantgarde, Politik und Musikleben eingegangen ist.[8] Dieses Selbstzeugnis einer der größten Komponistinnen des 20. Jahrhunderts hat so viel musik- und emanzipationsgeschichtlichen Seltenheitswert, daß ich es, abweichend von der sonstigen Darstellungsweise dieses Buches, mit geringfügigen Kürzungen wiedergeben möchte. Die im Interview angesprochenen Kompositionen wurden in ausgewählten Beispielen in das Protokoll von Ursula Stürzbecher eingefügt:

Sie haben immer als freischaffende Komponistin gelebt. Ist ein solches Leben nicht unsagbar schwer und voller Entbehrungen?
Ja, es ist schwer, man muß ja auch leben. Man ist als freischaffender Komponist auf Aufträge angewiesen; denn ohne ein Existenzminimum hat man nicht die innere Ruhe, die zum Komponieren mindestens ebenso nötig ist wie die äußere Stille. Schreker prägte einmal den treffenden Ausspruch: ›Schade, daß sie kein Mann ist, sie wird es sehr schwer haben!‹ Im Gegensatz zu meinen männlichen Kollegen, denen ein eklatanter Skandal häufig zur geschickten Reklame gereicht, darf ich mir als Frau keinen Mißerfolg erlauben. Aber ich möchte auch keinen Skandal. Ich habe jeder geschriebenen Note gegenüber ein Verantwortungsgefühl ... Auch dem Publikum gegenüber fühle ich mich verantwortlich. Die Kluft zwischen dem Komponisten und dem Publikum ist ohnehin heute schon groß genug. Ich möchte das Publikum nicht vor den Kopf stoßen. Das bedeutet aber nicht, daß ich jemals Konzessionen zu machen gewillt wäre, ... denn darunter würde mein Stück leiden! ... Ich glaube, meine Musik kommt bei dem Publikum so gut an, nicht, weil ich es etwa mir oder dem

Abb. 35: Grete von Zieritz.

Zuhörer leicht mache und ›eingängig‹ schreibe – ich glaube, daß ich oft sogar eine härtere Sprache spreche als viele meiner männlichen Kollegen ... –, sondern weil meine Musik eine ganz persönliche Sprache spricht, eine ganz persönliche Aussage hat und sich nicht nach modischen Prinzipien richtet, die sich in den meisten Fällen sehr schnell überleben. Ich bin kein Experimentierkomponist, ich bin ein Musikerkomponist, der sich an ein Publikum von Musikliebhabern wendet ... Dadurch passe ich natürlich in keine zeitgenössische oder historische ›Schablone‹, wie es eine Kritikerin ganz richtig sagte.

Gibt es irgendwelche Kompositionen, klassische oder moderne, die Ihnen Vorbild waren?

Ich hatte eigentlich niemals in meinem Leben ein musikalisches Vorbild. Ich lege auch größten Wert darauf, mich von niemandem beeinflussen zu lassen. Ich schreibe meinen Stil, der an niemanden gebunden ist, und suche immer die letzte Form meiner momentanen Entwicklung zu erreichen; denn die hört bei einem Komponisten ja niemals auf. Und mit fortgeschrittenem Alter verläuft meine Entwicklung nicht um das geringste langsamer. Im Gegenteil: Meine Musik wird immer konzentrierter, sie wird zur geballten Kraft. Mir stellt sich immer wieder die Aufgabe, das innere Hören mit dem Bild in Einklang zu bringen, das ich in den meisten Fällen von einem Stück habe. Denn in sehr vielen Fällen ist für meine Musikproduktion eine Vision, ein Bild ausschlaggebend. Ich bin zwar nicht in der Lage, auch nur ein Blatt zu zeichnen, obwohl meine direkten weiblichen Vorfahren gute Malerinnen gewesen sind, keine Sonntagsmalerinnen, sondern studierte, anspruchsvolle Maler, aber vielleicht hat sich diese schöpferische Begabung bei mir einfach in Musik umgesetzt ...

Können Sie einige Beispiele einer solchen Vision geben?

Professor Geuser wünschte sich einmal von mir ein Stück für Klarinette und Klavier. Ich freute mich sehr über diese Bitte, denn zu den Blasinstrumenten wie zu der menschlichen Stimme habe ich ein besonderes Verhältnis, sind sie doch durch Luft kosmisch verbunden. Ich hatte zwar zu dieser Zeit gerade die Proben im RIAS für meine ›Hornvariationen über Signale der alten k. u. k. österreichisch-ungarischen Monarchie‹ und wollte mich ganz dieser Aufgabe widmen ... da plötzlich befiel mich ein ganz merkwürdiger Zustand, meine Beine versagten den Dienst, denn ich flog, flog und sah mich oben in einer merkwürdigen Umlaufbahn als Rakete.

Meine ›Musik für Klarinette und Klavier‹ trägt folgendes Motto: »Bei 100 km Höhe verliert die Atmosphäre ihre Fähigkeit, das Licht zu zerstreuen, der Himmel verliert seine Farbe, die Finsternis des Weltraums überfällt den Menschen, der bis hierher vordringt.« (Aus: ›Du wirst die Erde seh'n als Stern‹ von Wolfgang D. Müller.) Ich beendete das Werk am 27. April 1957. Dieses Datum ist insofern erwähnenswert, weil erst ein halbes Jahr später, bekanntlich am 4. Oktober 1957, der erste sowjetische Sputnik in den Raum startete ... Der erste Satz, ›Aufbruch‹ betitelt, ist ein motorisches Stück, das den Raketenstart versinnbildlicht. Die drei übrigen Sätze, ›Vor den Spiegeln‹, ›Entrükkung‹, ›Das fliehende Licht‹, spielen im Raum, in den Bereichen der Schwerelosigkeit. Die musikalische Sprache ist keinem bestimmten Dogma verpflichtet. Die ›Entrückung‹ ist am Rande zwölftönig orientiert, aber mehr im pythagoreischen Sinne, im Hinblick vielleicht auf seine Harmonie der Sphären . . .

Dieser ›Musik für Klarinette und Klavier‹, die als absolutes Musikstück betitelt ist, liegt eine Vision, eine Idee zugrunde, die Sie durch Musik auszudrücken versuchen. Fast alle Ihre Kompositionen stellen ein dramatisches Geschehen dar, ich denke dabei vor allem an Ihre zwei Szenen für Violine und Klavier bzw. Orchester: ›Der verurteilte Zigeuner‹ und ›Ligäa, die Sirene‹, die – ohne Worte – nach der gleichnamigen Novelle von Lampedusa komponiert wurde. Liegt da nicht die Idee der Programmusik nahe?

Es ist für mich sehr wesentlich, daß meine Kompositionen nicht der Programmusik zugeordnet werden . . . Ich male keine Bilder, das würde die musikalischen Belange nur schädigen. Ich stelle mit den Mitteln der Musik seelische Situationen dar. Man könnte die Szenen, die Sie eben erwähnten, dann eher als ›Hör-Spiele‹ bezeichnen. Bei der ersten Aufführung der ›Musik für Klarinette und Klavier‹ hat man die Entstehungsgeschichte als Einführung gebracht, bei der zweiten schon nicht mehr. Die Leute hören die Musik absolut. Das finde ich richtig so . . . Wenn einzelne Hörer . . . selbst ihre Phantasie schweifen lassen und etwas Bestimmtes herauszuhören glauben, so freue ich mich darüber, egal, ob es nun meinem Bilde entspricht oder nicht.

Es muß aber nicht immer eine Vision sein, die einer Komposition zugrunde liegt. Es kann auch ein bestimmtes Material sein . . . Ich werde als Beispiel dafür etwas über meine ›Hornvariationen‹ sagen. Die Einleitung . . . beginnt mit der Retraite und verschiedenen Signalen, die ineinander kontrapunktisch verwoben werden. Es folgen variiert der Wallonenmarsch aus dem Jahre 1763 und der alte Zapfenstreich, 18. Jahrhundert. Nach einem Zwischenspiel des Horns leitet das Klavier zum Trenck-Pandurenmarsch über. Die Melodie stammt von dem Pandurenoberst Freiherrn v. d. Trenck. Ich fand diese Melodie im Kriegsarchiv in Wien. Den Varianten dieser Marschmelodie ist ein ziemlich breiter Raum gewidmet. Es folgt der Rakoczy-Marsch, der mit pp-Bässen im Klavier beginnt. Im Verlauf kündigt sich der Radetzky-Marsch an, der mit dem Rakoczy-Marsch in verschobenen Rhythmen kontrapunktiert, bis er deutlich erkennbar . . . den Schluß des Stückes bildet. Die musikalische Sprache dieses Werkes paßt sich dem Melos der Märsche an, um eine allzu große

Diskrepanz zwischen Thema und Variationen zu vermeiden. Auch dazu hatte ich ein Bild, diesmal war es der wilde Pandurenoberst v. d. Trenck, ein Vetter des preußischen Trenck, ein Wüstling, den Maria Theresia wegen seines Lebenswandels hatte einsperren lassen. Der finstere dämonische Mensch drückte dem ganzen Werk sein Siegel auf. Er war stets dabei. Ich sprach ihn an!

...

Spielen Sie auch heute noch öffentlich Klavier? Im Radio hörte ich Aufnahmen ›mit der Komponistin am Flügel‹, wie es so schön heißt.

Das sind alte Aufnahmen. Ich spiele heute nicht mehr meinen Klavierpart selbst. Ich habe für die Pianistik nicht mehr so viel Zeit. Denn neben der kompositorischen Arbeit habe ich meinen Nachlaß zu ordnen, den die Musiksammlung der Österreichischen Nationalbibliothek von mir erst teilweise erhalten hat. Sie will ein Lebensbild von mir aufbauen, und ich schicke ihr Autographen und Erstausgaben. Eine Originalkritikensammlung von 1913–1965, die 7 Leitzordner umfaßt, hat die Österreichische Nationalbibliothek schon erhalten ...

Welche musikalischen Stilmittel verwenden Sie für Ihre Kompositionen?

Ich verwende für meine Stücke die Stilmittel, die mir für ein bestimmtes Werk geboten scheinen. Wenn ich eine persönliche Aussage machen möchte, kann ich mich nicht auf eine Universaltechnik festlegen. Ich setze alle uns heute zur Verfügung stehenden musikalischen Techniken jeweils dort ein, wo es die Diktion des Stückes fordert. So benutze ich Vierteltöne, zwölftönige Passagen, chromatische Reihen u. ä. Mein ›Radikales Quintett für Trompete, Tenorposaune, zwei Klaviere und Schlagzeug‹ (auch die Klaviere werden als Schlaginstrumente benutzt), ein Kompositionsauftrag des SFB 1959, konnte ich in keiner anderen Technik als der Zwölftontechnik konzipieren. Es ist ein musikpolitisches Zeitstück in grellstem Kolorit ... Im zweiten Satz ›Marsch seit 1914‹ steigen aus dem gespenstischen Pianissimo der kleinen Trommel die vergangenen Jahrzehnte auf. Es ist der Marsch in den Krieg, in die Gefangenschaft, in die klirrenden Ketten der Konzentrationslager ... Der dritte Satz: ›Palaver‹. Über große Menschheitstragödien hinweg sucht man in endlosen Gesprächen Verständigung.

Wenn ich hier die Dodekaphonie streife, so streiche ich trotzdem die Musik im traditionellen Sinne nicht ab, ich arbeite kontrapunktisch im Sinne von einst und jetzt, es gibt Spiegelreflexe und

Kanons. Das ist hier nötig. Aber sowie es monoton werden könnte, lasse ich wieder rein musikalische Belange sprechen. Diese Freiheit, aufhören zu können, wann ich will, mich niemals wiederholen zu müssen, möchte ich mir bewahren.

103 Quintett für Trompete, Tenorposaune, zwei Klaviere und Schlagzeug von Grete von Zieritz (Anfang).

Erzählen Sie bitte noch etwas über Ihre Kompositionen . . .
1956 schrieb ich mehrere Zigeunermusiken. ›Zigeunermusik für Sopran, Flöte, Violine und Klavier‹ war das erste Stück. Darauf folgte ›Der verurteilte Zigeuner‹, eine Szene für Violine und Klavier. ›Die Zigeunerin Agriffina‹ für dramatischen Koloratur-

sopran und großes Orchester besteht aus sechs Gesängen. Das erste Gedicht zeigt Puschkin auf, es ist der wilde Text einer russischen Zigeunerin, fünf Gedichte entnahm ich siebenbürgischen und südungarischen Zigeunertexten. Auf den Erfolg der Zigeunermusik hin erhielt ich einen Rundfunkauftrag, für das Kiermeier-Ensemble ebenfalls ein Zigeunerstück zu komponieren. Da das Kiermeier-Ensemble gehobene Unterhaltungsmusik spielte, machte ich mir den Spaß, einmal ganz populäre Zigeunermusik mit allen Schluchzern und rhythmischen Schleifern zu schreiben. Unter dieses Stück setzte ich aber doch lieber meinen Namen nicht ... Eines meiner erschütterndsten Erlebnisse war die Komposition von ›Le violon de la mort‹ ... Es war Sommer 1951. Infolge der schweren Erkankung meines Vaters und in der Erkenntnis, daß sein Leben nicht zu retten sein würde, befand ich mich in einer ... seelischen Depression. Da hatte ich ein einmaliges Erlebnis. In einer menschenleeren, einsamen Hochgebirgsgegend hörte ich plötzlich eine Geige. Es war ein wildes, sehr akzentuiertes Spiel ... Ein Klirren war in den Tönen, das mir besonders deswegen auffiel, weil es von einer menschlichfleischigen Hand nicht ausgehen konnte. Ich ging dem Rätsel dieses Geigenspiels nach und plötzlich sah ich ihn – den Tod ... So setzte ich mich in ungefähr zehn Meter Entfernung, schrieb

104 ›Le Violon de la Mort‹ aus den ›Danses Macabres‹ für Violine und Klavier von Grete von Zieritz (Anfang).

mit, was er spielte, und änderte auch später an dieser Aufzeichnung des ersten Satzes nichts. Sein Motto lautet: ›Der Tod ist stärker als das Leben! Er steht im Tor des Eingangs zur Unendlichkeit mit seiner Geige.‹

... Zum Abschluß möchte ich Ihnen noch von zwei Kompositionen erzählen, die mir besonders am Herzen liegen: das sind meine Chorwerke. Ich habe einmal die ›Kosmische Wanderung‹, ein Chorwerk mit Pauken und Schlagzeug von 1968. Zwei Jahre vorher hatte ich ein großes Chorwerk in drei Teilen komponiert, das sich dem Problem der Völkerverständigung widmet und daher ein internationales Publikum anspricht.

Dieses Chorkonzert-Programm für achtstimmigen a-cappella-Chor komponierte ich 1966 nach alten Azteken-Texten, Negerlyrik und portugiesischen Gesängen. Die Azteken-Texte, die den ersten Teil ausmachen, hatten mich so bezaubert, daß ich sie einfach komponieren mußte. Ich entschied mich für einen Blumen- und einen Klagegesang. Hinzu kommt die Gegenüberstellung Christentum – Heidentum. Cortez erobert Mexiko und bringt den Azteken den Christenglauben. Die Azteken hängen an ihren Göttern ... Die spanischen Mönche versuchen die Eingeborenen zu bekehren. Das ergibt eine faszinierende Überschneidung, auch in kompositorischer Hinsicht. In die Chöre der Heiden, teilweise gesprochen in Silbensprache, fallen die Chöre der Mönche. Es gab im 16. Jahrhundert einen Komponisten, Don Francisco Placido, der das Lied von Christi Geburt ... komponiert hatte, nur ist es leider in keinem Museum der Welt zu finden.

Ich wanderte in die wunderbarste Farbenwelt hinein, in ein Paradies der Blüten und Vögel, aber auch in unheimliche Tempel mit einem erbarmungslosen Kult.

Die sieben Negerchöre, die ich in die Mitte des Chorkonzert-Programms stellte, entnahm ich vor allen den Gedichtbänden ›Meine dunklen Hände‹ und ›Schwarzer Orpheus‹. Diese Gedichte stellen den Neger in seiner Welt dar, mit seinen Zweifeln und seinen Fragen an den weißen Bruder. Ich versetzte mich in diese eigenartige Welt – in die Wüste, in deren Sand die Schlange ihre einsamen Linien zieht. Ein faszinierender Rhythmus prägt diesen Teil des Chorkonzertes.

Die ›Portugiesisch-spanischen Gesänge‹ sind von Käte Moslé, die als Halbjüdin in der Hitlerzeit verfolgt und gequält wurde. Dreimal Gegensätze, dreimal Feindschaft: besungen wird die Überwindung des Hasses, die Verständigung zwischen Menschen und Rassen.

Wie ich es physisch bezwinge, Wochen um Wochen diesen Strom, dieses Leben in einer anderen, einer fremden Welt auszuhalten, kann ich nicht erklären. Ich komponierte dieses Konzert während meiner Ferien in den Bergen. Um Ruhe zu haben, ließ ich mir in 850 m Höhe zwischen zwei Bäumen eine Hütte bauen. Dann kam der September, und ich konnte nicht mehr in den Bäumen sitzen, ich mußte den Waldbach verlassen, der die Geräusche der Menschen mit fortnahm . . .

Als ich vor mehreren Jahren einmal in Sankt Peter-Ording an der Nordsee einen verregneten Sommerurlaub verbrachte, gab es dort eine Attraktion, zu der trotz ungeheuren Gewittergusses viele interessierte Leute gekommen waren: Die Komponistin Grete von Zieritz gab einen Tonband-Abend mit eigenen Kompositionen. Diese Veranstaltung zu organisieren, muß Sie viel Zeit und Kraft gekostet haben . . .

Ich halte es für unbedingt nötig, die Hörer immer wieder mit zeitgenössischer Musik zu konfrontieren. Ich denke jetzt nicht so sehr an die Musik der Avantgarde – diese meist experimentelle Musik kann ich fast jeden Tag im Rundfunk einschalten – ich denke vielmehr an die neue Musik der Mitte. Seit Jahren setze ich mich deshalb für Tonbandkonzerte ein. Sie könnten dieses Hauptübel des heutigen Musiklebens etwas lindern helfen. Allerdings müssen sich Gema, Rundfunk und die großen . . . Kulturorganisationen dafür auch einsetzen. Durch Vorträge, Interviews mit den anwesenden Komponisten . . . könnten diese Tonbandkonzerte sehr abwechslungsreich gestaltet werden . . . Welche kleinere Provinzstadt hat z.B. die finanziellen Mittel, große . . . Sänger oder Instrumentalisten zu bezahlen? Denn nicht nur in den Großstädten soll das Publikum die Möglichkeit haben, moderne Musik zu hören, auch in kleinere Städte und sogar Landgemeinden könnte auf diese Weise die moderne Musik hineingetragen werden. Ein Komponist lebt heute gefährlich, wenn er glaubt, um der Sensation und Experimente wegen . . . diesen Beruf auszuüben. Ein versnobtes Publikum wird ihm wohl zeitlich begrenzt Gefolgschaft leisten, aber die breite Masse der Musikhungrigen, auf die es ankommt, um dem Komponisten nach seinem Tode das ewige Leben zu schenken, geht leer aus.

Nichts würde ich mehr herbeisehnen als die Schließung der tiefen Kluft, die sich heute zwischen lebenden ernsten Komponisten und dem Publikum aufgetan hat. Man müßte sehenden Auges die Wurzel des Übels erkennen und sie beseitigen.

Anmerkungen

1 Vgl. ›Werkstattgespräch mit Ruth Zechlin‹, in: Musik und Gesellschaft 22 (1972); ferner U. Stürzbecher, Komponisten in der DDR, Hildesheim 1979. Dort auch Foto und ausführliches Werkverzeichnis.
2 Zu Philippine Schick vgl. A. Würz, Philippine Schick, Bildnis einer schöpferischen Frau, in: Zeitschrift für Musikwissenschaft CVIII, 1941; ferner K. Schumann, Münchner Komponistin von Rang und Namen, in: Süddeutsche Zeitung vom 2./3. August 1958.
3 Vgl. »Troubadoura«, Dezemberausgabe 1978.
4 K. Grebe, Lebenswerk einer Komponistin, in: Jahrbuch »Zwanzig« 1968/69, Freie Akademie der Künste in Hamburg.
5 Maria Teresa Carreño (1853 Caracas–1917 New York) war Schülerin von Louis Gottschalk und Anton Rubinstein. Sie galt seit 1889 auch in Europa als eine der besten Pianistinnen. Von 1875–1882 war sie zusätzlich Sängerin, Dirigentin und Direktorin eines italienischen Opernensembles. Teresa Carreño war dreimal verheiratet, zuletzt mit dem Pianisten und Komponisten Eugen d'Albert. Sie selbst komponierte ein Streichquartett und brillante Klavierstücke.
6 K. Grebe, Lebenswerk einer Komponistin.
7 Zit. nach U. Stürzbecher, Werkstattgespräche mit Komponisten, Köln 1971.
8 U. Stürzbecher, Werkstattgespräche mit Komponisten, S. 130–139. – Ein Rundfunkporträt der Künstlerin, das auch die jüngsten Stationen ihrer Karriere berücksichtigt, wird von der Autorin dieses Buches vorbereitet.

Werkverzeichnis Grete von Zieritz

1915	›Wiegenlied‹ (Ibsen) für Sopran und Klavier
	Drei Klavierstücke
	Aus den ›Klageliedern Jeremiae‹ für zwei Frauenstimmen und Klavier
1916	Streichquartett
	›Kleine Abendmusik‹ für Streicher
	›Gebet‹ für kleines Orchester
1917	›1914‹. Phantasie-Sonate für Violine und Klavier
1916/17	›Bergthora‹. Ouvertüre für großes Orchester, Orgel und Frauenchor
1919	›Zehn Japanische Lieder‹ für Sopran und Klavier
	Fünf kurze Skizzen für Klavier
1921	Fantasie in zwei Sätzen für Violine und Klavier
	Drei Lieder für Tenor und Klavier
	Zwei Fugen für Klavier
1924	›Neun Lieder des Hafis‹ für Bariton und Klavier
	Präludium und Fuge für Klavier (Orgelfassung 1977)
	Doppelfuge cis-moll für Klavier
	›Muse von Kerkyra‹. Drei Gesänge für hochdramatischen Sopran und Klavier
	Zwei Gesänge für Bariton und Klavier

1926 ›Vier geistliche Lieder‹ für Bariton, Flöte und Klavier
Zwei Stücke für Streichquartett
Suite für Klavier in vier Sätzen
Tripelfuge für Streichorchester
1927 ›Kinderlied‹ (Des Knaben Wunderhorn) für Sopran und Klavier
›Amore‹ (eigene Texte). Sechs Gesänge für Alt und Klavier
1928 I. Klaviersonate
Symphonische Musik für großes Orchester und ein Soloklavier (Fragment)
1929 ›Der 60. Psalm‹ für Bariton-Solo, gemischten Chor und großes Orchester (Fragment)
1930 Vier Lieder auf Texte von Agnes Miegel für Sopran und Klavier
›Passion im Urwald‹. Sechs Gesänge auf eigene Texte für Sopran und Orchester
1932 ›Intermezzo diabolico‹ für großes Orchester
1933 ›Fiebergesichte‹ (Hamsun). Sechs Lieder für Alt und Klavier
›Vogellieder‹ für Koloratursopran, Soloflöte und Orchester
›Bockelberger Suite‹ für Flöte und Klavier
1935 Sechs Gesänge (George) für Bariton und Streichquartett
Fünf Gesänge (Nietzsche) für vier Singstimmen und Klavier
1936 ›Bilder vom Jahrmarkt‹ für Flöte und Klavier
1936/37 ›Hymnus der Erde‹ (Ina Seidel), Sechs Gesänge für Sopran und Orchester
1937 Suite in vier Sätzen für Flöte, Oboe, Klarinette, Fagott, Klavier
›Bilder vom Jahrmarkt‹ für Soloflöte und Orchester
›Musik der Pferde‹, Orchestersuite
1935/38 Sechs Kinderlieder für Sopran und Klavier
1938 ›Das ewige Du‹ (v. Below). Acht Gesänge für Alt und Klavier
1939 Sonate für Bratsche und Klavier
1940 ›Das Gifhorner Konzert‹ für Flöte, Harfe und Streichorchester
›Dem Sonnengott‹ (Hölderlin). Vierstimmiger Frauenchor a cappella
1941 ›Nachtwachen der Liebe‹ (Schütz). Drei Gesänge für Bariton und Klavier
1942 ›Fünf Sonette der Louise Labé‹ für Sopran und Klavier
1943 Fünf Lieder (Rilke und Hesse) für Tenor und Klavier
›Hymne‹ (Novalis) für Bariton und großes Orchester
1941/44 Acht Arabische Gesänge für Bariton und Klavier
1946 Sechs Balladen (Schütz) für Bariton und Klavier
Drei Gesänge (Blücher von Wahlstatt) für Bariton, Violoncello und Klavier
1947 ›Das goldene Herz‹ (Decarlie), Vier Gesänge für Koloratursopran und Klavier
1948 Zwei a-cappella-Chöre für gemischten Chor
Sechs Dämonentänze aus dem ›Chinesischen Gespensterbuch‹ für Klavier
1949 ›Serenata‹ für vier Holzbläser, Harfe, Schlagzeug, Streichorchester
1950 Tripelkonzert für Flöte, Klarinette, Fagott und großes Orchester
›Der letzte Weg‹ (Moslé). Acht Gesänge für Alt und Klavier
1952 Suite für Altflöte in G und Klavier
›Le violon de la mort‹. Danses macabres für Violine und Klavier
1954 ›Stimmen im Walde‹ für Koloratursopran und Flöte
1955 Trio für Klarinette, Horn und Klavier
›Zigeunermusik‹ für Sopran, Flöte, Violine und Klavier

1956 ›Verurteilter Zigeuner‹. Szene für Violine und Klavier
›Variationen über Signale und Märsche der alten k. u. k. österreichisch-ungarischen Monarchie‹ für Horn und Klavier
›Die Zigeunerin Agriffina‹. Sechs Gesänge für Sopran und Orchester
1956/57 ›Le violon de la mort‹, Danses macabres, Duo concertant für Violine, Klavier und Orchester
1957 Musik für Klarinette und Klavier
›Die Jagd‹. Konzertstück für Klarinette, Horn und Klavier
1958 Tanzsuite für Gitarre, Klarinette, Fagott und Schlagwerk
1957/59 ›Zlatorog‹. Monodram für Bariton, Klarinette, Horn und Klavier
1959 Vier Klavierstücke
Quintett für Trompete, Tenorposaune, zwei Klaviere und Schlagzeug
1962 Divertimento für zwölf Solisten oder Kammerorchester
›Berglied‹ für gemischten Chor a cappella
1963 Fünf Klavierstücke
1964 ›Le violon de la mort‹ für Bratsche und Cembalo oder Klavier
›Ligäa, die Sirene‹. Szene für Violine und Klavier nach der gleichnamigen Novelle von Lampedusa
1964/65 Serenade für Flöte, Oboe, Klarinette, Fagott und Horn
1965 ›Sizilianische Rhapsodie‹. Konzertstück für Solovioline und Orchester
Sextett für Fagott und Streichquintett
›Autobiographie‹ für Solovioline
1966 Chorkonzert-Programm für achtstimmigen gemischten Chor a cappella
a) Vier alt-aztekische Gesänge
b) Sieben Gesänge auf Dichtungen moderner Negerlyrik
c) Fünf portugiesisch-spanische Gesänge
1968 Triptychon in einem Satz für einen Bläser auf der Flöte, Altflöte in G und Piccoloflöte
›Kosmische Wanderung‹. Sieben Chöre für gemischten Chor a cappella mit Pauken und Schlagzeug
1969 ›Kaleidoskop‹. Duo für Violine und Viola in fünf Sätzen
1970 Konzert für einen Bläser auf vier verschiedenen Flöten und Orchester
›Fanfare‹ für Orchester
1971 ›Fünf Aphorismen‹ für Violine und Violoncello
Trio für Oboe, Klarinette und Fagott
1972 Quartett für Sopran, Oboe, Klarinette und Harfe
›Japanische Lieder‹ für Sopran und Kammerorchester
1973 ›Le roi a fait battre tambour‹. Monodram für hautbois d'amour
Quintett für Klarinette, Violine, Bratsche, Violoncello, Klavier und Schlagzeug
Drei Chöre für vierstimmigen Männerchor a cappella (Fontane)
1974 ›Berliner Psalm‹ (Texte von Walburg Friedenberg) für eine dramatische Singstimme, Klarinette und Klavier
›Lieder zum Mond‹ (aus ›Die Bettlerschale‹ und ›Spindel im Mond‹ von Christine Lavant) für Koloratursopran, Flöte, Oboe, Klarinette und Fagott
1975 Konzert für zwei Trompeten in B und Orchester
Cascade für Solotrompete in B

1976	Arabeske und Aria für Englischhorn und Klavier
	Suite für Solobratsche
	›Der Sonnengesang von Amarna‹ für vierstimmigen Männerchor und Klavier
1977	Orgelkonzert
	›Josefas Garten‹. Suite für Flöte, Fagott und Orgel
	›Kapriolen‹ für Oboe, Klarinette und Fagott
1979	Danza für drei Gitarren
	›Ildico und Attila‹. Szene für Violine und Kontrabaß (fünfsaitig)
	›Drei Lobgesänge Polnischer Dichter‹ für Mezzosopran und Klavier
1980	›Satanella‹ für viersaitigen Kontrabaß

KOMPONISTINNEN DER GEGENWART

Ein internationaler Überblick

»Es gibt keinen kompositorischen Gedanken der Gegenwart, zu dem die Frau keinen Zugang hätte, keine noch so avantgardistische Technik, der sich nicht Komponistinnen verschrieben hätten ... Wird Komponieren zum Frauenberuf, zumindest in jenem Maß wie Malen und Bücherschreiben? Mit einiger Gewißheit läßt sich sagen, daß die Rolle der Frau in der Neuen Musik bedeutsamer geworden ist, als sie es früher war, und man mag disputieren, ob dies mit den Veränderungen in der Musik oder mit der veränderten Stellung der Frau in der Gesellschaft zusammenhängt. Wie dem auch sei: gerade in den Ländern, deren kulturelle Strukturen sich im Aufbruch und in stürmischer Entwicklung befinden, die nicht so überlastet sind mit Traditionen und in denen kreative künstlerische Arbeit – womöglich von öffentlicher Seite – stark gefördert wird, hat die komponierende Frau weit über das bisherige Maß hinaus Anerkennung gefunden.«

Diese zentralen Aussagen eines 1976 erschienenen, von dem Musikwissenschaftler und Rundfunkredakteur Detlef Gojowy verfaßten Artikels (›Können Frauen komponieren?‹, FAZ vom 9./10. Oktober) deuten auf eine ebenso unerwartete wie erfreuliche Tendenzwende hin: komponierende Frauen sind, zumindest außerhalb Deutschlands, keine »verletzliche Minderheit«, keine »Exotinnen«, keine »begafften Außenseiter« mehr, sondern nehmen als legitime Schülerinnen und Kolleginnen führender Avantgardekomponisten wie Olivier Messiaen, George Perle, Edgar Varèse, Steve Reich und anderen unbestrittene Positionen im zeitgenössischen Musikleben ein. Seit rund vier Jahrzehnten findet man ihre Namen auf den Programmen beinahe aller bedeutenden Veranstaltungsreihen, die sich die Förderung Neuer Musik zum Ziel gesetzt haben: Warschauer Herbst, Darmstädter Ferienkurse, Donaueschinger Musiktage, Festivals der Internationalen Gesellschaft für Neue Musik. Zu den im wahren Sinne des Wortes spektakulärsten Kompositionen, die während der Bonner Weltmusiktage 1976 aufgeführt wurden, gehörten die Werke von zwei Komponistinnen: die ›Stadtmusik‹, ein preisgekröntes ›environment‹ der Amerikanerin Pauline Oliveros, und das ›Ritual für die durstige Erde‹, von der Rumänin Myriam Marbé für sieben Vokalsolisten, eine vokale »Interventionsgruppe«, ein »präpariertes« Klavier und zwei Perkussionsensembles geschrieben.

105 ›Ritual für die durstige Erde‹ von Myriam Marbé (Ausschnitt).

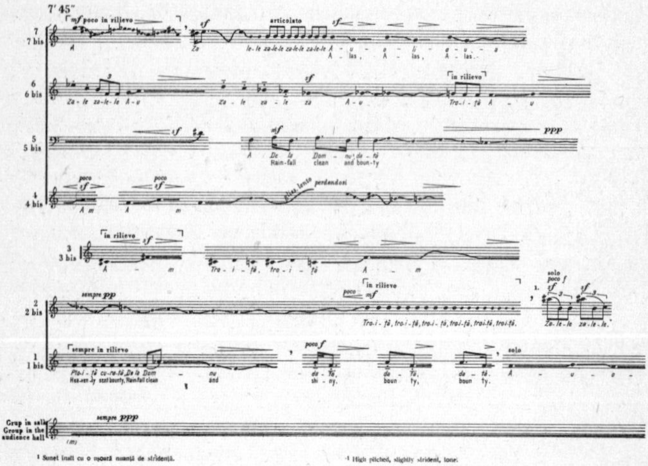

Pauline Oliveiros ist Lehrerin für elektronische Musik an der University of California, Myriam Marbé Dozentin am rumänischen Conservatul de Musica C. Porumbesco. Hunderte weiterer Komponistinnen in den USA, Kanada und Lateinamerika, in Polen und den übrigen Ostblockländern sind Dozentinnen, Professorinnen, ja sogar »Dekaninnen« (ein in der deutschen Sprache bisher ungewöhnliches Femininum) für das Fach Komposition. Soweit sie der älteren und mittleren Generation angehören, sind sie zum größten Teil bei Nadia Boulanger in die Schule gegangen. Es hat also ganz den Anschein, als ob diese Pädagogin, selbst Schwester einer der bedeutendsten Komponistinnen, eine Art Schlüsselfigur in der musikalischen Emanzipationsbewegung des 20. Jahrhunderts wäre.
Der unübersehbare Vormarsch komponierender Frauen wurde natürlich nicht von dieser einen Person initiiert. Er ist, um die Gedanken Detlef Gojowys aufzugreifen, logische Folgeerschei-

nung der von Land zu Land unterschiedlichen sozio-kulturellen und musikgeschichtlichen Verhältnisse. – Als ich die 1946 geborene Hamburger Komponistin Renate Birnstein fragte, welcher Umstand ihrer Meinung nach dafür verantwortlich sei, daß es gerade im deutschsprachigen Raum so wenig komponierende Frauen gebe, hatte sie eine Erklärung, die mich spontan überzeugte: beinahe nirgendwo sonst hätten Frauen gegen die Konkurrenz so vieler musikgeschichtlicher »Heroen« anzukämpfen. Bach, Mozart, Haydn, Schubert, Schumann usw. hätten Maßstäbe gesetzt, an denen das Werk jeder Komponistin in Deutschland und in Österreich gemessen würde. Marianne Martinez und Maria Theresia von Paradis hätten gewiß nicht schlechter komponiert als Leopold Mozart, Anton Kozeluch, Antonio Salieri, Karl Ditters von Dittersdorf und die vielen anderen Kleinmeister und Epigonen der Wiener Klassik. Aber sie seien eben auch nicht so genial gewesen wie Mozart. Solche Vergleiche, von Musikfreunden und Musikwissenschaftlern immer wieder angestellt, hätten dazu beigetragen, das deutsche Qualitätsurteil über komponierende Frauen endgültig (zu deren Nachteil) festzulegen.

Es ist in der Tat nicht zu übersehen, daß in Kanada, den Vereinigten Staaten, Australien, Polen usw., in allen jenen Ländern also, deren Komponisten erst relativ spät in die Geschichte der sogenannten Kunstmusik eingriffen, die komponierende Frau eine von vornherein günstigere Ausgangsposition hatte. Paradebeispiel ist die 1789 in Warschau geborene Marie Szymanowska. (Sie war übrigens die erste polnische Berufspianistin und Hofmusikerin der russischen Zarin.) Ihre geläufigen, im damaligen Europa allgemein bekannten Klavierstücke, besonders ihre »sehr zarten und schwärmerischen Etüden« (so Robert Schumann in seinem Tagebuch) lassen sie als legitime Vorläuferin Chopins erscheinen. Bis heute gehören die Kompositionen der Szymanowska zum angestammten Repertoire jedes polnischen Pianisten. Kein Mensch würde auf die Idee kommen, diese Stücke als »Damenwerke« oder gar als exotische Randerscheinungen aus der allgemeinen polnischen Musikgeschichte auszuklammern.

Noch deutlicher wird dieser musikgeschichtliche Aspekt am Beispiel der Vereinigten Staaten, in denen erst seit dem 19. Jahrhundert von einer international bedeutenden »Kunstmusik« die Rede sein kann. Der Komponistinnenkatalog der amerikanischen Musikwissenschaftlerin Susan Stern (›Women composers‹, Metuehen 1978) umfaßt so viele Namen aus jener Zeit, daß eine Aufzählung hier nur Verwirrung stiften würde. Einige wurden bereits im Kapitel über Ethel Smyth genannt. Die Namen dieser Frauen deuten auf angelsächsische, italienische, häufig auch auf osteuropäische Herkunft hin. Ihre Kompositionen sind viel stärker mit Elementen einer multi-ethnischen Folklore durchsetzt, als dies bei irgendeinem europäischen Komponisten der Fall ist. Fast alle diese amerikanischen Pionierinnen haben Hunderte populärer Lieder und Spirituals komponiert. Seit der Jahrhundertwende haben sie sogar in die Entwicklung des Jazz und der Broadway-Revue eingegriffen, ohne deshalb ihren Anspruch als »seriöse« Komponistinnen aufzugeben. Ein solches Ineinanderfließen der Genres wäre in Europa unmöglich und wohl auch verpönt gewesen. An der Volks- und Unterhaltungsmusik sämtlicher Einwanderernationen, besonders natürlich der der schwarzafrikanischen, hatten Frauen einen durch die Tradition verbürgten schöpferischen Anteil. Von diesem Umstand haben die amerikanischen Komponistinnen profitiert.

Als weiterer Aspekt mag schließlich noch hinzukommen, daß die Frauenemanzipation in den Vereinigten Staaten eine wesentlich längere Geschichte hat als beispielsweise in Deutschland. Seit den ersten Tagen der Kolonisation waren Frauen dazu gezwungen, an dem wirtschaftlichen Aufbauprozeß ihrer neuen Heimat mitzuwirken. Denn »in einer im Kampf befindlichen Gesellschaft, in der ständiger Arbeitskräftemangel herrschte, konnte kein soziales Tabu eine hungrige Frau müßig halten« (Eleanor Flexner, Hundert Jahre Kampf, Frankfurt 1978). Als der Deutsche Joachim Heinrich Campe seinen ›Väterlichen Rath für meine Tocher‹ verfaßte, kämpfte die Amerikanerin Judith Sargent Murray für die intellektuelle Gleichberechtigung der Frau. Wenig später entstanden die ersten Frauenakademien, an denen unter anderem Tanz und Gesang unterrichtet wurden. Weibliche Musikausübung galt weder als unschicklich noch als gesundheitsschädlich; der Gesang wurde im Gegenteil »als Hilfe zur Kräftigung des Körpers« (Eleanor Flexner) angesehen.

Als Mutter der heutigen amerikanischen Komponistinnen gilt Amy Marcy Beach (1867–1944), die jüngste Repräsentantin der musikgeschichtlich bedeutsamen »Boston group«. Sie stammte aus einer alten neuenglischen Familie, in der Haus- und Volksmusik intensiv gepflegt und als kulturelles Erbe von Generation zu Generation weitergegeben wurden. Amy Marcy Beach war bereits mit sechzehn Jahren eine renommierte Pianistin. Nach ihrer Heirat mit einem bekannten Medizinprofessor widmete sie sich mehr dem Komponieren. Sie schrieb eine Messe, ein Klavierquintett und Violinsonaten, Variationen für Flöte und Streichquartett, eine Suite für zwei Klaviere usw. 1898 komponierte sie den ›Song of Welcome‹ für die Trans-Mississippi-Ausstellung in Omaha, siebzehn Jahre später die ›Panama Hymne‹ zur Eröffnung der Panama-Pazifik-Ausstellung in San Francisco. Dem amerikanischen Laien war sie seitdem am besten als Komponistin von mehr als hundertfünfzig Liedern mit Titeln wie ›Ah, Love but a Day‹, ›The Year's at the Spring‹, ›Ecstasy‹ bekannt. Nach dem Tod ihres Mannes im Jahre 1910 ging sie auf große Europatournee. Ihr eigenes Klavierkonzert und ihre ›Gaelic Symphony‹ wurden in Hamburg, Leipzig und Berlin aufgeführt. Bei der Komposition der großangelegten Sinfonie ließ sie sich von gälischer Volksmusik, Vogelstimmen, Eskimo-Rufen und Balkan-Melodik inspirieren, war also eine typische Repräsentantin der folkloristischen Richtung.

Als ungleich radikaler galt um 1920 die 1887 geborene Marion Bauer. Sie ging, wie so viele ihrer Landsleute, bei Nadia Boulanger in die Schule und komponierte impressionistische Musik von außerordentlich fortgeschrittener Harmonik. Heute gehören die Werke der 1955 verstorbenen Künstlerin schon fast zu den klassischen Stücken amerikanischer Musikgeschichte. Ihre wichtigsten Kompositionen sind die ›Fantasia quasi una sonata‹ für Violine und Klavier, die ›Dance Sonata‹ für Klavier, ›Sum splendor‹ und ›Indian Pipes‹ für Orchester. Marion Bauer war übrigens auch Journalistin und erhielt als eine der ersten Frauen einen Lehrstuhl für Komposition an der New York University.

Zu den frühen Vertreterinnen der musikalischen Avantgarde kann bereits die 1906 geborene Miriam Gideon gerechnet werden. Sie komponiert für konventionelle Klangerzeuger in ungewöhnlichen Kombinationen, so etwa für Stimme, Klarinette, Cello und Marimba in den ›Rhymes from the hill‹ (1968) oder für Stimme, Streichorchester und Trompete in den kürzlich entstandenen ›Shakespearean Sonnets‹. Ähnlich wie Olivier Messiaen flicht sie die Tonskalen der südostasiatischen Gamelanmusik in ihre persönliche, auf einer nichtzwölftönigen Reihentechnik basierende musikalische Sprache ein. In ihren Opern (›Fortunato‹, 1958; ›The Adorable Mouse‹, 1962) arbeitet sie gern mit Sprecherrollen. Die Thematik ist häufig dem Alten Testament und anderen altjüdischen Traditionen entnommen. In dieser Hinsicht sind Miriam Gideons Kompositionen dem in Amerika entstandenen Spätwerk Arnold Schönbergs vergleichbar. Die Künstlerin unterrichtet seit 1967 Komposition an der Manhattan School of Music.

Die bedeutendste Frau in der amerikanischen Jazzmusik, die als Pianistin, Komponistin, Arrangeurin und Bandleaderin ihren großen und berühmten männlichen Kollegen in jeder Beziehung gleichberechtigt ist und gleichzeitig Brücken zur modernen Sinfonik geschlagen hat, ist die farbige Amerikanerin MARY LOU WILLIAMS. 1910 in Pittsburgh geboren, wurde sie schon in sehr jungen Jahren Meisterschülerin des weltbekannten Jazzpianisten Earl »Father« Hines. Mit fünfzehn arbeitete sie als Klavierbegleiterin beim Vaudeville-Unternehmen »Orpheum«, kurze Zeit später schrieb sie ihre ersten Stücke für Andy Kirk, Jimmy Lunceford, Duke Ellington und Benny Goodman. Diese frühsten Swingarrangements in der Geschichte der Jazzmusik haben der Arrangementtechnik Möglichkeiten erschlossen, deren Spuren sich bis zu Woody Herman und Stan Kenton verfolgen lassen. Mit ihren eigenen Bands bereitete sie später die Wendung vom Swing-Stil zum Be-Bop und zum Cool Jazz der allermodernsten Richtung vor. In den vierziger Jahren komponierte sie große sinfonische Werke, so unter anderem die ›Zodiac-Suite‹ für Holzbläser, Jazzbläser und Rhythmusinstrumente. Dieses Stück, das in kurzen Sätzen jedes Tierkreiszeichen dramatisch beschwört, wurde 1946 von den New Yorker Philharmonikern in der Carnegie Hall uraufgeführt. Mary Lou Williams schrieb noch Jazz-Messen, Spirituals und die Kantate ›Black priest of the Ands‹.

Als Bühnenkomponistin berühmt ist die 1912 geborene Australo-Amerikanerin PEGGY GLANVILLE-HICKS. Sie studierte Komposition bei Vaughan Williams und Nadia Boulanger. Ihre bisher entstandenen Musikdramen (›The Glittering Gate‹, ›Nausicaa‹, ›Sappho‹ und ›The Transposed Heads‹) sind zum Teil ausgesprochen avantgardistisch in bezug auf Besetzung, Textverarbeitung und Tonalität. Die Partitur des Einakters ›The Glittering Gate‹ ist beispielsweise für Tenor, Bariton, Tonband und japanisches No-Ensemble geschrieben. ›The Transposed Heads‹ stützt sich auf Thomas Manns indische Legende ›Die vertauschten Köpfe‹ und steht musikalisch der indo-pakistanischen Ragamusik nahe. Während ihres Aufenthaltes in Amerika komponierte Peggy Glanville-Hicks noch zahlreiche Orchesterstücke meditativen Charakters, ein »etruskisches Klavierkonzert« sowie Kammermusik für Harfe, Bläser und Schlagzeug. Ihren Lebensunterhalt verdiente sie sich lange Zeit als Musikkritikerin beim ›Herald Tribune‹. 1960 siedelte sie nach Griechenland über, wo ihr umfangreiches Œuvre häufig aufgeführt wird. Sie befaßt sich intensiv mit den tonalen Grundlagen der altgriechischen und klassisch-indischen Musik, sucht immer wieder neue Methoden der Kombination orientalischer und antiker Modi mit zeitgenössischen seriellen Prozeduren. Von der amerikanischen Musikkritik noch umstritten ist eines ihrer jüngeren Werke, ›Letters from Morocco‹ für Tenor und Kammerorchester. Es basiert auf der nordafrikanischen Nuba-Musik und soll angeblich musikalisches Spiegelbild jener irrealen Sinneswahrnehmungen sein, wie sie durch den Konsum der zahlreichen orientalischen Rauschdrogen hervorgerufen werden.

Dem großen Kreis von Komponistinnen elektronischer Musik gehören Ann McMillan und Jean Eichelberger Ivey, beide 1923 geboren, an. Ann McMillan studierte bei Edgard Varèse, dessen Assistentin sie von 1953–1955 war. Ihre Werke haben phantastische Titel wie ›Gong song‹ (1969) und ›Music for home or future soap‹ (1971). In ihren neueren Kompositionen arbeitet sie mit verfremdeten Tierstimmen. – Bevor Jean Eichelberger Ivey Leiterin eines Studios für elektronische Musik wurde, komponierte sie Kammermusik und sinfonische Werke in traditioneller Besetzung, teilweise mit aktuellem politischem Gehalt wie z. B. in ›Tribute to Martin Luther King‹ für Bariton und Orchester. Seit 1971 bezieht sie auch theatralische Aktionen und visuelle Medien (Filme, Diapositive) in ihre Stücke ein.

Eine Sonderstellung unter den amerikanischen Komponistinnen der mittleren Generation nimmt die von polnischen Einwanderern abstammende Lucia Dlugoszewski (geb. 1931) ein. Sie studierte Mathematik und Physik und ist wie Ann McMillan Schülerin von Edgard Varèse. Seit 1960 arbeitet sie eng mit der »Foundation of Modern Dance« zusammen, für die sie zahlreiche Musikstücke und Choreographien konzipiert hat. Aus Materialien wie Glas, Plastik, Holz, Papier und Metall hat sie über hundert gestimmte und ungestimmte Schlaginstrumente entwikkelt. Eine Reihe davon spielt sie selbst. 1958 baute sie ein reines Perkussionsorchester auf, dessen wichtigstes Ziel darin besteht, ein »Vokabular von Klängen ohne direkte emotionale Assoziationen zu schaffen« (L. Dlugoszewski). Ihre von orientalischen Philosophien beeinflußten Grundideen hat sie in vielen Aufsätzen über Neue Musik, Avantgarde, Choreographie usw. festgehalten.

Neben der bereits erwähnten Pauline Oliveros erfreut sich auch Gloria Coates (geb. 1938) bei den Kennern der Neuen Musik in der Bundesrepublik einer gewissen Beliebtheit. Mit ihrer Harfe spielenden Tochter lebt sie seit vielen Jahren in München, wo sie eine Konzertreihe unter dem Motto »Contemporary German-American Music« gestaltet. In Amerika war sie in den verschiedensten musikalischen Berufen, so z. B. als Fernsehpro-

Abb. 36: Gloria Coates.

duzentin und Musikkritikerin tätig. Ihre jüngeren Kompositionen tragen stark konstruktivistische Züge, was schon in Titeln wie ›Counterpoint counter‹ (für Kammerensemble) oder ›Structures‹ (für Klavier) zum Ausdruck kommt. Ihr Orchesterstück ›Planeten‹, 1975 während der Tage Neuer Musik in Hannover uraufgeführt, ist in drei Sätze mit den Überschriften ›Diagonal‹/›Horizontal‹/›Hin und Zurück‹ gegliedert. Hier werden durchaus folgerichtig Termini aus der Geometrie zur Beschreibung kanonischer und kontrapunktischer Arbeitsweisen benutzt.

Der streng logisch-mathematischen Richtung gehören schließlich auch die Komponistinnen Christine Berl (geb. 1943) und Victoria Bond (geb. 1943) an. In ihren ›Three Pieces for Chamber Orchestra‹ (1975) arbeitet Christine Berl mit nichtzwölftönigen, transponierenden Tonkomplexen »in jener Spielform, daß die Stufen ihrer Transpositionen selber determinierte Gebilde formen« (Gojowy). – Victoria Bond bezog ihre kompositorische Vorbildung von Darius Milhaud, Roger Sessions und Vladimir Ussachevsky. Sie schrieb Orchesterwerke, sehr viel Kammermusik für Bläser und ein ›Conversation Piece‹ für Viola und Vibraphon. Ihr ›C-A-G-E-D‹ für Streichorchester basiert auf den leeren Saiten der Streichinstrumente. Es suggeriert ihrer eigenen Aussage nach »das Bild eines Tieres im Käfig . . ., so wie ein Affe oder einer der intelligenteren Zooinsassen, gegen die Gitterstäbe . . . gelehnt, gedankenvoll auf jene starrend, die ihn von außen begaffen, hilflos, stumm und schmerzlich seiner Gefangenschaft bewußt«. An Vokalwerken komponierte sie u. a. ›Cornography‹ für Sprecher und Kammerensemble (1970) und eine ›Suite aux troubadours‹.

»Numerisch abgeleitet« ist auch die Musik der 1950 geborenen Beth Anderson, selbst Tochter einer prominenten Avantgarde-Komponistin. Sie nahm an Kompositionskursen von Kenneth Wright, John Cage und Terry Riley teil. Nach einer Oper (›Queen Christina‹) schrieb sie zahlreiche Stücke für verschiedene Medien, z. B. ›Peache Keen-O‹ für vier weibliche Instrumentalisten, Stimmen, Tonband und Tänzer oder ›Torero piece‹ für Sprecher und rote Punktlichter. Beth Anderson lebt heute in New York, wo ihre Mutter Ruth das Studio für elektronische Musik am Hunter College leitet.

Ähnliche sozio-kulturelle und musikgeschichtliche Bedingungen wie in den Vereinigten Staaten herrschten auch in Kanada, so daß tonschöpferisch begabte Frauen seit dem Ende des vorigen Jahrhunderts auch hier Arbeitsmöglichkeiten und Anerkennung fanden. Eine der ältesten ist die 1881 in Ontario geborene Gena Branscombe. Sie studierte unter anderem bei Engelbert Humperdinck, ist also noch der hochromantischen Schule verpflichtet. Ihre sinfonische Suite ›Quebec‹ wurde vom »Women's Symphony Orchestra« in Chicago uraufgeführt, ihr Oratorium ›Pilgrims of Destiny‹ erhielt 1928 einen Preis von der »National League of American Pen Women«. Gena Branscombe komponierte in allen konventionellen musikalischen Formen, spezialisierte sich aber im Laufe ihres produktiven Künstlerlebens auf die vokalen Genres. Sie schrieb mehr als sechzig große Chorwerke, zum Teil nach eigenen Texten und Übersetzungen. Noch 1955 vollendete sie einen gemäßigt modernen 91. Psalm für die ungewöhnliche Besetzung Chor, Klavier, Orgel, Schlagzeug und Horn.

Österreichisch-russischer Herkunft ist die auch in Deutschland bekannte Sophie-Carmen Eckhardt-Gramatté, die bis zu ihrer Flucht vor den Nationalsozialisten den Namen Sonia Friedmann trug. Sie wurde 1901 in Moskau geboren und absolvierte als junges Mädchen eine Klavierklasse am Petersburger Konservatorium. Nach weiteren Studien in Paris und Berlin machte sie zunächst Karriere als Pianistin und Geigerin, bereitete sich dann aber noch bei Vincent d'Indy und Arthur Honegger auf eine professionelle Kompositionstätigkeit vor. In Deutschland, wo sie in erster Ehe mit dem expressionistischen Maler Walter Gramatté, später dann mit dem Kunsthistoriker Ferdinand Eckhardt verheiratet war, komponierte sie eine Sinfonie in C-Dur und ein ›Capriccio Concertante‹, ein Klavier- und ein Violinkonzert sowie ein Tripelkonzert für Trompete, Klavier, Fagott, Streichorchester und Schlagzeug. Viele Stücke in den traditionellen kammermusikalischen Besetzungen kamen hinzu. Alle diese Werke wurden, mit der üblichen Unterbrechung in den vierziger Jahren, von renommierten Ensembles wie den Breslauer Philharmonikern, den Wiener Philharmonikern und dem Wiener Kammerorchester uraufgeführt. Auf Einladung des Dirigenten Leopold Stokowski konnte die Künstlerin nach Amerika emigrieren. 1954 wurde sie kanadische Staatsbürgerin. Zu ihren neueren Werken gehört eine Klaviersonate, deren erster und zweiter Satz jeweils für die linke bzw. rechte Hand allein geschrieben sind. Erst im letzten werden beide Hände eingesetzt. Noch sieben Jahre vor ihrem Tod (1974) komponierte sie ein Nonett für Bläser, Streichtrio und Kontrabaß und eine Suite für Violine Solo. Sophie-Carmen Eckhardt-Gramatté erhielt übrigens gemeinsam mit Ilse Fromm-Michaels eine Auszeichnung beim alljährlich stattfindenden Komponistinnenwettbewerb der Gedok (Gesellschaft der Künstlerinnen und Kunstfreunde).

Gemäßigt moderne Musik in allen herkömmlichen Formen komponiert auch BARBARA PENTLAND (geb. 1912). Ihre wichtigsten Lehrer waren Aaron Copland und Cécile Gauthiez, dennoch fühlt sie sich mehr der Tonsprache Anton von Weberns verpflichtet. In ihrem dritten Streichquartett (1969) und der Komposition ›News‹ für virtuose Stimmen und Orchester versucht sie bereits, Anschluß an die amerikanische Avantgarde zu finden.

Die bekannteste Repräsentantin der mittleren kanadischen Komponistinnengeneration ist die 1934 geborene NORMA BEECROFT. Sie studierte bei Goffredo Petrassi in Rom und besuchte die internationalen Sommerkurse in Darmstadt, an denen damals der inzwischen verstorbene Bruno Maderna als Kompositionslehrer teilnahm. Seit 1962 läßt sie Elemente elektronischer Musik in ihre Kompositionen einfließen. Norma Beecrofts Gesamtwerk hat eine stark ausgeprägte literarische Komponente. Das wird besonders in den Stücken ›From Dreams of Brass‹ für Erzähler, Sopran, Chor, Orchester und Tonband und ›Two went to sleep‹, einer Leonard-Cohen-Vertonung in der Besetzung Sopran, Flöte, Schlagzeug, Tonband deutlich. Die Komponistin ist selbst schriftstellerisch tätig und kommentiert eine kanadische Sendereihe über Neue Musik.

Die überaus zahlreichen südamerikanischen Komponistinnen waren noch in den fünfziger und sechziger Jahren durchweg als Pianistinnen tätig. Die »klavierspielenden höheren Töchter«, im Deutschland des 19. Jahrhunderts bereits viel belächelte Repräsentantinnen einer verflachten bürgerlichen Musikkultur, wurden von der reichen und bodenständigen Folklore Lateinamerikas zu wirklichen Leistungen inspiriert: Im Gegensatz zu ihren deutschen Kolleginnen beschränkten sie sich nicht darauf, das ›Gebet einer Jungfrau‹ und billige Paraphrasen von ›La Traviata‹ und ›Wilhelm Tell‹ im häuslichen Wohnzimmer vorzutragen, sondern komponierten und veröffentlichten Klavierwerke in einheimischen Rhythmen und Melodien. Isabel Aretz (geb. 1904), Dinorá de Carvalho (geb. 1905), Silvia Eisenstein de Vega (geb. 1917), Carmen Garcia Muñoz (geb. 1919) und viele andere vornehmlich argentinische Komponistinnen haben es auf diese Weise zu heute noch anhaltender Popularität gebracht. – Die südamerikanischen Künstlerinnen sind jedoch nicht bei dieser zwar recht angenehm klingenden, aber im Grunde doch provinziellen Musik stehengeblieben. Es sei nur an die vielen folkloristischen Liedermacherinnen erinnert, die wie ihre männlichen Kollegen an den revolutionären Bewegungen ihrer Heimatländer musikalisch-literarisch teilhaben.

Inzwischen ist auch eine Generation hochbegabter Avantgardekomponistinnen herangewachsen. Die international bedeutendste ist die 1925 geborene Argentinierin Hilda Dianda. Sie ist Professorin für Komposition und Instrumentation an der Universität von Córdoba und steht der »Unión de Compositores Argentiños« als leitendes Gründungsmitglied vor. Hilda Dianda kam 1949 als Stipendiatin der argentinischen Regierung nach Europa, wo sie bei Hermann Scherchen und Gian Francesco Malipiero Dirigieren und Komposition studierte. Von 1958–1962 arbeitete sie in der Forschungsgruppe für konkrete Musik bei der französischen Rundfunkanstalt ORTF, später wurde sie Mitarbeiterin des Studios für elektronische Musik in Milano. Als Teilnehmerin der Darmstädter Kurse und Stipendiatin des Kranichsteiner Musikinstituts erwarb sie sich auch im deutschsprachigen Raum eine gewisse Anerkennung. Ihre Kompositionen werden seit 1968 beim Musikverlag Schott in Mainz verlegt.
Hilda Dianda hat seit 1947 zahlreiche Kammermusikwerke geschrieben, so unter anderem ein Trio für Bläser, drei Klaviersonaten und die ›Poemas de amor desesperado‹ für tiefen Alt, Flöte, Bratsche und Violoncello. Seit 1962 hat sie eine starke Vorliebe für Perkussionsinstrumente entwickelt, deren klanglich-rhythmische Möglichkeiten sie in Kompositionen wie ›Percúsion II‹ und ›Díptico‹, letztere für Flöte, Klavier, Baßklarinette, Posaune, Celesta und sechs Schlagzeuger, ausschöpfte. Ihre 1962 entstandenen ›Rituales‹ sollen von einer einzigen Künstlerin ausge-

führt werden, die gleichzeitig als Sängerin, Pianistin und Perkussionistin fungiert.

Hilda Diandas brasilianische Kollegin LUCEMAR DE ALCANTARA FERREIRA (geb. 1933) komponiert ebenfalls vorzugsweise für unkonventionelle Rhythmusinstrumente. In ihrem Lehr- und Experimentalstück ›Ligação‹ werden herkömmlich weibliche Handwerkzeuge wie die Filmspulen der Cutterin und die Stricknadeln der Hausfrau ins avantgardistische Inventar einbezogen. Aus Kolumbien ist schließlich noch JACQUELINE NOVA, eine 1938 in Belgien geborene Komponistin zu nennen. Ihre Lehrer waren Alberto Ginastera, Luigi Nono, Roman Haubenstock-Ramati und Cristóbal Halffter. Jacqueline Nova, die heute künstlerische Leiterin der »Agrupación Nueva Música« in Bogotá ist, komponiert für verschiedene akustische und visuelle Medien. Ein Beispiel: ›Proyecciones‹ für Orchester und Projektionsapparat aus dem Jahre 1968. In ihren frühen Vokalwerken stützte sie sich gern auf Texte und Melodien kolumbianischer Indianerstämme. Seit etwa 1969 hat sie sich ganz der elektronischen Musik verschrieben.

Auch die englische Musikwelt steht offenbar komponierenden Frauen relativ vorurteilslos gegenüber, wie bereits am Beispiel von Ethel Smyth deutlich wurde. Das mag mit der traditionsreichen Frauenemanzipation in diesem Land und der nicht ganz unproblematischen Stellung der neueren englischen Kunstmusik innerhalb der europäischen Musikgeschichte zusammenhängen. Eine Nation, die für die internationale Anerkennung ihrer führenden Komponisten noch immer zu kämpfen hat, wird vielversprechenden weiblichen Talenten nicht unnötig Steine in den Weg legen. Ethel Smyth wurde in hohem Alter zur »dame« ernannt. ELIZABETH LUTYENS (geb. 1906) erhielt 1969 den Titel »Commander of the British Empire«. Diese vielseitige Komponistin, eine Schülerin von Georges Caussade, gründete 1931 zusammen mit zwei Kolleginnen, Anne Macnaghten und Iris Lemare, eine Gesellschaft zur Förderung junger englischer Avantgardemusiker. Im Dezember desselben Jahres wurde die heute noch existierende Reihe der »Macnaghten-Concerts« begonnen. Auf den Programmen standen zunächst hauptsächlich Werke weiblicher Komponisten: von Elizabeth Lutyens selbst, von Imogen Holst (geb. 1907) und Elizabeth Maconchy (geb.

1907). Trotz dieser vielleicht zu einseitig feministischen Anfänge haben die Macnaghten-Concerts, und mit ihnen die umsichtige Musikmanagerin Elizabeth Lutyens, einen entscheidenden Einfluß auf die englische Musikentwicklung des 20. Jahrhunderts genommen. Ihnen ist es beispielsweise zu verdanken, daß sich die auf den Inseln lange verpönte serielle Musik in den sechziger Jahren endgültig durchsetzen konnte.
Elizabeth Lutyens war neben Humphrey Searle die erste britische Komponistenpersönlichkeit, die die Zwölftontechnik Arnold Schönbergs konsequent in ihre Werke einbezog. In den vierziger Jahren hatte man in England noch so gut wie gar nichts von dieser Kompositionsweise gehört. Elizabeth Lutyens hat das Konzept der Dodekaphonie in ihren ›Six Chamber Concertos op. 8‹, ihrer dramatischen Szene ›The Pit‹ und ihrem Musikdrama ›Penelope‹ so radikal und gleichzeitig individuell realisiert, daß der englische Musikschriftsteller Francis Routh sie als einsame Pionierin bezeichnete, die in eine besonders einsame Wildnis hineinrief. Später benutzte sie dann die verfeinerte serielle Technik Anton von Weberns, beispielsweise in den expressiven Kantaten ›Bienfaits de la lune‹ und ›Ô saisons, ô chateaux‹. Eines ihrer interessantesten Stücke ist die ›Wittgenstein motet‹ aus dem Jahre 1953, in der sie Grundaussagen Wittgensteinscher Philosophie zumindest versuchsweise in Musik »übersetzt«. Seit den sechziger Jahren hat Elizabeth Lutyens zwei weitere Opern (›The Numbered‹ und ›Time Off?‹) geschrieben, dazu ein lyrisches Drama für Solosopran (›Isis und Osiris‹) und viel programmatisch gebundene Kammermusik. In der ›Oda a la tormenta‹ für Mezzosopran und Klavier knüpft sie sogar an die Lyrik Pablo Nerudas und damit an die revolutionären Strömungen in Lateinamerika an. 1972 hat sie eine Autobiographie mit dem Titel ›A Goldfish Bowl‹ vollendet.

Komponierende Frauen finden nicht nur in Nord- und Südamerika, sondern auch in der Volksrepublik Polen viel Beachtung. Einige musikgeschichtliche Gründe wurden im Zusammenhang mit Marie Szymanowska bereits genannt. Es kommen jedoch auch noch gesellschaftliche Ursachen hinzu, die sich mit dem Hinweis auf die im Marxismus-Leninismus verankerte Chancengleichheit der Geschlechter nicht befriedigend erklären lassen. Anderenfalls wäre es kaum zu verstehen, warum beispielsweise in der DDR Ruth Zechlin die einzige bedeutende Komponistin ist. Moderne polnische Soziologinnen glauben, daß sich während der mehr als hundertfünfzigjährigen Aufspaltung Polens in russische, österreichische und preußische Gebiete die sogenannte Intelligenz-Familie zu einer Keimzelle des nationalen und kulturellen Lebens entwickelt hätte. »Seele« dieser geistigen Aktivitäten sei die Frau gewesen, schon lange bevor von Emanzipation im heutigen Sinne die Rede habe sein können. Das Scheitern der nationalen Erhebungen im 19. und 20. Jahrhundert habe zur Inhaftierung und Emigration vieler bedeutender Männer – typisches Beispiel: Frédéric Chopin – geführt, so daß sich eine Art »geistigen Matriarchats« herausgebildet habe. – Bis heute werden polnische Frauen von Gesetzgeber und Männerwelt auffallend ritterlich und privilegiert behandelt, so daß ihnen volle Gleichberechtigung im Berufsleben garantiert ist.

Legendäre Symbolgestalt der mittleren polnischen Komponistinnengeneration ist die 1969 verstorbene GRAZYNA BACEWICZ, eine Schülerin von Nadia Boulanger. Sie schrieb Funkopern, Sinfonien und Solokonzerte, Kammermusik, Lieder und Werke für Violine und Klavier. Noch kurz vor ihrem Tod gelang ihr mit den Stücken ›Pensieri notturni‹ für 24 Instrumente und ›Contraddizione‹ für Kammerorchester und Tonband der Anschluß an die avantgardistischen Kompositionstechniken ihres Landes.

Aus dem »Zirkel der Jungen« (Kolo Mlodych) des polnischen Komponistenverbandes ging die 1943 geborene ELZBIETA SIKORA, Stipendiatin der »Groupe de Recherches Musicales« in Paris, hervor. Ihr kompositorisches Debüt gab sie 1971 beim »Warschauer Herbst« mit der musikalischen Aktion ›Interventions‹ für zwei Schlagzeuger, Trompete und Schauspieler. »Bei der Uraufführung waren es ein Schlagzeuger, eine Schlagzeugerin und ein Baßtubist, die nicht in Frieden agieren können, weil ein Aggressor, in Panthersprüngen aus dem dunklen Zuschauerraum kommend, das Unternehmen stört. Springt er auf den einen Spieler zu, verstummt dieser, und die anderen werden leiser. Während sich der Aggressor im Hintergrund hält, ›normalisiert‹ sich die Musik wieder. Seinen Überraschungsangriff kann der Baßtubist durch eine Täuschung kontern. Aber in der Schlagzeugerin hat er schließlich die Schwächste gespürt.« (FAZ v. 9./10. 10. 1976)
Mit den radikalen avantgardistischen Tendenzen des neuen polnischen Musiklebens geriet eine Komponistin des gleichen Jahr-

gangs, Gabriela Moyseowicz, in Konflikt. Sie komponiert zwar aus Überzeugung atonal, vertritt aber ein eher klassisches Konzept von Musik, was Form, Kompositionstechnik und Instrumentenbehandlung betrifft. In ihrem 1976 entstandenen ›Ave Maria‹ für zwei gemischte Chöre entwickelt sie aus dem

106 ›Ave Maria‹ von Gabriela Moyseowicz (Anfang).

Tonvorrat einer chromatischen Reihe regelrechte Fugato-Motive. Man braucht durchaus nicht fortschrittsfeindlich zu sein, um diese Abstinenz von zum Teil recht weit hergeholten avantgardistischen Mätzchen als ausgesprochen wohltuend zu empfinden. Die in Lemberg geborene Komponistin besuchte zunächst die Musikschulen in Beuthen und Danzig, um im Alter von dreizehn Jahren an die Musikhochschule in Krakau überzuwechseln. Zu dieser Zeit hatte sie bereits ein Konzert für zwei Klaviere komponiert. In Krakau entstanden in kurzen Abständen zwei Klaviersonaten, ein Klavierkonzert und ein ›Orientalisches Triptychon‹ für Klavier Solo. Einen großen Erfolg errang die gerade Siebzehnjährige mit der Komposition ›Media Vita‹ für Sprecher, Sopran, zwei Violinen und Violoncello. Selbst Penderecki und Luigi Nono, die beide damals in Krakau lehrten, zeigten sich von diesem liturgischen Melodram stark beeindruckt. Nach einer nicht ganz unproblematischen Magisterprüfung an der Musikhochschule in Kattowitz – Gabriela Moyseowicz hatte sich deutlicher als erwünscht gegen übertriebenes Analysieren und Soziologisieren in der zeitgenössischen Musikbetrachtung ausgesprochen – wurde auch sie Mitglied des »Jungen Kreises«. Sie erhielt eine Anstellung als Musiklehrerin an einem Polytechnikum, die sie jedoch schon bald wieder verlor. Nachdem ihr ›Dies irae‹ für Chor und Kammerorchester zwar in Bromberg aufgeführt, aber nicht zum Warschauer Herbst zugelassen wurde, legte sie ihre Mitgliedschaft im Komponistenverband nieder. 1973 kam sie schließlich nach West-Berlin. – Wenn sie auch inzwischen gute Beziehungen zum Berliner Verlag Ries und Erler angeknüpft und einige kooperative Musikredakteure beim Norddeutschen und Westdeutschen Rundfunk gefunden hat, so beurteilt sie doch die Situation der komponierenden Frau in Westdeutschland nicht allzu enthusiastisch. Adäquate Stellen an Musikhochschulen sind ihr so gut wie verschlossen, sie muß sich mit unbefriedigenden Tätigkeiten wie Klavierunterricht und Orgelspielen durchs Leben schlagen. Manche Lektoren und Redakteure für Neue Musik verschanzen sich hinter dem Argument, ihre Kompositionen seien für heutige Ansprüche nicht »modern« genug, so hätte man allenfalls vor dem Krieg schreiben können. – Was ist in den Augen dieser Musikfachleute »modern«? Liegt nicht der Verdacht nahe, daß sie, wenn es sich um die Werke eines berühmten männlichen Kollegen handelte, ehrfürchtig von »Experimentieren mit historischen Formen«, »bewußter Wiederbelebung traditioneller Kompositionstechniken« sprechen würden?

Unter den jüngeren Komponistinnen der Bundesrepublik sind heute, neben der gebürtigen Engländerin Vivienne Olive, Christina Kubisch (geb. 1948) und RENATE BIRNSTEIN am bekanntesten. Renate Birnstein begann ihre Laufbahn als Geigerin und Pianistin. Das bloße Reproduzieren von Musik habe sie zwar, wie sie mir sagte, schon als junges Mädchen nicht befriedigt, aber ihr schöpferisches Selbstbewußtsein sei zu dieser Zeit noch sehr schwach gewesen. Erst durch Diether de la Motte, ihren ersten Kompositionslehrer an der Hamburger Musikhochschule, habe sie Unterstützung und Aufmunterung erfahren. Ihre frühen Kompositionen, etwa die Lieder nach Trakl, sind in strenger Zwölftontechnik geschrieben und stehen in der Tradition von Berg, Schönberg und Webern. Später ging sie von selbstgewählter, nicht serieller Materialbeschränkung und freier Atonalität aus. Das gilt vor allem für die ›Vier Stücke für Klarinette, Posaune und Violoncello‹, die 1971 während eines Hamburger Hochschulkonzertes uraufgeführt wurden. Während der Studienzeit bei Diether de la Motte komponierte Renate Birnstein sehr viel Kammermusik für die verschiedensten instrumentalen Formationen. Einige dieser Stücke haben visuelle bzw. gestische Komponenten, eine Tendenz, die sie jedoch später als unergiebig wieder aufgab. – Als Renate Birnstein 1971 eine Auszeichnung beim Marler Kompositionswettbewerb und ein Jahr später ein Stipendium der Darmstädter Ferienkurse erhielt, blieben die zum Teil hämischen Kommentare von Kollegen nicht aus: »Das hat die ja gar nicht selbst komponiert«, soll es mehrfach geheißen haben. Sie griff darum vorübergehend zu der Verzweiflungslösung, ihren Vornamen im Programm nicht ausdrucken zu lassen. Die Kritiker kamen ihr jedoch bald auf die Schliche . . .
Von 1973 an studierte sie noch zwei Semester bei Györgi Ligeti. In dieser Zeit entstanden Stücke wie ›Ossia‹ (für Flöte, Klarinette, Sopran, Violine und Violoncello) und ›Idem‹ (für Flöte, Altflöte, Klarinette, Violine, Viola und Violoncello). Danach brach sie das Studium ab, weil sie das Gefühl hatte, endlich selbständig werden zu müssen. Sie ist seitdem Lehrbeauftragte für Musiktheorie und andere »propädeutische« Fächer an der Musikhochschule in Hamburg. Renate Birnstein hat in den vergangenen Jahren viele große Kompositionspreise erhalten, als letzten den Bachpreis der Stadt Hamburg (1979). Ihr kompositorischer Stil ist ausgesprochen individuell, obwohl sie weder zu außermusikalischen Medien noch zu komplizierten Formen und verfremdeten Spieltechniken Zuflucht nimmt. Ihr Konzept der strengen Materialbeschränkung läuft quasi darauf hinaus, aus

Abb. 37: Renate Birnstein.

kleinsten, immer wieder anders kombinierten Motiven ein überschaubares Ganzes zu gestalten und die hochgestochenen Ansprüche des Avantgarde-Hörers soweit zurückzuschrauben, daß auch einfachste musikalische Vorgänge wie die Verdichtung einzelner Töne zu einem Dominantseptakkord und dessen allmähliches Wiederzerbröckeln als Erlebnis wahrgenommen werden.

107 ›Idem‹. Sextett für Flöte, Altflöte, Klarinette, Violine, Viola und Violoncello von Renate Birnstein (Ausschnitt).

Renate Birnstein arbeitet sehr strukturell, nach bis ins Letzte durchdachten Plänen und Prinzipien. Sie hat, wie sie offen ausspricht, Hemmungen, ihre Emotionen derart selbstverständlich in Musik umzusetzen wie manche ihrer männlichen Altersgenossen. Ihre Angst vor der Blamage sei ohnehin bei jeder Uraufführung groß genug. »Diese Hinwendung der komponierenden Frau . . . zur mathematischen Abstraktion . . . ist auffällig«, schreibt Detlef Gojowy in seinem programmatischen Artikel. Und sie ist zumindest da bedauerlich, wo es sich um ein im Grunde schamhaftes Verschweigen weiblicher Gefühle handelt. Wie mag sie psychologisch zu erklären sein? Vielleicht als Reaktion auf die jahrhundertealten Klischees von der »Zartheit« und »Sanftheit« weiblicher Musik? Als prophylaktische Abwehrmaßnahme gegen musikgeschichtlich verbürgte Pauschalurteile wie »primitiv«, »naiv«, »weibisch-sentimental«? Ein neues Buch über Komponistinnen, vielleicht in fünfzig Jahren zu schreiben, könnte eine Antwort geben.

VERZEICHNIS DER MEHRFACH ZITIERTEN LITERATUR

ABERT, H.: Die Musik der Antike, neubearbeitet von C. Sachs (= Handbuch der Musikgeschichte, hrsg. von G. Adler, ²Berlin 1930).

ABERT, A.: Claudio Monteverdi und das musikalische Drama, Lippstadt 1954.

ALBERTI-RADANOVIC, E.: Das Wiener Lied von 1789–1815, in: Studien zur Musikwissenschaft = Beiheft zu »Denkmäler der Tonkunst in Österreich 10«.

ALPERS, P.: Das Wienhäuser Liederbuch, in: Jahrbuch des Vereins für niederdeutsche Sprachforschung 69/70, 1943–47.

ALTMANN, W.: Nochmals: Musikalisch-schöpferische Frauen, in: Neue Musikzeitschrift, Dezember 1948.

AMBROS, A. W.: Geschichte der Musik II, Leipzig 1892.

APPUHN, H.: Kloster Wienhausen, Hamburg 1955.

ASEN, J.: Die Beginen in Köln, in: Annalen des historischen Vereins für den Niederrhein, 113, 1928.

BARILLON-BANCHE, P.: Augusta Holmès et la femme compositeur, Paris 1912.

BARRELL, E.: Notable Musical Women, in: Etude, November 1929, Dezember 1929, Januar 1930 und Februar 1930.

BARNES, E. N. C.: American Women in Creative Music, Washington D.C.: Music Educational Publications, 1936.

BEHN, F.: Musikleben im Altertum und im frühen Mittelalter, Stuttgart 1954.

BENARY, E.: Liedformen der deutschen Mystik im 14. und 15. Jahrhundert, Diss. Greifswald 1936.

BERNHARDT, K. F.: Zur musikschöpferischen Emanzipation der Frau, in: Kongreßbericht Kassel 1956.

Musik – von Frauen geschrieben, in: Musik und Gesellschaft 14, September 1964.

BLASCHKE, J.: Annette von Droste-Hülshoff und ihre Beziehungen zur Musik, in: Neue Musikzeitung XXIII, 1902.

BLECHSCHMIDT, E. R.: Die Amalien-Bibliothek = Berliner Studien zur Musikwissenschaft VIII, Berlin 1965.

BOBILLIER, M. (Ps.: Brenet): La Musique dans les Convents de femmes depuis le moyen âge jusqu'à nos jours, Paris 1898.

BODE, W.: Anna Amalia, Herzogin von Weimar, ²Berlin 1909.

BOGIN, M.: The Women Troubadours, New York 1976.

BONAVENTURA, A.: Il ritratto della Cecchina, in: La Cultura Musicale I, 1922.

Le donne italiane e la musica, in: Rivista Musicale Italiana 1925.

BORNHAK, F.: Anna Amalia, Herzogin von Sachsen, Berlin 1892.

BORRIS, S.: Kirnbergers Leben und Werk, Kassel 1933.

BORROFF, E.: An Introduction to Elisabeth Claude Jacquet de la Guerre, Brooklyn 1966.
BOSE, F.: Anna Amalia von Preußen, in: Die Musikforschung X, 1952.
BOURGES, M.: Des femmes-compositeurs, in: Revue et Gazette Musicale de Paris 38, 1847.
BRADSHAW, S.: The Music of Elisabeth Lutyens, in: The Musical Times, Juli 1971.
BRANCOUR, R.: Les Femmes et la musique, in: Rivista Musicale Italiana 1925.
BRANDT, M. G. W.: Leben der Luise Reichardt, [2]Basel 1865.
BRIFFAULT, R.: The Mothers. A Study of the Origins of Sentiments and Institutions, New York 1927.
BRINKMANN, A.: Altgriechischer Mädchenreigen, in: Bonner Jahrbücher 130, 1925.
BROWER, E.: Is The Musical Ideal Masculine? In: Atlantic Monthly, März 1894.
BROWNE, C. A.: Girlhood of Famous Women in Music, in: Etude, Juli 1909.
CAMPE, J. H.: Väterlicher Rath für meine Tochter, Braunschweig 1789.
CHILESOTTI, O.: La liberazione di Ruggiero ... di Francesca Caccini, in: Gazzetta musicale di Milano, 1896.
CLARKE, H. A.: The Nature of Music and Its Relation to the Question of Women in Music, in: Music 7, 1892/96.
CLEPPER, P. M.: After God comes Papa, in: Stereo 5, Frühjahr 1972.
CRAMER, C. F.: Magazin der Musik, Hamburg 1783, 1787, 1789.
DALE, K.: Dame Ethel Mary Smyth, in: Music and Letters XXV, 1944. Ethel Mary Smyths Prentice Works, in: Music and Letters XXX, 1949.
DAMESINI, A.: Antichi Maestri Toscani, in: Accademia musicale Chigiana, Siena 1954.
DEUTSCH, H.: Psychologie der Frau, Bern 1948.
DREWES, H.: Maria-Antonia Walpurgis als Komponistin, Bonn/Leipzig 1934.
DRINKER, S.: Music and Women, New York 1948.
DÜNTZER, H.: Charlotte von Stein und Corona Schröter, Stuttgart 1876.
EBEL, O.: Women Composers, Brooklyn 1902.
ELSON, L.: Women in Music, New York 1918.
ELSON, A. und TRUETTE, E.: Woman's Work in Music, Boston 1931.
ELVERS, R.: Fanny Hensel. Dokumente ihres Lebens, Berlin 1972.
ENDRES, F. C.: Kulturgeschichte der Frau, Bern 1942.
FELLERER, K. G.: Das Lochamer Liederbuch in der Bearbeitung von Annette von Droste-Hülshoff, in: Die Musikforschung V, 1952. Annette von Droste-Hülshoff als Musikerin, in: Archiv für Musikwissenschaft 1953.
FISCHEL, H.: Die Frau in der Biedermeierzeit, Leipzig 1908.
FISHER, F.: Why Beethoven was a Man, in: Music and Man, 1978.
FRATI, L.: Donne musiciste bolognesi, in: Rivista Musicale Italiana 1930.
FRIEDLÄNDER, M.: Das deutsche Lied im 18. Jahrhundert, Stuttgart/Berlin 1902.
FRIEDLAND, B.: Louise Farrenc, 1804–1875. Phil. Diss. Ann Arbor 1975.

FRIEDRICH, A.: Beiträge zur Geschichte des weltlichen Frauenchors im 19. Jahrhundert in Deutschland, Regensburg 1961.
FRIEDRICHS, F.: Josephine Lang, in: Neue Musikzeitung XXVII, 1905.
FÜRSTENAU, M.: Die musikalischen Beschäftigungen der Prinzessin Amalia Marie A. Friederike von Sachsen, Dresden 1874.
GENNRICH, F.: Der musikalische Nachlaß der Troubadours, Darmstadt 1958.
GÉROLD, T.: Les pères de l'église et la musique, Paris 1931.
GOLDSCHMIDT, H.: Studien zur Geschichte der italienischen Oper im 17. Jahrhundert, Hildesheim 1967.
GREVEN, J.: Der Ursprung des Beginenwesens, Münster 1911.
GUTHMANN, F.: Grad der musikalischen Bildung bei Frauenzimmern, in: Allgemeine Musikzeitung 9, 1807.
HAASS, J. B.: Die Convente in Köln und die Beginen, Köln 1860.
HANSLICK, E.: Geschichte des Concertwesens in Wien, Wien 1869.
HARGRAVE, M.: Some German Women and Their Salons, London 1912.
HAUSSIG, H.-W.: Kulturgeschichte von Byzanz, Stuttgart 1959.
HECK, W.: Betrachtungen zur Großen Göttin und den ihr verbundenen Gottheiten, München/Wien 1971.
HEILER, F.: Die Frau in den Religionen der Menschheit, Berlin 1977.
HENNES, A.: Die Musik in der Familie und die musikalische Erziehung der Jugend, Berlin 1878.
HERTER, H.: Die Soziologie der antiken Prostitution, in: Jahrbuch für Antike und Christentum 3, 1960.
HERZ, G.: Johann Sebastian Bach im Zeitalter des Rationalismus, Würzburg 1935.
HEUSCHELE, O.: Herzogin Anna Amalia, München 1949.
HILLER, F.: Aus dem Tonleben unserer Zeit, 2. Band, Leipzig 1868.
HÖLSCHER, B.: Niederdeutsche geistliche Lieder und Sprüche aus dem Münsterlande, Berlin 1854.
JAMES, E. O.: The Cult of the Mother Goddess, London 1959.
KAY, N.: Thea Musgrave, in: Music and Musicians XVIII, 1969/1970.
KEIL, R.: Corona Schröter, eine Lebensskizze mit Beiträgen zur Geschichte der Genieperiode, in: Vor Hundert Jahren II, Leipzig 1875.
KÖSTLIN, H. A.: Josephine Lang, Leipzig 1881.
KOLLER, H.: Musik und Dichtung im Alten Griechenland, Bern 1963.
KOMORZYNSKI, E.: Mozart und Maria Theresia von Paradis, in: Mozart-Jahrbuch 1952.
KRILLE, A.: Beiträge zur Geschichte der Musikerziehung und Musikausübung der deutschen Frau (1750–1820), Phil. Diss. Berlin 1938.
KRUHM, A.: Musikalisch-schöpferische Frauen, in: Neue Musikzeitschrift 1948.
KRUMBACHER, K.: Kasia, in: Sitzungsberichte der philosophisch-philologischen und der historischen Classe der königlich bayerischen Akademie der Wissenschaften I, 1897.
KUSSLER-RATYÉ, G.: Les chansons de la comtesse Béatrix de Dia, in: Aro I, 1917.
LACOIGNE, R.: Mujeres Compositoras, Buenos Aires 1950.

LADD, G. T.: Why Women Cannot Compose Music, in: Yale Review 6, 1917.

LA MARA (eigtl. LIPSIUS, MARIE): Die Frauen im Tonleben der Gegenwart = Musikalische Studienköpfe Bd. V, 1902.

LANDORMY, P.: Lili Boulanger, in: The Musical Quarterly XVI, 1930. La Musique française après Debussy, Paris 1943.

LE BEAU, L. A.: Lebenserinnerungen einer Komponistin, Baden-Baden 1910.

LEBEAU, E.: Lili Boulanger = Ausstellungskatalog der Bibliothèque Nationale Paris, Paris 1968.

LICHT, H.: Sittengeschichte Griechenlands, 3 Bände, Dresden 1925.

LIEBE, A.: Musik um Weimar und Goethe, in: Die Mitte, Folge 2, 1966.

LORENZ, F.: Die Musikerfamilie Benda, Berlin/New York 1971.

MACONCHY, E.: A composer speaks, in: Composer 42, 1971/1972.

MACNAGHTEN, A.: Elisabeth Maconchy, in: The Musical Times, XCVI, 1955.

MASERA, M. G.: Una musicista fiorentina del seicento: Francesca Caccini, in: La Rassegna Musicale XIV und XV, 1941/1943.

MAUCLAIR, C.: La vie et l'œuvre de Lili Boulanger, in: Revue Musicale 1921.

DE MAULDE LA CLAVIÈRE, M. A. R.: Women of the Renaissance, A Study of Feminism, o.O.u.J.

MEIER, J. und SEEMANN, E.: Volkslied-Aufzeichnungen der Dichterin Annette von Droste-Hülshoff, in: Jahrbuch für Volksliedforschung I, 1928.

MEYER, K.: Der chorische Gesang der Frauen, Leipzig 1917.

MORSCH, A.: Deutschlands Tonkünstlerinnen, 1893.

MÜLLER, H.: Can Women compose? In: Musical Observer 15, No. 5, 1917.

MYERS, R.: Augusta Holmès, A Meteoric Career, in: The Musical Quarterly LIII, 1967.

NEUMANN, E.: Die Große Mutter, Zürich 1956.

NEUMANN, E. G.: Rheinisches Beginen- und Begardenwesen, Meisenheim 1960.

NEUSS, E.: Das Giebichensteiner Dichterparadies. Johann Friedrich Reichardt und die Herberge der Romantik, 2Halle 1949.

NEWMAN, W. S.: The Sonata in the Baroque Era, Chapel Hill 1959.

NISARD, T.: Reflexions sur deux nouveaux trios inédits de Mme. Louise Farrenc, in: Revue de Musique Ancienne et Moderne, Nov. 1856.

NYKL, A. R.: Hispano-Arabic Poetry and its relations with the old Provencal Trobadours, Baltimore 1946.

OTTO, W. F.: Die Musen und der göttliche Ursprung des Singens und Sagens, Düsseldorf 1955.

PASIG, P.: Goethe und Corona Schröter, Ilmenau 1902.

PAYNE, A.: Thea Musgrave's Clarinet Concerto, in: Tempo 1969.

PICHLER, C.: Denkwürdigkeiten, 2 Bände, Leipzig 1914.

POLLAK-SCHLAFFENBERG, I.: Die Wiener Liedmusik von 1778–1789, in: Studien zur Musikwissenschaft V, 1918.

QUASTEN, J.: Die Leierspielerin auf heidnischen und antiken Sarkophagen, in: Römische Quartalschrift 37, 1929.
RAABE, P.: Die Frau im musikalischen Leben, in: Neue Zeitschrift für Musik 108, 1941.
RACEK, J.: Stilprobleme der italienischen Monodie, Brünn 1939.
RANEY, C.: Francesca Caccini, Musician to the Medici, and her libro primo (1618), Phil. Diss. New York 1971.
RANEY, C.: Francesca Caccinis »Primo libro«, in: Music and Letters 48, 1967.
REESER, H. E.: Lili Boulanger, in: De Muziek VII, 1933.
REIMANN, M.: Untersuchungen zur Formgeschichte der französischen Klavier-Suite, Regensburg 1940.
RIEHL, W. H.: Hausmusik. Stuttgart/Augsburg 1855.
Die Familie, Stuttgart/Augsburg 1855.
ROKSETH, Y.: Antonia Bembo, Composer to Louis XIV, in: The Musical Quarterly XXIII, 1937.
Les femmes musiciens du XII au XIV siècle, in: Romania 1935.
ROSENSTIEL, L.: The Life and Works of Lili Boulanger, Phil. Diss. Columbia 1974.
ROSENWALD, H.: Das deutsche Lied zwischen Schubert und Schumann, Phil. Diss. Heidelberg 1929.
SACHS, C.: Prinzessin Anna Amalia von Preußen als Musikerin, in: Hohenzollern-Jahrbuch 1910.
SALMEN, W.: Johann Friedrich Reichardt, Freiburg/Zürich 1963.
Weihnachtsgesänge des Mittelalters in westfälischer Aufzeichnung, in: Kirchenmusikalisches Jahrbuch 36, 1952.
Das Liederbuch der Anna von Köln und seine Beziehungen zu den Niederlanden, in: Kongreßbericht Utrecht 1952.
Musikleben im 16. Jahrhundert, Leipzig 1976.
Haus- und Kammermusik (1600–1900), Leipzig 1969.
SCOTT, M. M.: Maddalena Lombardini, Madame Syrmen, in: Music and Letters XIV, 1933.
SIEVERS, H.: Das Wienhäuser Liederbuch von 1460, in: Das Musikleben 1, 1948.
SILBERT, D.: Francesca Caccini, called ›La Cecchina‹, in: The Musical Quarterly XXXII, 1946.
SCHOPENHAUER, J.: Jugendleben und Wanderbilder, Danzig 1884.
SCHUCK, J.: Deutsche Frauenmystik des Mittelalters, Düsseldorf 1926.
SCHULTZ-GORA, O.: Die provencalischen Dichterinnen, Leipzig 1888.
ST. JOHN, C.: Ethel Smyth, New York 1959.
STEPHAN, G.: Die häusliche Erziehung in Deutschland während des 18. Jahrhunderts, 1891.
STERN, S. M.: Hispano-Arabic Strophic Poetry, Oxford 1947.
STERN, S.: Women Composers, Metuchen 1978.
STIEGER, F.: Opernkomponistinnen, in: Die Musik 13, 1913/14.
STILZ, E.: Die Berliner Klaviersonate, Berlin 1930.
STRAUSS U. TORNEY, L. v.: Deutsches Frauenleben in der Zeit der Sachsenkaiser und Hohenstaufen, Jena 1927.
STÜMCKE, H.: Corona Schröter, Bielefeld 1904.

Stürzbecher, U.: Werkstattgespräche mit Komponisten, München 1973.
Komponisten in der DDR, Hildesheim 1979.
Tappert, W.: Die Frauen und die musikalische Kunst, in: Musikalisches Wochenblatt 2, 1871.
Tillyard, H. W.: A Musical Study of the Hymns of Casia, in: Byzantinische Zeitschrift 20, 1911.
Torrigi, L. H.: Pauline Viardot-Garcia, Genf 1901.
Trickey, S. M.: Les Six, Phil. Diss. Denton (Texas) 1955.
Ullrich, A.: Die Musik im Wiener Almanach von 1777–1817, Phil. Diss. Wien 1958.
Ullrich, H.: Das Stammbuch der blinden Musikerin Maria Theresia von Paradis = Bonner Geschichtsblätter 15, 1961.
Maria Theresia von Paradis und Mozart, in: Music and Letters XXVII, 1946.
Maria Theresia Paradis' große Kunstreise, in: Österreichische Musikzeitschrift XV, 1960, XVII, 1962.
Maria Theresia Paradis: Werkverzeichnis, in: Beiträge zur Musikwissenschaft 5, 1963.
Vogel, E.: Bibliothek der gedruckten weltlichen Vokalmusik Italiens aus den Jahren 1500–1700, Berlin 1892.
Wallon, S.: Les testaments d'Elisabeth Claude Jacquet de Laguerre, in: Revue de Musicologie XXXIX, 1957.
Weber, K. v.: Maria Antonia Walpurgis, 2 Bände, Leipzig 1857.
Wegner, M.: Das Musikleben der Griechen, 1949.
Weinhandl, M.: Deutsches Nonnenleben, München 1921.
Weniger, L.: Über das Kollegium der 16 Frauen und den Dionysusdienst in Elis, Weimar 1883.
Werner, E.: New Light on the Family Mendelssohn, in: The Hebrew Union College Annual 1955.
Wilbrink, G.: Das geistliche Lied der Devotio moderna, Phil. Diss. Nijmegen 1930.
Wille, G.: Einführung in das römische Musikleben, Darmstadt 1977.
Musica Romana, Amsterdam 1967.
Würz, A.: Eine vergessene Komponistin der Romantik: Die Münchnerin Josephine Lang, in: Unser Bayern XVI, 1967.
Wurzbach, C. v.: Biographisches Lexikon des Kaiserthums Oesterreich, Wien 1867.

NACHWEIS DER ABBILDUNGEN

1 Nach Monumenti antichi XIX, 1908
2 Sammlung antiker Kleinkunst, München
3 Archäologisches Museum, Ferrara
4 Nationalbibliothek Athen
5 Landesbibliothek Wiesbaden
6 Bibliothèque Nationale, Paris, Ms. lat. 1118, fol. 114r
7 Aus: Matthäus Merian, Topographien, Frankfurt a. M. 1642–1688
8 Archiv des ehemaligen Zisterzienserinnenklosters Wienhausen, Hs. Nr. 9
9 Badische Landesbibliothek, Karlsruhe
10–11 Aus: Francesca Caccini, La Liberazione..., Florenz (Cecconcelli) 1625
12 Wahrscheinlich Stich von Jacques Callot, Florenz, Uffici.
13 Aus: Elisabeth Claude Jacquet de Laguerre, Céphale et Procris, Paris (Chr. Ballard) 1694
14 Aus: »Le Parnasse français« von Titon du Tillet. Fundort der Medaille unbekannt.
15 Aus: E. Cyran, Trenck, Memoiren und Kommentar, Berlin (Hauder & Spenersche Verlagsbuchhandlung) 1966
16 Privatbesitz. Aufnahme: Bärenreiter Bild-Archiv, Kassel
17 Titelkupfer aus der Originalausgabe der Trenck-Memoiren von 1787
18 Privatbesitz. Aufnahme: Landesmuseum für Kunst- und Kulturgeschichte, Münster.
19 Deutsches Musikgeschichtliches Archiv, Kassel.
20 Goethe-Nationalmuseum, Weimar.
21 Aus: »Taschenbuch für Aufklärer und Nichtaufklärer auf das Jahr 1791«, von Karl von Knoblauch auf Hatzbach, Berlin (Johann Friedrich Unger)
22 Bildarchiv der österreichischen Nationalbibliothek, Wien
23–24 Staatsbibliothek Preußischer Kulturbesitz, Berlin
25 Aus: H. A. Köstlin, Josephine Lang, Leipzig (Breitkopf und Härtel) 1881
26 Kinkel-Nachlaß der Universitätsbibliothek Bonn
27 Aus: Le Trésor des pianistes, Paris (C. Prilipp u. a.) 1861–1872
28 Gemälde von Sohn. Aus: B. Litzmann, Clara Schumann, ein Künstlerleben II, Leipzig 1925.
29 Aus: L. A. le Beau, Lebenserinnerungen, Baden-Baden 1910
30 National Portrait Gallery, London
31 English Newspaper Association
32 Bibliothèque Nationale, Paris
33 Foto M. Tamvico, Paris
34 Aus: Jahrbuch »Zwanzig« 1968/69, Freie Akademie der Künste Hamburg
35 Foto Gerd-Walter Bachert, München
36 Foto Detlef Gojowy, Unkel (Rh.)
37 Foto Heinrich, Hamburg

NACHWEIS DER NOTENBEISPIELE

1	–
2	–
3	Übertragung von H. W. Tillyard, A Musical Study of the Hymns of Casia, in: Byzantinische Zeitschrift 20 (1911)
4	Übertragung von W. Kahl, Bilder und Gestalten aus der Musikgeschichte des Rheinlandes = Beiträge zur rheinischen Musikgeschichte LIX, Köln 1964
5	Übertragung von E. Perkuhn (= E. Weissweiler), Die Theorien zum arabischen Einfluß auf die europäische Musik des Mittelalters = Beiträge zur Sprach- und Kulturgeschichte des Orients, Bd. 26, Walldorf/Hessen 1976.
6	Übertragung von F. Gennrich, Der musikalische Nachlaß der Troubadours, Darmstadt 1958.
7–11	Übertragungen von H. Sievers (Hrsg.), Das Wienhäuser Liederbuch, 2 Bände, Wolfenbüttel 1954
12–14	Übertragungen von W. Salmen, Weihnachtsgesänge des Mittelalters, in: Kirchenmusikalisches Jahrbuch 36 (1952)
15–17	Übertragungen von W. Salmen (Hrsg.), Das Liederbuch der Anna von Köln = Denkmäler der rheinischen Musik Bd. 4, Düsseldorf 1954
18–21	Übertragungen von H. Goldschmidt, Studien zur Geschichte der italienischen Oper im 17. Jahrhundert, Nachdruck: Olms (Hildesheim) 1967, Bd. 1
22	Übertragung von C. Raney, Francesca Caccini and Her Primo Libro, in: Music and Letters 48 (Oct. 1967)
23	Übertragung von K. Meyer, Der chorische Gesang der Frauen, Phil. Diss. Leipzig 1917
24–28	Übertragungen von E. Borroff, An Introduction to Elisabeth Claude Jacquet de Laguerre, Brooklyn (Institute of Medieval Music) 1966
29	Übertragung von L. de la Laurencie, L'école française de violon de Lully à Viotti I, Paris 1922
30–34	wie 24–28
35–36	Übertragungen von Y. Rokseth, Antonia Bembo: Composer to Louis XIV, in: The Musical Quarterly XXII, 1937
37	Aus: Anna Amalie von Sachsen-Weimar, Musik zu Goethes »Erwin und Elmire«, hrsg. von M. Friedländer, Leipzig (Siegel) 1921
38–39	Übertragungen nach A. Krille, Beiträge zur Geschichte der Musikerziehung und Musikausübung der deutschen Frau (1750–1820), Phil. Diss. Berlin 1938
40–41	Aus: Johann Philipp Kirnberger, Die Kunst des reinen Satzes, I/II, Nachdruck: Olms (Hildesheim) 1968
42–43	Übertragen nach: Voßscher Musenalmanach, von den Verfassern des bisherigen Göttinger Musenalmanachs hrsg. von J. H. Voß (1776)
44	Übertragen nach: Voßscher Musenalmanach (1778)
45	Aus: M. Friedländer, Das deutsche Lied im 18. Jahrhundert I, Stuttgart/Berlin 1902

46 Aus: Luise Reichardt, 6 Canzoni di Metastasio, Hamburg (Selbstverlag), o. J.
47 Aus: Luise Reichardt, Ausgewählte Lieder, hrsg. von G. Rheinhardt, München (Drei Masken) 1922.
48 Original im Archiv der Gesellschaft der Musikfreunde, Wien
49–50 Aus: Johann Ulrich Haffner, Raccolta musicale 5/6, Nürnberg 1756–1765
51 Aus: Des Freiherrn G. von Bibra Journal von und für Deutschland, 3. Jahrgang, 1786, Nr. 8
52–53 Aus: Denkmäler der Tonkunst in Österreich, XXVII. Jahrgang, 2. Teil, Bd. 54 (»Das Wiener Lied von 1778–1791«), Wien (Universal-Edition) 1920.
54 Nach dem Original in der Musiksammlung des Landesmuseums Linz (Österreich)
55 Stich ohne Verlagsangabe, datiert 1790, im Archiv der Gesellschaft der Musikfreunde, Wien.
56 Aus: H. Ullrich, Drei wiederaufgefundene Werke von Maria Theresia von Paradis, in: Österreichische Musikzeitschrift 17, 1962 (nach einem Exemplar der Originalausgabe von 1807 in der Stiftsbibliothek Göttweig)
57–59 Originale in der Staatsbibliothek Preußischer Kulturbesitz (Mendelssohn-Archiv), Berlin
60 Original im Goethe-Museum, Düsseldorf
61 Aus: Fanny Hensel, Trio für das Pianoforte, Violine und Violoncello op. 11, Leipzig (Breitkopf und Härtel) 1850
62 Aus: Josephine Lang, 8 Lieder op. 1, München (Falter) o. J.
63 Aus: Josephine Lang, 6 Lieder op. 10, Leipzig (Kistner) o. J.
64 Aus: Josephine Lang, 6 Lieder op. 12, Leipzig (Kistner) o. J.
65 Aus: Josephine Lang, Lieder des Leids, op. 29, Bonn (Simrock) o. J.
66 Aus: Josephine Lang, Elegie auf den Tod Ludwig Uhlands, op. 31, Stuttgart (Zumsteeg) o. J.
67 Abschrift aus: Johanna Mathieux (= Johanna Kinkel), Die Vogelkantate op. 1, Berlin (Bahn) um 1835
68 Aus: Johanna Mathieux (= Johanna Kinkel), 6 Lieder op. 6, Leipzig (Kistner) o. J.
69 Aus: Johanna Mathieux (= Johanna Kinkel), Hymnus in Coena Domini op. 14, Köln (Eck) 1840.
70 Aus: Johanna Mathieux (= Johanna Kinkel), Don Ramiro op. 13, Köln (Eck) o. J.
71 Aus: Johanna Mathieux (= Johanna Kinkel), 6 Lieder op. 18, Berlin (Schlesinger) o. J.
72–76 Abschriften aus: B. Friedland, Louise Farrenc, Diss. New York 1975. »Air russe varié« auch erschienen bei Peters in Leipzig.
77 Aus: Clara Wieck, Soirées musicales op. 6, Leipzig (Hofmeister) o. J.
78 Aus: Clara Wieck, Premier Concerto op. 7, Leipzig (Hofmeister) o. J.
79 Aus: Robert Schumann, op. 37, und Clara Schumann, op. 12, 12 Gedichte aus Rückerts Liebesfrühling, Heft 1, Leipzig (Breitkopf und Härtel) o. J.
80 Aus: Clara Schumann, 3 Präludien und Fugen op. 16, Leipzig (Breitkopf und Härtel) o. J.
81 Aus: Clara Schumann, Trio op. 17, Leipzig (Breitkopf und Härtel), o. J.
82 Aus: Luise Adolpha Le Beau, Thema mit Variationen op. 3, in: dies., Kompositionen, Berlin (Raabe und Plothow) o. J.

83 Aus: Luise Adolpha Le Beau, Trio op. 15, Elberfeld (Küpper) o. J.
84 Aus: Luise Adolpha Le Beau, Drei Stücke zum Konzertgebrauch für Viola mit Pianoforte op. 26, Leipzig (Kahnt) o. J.
85 Original in der Musiksammlung der Bayerischen Staatsbibliothek, München
86 Aus: Luise Adolpha Le Beau, Ruth, Biblische Szenen von Robert Músiol, Leipzig (Kahnt) o. J.
87 Original in der Musiksammlung der Bayerischen Staatsbibliothek, München
88 Aus: Ethel Smyth, Mass in D, London (Novello) 1893
89–91 Aus: Ethel Smyth, The Wreckers, Leipzig (Breitkopf und Härtel) 1906
92 Aus: Ethel Smyth, The Prison, London (Curwen) 1930
93 Aus: Germaine Tailleferre, Sonata for clarinet solo, New York (Rongwen Music) 1959
94 Aus: Lili Boulanger, Renouveau, Mailand/Paris (Ricordi) 1918
95 Aus: Lili Boulanger, Pour Les Funérailles d'un Soldat, Mailand/Paris (Ricordi) 1919
96–97 Aus: Lili Boulanger, Faust et Hélène, Mailand/Paris (Ricordi) 1913
98–99 Aus: Lili Boulanger, Clairières dans le Ciel, Mailand/Paris (Ricordi) 1919
100 Aus: Troubadoura (Frauenmusikzeitung), Dezemberausgabe 1978
101 Aus: Ilse Fromm-Michaels, Variationen über ein eigenes Thema op. 8, Berlin (Ries und Erler) 1918/19
102 Aus: Ilse Fromm-Michaels, Sinfonie op. 19, Reversmaterial von Hans Sikorski, Hamburg
103 Aus: Grete von Zieritz, Quintett für Trompete, Tenorposaune, 2 Klaviere und Schlagzeug, Berlin (Astoria) 1968
104 Aus: Grete von Zieritz, Le violon de la mort, Danses macabres für Violine und Klavier, Berlin (Ries und Erler) 1952
105 Aus: Myriam Marbé, Ritual pentru setea Pamîntului (Ritual für die durstige Erde), Bukarest (Editura Muzicala a uniunii compozitorilor) 1970
106 Aus: Gabriela Moyseowicz, Ave Maria für zwei gemischte Chöre, Berlin (Ries und Erler) 1976
107 Aus: Renate Birnsein, Idem. Sextett für Flöte, Altflöte, Klarinette, Violine, Viola und Violoncello (Manuskript)

REGISTER

Die Namen der im Text erwähnten Komponistinnen sind kursiv gesetzt

(Mitarbeit am Register: Christa und Gerd S. Bethke, Frankfurt a. M.)

Die Frau in der Gesellschaft

Frühe Texte und Lebensgeschichten

Herausgegeben von Gisela Brinker-Gabler

Frauen gegen den Krieg
Hrsg.: Gisela Brinker-Gabler
Band 2048

Frau und Musik
Hrsg.: Eva Rieger
Band 2257

Frau und Sport
Hrsg.: Gertrud Pfister
Band 2052

Frauenarbeit und Beruf
Hrsg.: Gisela Brinker-Gabler
Band 2046

Frau und Gewerkschaft
Hrsg.: Gisela Losseff-Tillmanns
Band 2260 (in Vorbereitung)

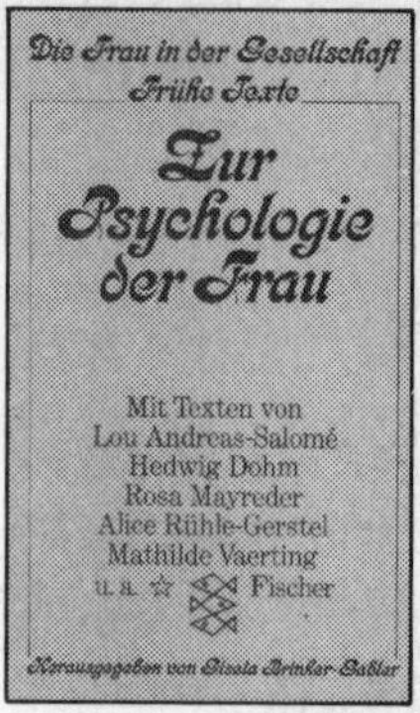

Zur Psychologie der Frau
Hrsg.: Gisela Brinker-Gabler
Band 2045

Fanny Lewald
Meine Lebensgeschichte
Hrsg.: Gisela Brinker-Gabler
Band 2047

Toni Sender
Autobiographie einer deutschen Rebellin
Hrsg.: Gisela Brinker-Gabler
Band 2044

Bertha von Suttner
Memoiren
Hrsg.: Gisela Brinker-Gabler
Band 2053 (in Vorbereitung)

Diana Orendi-Hinze
Rahel Sanzara
Eine Biographie
Band 2258 (in Vorbereitung)

Mathilde Franziska Anneke
in Selbstzeugnissen und Dokumenten
Hrsg.: Maria Wagner
Band 2051

Fischer Taschenbücher